GOLDMANN

Buch

Lange Zeit wurde bestritten, daß Frauen sexuelle Phantasien haben –
oder man betrachtete derartige Phantasien lediglich als Zeichen einer
neurotischen Störung. Seriöse Untersuchungen zu der Beschäftigung
mit geheimen Lüsten waren in der Vergangenheit selten zu finden.
Nancy Friday hat mit ihren bahnbrechenden Studien über die erotischen Phantasien ein Thema aufgegriffen, das zwar totgeschwiegen
wurde, aber in den Köpfen der Frauen immer höchst lebendig war.

Die sexuellen Phantasien von Frauen sind nicht nur lustvoll und sinnlich, sondern auch schockierend und aggressiv. Aber bei weitem
nicht nur frustrierte Frauen entwickeln solche Phantasien, auch die
glücklich verheirateten und in sexuell befriedigenden Beziehungen
lebenden tun es – ob jung oder alt. Und es ist keineswegs so, daß alle
Phantasien danach verlangen, in die Realität umgesetzt zu werden.
Nancy Friday läßt hier Frauen zu Wort kommen, die überaus offen
und freimütig geheime Lüste schildern und damit Aufschluß geben
über die neue Qualität des weiblichen Selbstverständnisses.

Autorin

Nancy Friday hat durch ihre Veröffentlichungen zur Sexualität und
zum Rollenverständnis der Frau Kontroversen entfacht und aufklä-
rerisch gewirkt. Alle ihre Bücher waren auch in Deutschland Spitzen-
bestseller.
Die Autorin lebt in Florida und Connecticut.

Im Goldmann Verlag ist von Nancy Friday
bereits erschienen:
Befreiung zur Lust (12471)

NANCY FRIDAY

Verbotene Früchte

Die geheimen Phantasien der Frauen

Ins Deutsche übertragen
von Silvia Sernau

GOLDMANN VERLAG

Das Buch erschien in der Originalausgabe im Verlag
Simon & Schuster, New York,
unter dem Titel »Forbidden Flowers«.

Dieses Buch ist den Frauen gewidmet, deren Briefe hier
enthalten sind. Viele haben geschrieben, um ihre Sexualität zu hinterfragen, andere, um sie zu bestätigen. Von allen habe ich etwas über meine eigene Sexualität gelernt.
Nancy Friday

Umwelthinweis:
Alle bedruckten Materialien dieses Taschenbuches
sind chlorfrei und umweltschonend.

Der Goldmann Verlag
ist ein Unternehmen der Verlagsgruppe Bertelsmann

Deutsche Erstveröffentlichung August 1994
© der Originalausgabe 1975 by Nancy Friday
© der deutschsprachigen Ausgabe 1994
by Wilhelm Goldmann Verlag, München
Umschlaggestaltung: Design Team München
Satz: IBV Satz- und Datentechnik, Berlin
Druck: Presse-Druck Augsburg
Verlagsnummer: 12546
Lektorat: Uschi Gnade/SK
Herstellung: Stefan Hansen
Made in Germany
ISBN 3-442-12546-4

1 3 5 7 9 10 8 6 4 2

»Ihr Buch *Die sexuellen Phantasien der Frauen*
reduziert die Sexualität der Frauen auf ein
männliches Niveau.«
*(Dr. Theodore I. Rubin zu Nancy Friday
in einem Radio-Interview im NBC 1973)*

»Haben Frauen nicht auch ein Recht auf Wollust?«
(Nancy Fridays Antwort)

Inhaltsverzeichnis

Einleitung

Liebe Nancy,
ich habe heute morgen Ihr Buch zu Ende gelesen, und alles, was ich
sagen kann, ist, Gott sei Dank, daß mir jemand für diesen Aspekt
der menschlichen Sexualität die Augen geöffnet hat, solange ich
noch jung genug bin und am Anfang meines Sexuallebens stehe. Ihr
Buch hat meine Einstellung völlig verändert. Ich bin siebzehn Jahre
alt und habe bisher nur mit einer Person Geschlechtsverkehr gehabt
– seit einigen Monaten mit meinem Freund, mit dem ich seit zwei
Jahren zusammen bin. Vielleicht habe ich deshalb so häufig Phantasien gehabt, während wir miteinander schliefen. Aber was auch der
Grund ist, ich habe mich immer schuldig gefühlt, untreu und pervers – und ich nehme an, daß diese negativen Gefühle ein weiterer
Faktor waren, der mich daran hinderte, den Sex mit ihm zu genießen.

Als ich *Die sexuellen Phantasien der Frauen* gelesen habe, hat es
mir ganz klar gezeigt, daß Sex und Phantasien nichts sind, was man
ertragen muß, sondern genießen. Ihr Buch hat die Jahre verkürzt,
die ich gebraucht hätte, um diese Entdeckung selbst zu machen. Vielen Dank dafür, daß Sie es mir ermöglicht haben, sexuell wiederge-
boren zu werden, bevor es zu spät gewesen wäre, meine Ansichten
zu ändern, und ich für immer durch sexuelle Schuldgefühle gehemmt gewesen wäre.

Mit freundlichen Grüßen
Mary

Sexuelle Sitten und Gebräuche haben sich seit Generationen jeder Veränderung widersetzt. Heute gibt es kaum einen Teil des menschlichen Verhaltens, den wir bereitwilliger hinterfragen und verändern. Die Akzeptanz neuer Vorstellungen davon, was in der Sexualität richtig ist, berührt uns so unmittelbar, daß man glauben könnte, ganze Generationen hätten die Luft angehalten – Menschen, die geboren wurden, gelebt haben und gestorben sind, aber niemals gewagt haben, ihre eigene Sexualität zu erforschen, aus Angst davor, daß nur sie/er jemals gewisse erotische Wünsche gehabt hat, nur er/sie anomal ist und jeder andere »normal«. Dann plötzlich wird »Die Botschaft« verkündet; und scheinbar, ohne auch nur mit einem Seufzer der Erleichterung innezuhalten, weiß jeder ohne weitere Diskussion, daß das nicht nur richtig ist, sondern daß es auch immer richtig war.

Die Unterstellung, daß man je daran gezweifelt hat, dient dazu aufzuzeigen, wie hoffnungslos spießig man vorher war. Es dauerte Jahre, bis Kinseys Erkenntnisse in den 40ern den vollen kulturellen Einfluß nahmen, aber die in den 60ern eingeführte Revolution durch Masters und Johnson wurde sofort als überhaupt nicht revolutionär akzeptiert. Ihre Erkenntnisse wurden für jeden gleich zu einem Bestandteil von alltäglichem Schlafzimmerwissen. »Sicher, was ist daran neu?«

Oraler Sex zum Beispiel. In den 50ern wurde ich fast ohnmächtig, wenn ein Mann das vorschlug. Aber ich wurde fast ohnmächtig vor Lust, wenn er es tat. Wer würde es heute wagen anzudeuten, daß oraler Sex schlecht, schmutzig, pervers – oder unüblich wäre?

Während der fünf Jahre, in denen ich Material für *Die sexuellen Phantasien der Frauen* sammelte, konnte ich keinen Arzt oder Psychiater finden, der verständig über sexuelle Phantasien von Frauen diskutieren konnte. Das Thema war immer noch tabu. Im Jahre 1968, bevor ich mich dazu entschlossen hatte, ein Buch zu schreiben, recherchierte ich in der riesigen New York Public Library und in der noch größeren Bibliothek des British Museum in London. Innerhalb der Millionen und aber Millionen von aufgelisteten Karteikarten in diesen gewaltigen Lagern, in denen praktisch alles, was jemals in englischer Sprache geschrieben wurde, aufbewahrt wird, konnte ich nicht ein einziges Buch oder einen einzigen Illustrierenartikel finden, der von diesem Thema handelte, obwohl sexuelle Phantasien der Frauen per definitionem mehr als nur das intellektuelle Interesse der einen Hälfte des Menschengeschlechts erregen muß.

Ich sprach mit mindestens einem Dutzend Psychiatern in den Vereinigten Staaten und in Großbritannien. Das höchste, was mir einige dieser gelehrten Männer zugestanden, war, daß vielleicht einige Frauen sexuelle Phantasien hätten, wenn sie masturbierten; im übrigen, so sagten sie, begrenzte sich das Phänomen auf die sexuell frustrierten und/oder krankhaften Frauen. Sie faßten das Ausgangsfaktum, daß eine Frau sexuelle Phantasien hat, als Zeichen von Krankheit auf. Die Vorstellung, daß eine glücklich verheiratete Frau, die von ihrem geliebten Mann sexuell befriedigt wird, außerdem noch erotische Bilder in ihrer Phantasie haben könnte – vielleicht von einem anderen Mann, vielleicht von zehn anderen Männern – war ihrem Begriff von der weiblichen »mentalen Gesundheit« völlig fremd. Zu oft fiel in diesen Diskussionen die ärztliche Maske, und ich saß nicht mehr dem gelassenen Mediziner gegenüber, sondern dem empörten Mann. Der entrüstete Sohn, Ehemann und Vater sah mich – sicher durch einen Schwindel raffiniert als »nette Frau« verkleidet – mit kaum verhohlener Angst und Abneigung an. »Sie haben das Recht, sich eine subjektive Meinung zu bilden, Miss Friday. Aber haben Sie irgendeine medizinische Qualifikation, die Ihre Vorstellungen untermauert?«

Erst im Februar 1973 nahm der als »sexuell freizügig« bekannte Dr. Allen Fromme eine ähnliche Position im mutigen *Cosmopolitan* ein. »Frauen haben keine sexuellen Phantasien«, schrieb Dr. Fromme und fuhr mit gönnerhafter Freundlichkeit fort: »Woher wissen wir das? Fragen Sie eine Frau, und ihre Antwort lautet normalerweise: nein. Der Grund dafür ist offensichtlich: Frauen sind nicht dazu erzogen worden, Sex zu genießen... Frauen sind bar jeder sexuellen Phantasie.«

Überflüssig zu sagen, daß das Millionen von *Cosmopolitan*-Leserinnen, die diese Worte lesen, in ihrem Hang bestärkt, sexuelle Phantasien abzustreiten, und das nicht nur, wenn sie mit einem berühmten Mediziner sprechen wie mit Dr. Fromme, sondern sogar sich selbst gegenüber.

Natürlich haben die meisten Frauen Dr. Fromme gesagt, daß sie

11

keine sexuellen Phantasien haben; keine Frau möchte für »sonderbar« gehalten werden, wenn sie mit dem, was die Meinung von Medizinerexperten zu sein scheint, konfrontiert wird, was bedeuten würde, daß sie außerhalb jeder »normalen« Erfahrung ihrer Schwestern steht. Dr. Fromme hat wohl angenommen, daß er nur beschreibend tätig gewesen sei.

Tatsächlich aber hat er Normen gesetzt – ein Prophet, dessen Prophezeiungen sich zwangsläufig erfüllen müssen.

Aber ein Beispiel dafür, mit welcher beängstigenden Geschwindigkeit die Experten ihre Vorstellungen der zeitgenössischen sexuellen Regeln revidieren, wurde kürzlich im selben Magazin im Februar 1975 veröffentlicht, als ein in New York praktizierender Psychoanalytiker und Autor einer psychiatrischen Kolumne im *Cosmopolitan* folgendes sagte:

»...alle Frauen haben sexuelle Phantasien, obwohl sie es manchmal nicht zugeben, noch nicht einmal sich selbst gegenüber. Phantasien sind ein eingebildeter Zustand, in dem die Realität korrigiert wird. Eine Frau, die mit einem Mann schläft, kann sich dabei vorstellen, daß ihr mehrere andere Männer zusehen... Ihre Phantasie stellt ihr einen sicheren Weg zur Verfügung, die erotischen Möglichkeiten einer Situation zu untersuchen, die sehr bedrohlich sein oder Schuldgefühle verursachen könnte, wenn sie sie in die Tat umsetzte.«

Der Psychoanalytiker fährt fort: »Eine Phantasie kann einer Frau den Sinn des Lebens und all seine Möglichkeiten in einem verstärkten Maß aufzeigen. Es sind die *nicht überprüfbaren* Bereiche der Seele, die Ängste und Neurosen hervorbringen – nicht die Teile in uns, die wir kennen, wiedererkennen und annehmen.

Als *Die sexuellen Phantasien der Frauen* veröffentlicht wurde, war ich glücklich darüber, andere Ärzte gefunden zu haben, die an die Öffentlichkeit traten, um meine Einschätzung zu unterstützen, daß sexuelle Phantasien nicht notwendigerweise ein Zeichen für eine Neurose sind, sondern statt dessen ein Zeichen von sexuellem Reichtum und Leben. Dr. Leonard Cammer, Präsident der Section of Psychiatry, Medical Society of the State of New York, pflichtete meinem Standpunkt bei, genauso wie die bekannte Gründerin und Geschäftsführerin von SIECUS (Sex Information and Education Council of the U.S.), Dr. Mary Calderone. Und doch nahm die

Angst, die das Thema in vielen Medizinern wachrief, nicht ab; die Gültigkeit meiner statistischen Methoden wurde attackiert. »Aber alle Frauen, die Sie gesprochen haben, haben sich freiwillig gemeldet«, war die Richtung, in der die Bedenken gingen. »Sie sind selbsterkorene Beispiele. Wie können Sie aus dem, was Ihnen diese freiwilligen Exhibitionistinnen erzählen, eine Essenz ziehen? Wie können Sie behaupten, daß deren Erfahrungen von den Schwestern der schweigenden Mehrheit geteilt werden?«

Das gleiche Argument wurde gegenüber Kinsey und gegenüber Masters und Johnson vorgebracht, als ihre Untersuchungen veröffentlicht wurden; aber die Zeit hat bestätigt, daß ihre Studien nicht nur die Standpunkte der Menschen in Worte gefaßt haben, die sich freiwillig gemeldet haben, sondern sie sprach auch für das breite Spektrum der Amerikaner im allgemeinen. Darüber hinaus bemerke ich selbst in den Arbeiten der Psychoanalytiker kein Widerstreben – beginnend mit Freud –, ihre Theorien von der menschlichen Natur auf den kleinen Bruchteil der menschlichen Rasse aufzubauen, der sich entblößt auf die Analytikercouch legt. Die riesige Mehrheit des menschlichen Geschlechts ist nie in einer psychoanalytischen Untersuchung oder klinischen Dokumentation menschlichen Verhaltens aufgetaucht – und immer noch erzählt dir jeder Psychoanalytiker, den du sprichst, ohne zu zögern, daß »alle« Menschen drei Stadien des Ödipus-Komplexes durchlaufen. Ich bin der Ansicht, wenn mehr als zweitausend Frauen aus allen Teilen des Landes, jeder Altersgruppe, jedem Familienstand und jeder ökonomischen Klasse zugehörig, schreiben, daß sie diese oder jene sexuellen Phantasien haben, die ihnen dieses oder jenes Gefühl eingeben, daß dann ihre Gefühle oder Erfahrungen von der großen Mehrheit aller Frauen geteilt werden. »In meiner Praxis«, sagt Dr. Sonya Friedman, eine klinische Psychologin und Eheberaterin aus Detroit, »bin ich immer wieder davon beeindruckt, wieviel mehr Ähnlichkeiten als Unterschiede zwischen uns bestehen.«

Letztendlich muß ich die Gültigkeit dessen, was ich Ihnen, der Leserin, sage, auch Ihnen zur Beurteilung überlassen. Wenn dieses Buch keine Resonanz in Ihnen weckt, wenn Sie sich darin nicht wiedererkennen oder sich nicht in die Frauen hineinversetzen können, die auf diesen Seiten sprechen, heißt das nicht, daß Sie seltsam sind – es heißt nur, daß ich mich in Ihnen geirrt habe. Aber dem Rest meiner Leserinnen biete ich die Botschaft an, die in beinah jedem dieser Briefe enthalten ist, die ich bekommen habe. »Gott sei Dank, daß Sie diese Diskussion über die sexuellen Phantasien von Frauen in Gang gesetzt haben. Ich dachte, ich wäre die einzige, die solche Vorstellungen hat. Ich hatte Angst, es meinem Ehemann (Priester, Arzt oder wem auch immer) zu erzählen, weil ich fürchtete, er würde mich für so was wie ein ausgeflipptes Monster halten. Ich fühlte mich wie eine Perverse, so schuldig und allein...« Meine Botschaft lautet: Willkommen. Sie sind nicht allein.

Ich glaube, daß es eine individuelle Furcht ist, die so viele Menschen unfähig macht, die Vorstellung zu akzeptieren, daß andere sexuelle Phantasien haben. Das Porträt von Frauen, die das plastisch schildern, ist zu neu, verursacht zuviel Angst – vor allem steht es mit all unseren früheren Stereotypen von Frauen sowohl als auch Mädchen, Müttern und »Damen« auf Kriegsfuß. Die Menschen lachen nervös, wenn das Gespräch auf *Die sexuellen Phantasien der Frauen* und die sexuellen Phantasien kommt. Manche Leute werden rot und sagen mir, sie würden nie Pornographie oder so etwas Ähnliches lesen, sie zünden sich nervös eine Zigarette an und tun das Thema als »langweilig« ab. Als *Die sexuellen Phantasien* veröffentlicht wurde, war ich deprimiert über die Furcht/Abweisung/Heiterkeit, auf die das Buch bei vielen Frauen und Männern, Freunden und Fremden stieß. Mein Mann half mir. »Freud wurde als skandalöser und unanständiger alter Mann abgetan«, sagte Bill, »weil er über Masturbation und die Sexualität von Kindern sprach. Bis zu diesem Zeitpunkt dachte man, daß Kinder ›rein‹ wie Engel wären. Als Freud über Sex und inzestuöse Begierde sprach, wurde er auch als Pornograph betrachtet.« Natürlich vergleiche ich meine Arbeit oder mich niemals mit Freud, aber ich glaube, daß wir eine Zeitspanne in der Geschichte der Sexualität durchleben, die emotional ebenso überfrachtet ist wie die von Freud. Wenn man versucht, die geheimen Gedanken von Frauen zu verstehen – die Herausbildung von Sexualität – dann könnte es uns gelingen, die sexuelle Bigotterie der Vergangenheit zu entschlüsseln. Nur auf diesem Weg werden wir dazu fähig, die verzerrte Mann-Frau-Beziehung zu verstehen, die heutzutage zu einer erschreckenden Wut zwischen den Geschlechtern geführt hat. Ich hoffe, daß dieses Buch dazu beitragen kann.

Unsere reale Welt – von der Morgenzeitung bis hin zum Film spät in der Nacht – ist angefüllt mit kommerziellem Sex, romantischem Sex und natürlich gewalttätigem Sex. Diese Gefühle und Bilder bleiben in unserem Innern – zusammen mit allen anderen Begierden und Trieben, mit denen wir geboren wurden. Was hat eine Frau mit all diesen Vorstellungen zu tun? Zum einen paßt sie sie den Bedürfnissen ihres Herzens an und nutzt die sexuellen Stimuli, die sie mag, und macht die Vorstellungen weicher oder wirft sie ab, wenn sie sie anwidern, und sie erschafft ihre eigenen sexuellen Phantasien. Wenn diese Träumereien ihre Sexualität stimulieren, während sie an ihre tägliche Routine geht, bin ich komplett dafür. Wenn ein paar wollüstige und erotische Träumereien es schaffen, daß die Hausarbeit »wie in einem Traum« vorübergeht, warum nicht?

Wahrscheinlich ist das Wichtigste, woran man sich bei Phantasien erinnern sollte, daß sie keine Fakten sind, keine Handlungen; sie werden nicht »ausgelebt«. Ein erotisches Bild in der Vorstellung herbeizuzitieren heißt nicht notwendigerweise, daß wir es in die Realität umsetzen wollen. Tatsächlich befreit uns die Phantasie sehr häufig von der verbotenen Kraft und läßt nicht das Bedürfnis aufkommen, sie auszuleben. Auf ähnlichem Wege, wie die Träume bei Nacht psychotische Entladungen der Seele sein können, die es uns erlauben, tagsüber geistig gesund zu bleiben, können uns Phantasien von sogar primitivster und regressivster Natur helfen, erwachsen zu werden und in unserem realen Verhalten verantwortungsbewußt zu handeln.

Wenn jemand, ob Mann oder Frau, nach Freuds Diktum lebt, daß ein erfülltes Leben Liebe und Arbeit beinhaltet, ist es mir egal, welche Phantasien dieser Mensch hat. Wenn eine Frau tagträumt, daß sie es mit Napoleons Pferd triebe, aber sagt, daß sie mit ihrem Leben zufrieden sei, wie komme ich dazu oder wie kommt ein Arzt dazu, ihr zu erzählen, daß sie sonderbar sei?

Heute, zum ersten Mal in der Geschichte, ermutigen sich die Frauen gegenseitig, sexuell freier und offener zu sein. Ist es da noch erstaunlich, daß Männer die lautstärksten Verteidiger der alten Moralvorstellungen sind und sie in dem Maß hochhalten, in dem wir freier und offener werden, damit sie bloß nicht aufgebrochen werden? Es sind Männer, die der neuen Rolle der Frauen als sexuelle Initiatoren und unabhängige selbständige Menschen, die in die eigene Tasche wirtschaften, besorgt und kritisch gegenüberstehen. »Liebe« wird plötzlich zum Banner erhoben, unter dem die Männer marschieren. »Liebst du mich nicht mehr?« fragt plötzlich der Ehemann, der immer für sich beansprucht hat, daß sein eigenes gelegentliches Tändeln mit Frauen »nichts mit meiner Frau zu tun hat«, wenn er erfährt, daß sie am Nachmittag eine kleine Sünde ganz für sich allein begangen hat... oder, ja, sich eine sexuelle Phantasie gegönnt hat, in der sein bester Freund die Hauptrolle spielt.

Ich finde die sexuelle Furcht der Männer heutzutage verständlich. Ich kann mich hineinversetzen; die Frauen haben sich in den letzten Jahren sehr verändert. Und die Männer nicht. Tatsächlich sollten Sie Ihre Gefühllosigkeit hinterfragen, wenn Sie eine Frau sind, die sich nicht in die heutigen Männer hineinversetzen kann und sich als eine »befreite« Frau betrachtet. Sind Sie in Ihrer neuen Freiheit glücklicher, weil sie Ihnen die Chance gibt »zurückzukommen zum Mann«... oder weil Sie sie als eine Gelegenheit betrachten, die Dinge endlich für beide verbessern zu können? Sex war nie das einfache Stück vom Kuchen, das Hugh Hefner den Männern verkauft; die Befragung der Frauen nach deren sexuellem Status quo, der sowieso fragwürdig war, muß für Männer beunruhigend, wenn nicht sogar bedrohlich sein. Ich behaupte nicht, daß viele Männer – Machos zum Beispiel – dieses Unbehagen nicht verdient hätten. Aber eine Menge Männer verdienen es nicht. Ich nehme an, daß es darauf hinausläuft, daß Sie als Frau, die nun einmal Männer in ihrem Leben haben möchte, die Verantwortung gemeinsam mit Ihrer Befreiung in die Hand nehmen müssen.

Die bis jetzt nicht entwickelten Möglichkeiten der Sexualität der Frau, die beinah eine surrealistisch lebenspralle Form und Gestalt in der Phantasie annehmen, machen nicht nur Männern Angst, sondern auch Frauen. Man denke an all die entfesselten Begierden, Begierden, die er nicht befriedigen will oder kann und die die eigene Mutter nie gutgeheißen hätte, eine sexuelle *Kraft*, von der sie nicht weiß, was sie mit ihr anfangen soll! (Wie viele Frauen wissen, wie man den ersten Schritt macht? Soll sie anrufen, nach seiner Hand greifen, nach seinem Schwanz? Soll sie sagen: »Würdest du mich bitte lecken?« Und wie viele Männer würden sie zurückweisen, wenn sie das täte? Oraler Sex kann heutzutage »intellektuell« akzeptiert sein, aber wie man an den Frauen in diesem Buch sehen kann – wenn Sie ihn nicht längst für sich entdeckt haben – gibt es noch eine große Anzahl von Männern, die unerfahren, ungeübt oder abgeneigt sind, das zu tun, was sie sagen.)

Wir sind noch nicht soweit, die simple Behauptung zu akzeptieren, daß weibliche sexuelle Kraft zusammen mit männlicher sexueller Kraft gleichbedeutend mit besserem Sex für beide ist. Und doch ist es die Wahrheit, daß der Ursprung unseres Mythos von der männlichen sexuellen Überlegenheit von Täuschung und Betrug durchsetzt ist. Schlimmer noch, er lädt dem armen Mann, der das glaubt, die schreckliche Last eines Supermannes auf. *Herrschaft* und *Überlegenheit* sind Begriffe, die man benutzt, wenn man in den Krieg zieht, nicht ins Bett.

Henry Miller schrieb mir einen Brief zu *Die sexuellen Phantasien der Frauen*: »Ich habe schon immer geglaubt, daß Frauen reichere und wildere Phantasien haben als Männer. Von meiner begrenzten Erfahrung mit Frauen ausgehend, muß ich auch hinzufügen, daß ich finde, sie sind eher dazu imstande, sich beim Geschlechtsverkehr ganz hinzugeben, als Männer. In einem guten, gesunden Sinn würde ich, um ein altmodisches Wort zu benutzen, sagen, sie sind ›schamloser‹ als Männer… Männer fangen gerade damit an, die wahre Natur des Wesens der Frau wahrzunehmen. Sie haben sich ein falsches Bild von ihr gemacht. Sie ist weder ein Engel noch eine läufige Hündin. Wenn sie nicht mehr länger als enigmatisch betrachtet wird, ist sie sicherlich ein ewiger Quell der Verwunderung und reich an unerforschten Möglichkeiten in jeder Domäne des Lebens.«

Wenn ich Henry Millers Annäherung an die Phantasien der Frauen denen vieler Psychiater vorziehe, dann kommt das daher, daß seine Weltsicht weit und offen genug ist, um die Phantasie als bereichernde menschliche Erfahrung zu betrachten und nicht als Anzeichen für Krankheit.

Sexuelle Phantasien sind die Antwort auf das Bedürfnis nach Vielseitigkeit, das in unseren besten Beziehungen existiert, und keineswegs eine Pervertierung unserer tiefsten und intimsten gemeinsamen Augenblicke. Für diejenigen, die glauben, daß es ein Verbrechen ist, sich bewußt in den geheimen Garten der Seele zurückzuziehen, während man in den Armen des Geliebten liegt, zitiere ich Dr. Ray Birdwhistle von der University of Pennsylvania. Eine übermäßig strenge Vorstellung von der Ehe, sagt er, führe zur Krankheit. »Privatsphäre wird als Treulosigkeit mißbilligt. Aber wenn das Paar Intimität will, dann müssen sich beide Partner in ihrer eigenen Intimsphäre wieder voneinander erholen können. Das impliziert, daß es erlaubt ist, sich ohne Schuldgefühl zurückzuziehen. Es ist nur im privaten Königreich der Seele möglich, Phantasien zu genießen. Und was hält romantische Liebe vor allem zusammen? Ein reiches, starkes, süßes und trauriges, rachsüchtiges und sogar gewalttätiges Leben in der Phantasie« (New York Magazine, Februar 1973).

Auf der letzten Seite von *Die sexuellen Phantasien der Frauen* bat ich die Leserinnen, ihre eigenen sexuellen Phantasien und Kommentare für das Buch, das Sie nun in den Händen halten, beizutragen. Ich habe mir, von der Form ausgehend, in der diese Briefe gehalten sind, die Form für dieses Buch ausgedacht. Teil I handelt von der häufig wiederkehrenden Frage der Leserinnen: »Woher kommen sexuelle Phantasien?« Teil II, »Der Sinn der sexuellen Phantasie,« befaßt sich mit der Rolle, die diese imaginierte erotische Szenerie im Leben vieler Frauen spielt.

Wie Sie sehen werden, habe ich versucht, nicht so viel zu theoretisieren; statt dessen habe ich versucht, das Material zu organisieren, das mir meine Leserinnen geschickt haben, um die Antworten auf Fragen zu illustrieren, die in ihrem Leben aufgeworfen wurden. Ich glaube, daß wir in einer Zeit leben, in der es von allergrößter Bedeutung ist, daß Frauen lernen zu sprechen, ohne sich zu schämen, so daß wir voneinander lernen können. Ich habe meine Leserinnen um die Informationen, die sie mir geschickt haben, nicht gebeten, aber ich bin sehr dankbar, daß es ihnen »richtig« erschien zu versuchen, der eigenen Entwicklung für sich und für mich nachzugehen, dem Ursprung ihrer Phantasien und dem Kontext, in dem sie in ihrem Leben auftauchen.

Es ist natürlich unmöglich, irgendeine einzelne Phantasie einer Frau zu analysieren, ohne diese Frau persönlich zu kennen und die gesamten Gründe zu verstehen, aus denen sie irgendeinen einzelnen Fall oder ein Symbol gewählt hat, um ihre erotische Erregung zu beschreiben. Aber das war nie meine Absicht. Ich begann 1968 für *Die sexuellen Phantasien der Frauen* zu recherchieren... ich habe 1973 angefangen, an diesem Buch zu arbeiten. Ich wollte sehen, ob die dazwischen liegenden fünf Jahre irgendeinen signifikanten Unterschied in der Einstellung von Frauen bezüglich der sexuellen Phantasien bewirkt haben. Ich freue mich, sagen zu können, daß ich die Mehrheit der Phantasien in *Die sexuellen Phantasien* als unterschiedliche Strategien kennzeichnen würde, die die Frauen sich ausdachten, um mit sexueller Schuld umzugehen oder sie zu entschärfen, während die Phantasien, die ich für dieses Buch sammelte, sehr viel mehr durch Lust und unschuldige Ausgelassenheit charakterisiert sind. Poeten werden oft als das Gewissen der Nation bezeichnet; ich glaube, daß unsere sexuelle Phantasie der Spiegel der Frau ist, die wir gern wären.

Ich glaube nicht, daß irgend jemand die Briefe auf den folgenden Seiten lesen kann und davon nicht so berührt ist, wie ich es war, nicht nur von den ausgedrückten Gefühlen, sondern auch von der überströmenden Aufrichtigkeit und dem ungeschminkten Porträt, das sie von ihrem Leben zeichnen. Was mich am meisten beeindruckt hat, ist, daß über die Hälfte der Frauen, die mir geschrieben haben, mit ihrem vollen Namen unterschrieben und ihre Adressen angegeben haben, obwohl ich die Anonymität für alle Beiträge garantiert hatte – demgegenüber steht eine von zehn Frauen, die mit ihrem vollen Namen die Briefe unterschrieben hat, die ich vor fünf Jahren für *Die sexuellen Phantasien* sammelte.

Obwohl ich mich von meiner Seite aus an die Vereinbarung halte – alle Namen, Berufe, Wohnorte und andere biographische Details, die zu eindeutig gewesen wären, sind verändert worden –, bin ich von dem Mut meiner Leserinnen, sich an mich zu wenden, ohne sich zu verstellen, berührt. So schrieb eine fünfundzwanzigjährige Frau: »Ich glaube, daß das der erste Schritt ist, sich selbst zu akzeptieren, um reifer zu werden. So wie ich an mich glaube, möchte ich, daß auch Sie an mich glauben und an das, was ich schreibe. Und deshalb unterschreibe ich mit meinem vollen Namen.«

Teil I

Woher kommen sexuelle Phantasien?

Kapitel 1

Kindheit

»Es ist augenscheinlich wichtig, daß Phantasien in sich und für die Phantasierenden einen Wert haben... In der Zeit, als sie noch kleine Mädchen waren, hat man Frauen gesagt, daß sie ›nicht an solche Sachen denken sollen.‹ Indem die sexuellen Gedanken von Frauen an die Öffentlichkeit gebracht werden, gibt ihnen das Buch die Erlaubnis zu phantasieren, und indem sie das tun, steigt die Möglichkeit, daß Frauen daraus auch die Genehmigung ableiten, mit der wirklich stattfindenden Sexualität im Leben erfüllter, leichter und lohnender zu experimentieren.«

Dr. Mary Calderone
Besprechung von *Die sexuellen Phantasien der Frauen*
SIECUS Report, Mai 1974

In *Die sexuellen Phantasien der Frauen* gab es ein Kapitel mit dem Namen: »Wie ist ein braves Mädchen wie du auf eine solche Idee gekommen?« Ich habe darin dem Gefühl Ausdruck verliehen, daß viele unserer Phantasien aus einer Zeit stammen, lange bevor die Welt bereit war, die Sexualität in der Kindheit zur Kenntnis zu nehmen. Das ist keine bahnbrechende Idee von mir; Freuds Arbeit an der kindlichen Sexualität entstand um die Jahrhundertwende. Vor kurzer Zeit leitete die berühmte Autorität für Kinderpsychologie Dr. Arnold Gesell eine Studie über kindliches Verhalten. Er setzte einen sechsundfünfzig Wochen alten Jungen nackt vor einen Spiegel. Was das Kind von seinem eigenen Körper sah, versetzte es in eine solche Erregung, daß Dr. Gesell in der Lage war, es mit einem erigierten Penis zu fotografieren. Wenn ein Junge, der kaum ein Jahr alt ist, eine erotische Erfahrung machen kann, wer sollte sich darüber wundern, wenn man über kleine Mädchen ebenso sagen kann, daß sie schon von Geburt an ein sexuelles Dasein führen?

Und doch wird diese Vorstellung von den meisten Leuten nicht akzeptiert. Die Kindheit stellt man sich als eine Zeit mit Haarschleifen, Märchen und Limonade vor. Erwachsene vergessen offenkundig, daß auch sie einmal Kinder waren; sie verschließen ihre Seele gegenüber frühen sexuellen Erinnerungen – diese peinlich berührenden oder beschämenden Fälle hängen vielleicht mit Ängsten in Bezug auf Masturbation zusammen. Ich glaube nicht, daß die gängigen Reize der Kindheit eines kleinen Mädchens nur hohle Fassade sind. Aber das gilt auch für unsere Sexualität.

Bis jetzt habe ich über zweitausend Briefe von Frauen erhalten, die mir als Reaktion auf die Aufforderung auf der letzten Seite von *Die sexuellen Phantasien der Frauen* ihre sexuellen Phantasien geschildert haben. Viele der Briefe kamen von sehr gebildeten Frauen; eine gleich große Anzahl war von Leuten, die wahrscheinlich nie Freud gelesen haben. Es war nicht von Bedeutung. Die sich summierende Wahrheit ihrer persönlichen Erfahrungen bestätigten meinen Standpunkt, daß sexuelle Phantasien häufig aus Kindheitsereignissen geboren werden. Diese Briefe spornten mich in einer sehr signifikanten Weise an: Ich mochte die Selbstakzeptanz, die in ihnen enthalten war, und die Verweigerung, die Generationen alte weibliche Last von Scham und Schuld weiterhin zu tragen.

»Ich möchte Ihnen ein wenig über mich erzählen«, beginnen häufig diese offenherzigen Briefe. Die Schreiberinnen wollen, daß ich sie *sehe*, wie sie sind; sie wünschen sich Anerkennung für den Mut, mit dem viele von ihnen ihr Leben führen, sogar dann, wenn sie mich darum bitten, ihren Namen nicht zu veröffentlichen. »Meine erste sexuelle Erfahrung machte ich, als ich ungefähr vier Jahre alt war. Der kleine Junge, der in der Nachbarschaft lebte, kam herüber, und er... etc.« Keine Entschuldigungen werden geäußert, keine anatomischen Details werden vertuscht oder beschönigt. Es existiert ein intuitives Verständnis darüber, daß eine damenhafte Sprache die Absicht, um die wir uns bemühen, hintertreibt..., und daß Fakten Fakten sind und eine moralische Einstellung irrelevant ist. Während Namen, Anschriften und Berufe in diesen Briefen verändert wurden, habe ich alle anderen biographischen Details erhalten. Ich glaube, daß wir nur aus dem Reichtum und der Dichte der Fakten aus dem Leben einer Person dazu kommen können festzustellen, daß sie eine Frau ist wie wir auch.

Ich bin davon überzeugt, daß das eine wichtige Arbeit ist, die die Frauen zusammen leisten müssen, und ich bin froh, daß es so viele gibt, die ihr Leben schamlos offenlegten, um dazu beizutragen, den Mantel des Schweigens herunterzureißen, hinter dem wir unser erotisches Selbst verstecken mußten. Es isoliert jede Frau, und sie wird allzuleicht der Unterstellung zum Opfer fallen, daß nur Männer »alles über« Sex wissen und darüber, was »eine richtige Frau« ist. Hinter dieser Barriere, die als Unschuld bezeichnet wird, aber richtiger Ignoranz genannt werden sollte, existiert die sexuelle Ausbeutung, seitdem Geschichte überliefert wird – bis zu einem Zeitpunkt, an dem sie dank der neuen Offenheit und Aufrichtigkeit der Frauen untereinander zu einem Ende geführt wird.

Ein anderer signifikanter Unterschied zwischen den Briefen von 1968 und diesen neuen ist der, daß das Durchschnittsalter der Frauen, die ihren Beitrag zu *Die sexuellen Phantasien* geleistet haben, bei ungefähr dreißig liegt; sie stammen aus einer Generation, die etwa um die Zeit des zweiten Weltkriegs geboren wurde. Die Welt, in der sie aufwuchs, unterscheidet sich stark von der heutigen. In diesem Buch konzentrierte sich die größte Anzahl der Phantasien, die ich gesammelt habe, auf den Themenbereich von phantasierter Gewalt und Vergewaltigung, Entführung und Dominanz, um den anonymen Mann, den die Frau niemals wiedersieht – woraus psychologische Strategien entstehen, die der Frau erlauben, die erregendste sexuelle Erfahrung in ihrer Phantasie zu machen, aber alles unter dem Slogan: »Ich trage daran keine Schuld; er hat mich dazu gezwungen.« Mit anderen Worten, *sexuelle Schuld und deren Vermeidung* war die große Emotion, die die meisten der Frauen miteinander teilten, die ihre Beiträge für *Die sexuellen Phantasien* leisteten.

Das Durchschnittsalter der Frauen, die mir ihre Phantasien zur Einbeziehung in dieses Buch geschickt haben, liegt bei zweiundzwanzig. Sie wuchsen in einer Zeit auf, in der Elvis Presley eine neue Art von offenkundigem Sex in die Pop-Musik eingebracht hat; sie gingen mit den Songs der Beatles in ihre sexuellen Jahre ein. Ich behaupte nicht, daß die Musik ihrer Zeit den Zugang zu ihrem Leben direkt beeinflußt hat (obwohl sie es häufig tat), ebenso, wie sie eine ganz neue Ära von Freiheit im sexuellen Ausdruck reflektiert. Die Phantasien in diesem Buch erfüllen mich mit Bewunderung für diese jungen Frauen. Mich verblüffen ihr Stolz auf ihre Sexualität und ihre Lust bei deren Ausübung – wenn nicht in ihrem Leben, so doch in ihren Phantasien. Sie haben keine Angst mehr vor der Sexualität ihrer jüngsten Jahre. Sie fühlen sich nicht mehr schuldig.

In der Erinnerung fühlt man sich sicher. Eines der ersten Zeichen, daß Kinder reifer werden, ist die Fähigkeit, ihre Mutter ohne Tränen der Angst oder der Wut aus den Augen zu lassen. Das Kleinkind hat begonnen, an die Realität der Erinnerung zu glauben – zu erkennen, daß es eine Entsprechung der inneren Welt und der Welt »da draußen« gibt, indem es sich daran erinnert, daß Personen nicht plötzlich in der Leere verschwinden, sondern zurückkommen. Mit der Zeit ist das Kleinkind durch diese innere Sicherheit und das Vertrauen auf die Erinnerung frei geworden; es beginnt, die Perioden der Einsamkeit zu genießen. Geborgen und von einem Fundament des erinnerten Glücks gestützt, kann das Kind seine Aufmerksamkeit darauf verwenden, neue Dinge zu lernen: Wie krabbelt man um das Kinderbettchen, welche Experimente kann man mit den Spielsachen und/oder dem Körper anfangen und wieviel Spaß macht es, die Lichtmuster an der Decke zu beobachten?

So erleben wir unsere sexuellen Jahre. Wenn Perioden sexueller Langeweile, Furcht oder Frustration auftauchen, tendieren wir dazu, zum Schauplatz unserer Kindheit mit dem erinnerten erotischen Glück zurückzukehren. Das werden Bilder oder Ereignisse von erotischer Natur sein, die dem Kleinkind widerfahren. Manches wird von dem kleinen Mädchen phantasiert oder gefühlt, manches wird sichtbar und stimuliert es. Das Kind weiß weder, noch will es wissen, daß das speziell sexuelle Gefühle sind. Es weiß nur, daß ihm das ein *gutes Gefühl* vermittelt… erregt, stimuliert und von Leben durchflutet. Keiner hat ihm bis jetzt erzählt, daß es sich »da unten« nicht anfassen soll…, daß es dort eigentlich nicht hinschauen soll, oder das denken oder irgend etwas von den 999 Dingen tun, die »brave kleine Mädchen« nicht tun. Es geht in der Erinnerung das stimulierende Ereignis immer wieder durch, beinahe als eine Art Zauberei, damit sich die Erfahrung wiederholt; das ist dieselbe Art primitiver Logik, die die Höhlenbewohner dazu veranlaßt hat, Bilder vom Rotwild zu malen, wenn sie sich wünschten, ihm bei der Jagd zu begegnen.

Es ist wirklich unsere Zeit der Unschuld. Das Wissen von Gut und Böse (konventionell beurteilt) hat noch keinen Einfluß auf uns. Wen wundert es, daß wir uns auf diese glücklichen Erinnerungen zurückziehen, diese einfachen Freuden, während der Belastung, der Frustration und der Langeweile in unserer Zeit des Aufwachens? Wir waren darin gut aufgehoben und fühlten uns lebendig; die Erinnerung erlaubt uns noch einmal, diese Gefühle in der Phantasie zurückzuholen.

Unglücklicherweise ist das eine Periode der Kindheit, die nicht lange andauert. Sehr bald beginnt das kleine Mädchen zu bemerken, daß, wenn es dieses sagt oder jenes tut, seine Eltern die Stirn runzeln und schnell das Thema wechseln. Die endlose Serie von Geboten wird hier angelegt: Der große Mangel an Erklärungen hinter unlogischen Anordnungen macht diese furchterregender und ominöser. Es nimmt wahr, daß es verschiedene Aspekte seiner Gedanken oder seines Verhaltens besser nicht erwähnt. Es erlernt Heimlichtuerei und Ausreden – aber in Gedanken zumindest *hört es nicht damit auf, diese Vorstellungen zu haben, bei denen es sich gut fühlt*. Sie sind zu erregend, um sie aufzugeben. Schuld und Schweigen verwandeln seine Erinnerungen in Phantasien. Immer wieder erhalte ich die wildesten, gierigsten erotischen Phantasien von Frauen, die anfangen zu schreiben: »Ich bin von meinen puritanischen Eltern sehr streng erzogen worden...«

Aber obwohl Schuld eine schwere Last ist, trägt sie doch zugleich auch ihren Nutzen in sich; den ehemals unschuldigen Erinnerungen wird eine gewaltige Last von Mut und Widerstand gegenüber Sex, ein verbotener Kitzel und Erregung hinzugefügt. In der letzten Phantasie, die dieses Kapitel abschließt, schreibt Joyce: »Ich glaube, ich empfinde meine sexuelle Aktivität deshalb als so lustvoll, weil meine Eltern so streng zu mir waren, während ich aufwuchs.« Hinter dem Schweigen, mit dem das Kind der Welt gegenübersteht, beginnt es immer wieder, mit den tabuisierten Vorstellungen zu spielen, vervollständigt sie, fügt Elemente, die die erotische Bürde vertiefen, hinzu und verändert Details mit grenzenloser Sorgfalt, um die Wirkung des Orgasmus' fortwährend zu steigern. In unseren verbotenen Erinnerungen liegt der Ursprung unserer ersten Phantasien.

Genauso wie Joyce beginnt Dorothy ihren Brief, indem sie ihre

»strenge Erziehung« anführt. Sie kann sich daran erinnern, daß sie als Kind, während sie im Bett lag, an ihre Phantasien dachte. »Ich war nicht in der Lage, diese köstlichen schmutzigen Gedanken aus meinem Kopf zu verbannen«, schreibt sie. Was ihre Lust an diesen erotischen Szenen vertiefte, war, daß sie phantasierte, während sie hörte, wie sich ihre Mutter in einem anderen Teil des Hauses zu schaffen machte. Direkt unter den Augen ihrer Mutter sozusagen, spielte sie mit diesen verbotenen Gedanken. In der Abgeschiedenheit ihrer Gedankenwelt konnte sie ihr sexuell trotzen.

Carlas Brief ist nicht so sehr der Ausdruck einer Phantasie wie Dorothys, aber er ist eine Ansammlung von zusammengestellten Tatsachen. Diese liebevolle Beschwörung der Vergangenheit kann ebenso als sexuelle Phantasie definiert werden: Die erinnerte Szene ist der Ersatz für die gegenwärtige Realität. »Ich liebe es, durch meine Erinnerungen zu gehen, wenn ich nichts anderes zu tun habe«, schreibt Carla. »Es verursacht in mir ein Gefühl von Wärme, wenn ich mich an all diese Menschen in meinem Leben erinnere, weil ich viele sehr gern gehabt habe.«

Ich habe festgestellt, daß diese Form der Phantasie, die sich eng an die tatsächlichen Ereignisse der Vergangenheit hält, beinah immer das Kennzeichen eines Menschen mit einem geringen Grad an sexueller Furcht und/oder Schuld ist. Wenn Erinnerungen eine zu schwere Bürde von sexuellem Schmerz tragen, läßt die Phantasierende sie normalerweise fallen oder macht sie unkenntlich und legt eine emotionale Distanz zwischen sich und die Vorstellungen, die sie erregen. Sie stellt imaginierte Ereignisse dar und benutzt imaginierte Personen, um die erotischen Bestandteile auszudrücken; sie kann sich in diesen Phantasieszenen beinah in der dritten Person sehen – dieser ganze unglaubliche Sex ist nicht *mir* passiert, er ist *ihr* passiert.

Ich möchte gleich hinzufügen, daß das nicht heißt, daß imaginierte Phantasien das Werk einer puritanischen oder schuldbesessenen Gedankenwelt sind. Ich möchte statt dessen sagen, daß sie das Werk einer kreativen Gedankenwelt sind, die Strategien benötigt, um Hemmungen zu überwinden, anders als Erinnerungen über eine zeitliche Distanz hinweg.

Dorothys Phantasien sind bestimmt eher der Ausdruck einer Imagination als Carlas, aber kein Mensch, der Dorothys sechs Szenen liest, wird glauben, daß sie von einer gehemmten Frau erfunden wurden.

Das Interessanteste an Carlas Briefen ist für mich, daß sie, obwohl ihre Erinnerungen an die sexuellen Erfahrungen aus der Vergangenheit (und Gegenwart) wahrscheinlich die meisten Leute schockieren oder mit Abscheu erfüllen werden, darüber sehr liebevoll mit völliger Akzeptanz eines jeden Mannes, jeder sexuellen Begegnung spricht – und mit einem geringeren Ausmaß an Schuldbewußtsein, weil sie sogar die Barriere des Inzest durchbrochen hat, als die meisten Frauen verspüren, wenn sie einen Fremden auf einer Party küssen. Sie spricht über ihre Erinnerungen, ohne zu prahlen, ohne Ausrufe des Widerstands, die in uns den Eindruck hinterlassen könnten, daß sie zu viele Erklärungen abgibt. »So bin ich«, scheint ihr Brief zu sagen, »so verhalte ich mich, und daran gibt es nichts zu rütteln.« Es ist ihr Leben, von dem sie fortwährend spricht, und sie kommt nicht eine Sekunde lang auf den Gedanken, daß sie nicht jedes Recht auf Erden hätte, damit anzufangen, was sie will.

Dorothy

Ich habe Ihr Buch *Die sexuellen Phantasien der Frauen* gerade zu Ende gelesen, und ich kann wirklich sagen, daß es mein Leben zum Besseren verändert hat. Mein Mann und ich brauchten vier Abende, um es zu lesen, und wir erlebten in den vier Nächten den phantastischsten Sex unseres ganzen ehelichen Lebens. Ich habe nicht gewußt, daß die sexuellen Phantasien anderer Frauen ihn so antörnen würden, und nun glaube ich, habe ich den Mut, ihm einige meiner eigenen zu beschreiben, was ich niemals zuvor getan habe. Verstehen Sie, ich bin sehr streng erzogen worden. Tatsächlich glaube ich, daß ich auch nicht unbedingt strenger erzogen worden bin als die meisten anderen Frauen, und wahrscheinlich war es bei uns nicht schlechter als bei den anderen Mädchen, mit denen ich aufgewachsen bin, es ist ein Wunder, daß ich mit irgendwelchen sexuellen Gefühlen aufgewachsen bin, wenn man dabei in Betracht zieht, daß bei uns zu Hause die Grundhaltung herrschte, Sex sei eben einfach nicht anständig.

Lassen Sie mich vorausschicken, daß ich sechsundzwanzig bin und vor einem Jahr einen wundervollen Mann geheiratet habe, mit dem ich vor unserer Ehe schon ein Jahr lang zusammengelebt habe; ich habe keine Kinder, aber einen guten Job als Direktionssekretärin. Mein Mann und ich sind Angehörige der Mittelschicht, und wir haben beide ein Collegestudium hinter uns.

Ich weiß nun, daß ich schon immer sexuelle Phantasien hatte, aber bis zu diesem Zeitpunkt fühlte ich mich sehr schuldig, schämte mich wegen meiner Phantasien und versuchte hartnäckig, sie loszuwerden. Ich kann mich erinnern, wie schuldig ich mich als kleines Mädchen gefühlt habe, wenn ich mit meinen Eltern zur Kirche ging und wußte, was für eine schreckliche kleine Sünderin ich war, weil ich diese schlechten Gedanken während der Woche gehabt hatte. Ich pflegte um Erlösung zu beten (obwohl keiner aus meiner Familie besonders religiös war ... es war nur deshalb, weil ich so schrecklich sexuell war, nehme ich an). Ich war jedoch nie in der Lage, diese köstlichen schmutzigen Gedanken aus meinem Inneren zu verbannen; als Kind dachte ich daran, wenn ich im Bett lag, und wenn ich hörte, wie sich meine Mutter im Haus zu schaffen machte, erregte mich das noch mehr. Viele meiner Phantasien stammen aus diesen frühen Kindheitstagträumen, und sie haben nie ihre Wirkung verloren. Nun hat mich Ihr wunderbares Buch dazu gebracht, mich mit einem schuldfreien Gewissen zu entspannen und sie zu genießen.

Beim Notieren der hauptsächlichen Themen, bevor ich den Brief begonnen habe, stellte ich fest, daß ich mindestens sechs Grundphantasien habe – jede betrifft eine andere Position, und ich passe die geeignete Phantasie an, damit sie mit der besonderen Position, die ich gerade im Bett einnehme, übereinstimmt. Im folgenden ein paar meiner Favoriten: 1. Sie spielt um 1800, und ich bin ein schönes, heimatloses, mittelloses junges Mädchen auf einer Reise mit dem Schiff nach Amerika. Der Kapitän des Schiffs (gutaussehend, markantes Gesicht, sehr viel älter) hat sich einverstanden erklärt, mich mitzunehmen, und das sogar, obwohl ich kein Geld für die Überfahrt habe. Nachdem wir uns auf dem Weg befinden, stelle ich jedoch bald fest, daß es eine Bezahlung gibt, die von mir verlangt wird, und ich bin zu hilflos, um mich zu wehren. (Will ich mitten im Atlantik über Bord geworfen werden?) Ich bin die einzige Frau an Bord, einem Schiff voll von rauhen, starken Männern, und sie starren mich alle voller Begierde und Verlangen nach meinem exquisiten Körper an. Der Kapitän hat mich jedoch für sich reserviert. Seit er weiß, daß ich eine Jungfrau bin und er mich tatsächlich nicht deflorieren will (ich rechtfertige seine zweifelhafte Moral, indem ich den Schauplatz in eine sexuell wenig freizügige zeitgeschichtliche Epoche verlege), lautet die Forderung, immer an seiner Seite zu sein, wo er meinen langen Rock mit einer Hand hochheben und mit seinen Fingern langsam und leidenschaftlich in mich eindringen kann, während er andererseits damit beschäftigt ist, das Schiff zu befehligen. Ich bin natürlich peinlich berührt und gedemütigt und winde mich, als wollte ich seine Hand aus mir entfernen, aber er fährt mit noch größerer Kraft und stärkeren Manipulationen meiner Klitoris fort, bis ich schließlich so erregt und angetörnt bin (gegen meinen Willen), daß ich schreie: »Oh, fick mich. FICK MICH!« und die ganze Mannschaft des Schiffs versammelt sich, um zuzusehen und mit Erstaunen über dieses prüde, kleine, keuchende und schreiende Mädchen mit der Hand des Kapitäns unter ihrem Kleid herzuziehen. An diesem Punkt habe ich normalerweise einen exzellenten Orgasmus, und ich spreche *wirklich* diese Worte aus, denen mein Mann nur zu gerne Folge leistet, weil es das ist, worauf er gewartet hat. Er kann sich nicht erklären, was in mir vorgeht, was mich in eine solche Ekstase versetzt – er weiß nur, daß mich seine Finger *verrückt* machen!

2. (Diese ist für die männlich-überlegene Position). Ich bin eine Lehrerin in einer Landschule, und einige kräftige Farmerjungen haben mich in dem Schulhaus, das nur ein einziges Klassenzimmer hat, nach dem Unterricht in die Enge getrieben. Ihr Vorhaben basiert auf einer Wette: Einer der Jungen (ein großer, blonder Rohling mit einem riesigen Schwanz) hat mit den anderen gewettet, daß er mich ficken kann, bis ich ihn um mehr anflehe. Sie werfen mich auf meinem Schreibtisch auf den Rücken, schieben mir das Kleid hoch, ziehen mir den Slip aus, und während die anderen Jungen meine Arme und Beine festhalten, macht sich der große Bulle ans Werk und rammt ihn mir rein, begleitet vom Spott und den anfeuernden Rufen seiner Freude. (In der Art wie: »Schieb ihn rein!« »Gib's ihr!« »Bring sie zum Jodeln!«) Während der ganzen Zeit sagt er zu mir: »Komm, Baby, komm schon – mach mich naß!« und er massiert meinen Körper mit seinen riesigen Händen. Die Jungen spreizen meine Beine noch weiter auseinander, damit er tiefer in meinen sich wehrenden, sich windenden Körper eindringen kann, und er hört

nicht auf mit seinen Stößen, während er die ganze Zeit die schmutzigsten Worte sagt, mit denen er mich mit einer energischen, aber sanften Stimme inständig anfleht zu kommen. Ich ziehe diesen Teil immer so weit in die Länge, bis ich zum Orgasmus komme, und es ist immer ein Heuler. Tatsächlich bin ich reichlich angetörnt, während ich das hier schreibe und die ganzen Bilder wieder so überzeugend meine Phantasie überfluten. Diese Phantasie habe ich noch nie vor dem Geschlechtsverkehr gehabt, sondern immer nur währenddessen.

Wie ich schon am Anfang sagte, habe ich unterschiedliche Phantasien für jede Situation, die auch Cunnilingus und Fellatio einschließen, aber ich werde sie nicht alle beschreiben, sonst würde daraus ein Buch werden. Was ich sagen möchte, ist, daß es unter den Beteiligten beispielsweise ein Pferd, einen Hund, Indianer, einen Arzt und den Direktor einer Mädchenschule gibt. Ich wechsele die Rollen in jeder einzelnen Phantasie, und manchmal bin ich schön und kultiviert, während ich in anderen kindlich und einfach bin. Jede einzelne ist ausgearbeitet, aber mir auch so vertraut und lieb, daß mir immer die richtige ganz von selbst und ohne bewußte Anstrengung in den Kopf kommt. Ich habe diese Phantasien wirklich immer als meine »private kleine Welt« betrachtet, und ich mache auch von ihnen Gebrauch, wenn ich masturbiere. Sie machen den Sex intensiver und bedeutungsvoller für mich, und ich glaube nicht, daß ich es ohne sie aushalten könnte.

Wie ich schon einmal sagte, vielen Dank für Ihr wundervolles Buch, und ich werde nicht mehr versuchen, mich gegen diese Phantasien zu wehren.

Ich versichere Ihnen, daß diese Phantasien authentisch sind, und ich habe mich gefreut, daß ich sie alle für Sie aufschreiben durfte, und wenn Sie wollen, gebe ich Ihnen auch den richtigen Namen und die Adresse an. Ich sehe Ihrem nächsten Buch ungeduldig entgegen, und ich hoffe wirklich, daß ich Ihnen ein kleines bißchen helfen konnte – Sie haben mir mehr geholfen, als ich mit Worten ausdrükken kann.

Carla und Tom

Seit mein Bruder und ich Ihr Buch *Die sexuellen Phantasien der Frauen* gelesen haben, wissen wir zu unserer großen Erleichterung, daß wir nicht die einzigen sind, die miteinander ficken, obwohl sie Bruder und Schwester sind. Dürfen wir ein wenig zu Ihrem nächsten Buch beitragen? Ich hoffe, daß es anderen genauso hilft, wie es uns geholfen hat. Tom und ich glauben überhaupt nicht, daß wir etwas »Unnatürliches« tun. Mit ihm ins Bett zu gehen erscheint mir als das Natürlichste auf Erden.

Ich gehe gern durch meine Erinnerungen, wenn ich nichts anderes zu tun habe. Es verursacht in mir ein Gefühl von Wärme, wenn ich mich an all diese Menschen in meinem Leben erinnere, weil ich so viele gern gehabt habe. Ich erinnere mich daran, als ich sechs Jahre alt war und meine Mutter mit mir zu schimpfen pflegte, wenn sie mich dabei erwischte, wie ich mit meiner Möse spielte; aber ich hatte immer das Bedürfnis, mich vor den kleinen Jungen zu entblößen, die auf unseren Hof kamen, um zu spielen. Ich zog meinen Schlüpfer aus, und ich erinnere mich, daß mich verschiedene Male die älteren Jungen in eine Ecke nahmen und an meiner Möse herumspielten. Einige Jungen zogen sich eines Tages komplett aus und legten mich auf ihre Hemden und Hosen und machten sich mit ihren Fingern an mir zu schaffen. Ich mochte es, aber es machte mich wund. Ich sagte meiner Mutter nichts davon, weil sie sonst die Jungen davon abgehalten hätte, zu unserem Haus rüberzukommen und mit mir zu spielen. Das erste Mal, als mich ein größerer Junge auf den Rücksitz eines Wagens in der Garage mitnahm, zog er mich ganz aus und spreizte meine Beine so weit auseinander, daß ich dachte, es würde mich zerreißen. Er kam immer näher, und ich dachte, er wollte mich untersuchen. Ich mochte die Vorstellung, daß er meine Möse so aus der Nähe betrachten wollte, aber plötzlich erwies sich, daß ich mich mit meiner Deutung, was er vorhaben könnte, grob getäuscht hatte: Er brachte seinen Mund an meine Möse und ließ seine Zunge hinein- und wieder hinausschnellen wie eine Schlange. Ich mochte es so sehr, daß ich ihn, immer, wenn er aufhören wollte, bat, es noch einmal zu tun. Er versprach, oft rüberzukommen und es zu tun. Wir fanden Plätze wie unsere Mansarde, die Garage oder Hütten in den Wäldern. Ich war sehr traurig, als seine Familie und er eines Tages in einen anderen Teil unseres Landes zogen, aber bevor er ging, brachte er mir ein anderes Spiel bei. Er benutzte eine Wienerwurst, um mich damit auf Touren zu bringen, und dann sagte er zu mir, daß ich die Wurst aufessen sollte, damit niemand entdeckte, daß ich eine Wienerwurst in meinem Schlafzimmer hatte. Als er weggezogen war, tat ich das häufig und dachte dabei an ihn.

Als ich alt genug war, um zur Schule zu gehen, fanden die Jungs bald heraus, daß sie an meiner Möse herumspielen durften, wann immer sie wollten. Mein Onkel fand dasselbe in einem Sommer heraus, in dem wir den Juli und den August auf seiner Ranch in New Mexiko verbrachten. Ich habe sehr glückliche Erinnerungen daran, wie der Onkel so gern an meiner Möse herumspielte und mich mitnahm, wenn er Ausflüge in die Umgebung seines Hauses unternahm. Mein Onkel war sehr lieb zu mir, und wenn er meine Möse leckte, machte er es sehr zart. Ich erinnere mich daran, als wir eines Tages ziemlich weit weg von seinem Haus waren und er einen Platz fand, der sehr abgeschieden war. Er zog mich vollständig aus und breitete eine große Steppdecke aus, legte mich darauf und steckte seine Zunge in meine Möse. Zu diesem Zeitpunkt war ich neun Jahre alt. Wir vergnügten uns miteinander, und dann zog er sich aus und zeigte mir seinen Schwanz. Ich hatte niemals zuvor den anschwellenden Penis eines Mannes gesehen, und ich verstand nicht, wie es kam, daß er so groß war. Er legte sich auf mich und sagte mir, daß ich mich entspannen sollte; er war dabei, die Spitze seines Schwanzes in meine Möse zu stecken. Ich fragte ihn, was dann passieren würde, und er sagte, er würde nur das mit seinem Schwanz tun, was er immer mit seinem Finger getan hatte, und deshalb hatte ich keine Angst. Statt dessen weckte es in mir die Begierde, einen Schwanz in meiner Möse zu haben. Er spreizte meine Schamlippen und schob sachte seinen Schwanz ein Stück weit hinein. Seine Bewegungen brachten mich dazu, daß ich diesen großen Schwanz in mir haben wollte, genauso wie ich die große künstliche Gummiwurst immer dann in mich schob, wenn ich auf Touren kommen wollte. (Mein Kunstpenis war größer und besser als die echten, mit denen ich angefangen hatte). Als mein Onkel den ganzen Schwanz hineinschob, stellte er fest, daß es leichter war, als er es sich gedacht hatte. Er fragte mich, ob ich jemals zuvor gefickt hatte. Ich erzählte ihm von meinem großen Kunstpenis. Er fragte, ob ich ihn mitgebracht hatte. Ich hatte ihn mitgebracht, und ich erzählte ihm, wie ich ihn benutzte, wenn ich allein war. Das hat ihn so erregt, daß er nach unserem ersten Fick zwei Stunden damit verbrachte, meine Möse zu lecken. Dann bat er mich, seinen Schwanz in den Mund zu nehmen. Ich war so ängstlich, daß er mir auf mein Nein hin sagte, er würde mich nie wieder ficken, und daß ich dann erst seinen Schwanz nahm und daran leckte. Er bat mich immer wieder, stärker zu saugen, und nachdem ich ein Weile gesaugt hatte, wurde meine Zunge wund, und wir hörten auf. Als wir zum Haus zurückkehrten, waren alle ins Kino gegangen und hatten uns allein gelassen. Ich war so müde, daß ich gleich einschlief. Als ich aufwache, leckte mein Onkel meine Möse.

Am nächsten Tag waren mein Onkel und meine Tante in der Stadt verabredet und ließen meinen Bruder und mich allein. Wir verbrachten die Zeit damit, uns alles anzusehen, weil es neu für uns war, auf einer Farm zu sein. Wir kamen an zwei Hunden vorbei, die miteinander zu ficken versuchten. Wir beobachteten es, und es machte mich so heiß, daß ich wankte und meinen Bruder vorn an der Hose berührte. Er empfand genauso wie ich, weil er ohne ein Wort seine Hände unter mein rückenfreies Oberteil schob, meine kleinen Brüste freilegte und meine Titten mit der Hand bedeckte. Wir küßten uns dann, und er brachte mich dazu, mit ihm bis hinter die Molkerei zu gehen. Als wir dort waren, zog er mir das Bikinihöschen und das Oberteil aus. Wir spielten so ein bißchen rum, und dann veranstalteten wir ein Rennen bis zum Haus – ich rannte die ganze Zeit nackt – und gingen in sein Schlafzimmer. So begann es, genauso leicht und locker, und seit diesem Zeitpunkt ficken wir sehr vergnügt miteinander, und das nun schon seit zwölf Jahren. Kennen Sie irgendwelche anderen Ehen, die seit zwölf Jahren so glücklich bestehen? Ich kenne keine. Ich wünschte, daß die Leute, die diesen Brief lesen und uns verdorben finden, daran denken würden, ehe sie uns kritisieren. Wir leben nun zusammen, und alle unsere Freunde glauben, daß wir Mann und Frau sind. Er ist sehr rücksichtsvoll. Im Gegensatz zu den meisten Ehemännern rasiert er sich jeden Tag, damit er meine Haut nicht reizt, etc.

In einem der Briefe in *Die sexuellen Phantasien der Frauen* war die Rede von Hunden. Als Tom und ich das lasen, wollten wir wissen, wie es ist. Mein Bruder und ich fingen an, miteinander zu fik-ken, um den Hund zu erregen. Es klappte wirklich – er kam zwi-schen unsere Beine und leckte uns beide, Tom und mich, während wir miteinander fickten. Das war eine Lust! Als wir fertig waren, ließ Tom seinen Schwanz aus mir gleiten. (Ich nehme die Pille.) Tanzy leckte meine Möse, und Tom legte sich zurück und beobach-tete uns. Wir ließen Tanzy so lange lecken, wie er wollte, und da-nach setzte er sich auf seine Hinterbeine und umklammerte mein Bein. Damit wollte er uns sagen, daß er ficken wollte. Tom ließ mich knien und half Tanzy, sein Glied in meine Möse einzuführen. Wir wußten nicht, wie groß das Ding eines Hundes ist, aber ich fand es bald heraus. Als er den Pimmel in meine Möse steckte, waren das mehr als zwanzig Zentimeter, die er in mich hineinsteckte. Ficken – man weiß nicht, was das für ein Mädchen bedeuten kann, bis es von ihrem Hund gefickt wird. Dieser rosafarbene, fleischige Schwanz ist in meiner Möse, sobald Tanzy Lust darauf hat, mich zu ficken. Tom sieht gern zu, wie der Schwanz in meine Möse hinein und wieder rausschlüpft. Eines Tages fragte mich Tom, wie ich mich dabei fühle, und als ich es ihm erzählte, versuchten wir, Tanzy dazu zu bringen, ihn in Toms Arsch zu schieben, damit er das fühlen konnte, was ich empfand. Aber das Loch war zu klein für Tanzy. Manchmal lege ich mich auf Tom, und wir beide liegen dann mit gespreizten Beinen da, die Bäuche nach oben, und Tom läßt Tanzy mich ficken, wenn wir in dieser Position sind. Toms Schwanz bewegt sich in mei-nem Arsch unter mir, und Tanzy gibt es mir von oben. Wenn ich al-lein bin, und Tanzy will ficken, werfe ich die Sofakissen auf den Bo-den und lege mich auf den Rücken. Tanzy ist sehr klug und weiß, wie er mich von hinten oder von vorn ficken kann. Ich mag es, wenn er mich von vorn fickt, weil ich dann runterschauen und sehen kann, wie sein Schwanz in meine Möse eindringt, wie der rosafar-bene Schaft hinein- und hinausgleitet. Er leckt jedesmal meine Möse sauber, wenn wir mit dem Ficken fertig sind.

Es war Toms Idee, diesen Brief an Sie zu schreiben, aber als ich anfing zu tippen, wurde ich so erregt, daß er mir helfen mußte, ihn zu beenden. Mein letzter Gedanke ist: Es ist egal, mit wem man fickt; wenn es Spaß macht, dann ist es auch in Ordnung.

*

Jennie ist erst siebzehn, und ihre Kindheit ist noch nicht so lange her. Sie erinnert sich sehr deutlich daran: »Wo ich aufgewachsen bin«, sagt sie, »war Sex wirklich komplett tabu.« Sie ist genug Kind unserer Zeit, um in einem Atemzug zu sagen: »Ich habe mich schon immer für ein Mädchen mit hohen Moralvorstellungen gehalten, und ich habe immer gedacht, daß ich als Jungfrau in die Ehe gehen würde«... und dann fährt sie fort und beschreibt ihre sexuellen Erfahrungen mit ihrem Freund, den sie »in drei Jahren« heiraten will.

Was mir an Jennie gefällt, ist, daß sie diese Widersprüche als nicht wichtig genug empfindet, um sie zu kommentieren; keine Entschuldigungen oder Erklärungen hat sie für nötig befunden. Sie ist ein Mädchen, das ihre eigene Sexualität in ihrer eigenen Zeit akzeptiert; sie glaubt mehr an ihr eigenes Gefühl als an irgendwelche Regeln, die unfaßbar im luftleeren Raum schweben. Wenn sie sagt, daß sie wegen ihrer Sexualität oder ihrer Phantasien keine Schuldgefühle hat, dann glaube ich ihr.

Jennies Mutter ist offensichtlich in einer völlig anderen sexuellen Atmosphäre aufgewachsen, und obwohl ihre Tochter sich über die Unterschiede zwischen der Mutter und sich im klaren war, sogar als Kind von neun Jahren, hat sie die sexuelle Autorität ihrer Mutter nicht blindlings akzeptiert: sie fühlte noch stärker ihre eigene Sexualität und glaubte sogar eher daran.

Jennie ist vielleicht nicht typisch für ihre Generation, aber es gibt unzählige junge Frauen wie sie; schon allein die Tatsache, daß sie mir geschrieben hat – und das mit einem solchen Eifer – weist auf ihr Interesse am Sex hin. Was ich noch signifikanter finde, ist die Leichtigkeit, die Akzeptanz und die äußerste Natürlichkeit, mit der sie dieses Interesse handhabt.

Jennie

Ich habe gerade Ihr Buch *Die sexuellen Phantasien der Frauen* fertig gelesen. Das ganze Buch hindurch dachte ich darüber nach, wie es wohl wäre, wenn ich Ihnen jetzt schriebe. Als ich Ihre Adresse auf der letzten Seite sah, wußte ich, daß ich schreiben mußte.

Zuerst möchte ich Ihnen einige Hintergrundinformationen über mich geben. Ich bin siebzehn, und mein Freund ist sechzehn Jahre alt. Wir sind beide in der letzten Klasse der Highschool und haben vor, in drei Jahren zu heiraten. Ich habe mich immer für ein Mädchen von hohen Moralvorstellungen gehalten, und ich habe immer geglaubt, daß ich als Jungfrau in die Ehe gehen werde.

Wo ich aufgewachsen bin, war Sex wirklich komplett tabu. Kein Mensch sprach jemals darüber, und daher wußte ich nie etwas über Sex. Ich weiß, daß ich mit neun Jahren wollüstige Empfindungen hatte, obwohl ich zu diesem Zeitpunkt noch nicht wußte, was das war. Ich pflegte mich auszuziehen und meine kleinen Brüste und meine Möse an der kalten Waschmaschine zu reiben, und das hat in mir ein sehr angenehmes Gefühl erzeugt. Bei anderen Gelegenheiten habe ich mich ausgezogen und bin durch den Wald auf der anderen Straßenseite gelaufen. Manchmal kam meine Freundin mit, und wir setzten uns und masturbierten jeder für sich oder machten es uns gegenseitig. Der bloße Gedanke daran, was ich als Kind getan habe, hat mich schon immer erregt, und wenn ich daran gedacht habe, habe ich es immer gleich wieder getan oder mir etwas Neues ausgedacht, was in mir genauso ein gutes Gefühl erzeugt hat. Wenn ich an den puritanischen Hintergrund denke, vor dem ich aufgewachsen bin, ist es erstaunlich, daß ich mich als Kind nicht wirklich schuldig fühlte, aber es war nicht so. Ich wußte nur, es konnte nicht schlecht sein, wenn es in mir ein so gutes Gefühl verursachte.

In der Gegenwart phantasierte ich, sobald ich freie Zeit zur Verfügung habe..., oder an mir selbst rummache. Ich glaube nicht, daß ich mehr masturbiere als ein durchschnittliches Mädchen, aber ich weiß nicht viel über durchschnittliche Mädchen. Die Welt dreht sich um Sex, und deshalb drehen sich meine Gedanken auch reichlich häufig um Sex. Ich phantasiere normalerweise nicht, wenn ich mit meinem Freund schlafe. Ich muß nur seinen schweren Atem hören, und ich werde geil. Mein Freund experimentiert gern mit Sex. Manchmal ficken wir miteinander, indem er von hinten eindringt, manchmal, indem ich auf ihm sitze, wir haben es sogar einmal unter der Dusche versucht.

Er mag es, wenn ich es ihm mit dem Mund mache. Häufig, in der Öffentlichkeit, kann ich es nicht lassen, ihn anzufassen. Bis vor kurzem habe ich es ihm nicht erlaubt, an mir Cunnilingus auszuüben, aber jetzt mag ich das Gefühl, wenn er an meiner Klitoris saugt und seine Zunge in mich hinein- und wieder hinausschlüpft. Wenn ich allein bin und masturbiere oder tagträume, wechseln meine Phantasien ständig. Zu meinen liebsten Phantasien gehört, daß ich von einem Löwen gefickt werde, von einem Schwarzen oder meinem Cousin. Ich habe immer von Inzest geträumt, aber ich habe keine Brüder. Am nächsten steht mir mein Cousin. Er ist zehn Jahre älter als ich. Vor kurzem, als mein Großvater gestorben war, kam mein Cousin aus Georgia zur Beerdigung. Wir haben einander schon immer sehr anziehend gefunden, und in der Nacht kam er zu mir herunter, wo ich auf dem Sofa schlief. Wir rauchten einen Joint, und er küßte mich. Dann machten wir ein bißchen Petting. Nach einer Weile sagte ich ihm, er müsse gehen. Seitdem habe ich mir oft gewünscht, ich hätte es nicht getan! Irgendwann werde ich noch eine Chance haben, aber ich weiß, daß dann nichts geschehen wird, weil ich meinem Freund sehr treu bin und weiß, daß er nie eine Affäre mit einem anderen Mädchen anfangen würde. Aber ich baue diese Geschichte, was in dieser Nacht hätte geschehen können, gern in meiner Phantasie aus; ich lasse sie jedesmal anders enden und denke mir alles aus, was zwischen uns möglich gewesen wäre.

Ich habe wegen der Phantasien keine Schuldgefühle. Ich höre es gern, wenn mein Freund während des Geschlechtsverkehrs zu mir sagt, daß er mich jetzt »ficken« wird. Es törnt mich wirklich an. Einige meiner Phantasien teile ich mit ihm. Es gibt eine, die wir bald ausprobieren wollen. Ich habe ihm gesagt, daß er sich mir gewaltsam aufdrängen und mich vergewaltigen soll, wenn ich »nein« zu ihm sage. Er möchte, daß ich ihn abwehre, während er zu mir sagt, daß er mich ficken wird.

Wir haben nichts »in der Gruppe« gemacht. Es reizt uns nicht. Mein Freund sagt, daß er nicht phantasiert. Vielleicht wird er es eines Tages einmal tun. Ich habe herausgefunden, daß es unser beider Erregung verstärkt, während wir miteinander schlafen, wenn ich dabei phantasiere.

Vielen Dank, daß ich mir das von der Seele schreiben durfte. Ich hoffe, daß es für Sie und Ihre Studien von einigem Nutzen ist. Viel Glück.

Eine der Freuden bei der Lektüre eines Romans oder beim Ansehen eines Films im Kino ist, daß wir einen Eindruck davon bekommen, wie andere Menschen leben. Das scheint die Möglichkeiten unseres Lebens zu erweitern. Sexuelle Phantasien dienen häufig derselben

Funktion, aber statt über andere Menschen etwas zu lesen, begeben wir uns durch einen Akt der emotionalen Imagination in ihre Körper und ziehen uns ihre Schuhe an; wir fühlen, was sie fühlen, und wir erfahren ihre sexuelle Lust, als wäre sie unsere eigene. In Sarahs Phantasien, die nun folgen, empfinde ich die über die männliche Aufsichtsperson als die interessanteste. Sie ist offensichtlich aus Kindheitserfahrungen entstanden – die Gefühle scheinen sich auf einem so frühen Entwicklungsstadium zu befinden, daß sogar die sexuellen Grundzüge verschwimmen: Sarah erzählt uns, daß sie alle Rollen spielt, egal ob männlich oder weiblich. Das ist in der Phantasie nicht ungewöhnlich. Wir fragen uns alle, wie andere Menschen in der Sexualität *sind*; wir können in unseren erotischen Träumereien deren Gefühle durchspielen. Als einen anderen Hinweis darauf, daß diese Phantasie die imaginierte Wiedererstehung einer sehr frühen Szene ist, empfinde ich die Tatsache, daß Sarah sich nicht wirklich in eine der Rollen hineinbegibt, noch nicht einmal in die »des Mädchens«. Das alles spricht für eine Zeit, in der sie so jung war, daß sie sich nicht aussuchen konnte, ob sie agieren kann oder ob über sie bestimmt wird. Es ist nicht: »Ich tat dies oder das...«, sondern: »Dem Mädchen wird gesagt, daß es ein Bad nehmen soll...« und so weiter.

Sarah

Meine Phantasien sind in einigen Punkten genau wie die in Ihrem Buch, das mir gefällt, und andere sind irgendwie anders. Eine davon ruft mir gute Zeiten mit meinem Ex-Mann in Erinnerung. Er konnte mich mit dem Vorspiel ganz schön auf Touren bringen, und dann steckte er ihn rein, machte nur zwei oder drei Stöße, und zog sich zurück, indem er gerade die Spitze drin ließ und mich neckte: »Willst du es, Baby? Dann mußt du kommen und es dir holen! Zeig es mir, Baby, klettere auf meinen Pfosten!« und ich mußte meine Hüften heben und wieder senken, und manchmal bewegte er sich ein bißchen und tat so, als wollte er ihn herausziehen, und ich wand und drehte mich und hob und senkte meine Hüften wirklich völlig rasend, um ihn in mir zu behalten und die Bewegungen beizubehalten – und natürlich wurde ich heißer und schwitzte immer mehr – weil ich die ganze Arbeit tat. Und ich hatte auf diese Art wirklich enorme

Orgasmen. Ich konnte zum Höhepunkt kommen, aber es klappte nur – wenn ich unten lag und wirklich dafür arbeitete. (Ich weiß, daß das einige Männer überhaupt nicht mögen.)

Eine andere Phantasie von mir ist die über einen Liebhaber, den ich wirklich hatte und der mich auf den Kühlschrank setzte, und ich rutschte irgendwie an einer abgerundeten Kante herunter, bis seine Zunge an meiner Möse war, und er stand da und hatte seine Hände um meine Hinterbacken gespannt, um zu verhindern, daß ich ziemlich hilflos auf den Boden fiel, und er leckte mich aus, wie eine Tüte Eis. Dann ließ er mich am Kühlschrank herunter und direkt auf seinen riesigen Schwanz rutschen – ich konnte nichts anderes tun als das – und schwankte mit mir ins Schlafzimmer, und meine Zehen befanden sich dicht über dem Boden. Unser liebster Spruch war: »Hast du Lust rüberzukommen und meinen Kühlschrank abzutauen?«

Soviel zu der erinnerten Realität – nun zu den Phantasien, die nur Phantasien sind. Es gibt eine von einem kleinen Mädchen, das eine männliche Aufsichtsperson hat – Vater oder Onkel, ich habe das nie ausgearbeitet. Eines Tages hat das kleine Mädchen einen Freund, der nach der Schule zum Spielen rüberkommt, und sie lädt ihn zum Abendessen ein. Die Aufsichtsperson ist einverstanden, und der Junge ruft zu Hause an, um sich die Erlaubnis einzuholen, aber man sagt ihm, daß seine Eltern zum Abendessen ausgegangen sind, und er soll dort, wo er ist, bis 21.30 Uhr bleiben, wenn das nicht zu spät ist. (Ich spiele alle drei Rollen abwechselnd.) Die Aufsichtsperson sagt wieder, daß das in Ordnung ist. Aber nach dem Abendessen sagt er zu dem Mädchen, daß sie gehen und ihr Bad nehmen soll, was sie auch tut. Dann ruft er sie und sagt ihr, sie soll im Bademantel wiederkommen. Sie tut es, und dann sagt er zu ihr: »Hast du deine Röschen gut gewaschen?« Sie sagt, daß sie das getan hat, und er sagt zu ihr: »Komm, leg dich hier drüben auf das Sofa, damit ich sehen kann, ob du es getan hast.« Sie sagt nein, sie möchte Toby (ihrem kleinen Freund) ihre Röschen nicht zeigen. Daraufhin wird die Aufsichtsperson ärgerlich, und er nimmt einen kleinen Stock vom Kaminsims und sagt: »So, du willst ihm nicht deine Röschen zeigen, was? Nun, dann zeigen wir ihm eben deinen kleinen nackten Hintern«, und er legt sie über die Knie, schiebt ihren Bademantel hoch und geht dazu über, ihr eine gute Tracht Prügel zu geben, so daß ihre

41

Hinterbacken rosa gefärbt sind. Dann hört er auf und sagt: »Willst du Toby deine Röschen zeigen?« Und sie sagt: »Ja, ja, ja!« Er legt sie auf das Sofa auf den Rücken und bringt die Lampe herüber, damit alles hell erleuchtet ist, und schiebt einen Schemel für Toby heran. »Setz dich hierher«, befiehlt er Toby. Dann öffnet er die Beine des Mädchens und untersucht es minutenlang und öffnet die Schamlippen um die Vagina und die Klitoris. Dann schimpft er mit dem Mädchen, das sofort aufgehört hat zu weinen. »Du hast dich nicht sehr gründlich gewaschen. Wir werden das besser machen.« Er sagt Toby, daß er einen Finger in ihre Vagina stecken und sie mit der anderen Hand offenhalten soll, während er einen Waschlappen aus dem Badezimmer holen geht. Aus Furcht macht Toby, was ihm gesagt wird; er interessiert sich immer mehr für den Verlauf, und er fragt das Mädchen, ob ihm sein Finger auch nicht weh tut, und sie sagt nein, es ist schön, aber ob er seine andere Hand ein bißchen bewegen könnte, was er tut. Die Aufsichtsperson kommt mit einem Waschlappen zurück, den er heimlich mit einem Mundwasser mit Himbeergeschmack angefeuchtet hat und sagt Toby, daß er seinen Finger dort behalten soll, wo er ist, und er reinigt die Klitoris und die Schamlippen – die von der Mundwasserfarbe und der Hitze, die der leichte, antiseptische Inhalt hervorruft, rosa werden. Das Mädchen versucht, sich zu winden und zu drehen, und sagt, das Wasser sei zu heiß: »Es ist heiß, es tut weh! Oh, Toby, küß mich und mach, daß es aufhört weh zu tun.« Und Toby beugt seinen Kopf herunter und küßt es. Zu diesem Zeitpunkt der Phantasie bin ich schon zweimal gekommen. Manchmal legt die männliche Aufsichtsperson Toby danach übers Knie.

Aber jetzt habe ich nicht mehr genug Energie übrig, um Ihnen einige Einzelheiten über die Schlafanzug-Party meiner Tochter zu berichten, die sie gegeben hat, als sie in der ersten Klasse der Highschool war. Das Stimmengewirr wurde angenehm und leise, und ich dachte schließlich, daß ich schlafen gehen könnte. Dann hörte ich ein »Huch!« und kleine Seufzer und Gekicher. Seitdem habe ich mir vorgestellt, während einer dieser Parties einen Kassettenrecorder anzubringen. Wäre es nicht spaßig zu hören, welche Spiele sie wirklich spielen und wer gerade seufzt und warum?

*

In den nun folgenden Briefen werden sehr frühe Erfahrungen ins Gedächtnis zurückgerufen. Obwohl Claudia offensichtlich eine sehr gesunde und erotische junge Frau ist, gefällt mir an ihr, daß sie sich erlaubt, im Hinblick auf sexuelle Erfahrungen nichts zu überstürzen, ehe sie nicht emotional reif genug dafür ist. »Ich bin erst vierzehn Jahre alt, deswegen habe ich noch nicht gevögelt«, sagt sie und fügt hinzu, »aber ich mache ein bißchen Sex mit meinen Freunden.« Wenn wir ihren Brief lesen, erhalten wir den Eindruck, daß sie, sobald sie reif genug für eine vollständige sexuelle Erfahrung ist, sie selbstsicher, leicht und gut machen wird. Sie wird wahrscheinlich diejenige sein, die genau entscheidet, wann, wo und mit wem sie stattfinden wird.

Die Entwicklung von Claudias Leben in Richtung einer vollständigen, weiblichen Erotik scheint klar; die vier nächsten Briefe helfen uns dabei, einige der Fallstricke, die auf dem Weg der anderen Frauen lagen, zu skizzieren. Das schwierige Terrain ist sehr klar in Janices Brief erfaßt. »Ich liebe meinen Mann sehr«, schreibt sie »(wir sind seit sechzehn Jahren verheiratet), aber ich war immer sehr stark von meinen Phantasien erregt, die sich auf eine Episode in der Pubertät zurückführen lassen. ... Wenn ich es jetzt wage, darüber nachzudenken, nachdem ich Ihr Buch gelesen habe, scheint es für mich nur natürlich zu sein, daß in Frauen durch Episoden Gefühle wachgerufen werden, verursacht durch die Tatsache, daß unsere Geschlechtsteile so nah bei unserer Harnröhre liegen, die mit dem Urinieren zusammenhängen.«

Obwohl sich die Episode, auf die sich Janice in ihrer Phantasie bezieht, während ihrer Pubertät zutrug, begann ihr erotisches Interesse an und ihre Verwirrung über das Harnsystem und die sexuellen Prozesse sehr wahrscheinlich viel früher in ihrem Leben. Zu dem Zeitpunkt, als Tante Bessie auftauchte, hatte sich Janice unbewußt genug auf die Einladung der älteren Frau vorbereitet, »um mich um den Verstand zu bringen.« Denises Brief erinnert uns auch daran, daß in der Zeit, in der die Mutter unsere Reinlichkeitserziehung beginnt, sie auch damit anfängt, uns zu erzählen, daß wir »da unten« nicht an uns herumspielen sollten. Es ist häufig eine Zeit der Spannung zwischen Mutter und Tochter – und vielleicht der erste ihrer lebenslangen Kämpfe. Das ganze Interesse ist während dieser Periode auf diesen einen Teil des Körpers konzentriert, das Mysterium der Sexualität und das des Urinierens verflechten sich miteinander – weil beide verboten zu sein scheinen. Erotik und Ausscheidung werden emotional miteinander verbunden – die Vagina wird als der Sitz einer doppelten Erregung wahrgenommen.

Die Frau, über die Frank schreibt, ist vom Analverkehr fasziniert – sie bezeichnet sich selbst als »analerotisch«. Ich nehme diesen Brief nicht so sehr deswegen in dieses Buch auf, weil er uns etwas über sich erzählt, sondern weil seine Geliebte so ein offensichtliches Beispiel von Freuds Diktum ist, daß die anale Phase der Entwicklung der genitalen vorausgeht. Franks Geliebte hat sich entschieden, mit ihm zusammen die Phantasien auszuleben, die eine natürliche Folge und Ausdruck einer frühen Reinlichkeitserziehung sind... das scheint auch für Lana zuzutreffen, deren Phantasie auf Franks Brief folgt. Robyn tagträumt glücklich über das Vergnügen, sich ohne Schuldgefühle von ihrem Verlobten einen Einlauf machen zu lassen. In diesen Briefen bin ich vom Wunder der menschlichen Natur beeindruckt, seiner stärkenden Kraft und vor allem seiner überwiegenden Dynamik, was Gesundheit und Selbstakzeptanz betrifft. Janice, Denise, Franks Geliebte, Lana und Robyn haben alles überwunden, was auf den ersten Blick ein Verhaltensproblem zu sein schien, aber ich habe statt dessen darin Quellen von erotischem Vergnügen gefunden. Dem spende ich meinen Beifall.

Claudia

Ich habe gerade Ihr Buch zu Ende gelesen. Vielen Dank, denn es hat mir wirklich die Augen dafür geöffnet, woran viele Frauen denken. Einige Teile haben mich schockiert, andere haben mich angewidert, aber die meisten haben mich erregt. Und ich glaube wirklich, daß es Frauen gibt, die sich von Dingen erregen lassen, die mich abtörnen... und das ist in Ordnung. Ich finde es aufregend, daß wir Frauen so unterschiedlich sind.

Ich habe mich nie wegen meiner Phantasien geschämt, war mir aber nicht im klaren darüber, daß es sich um Phantasien handelt. Ich bin erst vierzehn Jahre alt, und deshalb habe ich noch nicht gevögelt, aber ich betreibe ein bißchen Sex mit meinen Freunden. Ich habe schon Phantasien gehabt, solange ich zurückdenken kann. Als kleines Kind stellte ich mir vor, ich wäre ein Haremsmädchen oder ein Sklavenmädchen, das zum Verkauf auf einem öffentlichen Marktplatz ausgestellt ist. Ich war in der Phantasie immer gut entwickelt, obwohl ich zu diesem Zeitpunkt flach wie ein Brett war und nicht ein einziges Schamhaar hatte. In meiner Phantasie liefen die Männer vor mir auf und ab und begutachteten mich, aber nur mit den Augen. Als ich elf Jahre alt war, begann ich sogar, an Jungen zu denken und zu phantasieren, daß sie mich anfaßten. Als ich zehn war, hörte ich auf, in meinen Phantasien unterwürfig zu sein, und ich wurde zur Verführerin. Nachts dachte ich (und das denke ich noch heute) an einen sexy Typen, den ich kannte, oder an einen gutaussehenden Lehrer, und ich stellte mir vor, wie ich ihm sagte, daß er an meinen Titten saugen sollte, während ich zärtlich mit seinem Schwanz spiele.

Ich »begutachte Schwänze«, klar. Ich kann nicht anders. Für mich ist das genauso, wie wenn Jungen auf Titten schauen. Ich trage manchmal sexy Klamotten, und es erregt mich zu wissen, daß ich einem Jungen einen Ständer verursacht habe. Ich stelle mir dann vor, wie sein Schwanz aussieht, wie groß seine Eier sind, wie erigiert (der Schwanz) ist, ob er beschnitten ist oder nicht, etc. Sie wissen schon, all die Dinge, an die Mädchen gern denken, die Jungen mögen.

Ich hoffe, Sie können das in Ihrem nächsten Buch gebrauchen. Es hat mich schon erregt, darüber zu schreiben, weil ich noch nie jemandem etwas über diese Dinge erzählt habe, außer als Kind. Noch einmal danke für Ihr Buch! Ich glaube, ich habe meinen ersten Orgasmus bekommen, während ich es gelesen und dabei masturbiert habe, aber ich bin nicht sicher. Danke jedenfalls, weil es mir ein gutes Gefühl gab!

Janice

Ich bin so froh, daß Ihr Buch einen Bereich der Diskussion eröffnet hat, der mein Sexualleben so direkt berührt. Bis ich von den Phantasien anderer Frauen über das Urinieren gelesen habe – die sexuelle Lust läßt sich bei mir von solchen Vorstellungen herleiten – habe ich mich für »ungewöhnlich« oder schlecht gehalten. Ich liebe meinen Mann sehr (wir sind seit sechzehn Jahren verheiratet), aber ich war schon immer sehr stark von meinen Phantasien erregt, die sich auf eine Episode in der Pubertät zurückführen lassen. Ich habe über diesen Vorfall schon so oft nachgedacht und ihn ausgeschmückt, daß ich nicht mehr sicher bin, was wirklich geschah oder was ich nur hinzugefügt habe, um meine Lust während des Phantasierens zu steigern.

Wenn ich es jetzt wage, darüber nachzudenken, nachdem ich Ihr Buch gelesen habe, scheint es für mich nur natürlich zu sein, daß in Frauen durch Episoden Gefühle wachgerufen werden – verursacht durch die Tatsache, daß unsere Geschlechtsteile so nah bei unserer Harnröhre liegen –, die mit dem Urinieren zusammenhängen. Manchmal glaube ich, daß ich die Angst leicht durch Selbstakzeptanz ersetzen könnte, wenn ich es wagen würde, mir viele Dinge vorzustellen, vor denen ich Angst habe; alles, was mich und andere davon abhält, mir diese furchteinflößenden Dinge vorzustellen, ist der Glaube daran, daß es sündig ist, so etwas zu betrachten; aber was ist daran Sünde, wenn man es sich nur vorstellt?

Dies ist meine Phantasie:

Ich bin zu Besuch im Haus einer älteren Freundin, die ich Tante Bessie nenne, obwohl wir nicht miteinander verwandt sind. Eines regnerischen Tages, als während meines Besuchs die Zeit des Mittagessens naht, trinken Tante Bessie und ich zwei große Martini. Danach setzen wir uns an den Tisch, um zu essen. Das Mittagessen beginnt mit einer köstlichen klaren Suppe, von der ich zwei Portionen nehme. Auf die Suppe folgt kalter Aufschnitt mit Maßkrügen von kaltem, schäumendem Bier. Zum Nachtisch gibt es Cracker und Käse und wieder aufgefüllte Krüge Bier, um alles runterzuspülen. Ungefähr eine halbe Stunde nach dem Mittagessen stehe ich vom Stuhl auf und will den Raum verlassen. Tante Bessie fragt, wo ich hingehe, und ich erwidere: »Entschuldige, ich muß mal pinkeln.« Dazu sagte Tante Bessie: »Unsinn, du glaubst nur, daß du mußt. Komm zurück und setz dich, und wir trinken zusammen eine Flasche Sekt.« Obwohl ich einige Zweifel an meiner Fähigkeit habe, die Flüssigkeit, die ich getrunken habe, einzubehalten, willige ich ein. Zu diesem Zeitpunkt beginne ich zu argwöhnen, daß Tante Bessie »etwas im Schilde führt«, aber was es ist, kann ich mir nicht vorstellen. Wir sitzen eine Weile zusammen, trinken den Sekt und rauchen zwei oder drei Zigaretten, und ich fühle mich von Minute zu Minute unbehaglicher. Als ich den letzten Tropfen meines Glases geleert habe, sage ich zu Tante Bessie: »Ich muß jetzt wirklich gehen, ich kann es nicht länger zurückhalten.« Tante Bessie erwidert: »Gut, wenn du mußt, dann mußt du, aber ich hoffe, du hast nichts dagegen, daß ich mitgehe.« Nachdem wir das Badezimmer erreicht haben, bittet mich Tante Bessie, das Kleid und den Slip auszuziehen und mich dann auf die Toilette zu setzen, aber ohne einen Moment lang auch nur einen Tropfen herauszulassen. Tante Bessie kniet sich auf ein Kissen, das praktisch neben der Toilette bereitliegt, greift über meinen Schenkel, der auf ihrer Seite ist, und macht sich daran, meine Klitoris zu manipulieren. Sobald ich die Finger meiner Freundin an meiner Klitoris spielen fühle, verschwindet mein Bedürfnis, den Urin auszuscheiden. Tante Bessie sagt zu mir: »Warte genau bis zum Augenblick des Höhepunkts, auf den ich dich bringen werde, und laß dann die Flut laufen. Ich versichere dir, daß du den ekstatischsten Höhepunkt erleben wirst, den eine Frau auf dieser Welt haben kann – oder in der nächsten.«

Tatsächlich lasse ich gerade, als Tante Bessies gewandte Finger mich auf den Höhepunkt bringen und mich in den Wahnsinn treiben, in einem Sturzbach die Pisse kommen. Es ist, als käme man an zwei Stellen gleichzeitig, und die heiße Pisse, die über meinen Schlitz und über die pulsierende Öffnung der Vagina läuft, bringt mich beinahe um den Verstand.

Denise

Danke, daß Sie *Die sexuellen Phantasien der Frauen* geschrieben haben – eine der Phantasien elektrisierte mich natürlich: Ich erkannte mich darin wieder. Auf Seite 179, »Faith«, die sich selbst eine »Urologenikerin« nennt. Offensichtlich muß es eine Menge von uns geben, wenn uns jemand ein so ausgefallenes Etikett gibt! Ich möchte gern wissen, wo ich mehr über uns herausfinden kann – außerdem möchte ich gern mit einem anderen gleichgesinnten Mädchen Phantasien austauschen – wenn es möglich ist. Ich würde mich freuen, wenn Sie meinen Brief an »Faith« weiterleiten würden; wenn das nicht geht, ist es auch in Ordnung, ich verstehe das. Jetzt hätten Sie sicher gern eine Phantasie in dieser Richtung für Ihr nächstes Buch. Ich bin lesbisch, unter anderem, und ich bin sehr glücklich darüber. Bevor ich meine Faszination in bezug auf das Urinieren verstehen konnte, habe ich versucht, meine Phantasie in Richtung Geschlechtsverkehr und Erguß zu lenken – ich glaube, ich habe das Urinieren mit dem Erguß verwechselt, aber ich weiß jetzt, daß das nicht stimmt. Es sind die Mißgeschicke, die die Menschen, besonders Männer oder Jungen, haben, die mich faszinieren.

Meine liebste Phantasie findet in einem Klassenraum einer Grundschule statt. Billy, ein süßer fünfzehnjähriger Junge, hebt seine Hand, um auf die Toilette gehen zu dürfen. Der Lehrer übersieht ihn nachlässig, und dann vertröstet er ihn mit einem wiederholtem »in ein paar Minuten«. An diesem Punkt der Phantasie gibt es viele Variationen. Eine typische Version ist, daß er einen solchen Druck verspürt, daß er die Knie zusammenpreßt, sich vorwärts an sein Pult lehnt und versucht, »es zu halten«. Es hilft nichts, und mit brennendem Gesicht bleibt ihm nichts anderes übrig, als alle paar Minuten ein kleines bißchen fließen zu lassen, um den Drang zu lindern. Bald merken es die anderen Kinder, zeigen auf ihn und flüstern über die wachsende Lache unter seinem Pult. Billy trägt immer enge Levi's und hat einen sehr süßen Hintern. Manchmal muß er vorn in der Ecke stehen, wo er sich vor allen Kindern naß macht.

Ich wünschte mir nur, ich hätte eine Vorstellung davon, wie ich an Informationen über diese »Gestörtheit« kommen könnte. Danke.

Frank

Ich bin ein heterosexueller Mann, und es scheint absurd zu sein, daß ich etwas zu den sexuellen Phantasien von Frauen beitrage. Tatsächlich bin ich nicht im entferntesten daran interessiert; zufällig bin ich auf Ihr *Die sexuellen Phantasien der Frauen* gestoßen und habe es nur schnell einmal durchgeblättert. Ich sehe jedoch, daß Sie Material sammeln, und ich habe eine Art Fallgeschichte, die ich Ihnen zukommen lasse, und Sie können damit machen, was Sie wollen. Es ist eine ausgelebte Phantasie, an der ich teilgenommen habe, und ich bin, offen gestanden, zurückblickend ein bißchen in Sorge deswegen. Es ist ziemlich extrem, oder es scheint mir nur so, und ich frage mich, ob ich die Frau darin unterstützt habe, eine schädliche sexuelle Gestörtheit zu entwickeln.

Lassen Sie mich zuerst die Voraussetzungen schaffen und kurz die Charaktere beschreiben. Ich bin ein Geschäftsmann in mittleren

Jahren und ein ganz normaler Zeitgenosse, es gibt nichts Besonderes an mir. Die Frau ist beinah vierzig und ein sehr intensiver, emotionaler Typ, aber ausgesprochen attraktiv und mit einem Mann verheiratet, den sie mag, der aber durch eine Krankheit völlig impotent ist. Sie ist hin- und hergerissen zwischen dem Vorsatz, wenigstens technisch ihrem Mann treu zu bleiben, und dem dringenden Verlangen nach sexueller Erfüllung. Ich mag sie und kann mich in ihr Problem hineinversetzen. Wir haben den Kompromiß geschlossen, eine Affäre miteinander zu haben, die nur auf Cunnilingus und Fellatio begrenzt ist, bei der man sich aber trotzdem vormachen kann, es wäre keine.

Aber das war nicht ganz befriedigend für uns. Ich für meinen Teil genieße das mit einer attraktiven Frau, aber meistens eher nur als ein Teil des Liebesspiels, weniger für sich allein genommen. Sie war schuldgepeinigt und hatte Schwierigkeiten, auf diese Art einen Orgasmus zu bekommen. Es war nicht besonders gut. Bis wir durch eine ziemlich zufällige Bewegung meinerseits etwas anderes entdeckten. Ich streichelte als Vorbereitung zum Cunnilingus ihre Vulva mit meiner Hand, als sich unvorsichtig ein Finger in den Spalt ihrer Gesäßbacken verirrte und die Spitze sich in ihren Anus preßte. Sie versteifte sich, schrie auf und kam beinah sofort zum Orgasmus.

Jetzt kommen wir endlich zur Phantasie selbst. Sie war in der Phantasie analerotisch. Später gestand sie mir das. Sie träumte von einem Mann, der seinen Finger durch den Schließmuskel ihres Anus und in ihr Rektum stieß. Außerdem stellte sie sich seinen Mund dort vor. Und umgekehrt ihren Mund an seinem Anus.

Später taten wir das wirklich. Ich persönlich war ein bißchen unsicher, um die Wahrheit zu sagen. Es hat andere Frauen in meinem Leben gegeben, die das anale Liebesspiel mochten, und ich war dem nicht gerade abgeneigt. Wenn ich in der richtigen Stimmung bin, kann der Anus einer attraktiven Frau genauso aufregend sein wie ein anderer Teil von ihr. Ich mag an Frauen alles, und obwohl ich nie wirklich einen analen Geschlechtsverkehr praktiziert habe, streichele ich oft eine Frau während des Liebesspiels oder beim Cunnilingus dort, wenn sie es zu wünschen scheint. Aber es hat sich erwiesen, daß die Frau, nun von ihren Hemmungen befreit, wirklich gierig danach war. Es war wohl nicht der beste, aber der einzige Weg, auf dem sie einen richtigen Orgasmus erreichen konnte. Und sie wollte, daß ich es als das Äußerste der Erfahrung mit ihr teilte. Daher machten wir es uns zur Praxis, es einander zu tun. Mit dem Kopf zu ihren Füßen konzentrierte ich mich auf ihren Anus, während ich mit den Fingern einer Hand ihre Vulva und ihre Klitoris streichelte. Sie steckte meinen Penis zwischen ihre Brüste, hielt meine Hoden mit einer Hand zur Seite und saugte mit den Lippen und der Zunge an meinem Anus.

Das tatsächliche Ausleben ihrer Phantasie scheint ihr eine entscheidende Erfahrung zu vermitteln. Sie wird beinah wahnsinnig vor Ekstase. Ihr Anus bewegt sich nach innen und außen gegen meine Lippen, aus ihrer Vulva ergießt sich eindeutig der Saft, sie beißt und saugt an meinem Anus und preßt meinen Penis zwischen ihre Brüste, und wenn ihr Höhepunkt kommt, ist er brutal und nimmt kein Ende.

Ich muß gestehen, daß ich das alles sehr genieße. Ich bin so etwas wie ein Voyeur: Ich schaue mir gern alle intimen Stellen einer attraktiven Frau an, sehe ihre Vulva offen und rosa, ihre Klitoris geschwollen vor mir liegen und ihre kleine Harnröhre, wie sie bei der Berührung meiner Zunge klafft, und wie ihre Vagina mir ihr inneres Fleisch enthüllt, wie sich ihr Anus streckt und pulsiert, wenn ich ihn dort berühre. Ich spüre, schmecke und berühre sie gern. Und es ist weiß Gott eine phantastische, angenehm erregende Sensation, wenn die Lippen und die Zunge einer Frau an mir saugen und mich erforschen, ihre Brüste zu spüren, wie sie meinen Penis streicheln, bis er sich über ihre Brüste und ihren Bauch ergießt.

Aber all dies verblaßt, obwohl es so gut ist, im Vergleich zu der wirklichen Geschichte. Ich mag es, ihr in dieser Art und Weise Lust zu verschaffen; ich genieße es selbst. Aber es ist nur ein Spiel für mich; ich bleibe letzten Endes unbeteiligt. Für sie scheint es aber rapide die Ausmaße einer Obsession anzunehmen. Sie will es gar nicht mehr anders machen. Ich mache mir Sorgen – sie ist wirklich eine nette Person, und ich mag sie –, daß ich sie in einer sexuellen Verirrung unterstütze, die ihr vielleicht schaden könnte.

Aber nun haben Sie mir lange genug zugehört. Ich erwarte nicht, daß Sie mir antworten, und vielleicht ist dieser Bericht für Sie überhaupt nicht von Nutzen. Aber wenn Sie an den sexuellen Phantasien von Frauen interessiert sind, haben Sie hier eine, die ausgelebt wurde. Bitte, benutzen Sie einige oder alle Teile dieses Berichts, wenn Sie möchten, ganz unverbindlich. Auf jeden Fall viel Glück beim weiteren Schreiben über dieses interessante Thema – Frauen und ihre Phantasien.

Lana

Ich gratuliere Ihnen zu diesem einfühlsamen Werk, das den Frauen zu Recht ein hohes Maß an Kreativität zubilligt.

Nachdem ich Ihr Buch gelesen habe, stellte ich es mir amüsant vor, eine Phantasie aufzuschreiben, die ich gehabt habe – es scheint eher schwierig zu sein, sie jemandem mitzuteilen. Eigentlich verwirkliche ich meine Phantasie nicht, während ich mit jemandem schlafe, sondern ich nehme sie als eine Art »Schlaftablette«, wenn ich einen besonders ermüdenden Arbeitstag gehabt habe.

Es beginnt damit, daß ich in einem Wartezimmer sitze, das übertrieben antiseptisch und streng aussieht. Ich fühle mich nicht wohl dort, weil ich gegen meinen Willen dort zu sein scheine. Die anderen Mädchen, die neben mir sitzen, rutschen nervös auf ihren Stühlen herum.

Schließlich wird mein Name von einer Frau aufgerufen, die einer Bibliothekarin in einer Grundschule ähnelt, sehr unelegant und klinisch. Sie führt mich in einen großen weißgestrichenen Raum mit einem Untersuchungstisch aus kaltem Metall in der Mitte. Sie bittet mich, mich auszuziehen und die Kleidung in einer Ecke des Raums abzulegen. Wenn ich mich bücke, um sie dort hinzulegen, weist sie mich an, so stehenzubleiben, während sie eine Spritze vorbereitet, die mich beruhigen soll. Sie kommt schließlich zurück und befühlt mich, um die richtige Stelle zu finden – meistens auf dem Hintern. Als sie mir die Spritze gibt, betreten drei Männer den Raum. Einer wirkt sehr seriös, und die anderen sind seine Studenten. Alle sind überrascht wegen der Position, die ich eingenommen habe. Der Lehrer scheint ärgerlich auf die Frau zu sein, weil sie ihre Sache nicht gut genug gemacht hat und ich nicht entspannt genug bin.

Man sagt mir, daß ich auf den Untersuchungstisch klettern soll. Ich mache das und lege mich auf den Rücken. Aber einer der Studenten lacht und bittet mich, mich umzudrehen, und er sagt, er bräuchte die entspannte Seite oben. In dem Moment sehe ich aus den Augenwinkeln mit dem Kopf auf den Händen, wie eine große

Maschine mit einer röhrenförmigen Einrichtung, die an einem langen Gummischlauch befestigt ist, hereingerollt wird. Einer der Studenten bittet mich, mich zu entspannen, und er spreizt meine Beine so weit wie möglich auseinander, während der andere Student mit einem anzüglichen Zwinkern Gummihandschuhe anzieht und mein Rektum mit den Fingern befeuchtet. Dann führt mir der Lehrer langsam und mit einigen Schwierigkeiten (weil ich meine Muskeln anspanne) die Röhre in den Hintern ein und erklärt, daß das ein Einlauf ist, der mit einer einführenden und abführenden Saugvorrichtung versehen ist.

Wasser zischt, Beine werden auseinander gehalten, und man sagt mir ununterbrochen, daß ich mich entspannen soll. Nach einer Weile ist alles vorbei, und die Röhre wird entfernt. Danach schlafe ich gewöhnlich ein.

Wenn ich weiterphantasieren möchte, bin ich vorbereitet.

Der Lehrer sagt, daß ich ein Modell für eine Gußform eines Dildos bin, der den Frauen besser passen soll. Eine weitere Spritze, und dann werde ich umgedreht. Meine Beine sind an einem Trapez befestigt, das an der Decke aufgehängt ist. Die Studenten sind damit beschäftigt, meine Vagina gründlich zu spülen, während der Lehrer meine Brüste befühlt und mich fragt, ob es weh tut.

Dann wird eine andere Maschine mit einer längeren Röhre hereingerollt, die in die saubere Vagina eingeführt wird. Der Gips strömt aus der Röhre und scheint meinen ganzen Körper auszufüllen. Er ist warm und breitet sich immer mehr aus. Einer der Studenten preßt seine Hand auf meinen Bauch, während der andere meinen Schlitz mit den Fingern zuhält. Währenddessen führt der Doktor ein angefeuchtetes Thermometer in mein Rektum ein.

Es werden andere hinzugerufen, die helfen sollen, die Gußform zu entfernen – gewöhnlich sind es Männer, mit denen ich nie eine Affäre gehabt habe, aber bei denen ich mit dem Gedanken gespielt habe. Sie betreten den Raum und sind etwas überrascht, mich dort vorzufinden, ziehen sich aber Gummihandschuhe an und helfen, die Form herauszunehmen.

Die letzte Wonne stellt sich ein, wenn der Abdruck an der Bibliothekarin ausprobiert wird.

Mich wundert, daß ich das geschrieben habe, aber es hat mir Vergnügen bereitet. Es ist eine authentische Phantasie.

Robyn

Ich habe gerade Ihr Buch *Die sexuellen Phantasien der Frauen* zu Ende gelesen und muß gestehen, daß ich es sehr genossen habe.

Um Ihnen ein wenig meinen Hintergrund zu beschreiben: Ich bin eine Frau, achtzehn Jahre alt, und habe mich gerade verlobt, um in eineinhalb Jahren zu heiraten. Bitte keinen Kommentar! Ich habe schon genügend Einwände von meinen Eltern und Verwandten gehört! John und ich sind sehr verliebt, obwohl wir uns erst seit acht kurzen Monaten kennen!

Ich habe mit zwei anderen Jungen vor John geschlafen, aber ich habe es nie wirklich genossen. Mit John ist jede Minute, in der wir Liebe machen, himmlisch. Ich bin das erste Mädchen, das John gebumst hat, und John ist der einzige Junge, der mich zum Orgasmus bringt. Wir vögeln ungefähr drei- oder viermal in der Woche miteinander (ich nehme die Pille), normalerweise in seinem Wagen; gelegentlich mieten wir uns ein Zimmer in einem Motel, obwohl ich vor halb zwei nachts zu Hause sein muß. Ich glaube, ich beschreibe Ihnen, wie wir am liebsten vögeln, ehe ich Ihnen von meiner Phantasie erzähle. Zuerst einmal ist es für uns am befriedigendsten, wenn ich auf ihm sitze. Er kann meine Klitoris berühren, wenn wir es so treiben, und ich kann mit seinen Eiern spielen. Wenn wir im Auto sind, knie ich auf ihm, während er sitzt, und dann kann er einen Finger an meine Klitoris und den anderen an meinen Anus legen. Ich liebe das Gefühl, das in mir aufkommt, wenn sein Finger in meinem Arsch ist. Ich komme so am besten. Wir scheuen beim Ficken vor keinem Ausdruck zurück. Ich liebe es, wenn ich ihn aussprechen höre, was er tut, und er läßt die Wörter wirklich fließen. Wir benutzen jedoch diese Wörter zu *keiner anderen Zeit*. Ich genieße auch das Geräusch, wenn mir der Hintern versohlt wird, bevor wir Liebe machen. (Andererseits kann er es nicht vertragen, wenn ich ihn schlage.) Es fühlt sich toll an, wenn er eine Lotion auf meinem feuerroten Hintern verteilt.

Wir mögen beide am liebsten Sixty-Nine, ich oben. Auf die Art kann er auch seine Hand benutzen. Ich komme nicht, wenn er den Finger nicht an meine Klitoris legt. Häufig macht er es mir mit dem Mund, bevor wir Liebe machen; ich komme gewöhnlich schon, während er das tut.

Nun zu den Phantasien. Ich glaube, meine ist elementar und nicht allzu unüblich. Ich tagträume oft, daß ich mit einer Frau schlafe, aber ich denke nie daran, wenn wir miteinander ficken. Ich würde es wirklich gern einmal mit einem Mädchen probieren, aber, offen gestanden, ich kenne keine, mit der ich es tun könnte. Übrigens weiß keine meiner Freundinnen, außer einer, daß John und ich miteinander schlafen. Wenn sich die Gelegenheit je ergibt, werde ich es bestimmt probieren. (Und ich werde es John *nie* erzählen.)

Ich mag es auch, mir vorzustellen, John wäre ein Doktor und würde mir einen Einlauf machen. Ich sehe ihn einen weißen Mundschutz aus Gaze tragen, wie die Ärzte sie benutzen, und sich über mich lehnen. Ich liege auf einem speziellen gynäkologischen Stuhl mit meinen Füßen in den Bügeln, aber weil er meinen Anus vorsichtig untersuchen will, bevor er mir einen Einlauf gibt, muß ich mich mit dem Gesicht nach unten legen, so daß alles auseinandergespreizt vor ihm liegt, meine Möse und mein Anus. Zuerst stößt er den Finger in meinen Arsch und versucht hineinzuschauen. Aber er kann nicht genug sehen. Deshalb nimmt er eine Art chirurgischer Zange und wärmt das kalte Metall in einer Schale mit warmem Wasser. Dann führt er die Zange in meinen Anus ein, und wenn sie gut und tief drinnen ist, öffnet er sie langsam, damit er bequem hineinsehen kann. Aus irgendwelchen anatomischen Gründen, die ich nicht verstehe, muß er die Finger in meine Vagina stecken, während er meinen Arsch untersucht. Vielleicht hilft es dabei, ihn weiter zu öffnen. Dann, als er alles durchschaut hat, sagt er zu mir: »Nun, ich muß Ihnen einen Einlauf machen. Das wird Sie in Ordnung bringen.« Aber anstatt mich auf eine Toilette zu schicken, hängt er mich in eine Art Schaukel, so daß ich an den Schultern und von den Knien abwärts abgestützt bin, nur mein Hinterteil hängt nach unten durch. John bringt eine enorme Einlaufflasche und hängt sie hoch über meinem Kopf auf. »Das wird Sie wirklich wieder in Ordnung bringen«, sagt er und beginnt damit, die Gummiröhre in mich einzuführen. Er steht unter der Schaukel aus Segeltuch, so daß ich ihn nicht sehen kann, aber er schiebt Längen des Gummischlauchs in mich hinein. Und dann, als er das warme Wasser aufdreht, lehnt er sich zu mir herüber und küßt mich. Während er das tut, legt er seine Hand auf meine Klitoris und spielt liebevoll damit. Ich fühle, wie das Wasser sanft durch mich hindurchläuft;

John hält meine Schamlippen zärtlich in seinen Händen und sagt mir, daß ich bald in Ordnung bin. Das Gefühl ist sehr friedvoll, aber sogar während ich das schreibe, fühle ich, daß ich nahe daran bin, zu kommen.

Die Phantasie ist vielleicht ein bißchen unanständig, aber es würde mir wirklich gefallen, wenn es so geschähe. (Woher soll ich Bügel bekommen und die Schaukel aus Segeltuch und dergleichen?) Ich weiß nicht, ob ich jemals den Nerv haben werde, John zu bitten, daß er das tut, aber vielleicht, wenn ich mich betrinke... Ich bin sicher, er wäre einverstanden – er lehnt es nie ab, etwas auszuprobieren. Ich würde mir auch sehr gern die Schamhaare abrasieren, aber die Vorstellung stößt ihn ab.

Wir onanieren auch zusammen (ich mache es selten allein), und wir haben uns schon gegenseitig beim Pinkeln zugesehen. Am romantischsten ist es im dunklen, tiefen Wald!

Ich hoffe, ich habe Ihnen irgendwie geholfen. Bitte beeilen Sie sich, Ihr nächstes Buch rauszubringen. Ich kann es kaum erwarten, es zu lesen.

Vielleicht lade ich Sie zu unserer Hochzeit ein! Denken Sie daran – SEX IST SCHÖN!

P.S. Er liebt es auch, an meinen sehr großen Titten zu saugen. Er kann es kaum erwarten, bis ich schwanger bin.

P.P.S. Harte Pornos törnen mich auch sehr an. (Ihn gar nicht.)

In allen Phantasien, die in diesem Kapitel folgen, beschreiben die Schreiberinnen ihre Phantasien als eine Folge von Kindheitserfahrungen – und außerdem läßt sich aus solchen Gefühlen deren früher Ursprung entnehmen. Ich bin Frauen wie Ivy und Sophie immer dankbar, die mir schreiben, um den Wert, den die sexuellen Phantasien in ihrem Leben haben, zu bestätigen; ebenso wie ihnen ihre Therapeuten gesagt haben, daß sexuelle Phantasien nicht bedeuten, daß sie Monster sind, so haben mir verschiedene andere Psychoanalytiker geschrieben, daß sexuelle Phantasien für die Gesundheit und das Glück eines Menschen sehr von Vorteil sind. Diese Ärzte haben als Bestandteil ihrer therapeutischen Behandlung damit begonnen, ihre stark gehemmten Patientinnen darin zu unterstützen, eigene Phantasien zu entwickeln, häufig, indem sie ihnen zuerst *Die sexuellen Phantasien der Frauen* zu lesen gaben.

Ganz besonders bin ich Dr. Harrison für seinen Brief zu Dank verpflichtet, nicht nur, was mich betrifft, sondern noch mehr wegen seiner Aufgeschlossenheit gegenüber seinen weiblichen Patienten. Die Tatsache, daß er auch seine eigene Phantasie beigefügt hat, macht ihn in meinen Augen noch außergewöhnlicher, nicht nur als Arzt, sondern auch als Mann. Wir sind bestimmt nicht alle in der Lage, uns eine Psychotherapie leisten zu können oder sie uns zu wünschen, aber die Erfahrungen, die diese Frauen mit uns geteilt haben – wenn sie einräumen, wie schwer es für sie war, die schuldbeladene sexuelle Lust in der frühen Kindheit zu akzeptieren und zu genießen –, können uns allen helfen. Man ist als Kind ein sexuelles Wesen; die Spannungen und die Sensationen, die man empfunden hat, sind immer noch vorhanden. Man hat sich vielleicht schuldig gefühlt, als man sechs oder zehn Jahre alt war, aber man ist nun erwachsen und kann verstehen, wie unnötig diese Schuld ist. Noch wichtiger ist, daß man diese frühen sexuellen Erfahrungen und Gefühle für sich nutzen kann. Als wir Kinder waren, hat man viele von uns dazu gebracht, eine Stelle aus der Bibel auswendig zu lernen: »Als ich ein Kind war, sprach ich wie ein Kind. ... Als ich ein Mann wurde, schob ich die kindischen Dinge beiseite.« Ich gebe zu bedenken, daß das nicht ganz korrekt ist. Wir können kindische Worte und Spiele beiseite legen, aber unsere früheste Sexualität ist die Grundlage, auf der unsere sexuelle Reife wächst. Diese Frauen geben das zu. Vielleicht können wir davon lernen.

Ivy

Ich habe gerade *Die sexuellen Phantasien der Frauen* zu Ende gelesen. Es war eine von vielen Methoden für mich, die ich zur Zeit in Anspruch nehme, um meine zahllosen sexuellen Schwierigkeiten zu bearbeiten. Es hilft mir hauptsächlich insofern, weil es die Feststellung meines Therapeuten bestätigt, daß meine sexuellen Phantasien und Begierden normal sind und von vielen anderen geteilt werden.

Ich bin einunddreißig, seit neun Jahren verheiratet, habe zwei Kinder und bin vor einem Jahr wieder zur Universität gegangen, um mein Studium zu beenden. Mein Mann und ich machen eine Therapie; hoffentlich ermöglicht uns diese Beratung und der Besuch einer Klinik für sexuelle Störungen, unsere Ehe fortzuführen. Aber wenn das nicht klappt, glaube ich, daß wir beide an einem Punkt angelangt sein werden, eine Scheidung zu überleben, und daß uns diese ganze Erfahrung nützlich sein kann.

Phantasie 1: Mein Therapeut (es ist eine Frau) hat es eingerichtet, daß ich eine sexuelle Beratung bei einem männlichen Freund von ihr erhalte, der auch Therapeut ist. Ich gehe regelmäßig einmal in der Woche zu ihm in sein Apartment. Er ist sehr genau in seiner Wahrnehmung und sehr feinfühlig; am Anfang sprechen wir nur miteinander. Langsam leitet er sexuelle Aktivitäten ein. Als ich zum zweiten Mal bei ihm bin, läßt er mich nur komplett angekleidet neben sich liegen. Es ist, als ob er immer spürt, an welchem Punkt die Ängste, die ich in bezug auf Sex habe, die sexuelle Erregung aufheben, und läßt mich immer einen Schritt über meine Grenzen hinaus machen, und er macht einen Schritt, ehe die Angst mich verscheuchen würde, halt. Das ist meine süßeste, zarteste Phantasie, und ich habe uns noch nicht an den Punkt bekommen, an dem wir Liebe miteinander machen und ich einen Orgasmus bekomme (den ich im wirklichen Leben ohnehin nur erreiche, wenn ich masturbiere).

Phantasie 2: (Die ist wild.) Der Anfang ist einem Teil eines Science-Fiction-Romans, den ich einmal gelesen habe, entnommen und übertragen. Es gibt eine Gruppe von Menschen, die eine Kolonie von »Supermenschen« begründet haben... schön, stark, intelligent etc. (Natürlich wollen sie mich. Was für eine Selbstüberhebung.) Wie dem auch sei, sie pflanzen sich fort, indem sie begehrenswerte Personen kidnappen.

Man hat mich entführt, und ich erwache in einem sparsam eingerichteten Schlafzimmer. In den folgenden zwei Wochen kommt jeden Tag jemand und nimmt mich mit, damit man unterschiedliche Arten von Tests mit mir machen kann – eine gründliche körperliche Untersuchung, die ich wirklich genieße, besonders die rektale Untersuchung nach Krebs (Ich habe das nie mitgemacht, aber es hat mir jemand beschrieben), IQ-Tests, eine Untersuchung der körperlichen Kondition, Schmerzgrenzen-Tests, Tests in bezug auf die sexuelle Triebschwelle (d. h. sie untersuchten meine körperlichen Reaktionen auf sexuelle Stimulierungen nach Masters und Johnson). Was mich neben den milden Erfahrungen mit Schmerz, sexueller Stimulierung etc. antörnt, ist das Gefühl, daß jemand oder etwas alles über mich bis ins intimste Detail weiß.

Unterdessen führen sie außerdem an diesem Ort sozial-psychologische Experimente durch. Nachdem ich einige Tage getestet worden bin, kehre ich in mein Zimmer zurück und sehe, daß die Vorhänge aufgezogen sind, so daß ich einen Mann in einem ähnlich eingerichteten angrenzenden Raum sehen kann – offenbar kann er mich nicht sehen. Später (an einem anderen Tag), sehen wir einander und versuchen, durch das Glas zu sprechen; wir können uns nur mitteilen, daß keiner von uns weiß, wo wir sind und was mit uns geschieht.

Schließlich, normalerweise an dem Tag, an dem ich die Schmerzgrenzen-Experimente ausgehalten habe, kehre ich ziemlich mitgenommen in mein Zimmer zurück und stelle fest, daß es jetzt eine Türöffnung in der Wand gibt, und ich gehe hinüber in seinen Raum, wo er mir Mut zuspricht und mich in die Arme nimmt. Manchmal vögeln wir miteinander, manchmal auch nicht, aber es ist immer ein sanfter Akt.

Einige Zeit später kehrt er von einem ähnlichen Experiment zurück, und ich tröste ihn. Für mich liegt das sexuell Antörnende in den verschiedenen Tests, die durchgeführt werden, aber dieser Mann ist immer ein wesentlicher Bestandteil der Phantasie; mir kommt der Gedanke, daß er vielleicht der sichere Ort ist, an den ich zurückkehren kann, wenn die sexuellen Empfindungen zu stark werden und mir deshalb angst machen (es ist der Kontrollverlust, den ich fürchte).

Ich habe hier noch ein paar Zusätze:

1. Ich glaube, auf mich trifft es zu, daß bestimmte Phantasien aus der Kindheit stammen. Ich erinnere mich an die Gefühle, die ich hatte, als ich einige Ausschnitte aus *Tom Sawyer* las, in denen der Schuldirektor die Kinder auspeitschte. Ich bin als strenge Katholikin aufgewachsen und habe mir nie »sexuelle« Bilder in meinem Kopf erlaubt. Aber Phantasien von Schlägen und Schmerz, die mich antörnten, fielen nicht unter diese Kategorie, weil ich zu jung war, um diese lustvollen Gefühle als sexuelle zu erkennen, oder wenigstens als sinnliche. Außerdem törnte mich schon im Alter von zwölf eine Szene in einem Kinofilm an, in der eine Gruppe rauher Männer einer Frau in einer Bar befahl sich auszuziehen, oder sie würden ihren Freund umbringen (ein Messer an seiner Kehle), und meine Vergewaltigungsszenen haben dieses Thema. Der Zwang ist keine pri-

mitive Gewalt, sondern psychologische Überlegenheit, eine Bedrohung insofern, daß jemand anderem, der dabei ist, etwas angetan werden könnte (meinem Freund), wenn ich nicht mitmache.

2. Ich möchte gern glauben, daß das Bedürfnis nach Dominierung daher kommt, daß die Situation für eine Befreiung von Schuldgefühlen sorgt. Ich identifiziere mich sehr mit der Frau in Ihrem Buch, die sagte, daß die Sache mit der Dominierung größer wurde, als ihr Engagement in der Frauenbewegung wuchs... das gleiche ist mir passiert, und es schien ein Widerspruch zu sein: je befreiter ich mich in meinem Alltagsleben fühlte, um so mehr fiel ich zurück und brauchte meine Phantasien von Dominierung, während ich Sex hatte. Vielleicht hat mir die Frauenbewegung dabei geholfen, an mein Recht auf sexuelle Empfindungen und Erfahrungen zu glauben, aber es ist zu schwer, all diese Schuldgefühle auf einmal zu vergessen... deshalb erlaubt mir die Dominierung Lustgefühle ohne Schuldempfinden.

3. Mir gefällt es, daß Sie zwischen Schmerz um des Schmerzes willen und Schmerz als Instrument von Dominierung unterscheiden. Wie Sie schon bei anderen Leuten bemerkt haben, törnt mich wirklicher Schmerz ab; tatsächlich haben mich Folterszenen in Kinofilmen etc. aus dem Gleichgewicht gebracht bis hin zum Brechreiz. Ich kann es nicht aushalten, wenn ich Leute schreien höre etc. Aber die Vorstellung, daß mein nackter Arsch als Vorspiel zum Sex geschlagen wird, törnt mich wirklich an, besonders wenn es als Mittel gebraucht wird, mit dem mich ein Mann zwingt, es ihm mit dem Mund zu machen (ich stehe dem mit ambivalenten Gefühlen gegenüber, aber ich bin wirklich von der Vorstellung angetörnt, es ihm so lange zu machen, bis er kommt... etwas, was ich noch nie getan habe).

4. Ich habe festgestellt, daß die Phantasien von gesichtslosen Leuten und unbekannten Umgebungen in mir nie ein Schuldgefühl verursacht haben. Aber wenn ich an jemand anderen denke, den ich *kenne*, während ich mit meinem Mann bumse, verursacht es mir immer noch Schuldgefühle, vielleicht, weil unsere Ehe zur Zeit nicht so sicher ist. Jedenfalls fühle ich mich nicht so billig und beschissen wie gewöhnlich, nachdem ich in Ihrem Buch gelesen habe, wie viele Frauen währenddessen an andere Männer denken.

Danke. Ich habe nicht den Mumm, mit meinem richtigen Namen

zu unterschreiben. Wenn irgend etwas von dem, was ich geschrieben habe, für Sie brauchbar ist, nehmen Sie es als meine Art, etwas als Gegengabe für den Nutzen beizutragen, den ich beim Lesen von *Die sexuellen Phantasien der Frauen* für mich gezogen habe.

Bonnie

Danke für das erste Buch. Ich konnte nicht glauben, daß ich durch das Lesen so angetörnt sein kann, und jedesmal benutze ich Ihr Buch, um in mir Gefühle zu wecken, bevor ich masturbiere. Natürlich habe ich Phantasien, *eine Menge!* Ich bin einundzwanzig, habe meine Unschuld durch jemanden, der sich in mich verliebte, mit neunzehn verloren, habe mit sieben oder acht Jungen geschlafen, keine ernsthaften Beziehungen, und hatte über einhundertvierzig »Dates« und gelegentliche Affären. Ich spreche mit meiner Mutter über Sex und Phantasien und brachte sie dazu, Ihr Buch zu lesen (genauso wie JEDE andere Frau, die ich kenne). Ich liebe Sex, zu jeder Zeit und überall, und ich stehe am Anfang einer wunderbaren Beziehung mit einem unglaublichen Jungen, der ein fabelhafter Liebhaber ist und allem gegenüber sehr aufgeschlossen.

Die eine Phantasie, die ich hatte, als ich ungefähr zehn war, hat ein gut entwickeltes, detailliertes und (außerordentlich) erregendes kleines Plot, das ich immer, wenn ich will, ausschmücke. Nichtsdestotrotz ist das Thema immer Dominierung, und ich werde immer verhauen. Ein wichtiges Detail ist, daß der Typ Zigaretten raucht — ich glaube, das gehört zu seiner Erscheinung als Macho. Ich gehe nur mit sehr einfühlsamen Männern aus, die im kreativen Bereich arbeiten, aber sie sind alle sehr dominierend (in einer sanften, rücksichtsvollen Weise). Ich lasse mir von einem Typen nichts bieten und wehre mich dagegen zu tun, was man mir sagt. Aber genug Autobiographisches, hier ist sie:

Ich lese ein Buch in seinem Bett, und ich trage einen Rock mit verdeckter Knopfleiste, ein Hemd mit Kragenknöpfen und nur einen Slip. Er kommt rein und trägt Jeans, ein Jeanshemd, das sehr weit geöffnet ist und eine passende Lederjacke (mit hochgestelltem Kragen natürlich). Er kommt zum Bett rüber, setzt sich neben mich und sagt mir, daß ich das Buch weglegen soll. Ich weigere mich. Er drückt seine Zigarette aus und nimmt mir das Buch aus der Hand.

Alles, was er tut, geschieht sehr *langsam*, besonders das Zertreten seiner zahlreichen Zigaretten, und das verlängert die Phantasie und erregt mich nur noch mehr. Ich spiele die Unschuldige und mache nichts weiter, nur gähnen und mich beharrlich weigern. Er zündet sich ein weitere Zigarette an und telefoniert mit seinem Agenten (er ist Illustrator), und während er am Telefon ist, knöpft er mein Hemd auf und zieht es mir aus. Er dreht mich auf den Bauch, schiebt sehr langsam meinen Rock hoch, zieht mir den Slip runter und läßt mich so liegen, während er den Raum verläßt, um eine Nummer für seinen Agenten rauszusuchen. (Als er den Hörer hinlegt, flüstert er: »Wenn du dich bewegst, wird es dir leid tun, und du wirst heute abend nicht mehr sitzen können.«) Als er zurück kommt, habe ich mich hingesetzt, meinen Slip hochgezogen und meinen Rock runtergezogen. Er legt auf und stellt mich vor sich hin, während er auf der Bettkante sitzt und mir den Rock auszieht. Als ich, nur mit dem Slip bekleidet, vor ihm stehe, führt er ein weiteres Telefongespräch.

Während er am Telefon ist, schnappt er mich, legt mich übers Knie (zu diesen Zeitpunkt bin ich wahrscheinlich schon ungefähr zwanzig Mal gekommen) und zieht langsam meinen Slip runter. Nach dem Telefonat schlägt er mich sehr hart, aber ich versuche, nicht zu weinen. Dann befingert er mich wieder und sagt mir nach jedem Schlag, was für ein verzogener Fratz ich bin und daß ich das schon lange verdient habe. Er macht das so lange, bis ich heule. Dann sagt er mir, daß ich mich hinlegen und auf ihn warten soll. Er geht in die Küche, kommt mit einer Schnur zurück und fesselt mich. Er zieht seine Lederjacke aus, rollt die Ärmel hoch (das törnt mich nur noch mehr an) und *reizt* mich lange Zeit (ich liebe es, gereizt zu werden), dann bindet er mich los, und wir machen die ganze Nacht hindurch Liebe miteinander, aber er entschuldigt sich nie.

Meine Schenkel sind zusammengepreßt während ich dies schreibe, und ich versuche mir auszumalen, wie ich meinen Freund dazu bekomme, das zu tun. Er hat mich geschlagen, aber nicht lange genug und nicht langsam; er hat außerdem gesagt, er würde meine Phantasien realisieren.

Ich hoffe, daß ich damit geholfen habe, obwohl ich nicht begreife, wie es das könnte – es ist zu charakteristisch! Danke noch einmal.

P.S. Ich bin Kunststudentin.

Sophie

Ich wollte Sie nur wissen lassen, wie sehr ich Ihr Buch *Die sexuellen Phantasien der Frauen* genossen habe. Ich bin fünfundzwanzig, Single und hatte zahllose Liebhaber, alles Männer. Ich habe meinen MA in Französisch gemacht und bin von Beruf Lehrerin.

Ich habe sexuelle Phantasien, seit ich ungefähr fünf oder sechs war und begonnen habe zu onanieren. Ich habe mich meiner Phantasien immer geschämt – sie waren mein privates Geheimnis – bis zu einem Zeitpunkt vor zwei oder drei Jahren, als ich mich einer Therapie mit einem Psychiater unterzogen habe. Er mußte es praktisch aus mir herausholen – ich habe mich, bis ich knapp zwei Jahre bei ihm in Therapie war, nicht gut genug gefühlt, um ihm davon zu erzählen. Schließlich erzählte ich es ihm, und ich fühlte mich sehr erleichtert, als er es akzeptierte und nicht vor Horror und Ekel vor mir zurückwich, als er davon hörte. Seit dieser Zeit habe ich ein etwas entspannteres Verhältnis zum Masturbieren bekommen, ich genieße es mehr als vorher (jetzt kann ich offen *zugeben*, daß es mir Spaß macht), und ich stelle nun fest, daß Phantasien nicht schmutzig oder ekelerregend sind und daß praktisch alle Frauen phantasieren. Ich onaniere immer noch regelmäßig und genieße diese Art von »unanständigem« und schmutzigem Gefühl, vor dem ich Abscheu empfunden habe. Ich fühle mich auch gern unanständig und schmutzig, wenn ich vögele.

Ich weiß, daß ich möglicherweise nie entdeckt hätte, wie wohltuend und natürlich solche Phantasien sein können, wenn ich mich keiner Therapie unterzogen hätte, und daß Schuldgefühle als psychologische »Bezahlung« von angenehmen, aber verbotenen Vorstellungen unnötig sind. Ich hoffe, daß andere Frauen dieselben Schlüsse über ihre Phantasien daraus ziehen, und das ohne die Hilfe eines Psychiaters, wenn sie Ihr Buch lesen.

Danke für den ausstehenden Beitrag zur Befreiung der weiblichen sexuellen Psyche.

Ich glaube, ich kann diesem Brief einige meiner Phantasien beifügen. Sie können sie benutzen, wie Sie wollen.

P.S. Ich habe Ihr Buch gelesen, während ich bei der Arbeit war (ich mache zeitweilig während des Sommers Sekretariatsarbeiten), und es ist mir gestern während des Tages dreimal gekommen, direkt an meinem Schreibtisch!! Einmal bin ich beinahe dabei erwischt worden, und das hat mich noch mehr erregt.

Phantasie 1: Diese ist ein älteres Modell – ich pflege sie in erster Linie zu benutzen, aber jetzt nehme ich Variationen von diesem Thema, zwei davon folgen auch noch.

Ich spaziere durch die Wälder und genieße das Grün der Umgebung (ich wette, der Psychiater würde sagen, daß das so ähnlich ist, als laufe man durch Schamhaar), als ich plötzlich durch ein Loch im Boden in eine Art Laboratorium falle. Darinnen befinden sich eine Menge Männer in weißen Kitteln (ich glaube, es sind Ärzte oder so etwas Ähnliches). Ich werde ausgezogen, gewogen und dann auf eine Art Wagen gestellt, der mich zu den verschiedenen Abteilungen des Labors fährt. Zuerst werde ich untersucht und für gesund befunden (innerlich vor allem), und dann stellen die Ärzte fest, daß ich orgasmusfähig und für ihre Experimente brauchbar bin. Die letzte Station ist ein großer Raum mit einer Art Balkon, von dem aus man alles beobachten kann. Viele Männer sitzen da oben und beobachten mich, und alle sind außerordentlich interessiert. Der Chefarzt, oder wie er sich nennt, geht zu einem Mikrophon und kündigt den Herren an, daß sie bald Zeuge eines weiblichen Orgasmus' sein werden. Dann kommt ein riesiger Mann herein – er sieht immer sehr stark aus, und obwohl er körperlich nicht schmutzig ist, dünstet er etwas aus, und das Glitzern in seinen Augen sagt mir, daß er an mir einen Job verrichten wird. Dieser Mann ist vom Labor trainiert worden, so daß er genau weiß, wie er eine Frau in die höchste Ekstase treiben kann. Ich werde mit weit gespreizten Beinen auf dem Tisch festgeschnallt. Der große Mann nähert sich mir, untersucht mich mit seinen Fingern, lächelt lüstern, nickt in Übereinstimmung mit dem Arzt, während die Männer die Szenerie beobachten, dann macht er es mir mit dem Mund und reizt meine Klitoris mit seiner Zunge. Während dies geschieht, gibt der Arzt über Mikrophon einen genauen Bericht darüber ab, wie ich mich fühle und wie sehr ich mich antörnen lasse. Er sagt den Männern, daß ich sehr kurz davor bin zu kommen. Schließlich kann es der große Mann, der meine Möse leckt, nicht mehr länger aushalten, läßt seine Hose fallen und enthüllt einen riesigen, erigierten Pimmel, und dann fickt er mich, so gut er kann, während er gleichzeitig meine Klitoris mit seinen Fingern reizt, bis ich über den ganzen Ficktisch komme, komme und komme.

Phantasie 2: Die findet auf demselben Schauplatz statt (manchmal überspringe ich den Anfangsteil und finde mich nur in dem großen Raum wieder, den ich schon beschrieben habe). Jetzt versuchen die Männer, die mich vorher beobachtet haben, mich anzutörnen, und alles geschieht unter den beobachtenden und billigenden Augen des Arztes. Jeder Mann versucht, mich mit seiner eigenen speziellen Technik zu erregen, und dann sagt der alles wissende Arzt, wer es am besten gemacht hat. Die Männer versuchen es angestrengt, weil sie wissen, was der Preis für die beste Arbeit ist – ich (wer sonst?). An einem bestimmten Punkt teilt der Arzt einem Mann mit, daß er mich gewonnen hat. Dieser Mann rollt den Tisch, auf dem ich festgeschnallt liege, in einen anderen Raum, wo er seine Technik einsetzt, um mich zu den explosivsten Orgasmen zu bringen, indem er mich leckt, mich befühlt und mich fickt.

Phantasie 3: Wieder derselbe Schauplatz, außer, daß ich für einige Zeit in diesem Labor bin und weiß, was mich erwartet. Ich genieße nun diese Experimente so sehr, daß diesmal der Arzt über das Mikrophon bekannt gibt, daß ich ihn darum gebeten habe, noch einmal jemanden an mir arbeiten zu lassen. Dieselbe Szene, dasselbe Ende, außer, daß ich darum gebeten habe.

Ich möchte nur noch hinzufügen, daß dies alles Phantasien sind, die ich benutze, während ich onaniere. Normalerweise phantasiere ich nicht allzuviel, wenn ich ficke, außer, wenn mich jemand leckt, dann greife ich normalerweise auf diese altbewährte Phantasie zurück. Ich lasse mich gern von hinten ficken, während meine Klitoris entweder von mir oder von meinem Partner manipuliert wird, und häufig kann ich nicht kommen, ohne daß jemand meine Klitoris manipuliert. Auf jeden Fall habe ich meine größten Orgasmen, wenn mich jemand fickt und sich gleichzeitig an meiner Klitoris zu schaffen macht.

Dr. John Harrison

Wie Sie an meinem Briefkopf oben sehen können (und ich muß Sie darum bitten, ihn aus offensichtlichen Gründen nicht zu drucken), bin ich Psychoanalytiker. Ich schreibe Ihnen diesen Brief, um Ihnen zu sagen, daß Ihr Buch *Die sexuellen Phantasien der Frauen* bereits ein außerordentlich nützliches Hilfsmittel in meiner therapeutischen Praxis gewesen ist. Zum Beispiel, wenn eine junge Mutter sagt: »Ich kann Ihnen meine sexuellen Phantasien nicht direkt verraten, aber wenn Sie auf der Seite XX in Nancy Fridays Buch nachsehen, können Sie eine lesen, die meiner ähnlich ist!« Wie Sie sich denken können, hoffe ich, daß sie als Folge der Therapie in der Lage sein wird, mir direkt und in allen Details über ihre sexuellen Phantasien zu berichten. Das würde Selbstakzeptanz, Reife, Verantwortung *und einen riesigen Schritt in Richtung eines erfüllteren Lebens* bedeuten.

Ihr Buch liefert ein höchst willkommenes, auf eine allgemeine Formel gebrachtes Beispiel, das die Menschen darin unterstützt, mit sich handelseinig zu werden und vielleicht eine Form von Erregung zu suchen, von der sie träumen. *Es ist zum Beispiel bekannt, daß Menschen mit ausgeprägten psychosomatischen Erkrankungen wie Magengeschwüren, Bluthochdruck etc. einen beklagenswerten Mangel in ihren Fähigkeiten zu phantasieren aufzuweisen haben.* Wenn sie lernen können zu phantasieren, könnte ihrem nervösen Streß, der Spannung, der Angst und den Frustrationen ein Ventil in dieser Art zur Verfügung gestellt werden, und diese Dinge müssen sich nicht als destruktive Kraft in ihren armen Körpern bemerkbar machen.

Eine weitere Bemerkung dazu: Viele Neurotiker sind sich ihrer wichtigsten erotischen Phantasien gänzlich unbewußt. Die Psychoanalyse hilft ihnen dabei, sie bewußt zu machen und sie zu akzeptieren. Die meisten Menschen sind sich tatsächlich nicht darüber bewußt, was sie wirklich erregt, aber in Ihrem »Katalog« (wenn ich diese verkürzte Bezeichnung gebrauchen darf) können sie eine Phantasie finden, die ihrer vorher unbekannten sehr ähnlich ist. In der Psychoanalyse stellt sich immer wieder heraus, daß die grundlegende Phantasie vorher bekannt und geschätzt war, aber dann aus Scham etc. unterdrückt wurde. Ich möchte Ihr Buch mit einer Musikbox vergleichen, mit alten, vergessenen Melodien, die, wenn sie gespielt werden, alle vergangenen Gefühle wieder zum Vorschein bringen.

Bitte setzen Sie Ihre sinnvolle Arbeit fort. Ich weiß, daß sie Spaß machen muß; ich hoffe, sie bringt Ihnen auch etwas ein. Weil Sie nun wissen, daß sie in der Erfahrung von zumindest einem Psychoanalytiker als therapeutisch eingeschätzt wird, müssen Sie den Eindruck bekommen, daß Ihre Arbeit die beste von allen ist.

Ihr Foto auf dem Schutzumschlag lädt mich dazu ein, Ihnen eine meiner sexuellen Phantasien zu erzählen. Sie machen einen vertrauten, sexuellen und freimütigen Eindruck auf mich. Vielleicht lädt Ihre Erscheinung die Menschen dazu ein, zu Ihnen auch so offen zu sein. Über eine solche Phantasie zu sprechen ist an sich eine leichte sexuelle Erfahrung – aber Sie haben darum gebeten.

Das ist sie: An einem verabredeten Tag in meinem Büro, als eine Frau mit einem kurzen Minirock und ohne Slip hereinkommt, wird sie mit einem zarten, feuchten Liebkosen von meiner Zunge an ihrer Möse belohnt. Es ist für sie wichtig zu spüren, daß das nur geschieht, weil sie durch ihre Art, wie sie gekleidet ist und sich hinsetzt, ein Zeichen von Einwilligung von sich gegeben hat.

Freud hat über die sexuellen Phantasien der Patienten gesprochen, in denen ihre Ärzte vorkommen, und er geht dazu über, die Gegenübertragung in ihren Therapeuten zu postulieren und zu diskutieren. Das ist ein steifes, mehrsilbiges Wort, das auf das bißchen Möselecken, in meinem Fall, hinausläuft.

Ich bin sicher, daß Sie verstehen, weshalb ich Sie gebeten habe, mich mit einem fiktiven Namen zu bezeichnen, solange Sie die Tatsache bestehen lassen, daß ich Psychoanalytiker bin.

Deedee

Ich schreibe dies, weil ich glaube, daß ich lesbisch bin. Ich glaube, es begann, als ich sechs oder sieben Jahre alt war. Meine Spielkameradin und ich zogen uns immer vollständig aus. Dann legte ich mich auf sie (ich bin sehr aggressiv), öffnete die Lippen ihrer Muschi und rieb sie höllisch. Dann lernte ich ihre ältere Schwester Tish kennen. Eines Tages, als Tish allein zu Hause war, bat sie mich, rüberzukommen. Sie hatte ein Nachthemd an, aber nichts darunter. Sie hob das Nachthemd und sagte mir, daß ich ihre Muschi reiben sollte. Ich machte es, und in meiner Phantasie bin ich heute noch öfter sieben Jahre alt. Ich erinnere mich gern daran, wie ich ihre Schamlippen öffnete und ihre Klitoris reizte. Sogar während ich das schreibe, kann ich mir in die Erinnerung rufen, wie sie aussah, als sie zum Orgasmus kam. Der Grund, aus dem ich glaube, daß ich lesbisch bin, ist, daß sie mir nicht gesagt hatte, daß ich die Lippen ihrer Muschi öffnen und sie reizen solle. Ich habe es aus eigenem Antrieb getan.

Als ich acht Jahre alt wurde, gab ich meine Spielgefährtin wegen eines Freundes namens Teddy auf. Teddy und ich pflegten in den Keller zu gehen, uns auszuziehen und den ganzen Tag zu ficken. (Ich weiß, daß es nicht so gewesen sein kann, aber so sieht es in meiner Erinnerung aus.) Aber er erzählte es bald seinen Freunden, und sie kamen zu uns. Eines Tages standen bei mir sieben Jungen Schlange. Ich habe es weder meiner Mutter noch meinem Vater erzählt, weil ich es so sehr genossen habe. Aber ich glaube, dieser Vorfall hat dazu geführt, daß ich Jungen nicht mehr mochte und zu den Frauen zurück wollte.

Wenn ich »zurück zu den Frauen« sage, meine ich, an sie zu denken und Phantasien zu haben, in denen sie vorkommen. Ich stelle oft fest, daß ich mir eine Affäre mit einer Frau eher wünsche als mit einem Mann. Wie ich schon sagte, bin ich sehr aggressiv. Wenn ich mit einem netten Mann ausgehe, merke ich, daß ich mich herrisch verhalte. Ich habe gern Phantasien von Mädchen mit blondem Haar und blauen Augen. (Ich habe schwarzes Haar.) In meinen Phantasien sehe ich mich immer, wie ich auf der Straße zu ihnen gehe und ihnen einen unsittlichen Antrag mache. Aber im wirklichen Leben mache ich das nie. Ich möchte außerdem meine beste Freundin vergewaltigen. Ich glaube, daß ich auf den richtigen Augenblick warte. Sie kennt mein wahres Gesicht nicht. Ich habe ihr nie gesagt, was ich für sie empfinde und welche Rolle sie in meinen Phantasien spielt. Vielleicht wachse ich aus dieser Phase heraus. Vielleicht weiß ich nicht genug vom Leben, weil ich erst siebzehn bin und meine Eltern schockieren will. Bin ich wirklich durcheinander, oder ist das eine superscharfe Superphantasie?

P.S. Um Ihnen zu zeigen, was Vorstellungen bewirken können: Obwohl ich nicht einmal meine Phantasien ausführlich beschrieben habe und nur an sie gedacht habe, während ich dies hier schreibe, ist meine Möse triefend naß!

Loretta

Die Vorstellung davon, daß »Unschuld« zu sexuellem Vergnügen und einem Orgasmus geführt werden kann, ist etwas, was ich gern in der Phantasie benutze; meine liebste Phantasie hat etwas mit einer »religiösen« Erfahrung zu tun. (Seltsamerweise bin ich nicht religiös aufgewachsen und habe in keiner Weise religiöse Erfahrungen.)

In der Phantasie bin ich ein junges Mädchen, das ohne jedes Wissen über Sexualität aufgewachsen ist. Meine Familienangehörigen sind Kirchgänger; mir ist es bestimmt, daß ich rein und jungfräulich bin. Als ich das richtige Alter erreicht habe (späte Pubertät), bringen mich meine Eltern zur Kirche, damit ich eine spezielle religiöse Einführung vom »Priester« erhalte. Er bringt mich allein in einen Raum, um sie einzuleiten. Um den gepolsterten Tisch herum, der mit purpurrotem Samt bezogen ist, stehen brennende Kerzen. Der Priester trägt lange Kleider. Er ist ein Mann in den Dreißigern oder Vierzigern, den trotz des unterstellten Zölibats eine männliche Kraft auszeichnet. Er hat eine tiefe Stimme. Er erklärt mir, daß ich nun einer sehr heiligen Prüfung unterzogen werde – der höchsten Ekstase durch Gottes größte Kraft. Ich werde außerordentliche Erfahrungen machen, die weit über das hinausgehen, was ich je kennengelernt habe, aber ich muß meinen Willen und meinen Körper uneingeschränkt dem Heiligen Geist öffnen. Ich muß mir erlauben, ohne Furcht auf einen wie auch immer gearteten ekstatischen Zustand zu reagieren, den der Heilige Geist bestimmt, wenn er von mir Besitz ergreift. Und ich muß mich in den reinen Zustand der kompletten Nacktheit begeben. »Schäme dich jetzt nicht; es ist eine heilige Angelegenheit, die im Begriff steht, dir zu widerfahren...« Er hilft mir, meine Kleidung abzulegen, und er ordnet an, daß ich mich auf den gepolsterten Tisch legen soll, damit er meine Seele und meinen Körper vorbereiten kann. Während ich nackt auf dem Tisch liege, ölt er meine Brüste, meinen Bauch und die Schenkel mit parfümiertem Öl ein und intoniert Gebete und Gesänge. »Erfülle diese junge Frau mit dem Heiligen Geist. Dringe in ihren Körper und in ihre Seele ein und führe in ihr die größte Ekstase herbei. Erfülle sie mit frohlockender Heiligkeit...« Seine Berührung ist wohltuend, merkwürdig aufreizend und geheimnisvoll. Seine Stimme ist hypnotisierend. Ich liege da in einer überwältigenden Benommenheit. Er schwingt das Zepter über mir. Es ist aus Gold mit einer runden, birnenförmigen Spitze. »Laß das heilige Zepter durch ihren Körper Eingang in ihre Seele finden...«, murmelte er. Er legt die runde goldene Spitze auf meine Kehle, meine Schultern... Jede Stelle, die sie berührt, ruft einen magischen Anflug hervor – sondiert meine Brüste, die Brustwarzen und streicht über den Bauch. Sie bewegt sich zu meinen Lenden. Kühles Metall streicht zwischen meinen Schamlippen hindurch. Die Sensation ruft in mir ein weiches Seufzen und ein unkontrolliertes Heben meines Torsos hervor. »Ah«, sagt der Priester. »Das muß die Stelle sein, an der wir die magische Öffnung finden… der Pfad des Heiligen Geistes.« Er öffnet mit dem Metallzepter meinen Körper. Er gleitet in mich hinein und füllt eine Öffnung meines Körpers, von der ich bis jetzt nicht wußte, daß ich sie habe…

»Ja, hier ist sie«, ruft er. »Fühlst du ihn… den Beginn deiner ekstatischen Erfahrung? Fängt der Heilige Geist an, in dir zu arbeiten?«

»Ja… ja. Ich glaube…«

»Du mußt dem nachgeben, meine Liebe. Du mußt dich vollständig dem überlassen, was der Heilige Geist an Gefühlen in dir hervorruft, wenn er dich in Besitz nimmt… Willst du dich dem überlassen?«

Ich nicke und stöhne. Das Zepter gleitet hinein und hinaus; wenn es hineingleitet, erfüllt es mich mit unerklärlicher Erregung. Mein Körper reagiert darauf, ohne daß ich Kontrolle darüber habe.

»Glaubst du, daß es kommt? Fühlst du den Heiligen Geist in dir kommen?«

»Ja… ja!«

Der Priester tut etwas Unerwartetes, aber ich bin zu überwältigt, um mich mit dem Augenblick zu beschäftigen. Der Tisch hat am Ende ein herunterklappbares Teil, das er senkt, so daß er mir näher und zwischen meine Beine kommen kann. Mit einer schnellen Bewegung öffnet er die Vorderseite seines Gewandes und bringt ein anderes Zepter hervor. Als das Metallzepter aus mir herausgleitet, stößt er das andere in mich hinein und beugt sich mit einem, wie es scheint, ebenfalls vor Ekstase verzerrten Gesicht über mich. Vielleicht sollen wir uns beide zusammen vom Heiligen Geist erfüllen lassen. Er preßt sein anderes Zepter tief in mich hinein. Es fühlt sich glatt und warm an und außerordentlich verlockend. »Kommt es?« ruft er.

»Ja… etwas passiert mit mir!«

»Laß es kommen! Laß es mit dir machen, was es will!«

Es macht, daß mein Körper sich windet und ihn in wellenförmige Bewegungen versetzt. Meine Öffnung verschlingt sein Zepter und preßt es mit einem Gefühl zusammen, das mich in eine wilde, köstliche Ekstase versetzt. Ich habe niemals so etwas empfunden... Der Heilige Geist ist dabei, mich zu überwältigen. Ich kann es fühlen! Er erkennt mein Stöhnen und die Bewegungen an und sagt: »Ja... ja! Das ist es! Jetzt kommt es! Es ist da!«

(Amen und Halleluja! Du setzt dein süßes Zepter, deine Heiligkeit ein... du hast gemacht, daß es kommt, und es ist dir auch gekommen, du Teufel, du...).

Ich kehre immer wieder zu dem Priester und dem Raum der Einführung zurück. Ich bekomme mehr Anweisungen und mehr Erfahrungen von der Art und Weise, auf die der Heilige Geist in mich eindringt und mich erfüllt. Ich bin eine hingebungsvolle junge Frau... Mit den brennenden Kerzen um mich herum und dem Zepter, das in mich hineingleitet, erfahre ich immer wieder die größte aller religiösen Ekstasen. Der Priester und meine Eltern sind froh über meine religiösen Geschenke. Manchmal zeigt mir der Priester Malereien von Heiligen, die religiöse Erfahrungen machen – nackte Körper auf dem Höhepunkt der Ekstase – gebogene Rücken, verzerrte Gesichter. Ich frage mich vielleicht, wie diese körperlichen Erfahrungen eigentlich mit der Seele in Verbindung gebracht werden können. Heimlich beginne ich, an der Echtheit des Priesters und an der Gültigkeit seiner »Kirche« zu zweifeln. Ich denke, er ist so etwas wie ein Schwindler. Sogar die Unschuldigsten haben einen Begriff von der Sexualität. Aber ich lasse mir nie etwas anmerken; ich erwähne nie meinen Verdacht. Ich müßte viel zu viel Vergnügen aufgeben; und jeder (außer dem Priester selbst) glaubt, daß ich eine durch und durch reine, hingebungsvolle, unschuldige und religiöse junge Frau bin... Wir tun so als ob, halten uns gegenseitig zum Narren und verschaffen uns weiterhin herrliche Orgasmen auf dem purpurroten Tisch.

Sharon

Als ich Ihr Buch gelesen habe, habe ich mich dazu entschlossen, Ihnen zu schreiben, um Ihnen von meinen Phantasien zu berichten.

Zuerst will ich Ihnen ein bißchen über mich erzählen. Ich bin eine fünfunddreißig Jahre alte Jungfrau (auch als Sternzeichen) und einigermaßen glücklich unter diesen Umständen.

Meine geschiedene Mutter und meine zweifach geschiedene

Großmutter leben bei mir – meine Mutter ist vierundsechzig (heute!) und meine Großmutter, die nicht laufen kann, ist sechsundachtzig. Beide sind in einer schlechten gesundheitlichen Verfassung, und ich gehe davon aus, daß sie nicht mehr lange leben werden.

Meine Mutter haßt Sex, und ihre Haltung hat bewirkt, daß ihre zwanzig Jahre dauernde Ehe in die Brüche ging, als ich zehn Jahre alt war. Ich war »wortblind«, habe das aber überwunden und endlich meinen Abschluß an der University of Ohio gemacht.

Zur Zeit arbeite ich in einer Bücherei, in der ich durch Lesen meine eigene Einstellung zum Sex »befreit« habe. Ich habe jetzt auch begriffen, wie krank die Einstellung meiner Mutter vor langer Zeit gewesen ist.

Als Kind habe ich die Sexspiele mit mehreren Jungen, die in der Nähe lebten, genossen, und mich, während ich in der Highschool Freud gelesen habe, von den Schuldgefühlen befreit.

Ich bin Methodistin und Republikanerin, und ich glaube *wirklich* immer mehr an die neuen moralischen Grundsätze.

Ich besuche aus sozialen Gründen die Kirche, aber ich lasse die Briefe des Paulus außer acht und glaube an die okkulten Wissenschaften (ich liebe es, Horoskope zu erstellen!).

Ich fange mit meiner derzeitigen Phantasie an – ich habe in der Zeit, in der ich unterrichtet habe, herausgefunden, daß ich mich von jungen Knaben *sehr* angezogen fühle. Einer der Jungen, der bisexuell war, pflegte in mein Haus zu kommen (bevor meine Großmutter krank geworden ist), während meine Mutter arbeitete. Wir verbrachten den Tag »knutschend« im Bett. Ich habe ihm Fotos von nackten Leuten aus dem *Playboy* gegeben, auf denen ich wie gebannt die männlichen Sexualorgane angestarrt habe – die auf die Frauen gerichtet waren. Ich habe diese Bilder von der Zeitschrift *Sexology* bekommen.

Wir sahen uns die Fotos an – er war siebzehn und ich war achtundzwanzig –, und sie erregten uns. Wir küßten uns und atmeten laut. Dann onanierte er unter der Decke oder ging ins Badezimmer. Schließlich ging er – entweder zur Bushaltestelle oder er »machte es« mit einem Jungen. Wir spielten dieses Spiel Tag für Tag. Es machte uns vor allem Spaß, einander hinzuhalten. Er brachte nie einen Gummi mit, so daß ich davor Angst hatte, »ihn ranzulassen«, weil er mich sonst schwanger machen könnte. Er und ich liebten es zu wissen, wie sehr wir einander wollten – aber keiner von beiden wollte sich dieser Leidenschaft hingeben.

Häufig, wenn ich schwer atmend unter ihm lag, beobachtete er mich, wie ich darum kämpfte, nicht nachzugeben. Manchmal lag ich auf ihm und beobachtete sein Gesicht, während er versuchte, mit seinen Händen an seinen Penis zu kommen, um sich einen runterzuholen.

Schließlich wurden wir unserer Spiele müde und gingen auseinander, OHNE aufeinander böse zu sein.

Ich glaube, daß wir es BEIDE genossen haben, einander zu begehren und es DABEI zu belassen.

Meine Phantasien stammen von dieser Erfahrung.

Phantasie 1: Wir leben zusammen, seit in meiner »Familie« alle gestorben sind. Er entdeckt, daß ich mehr Sex brauche und daß ich ihn von unerfahrenen Jungen im frühen Teenageralter brauche. Er liebt Geld, und deshalb liest er einmal in der Woche heterosexuelle Jungen auf und bringt sie in »unser« Haus (sie bezahlen dafür).

Ich bin jetzt vollständig nackt mit weit auseinandergespreizten Beinen – um das Bett stehen sechs spärlich bekleidete Jungen (mit Unterhosen).

George (mein Geliebter und ehemaliger Schüler) hilft einem Jungen von ungefähr zwölf, mich zu »besteigen«.

Ich spüre, wie sich sein junger Penis in mir bewegt – dann fängt er an, sich immer schneller zu bewegen. Im Raum ist es still.

Nacheinander lernen diese Jungen, »Männer zu werden«, indem sie meinen Körper benutzen. Aber nur wenn George in mich eindringt, komme ich zum Orgasmus.

Phantasie 2: Eine kurze Phantasie – ich installiere eine Filmkamera, und wir können uns zu Hause Filme von uns ansehen, in denen wir miteinander schlafen.

Phantasie 3: Ich bade George in einer Wanne, und dann reibe ich ihn mit Öl und Puder ein. Danach schlafen wir miteinander.

Phantasie 4: George hat eine Verabredung mit einem jungen Mädchen... sie will nicht, daß sie miteinander schlafen... er kommt nach Hause und zur Haustür herein... es ist dunkel und sein Penis (riesengroß) hängt aus seiner Hose... wir machen auf dem Sofa im Wohnzimmer Liebe. Er verläßt mich nie wieder.

Phantasie 5: Wir beschließen, ein Kind zu bekommen, deshalb heuere ich eine wirklich gute Prostituierte an, mit uns zu leben und sich um seine sexuellen Bedürfnisse zu kümmern. Nachdem er mit ihr geschlafen hat, geht er mit mir ins Bett, und ich untersuche ihn, um zu sehen, ob er entspannt und weich ist. Dann schlafen wir ein.

Phantasie 6: Manchmal braucht er einen Jungen für seine sexuelle Befriedigung, deshalb gebe ich ihm Geld, damit er zum Busbahnhof gehen und sich holen kann, was er will.

Phantasie 7: Die meisten meiner Phantasien drehen sich darum, eine Beziehung mit ihm zu haben.

Phantasie 8: Manchmal denke ich, daß es Spaß machen würde, in den Keller der Bücherei zu gehen und oralen Sex mit ihm zu praktizieren – während im angrenzenden Raum alle eine Kaffeepause machen.

Phantasie 9: Manchmal träume ich (während ich wach bin) davon, oralen Sex mit ihm zu haben (es ist mir egal, ob er an mir ausgeübt wird), während er auf dem Rücken liegt. Ich beobachte sein Gesicht, während er die größte Lust empfindet.

Immer, wenn ich mich für jemanden interessiere oder mich mit ihm verabrede, habe ich Phantasien – ich phantasiere NICHT sehr häufig, wenn ich onaniere – vielleicht zweimal im Jahr! Ich frage mich immer, wie groß der Penis eines Mannes ist – von beinahe JEDEM Mann, den ich kennenlerne. Aber ich habe NIE den Penis eines Mannes gesehen, außer auf Fotos (ich finde sie schön!).

Ich habe meine Phantasien immer am Morgen!

Manchmal nachts (ich gehe normalerweise rechtzeitig schlafen!) und häufig in der Bücherei.

Meine sexuellen Bedürfnisse sind ungefähr einen Tag vor meiner Periode stärker. Wenn ich nur junge Männer (in den Zwanzigern) um mich habe, »törnt es mich an«.

Ich reagiere beinahe immer auf meine Phantasien und Fotos von nackten Männern damit, daß ich sehr naß werde.

Wenn ich in der Nähe von »George« bin – einige Tage vor meiner Periode und mir Fotos ansehe (Nacktfotos), läuft die Feuchtigkeit aus, bis hinunter zu meinen Füßen, und ich ziehe und zerre an mir.

Die Leute wären überrascht, wenn sie wüßten, daß ich mich, während ich auf der Straße mit ihnen spreche – ihnen »völlig öffne« und bereit bin, eine Beziehung einzugehen.

Als junger Teenager habe ich davon geträumt, etwas mit einem schwarzen Mann oder Tieren zu haben. Erst seit kurzem habe ich die Vorstellung satt, etwas mit einem Affen zu haben.

Ich habe Phantasien mit Frauen versucht, aber es schien mir zu blöd, sie fortzusetzen.

Ms. Friday, ich glaube nicht an die Ehe – ich glaube, es ist eine für alle Beteiligten faule Sache. Ich habe vor, mit Männern zu leben, mit einem, den ich wirklich will, wenn meine Großmutter und meine Mutter tot sind.

Ich komme mit Männern sehr gut zurecht, und ich bin beliebt!! Also, lassen Sie es nicht zu, daß Helen Gurley Brown einem erzählen will, daß Jungfrauen weder attraktiv noch beliebt sind. So ein Blödsinn!

Ich lasse es zu, daß Männer mit mir über Sex reden. Aber ich lehne es ab, mit schmutzigen Witzen beleidigt zu werden.

Weil ich Männer als MENSCHEN wirklich mag und ihre sexuellen Bedürfnisse akzeptiere – bin ich eine beliebte Jungfrau.

Viele der Kolleginnen, die keine Jungfrauen mehr sind, haben sich über mich lustig gemacht (ich habe niemandem gesagt, daß ich Jungfrau bin, doch sie schienen es zu wissen), aber die Männer und Jungs, die neu in der Bücherei eingestellt wurden, bemühen sich um *mich*. Das geschieht ihnen recht! Ha.

Außerdem akzeptiere ich meine eigenen sexuellen Bedürfnisse – genieße sie – aber ich wehre mich dagegen, mein Leben von ihnen zerstören zu lassen.

Ich füge mein Foto hinzu, damit Sie eine fünfunddreißig Jahre alte Jungfrau SEHEN können! Und eine sehr glückliche auf diesem Foto!

Viel Glück bei Ihren Forschungen – weil die Leute Sie mögen… und ich weiß, daß ich mit meinen »Träumen« nicht allein bin.

In Brendas Phantasie, die nun folgt, benutzt sie die Worte in einer besonderen Art und Weise: um die erotischen Augenblicke zu verstärken. Während der sexuelle Akt abläuft, beschreibt Brenda ihn sich selbst und gibt einen fortlaufenden Kommentar zum Geschehen ab, so daß man den Eindruck erhält, sie sind so intensiv, daß nichts mehr zu beschreiben übrigbleibt. Dieser innerliche Monolog ist, so empfinde ich es, eine andere Ebene der Sexualität: während ihr Liebhaber ihren Körper erregt, wird Brendas Beschreibung, die sie sich selbst liefert, zu einer Phantasie, die ihre Vorstellungskraft erregt und die Sexualität für sie lebendiger macht... ein Beispiel mehr dafür, daß das mächtigste Sexualorgan die Phantasie ist.

Brenda

Ich bin einundzwanzig, Musikerin und lesbisch.

Ihr Buch *Die sexuellen Phantasien der Frauen* hat mir gefallen, und ich gratuliere Ihnen zu Ihrem Mut.

Die erste sexuelle Phantasie, an die ich mich erinnere, ist unklar, aber sie hat etwas mit Insekten zu tun (die kleinen schwarzen runden Insekten, die sich zusammenrollen, wenn man sie piekt), die auf meiner Klitoris herumkriechen. (Ich war erst ungefähr zwei oder drei). Als ich sechzehn war und mich verliebte, pflegte ich davon zu träumen, in der Schule den ganzen Tag über an seinem Schwanz zu saugen! Und im wirklichen Leben saugte ich daran, sobald ich eine Chance dazu bekam. Nach ungefähr einem Jahr hatte er mich verlassen, und ich begann, von meiner besten Freundin zu phantasieren, die zweiundzwanzig und ein »verdorbenes Mädchen« war. (Sie hatte ein paar nichteheliche Kinder, Abtreibungen etc.) Als ich mit ihr zusammen in einem Bett schlief, konnte ich nicht einschlafen und dachte daran, wie schön sie war und wie gut es jedem Typ gefallen würde, neben ihr in einem Bett zu liegen. (Mein wirkliches Sexualleben war auf heterosexuelle Kontakte beschränkt.)

Unsere Wege trennten sich, und als ich neunzehn war, traf ich mich mit meiner neuen besten Freundin, und wir sprachen über Sex und peitschten uns gegenseitig so auf, daß wir kaum noch schlafen konnten. Ich dachte daran, wie gern ich ganz leicht mit der Fingerspitze ihre Vagina von innen und ihre Klitoris befühlen würde! Und ihre Klitoris ganz leicht und immer wieder mit meinem Finger berühren würde.

Schließlich lebten wir unsere Phantasie aus, und sie schwor, daß es der beste Orgasmus war, den sie jemals gehabt hatte; aber sie ist wieder mit Männern zusammen (aus sozialen Gründen, wegen der strengen Erziehung etc.).

Ich habe fünf Affären mit Frauen gehabt (von fünfzehn bis dreiundzwanzig), die länger als meine heterosexuellen Affären gedauert haben. (Ich hatte ungefähr dreißig Männer, ehe ich meine Neigung entdeckte.)

Ich habe meine heterosexuellen Erfahrungen unbefriedigend gefunden. Dagegen haben sich meine Freundinnen jedesmal von mir getrennt. Obwohl es einmal geschah, daß das Mädchen, auf das ich abfuhr, es mir mit dem Mund machte, mußte ich mir das eine Mädchen vorstellen, von dem ich lieber geleckt werden wollte, damit ich kommen konnte.

Ich mag junge Mädchen (nicht wirklich jung, ungefähr sechzehn), und wenn sie es mir mit dem Mund machen, denke ich: »Dieses schöne lange Haar und dieser schöne, anmutige Körper, sie leckt mich. Jetzt steckt sie ihre Finger hinein und nimmt sie wieder raus, und es ist besser als der größte Schwanz.« Wenn ich den aggressiven Part übernehme, denke ich darüber nach, was ihr gefallen könnte; oder ich denke daran, was ich mag, oder wenn sie mir sagt und zeigt, was sie mag, konzentriere ich mich ganz darauf.

Gena

Ich möchte Ihnen zuerst ein Kompliment für Ihr *Die sexuellen Phantasien der Frauen* machen. Ich halte es wirklich für das *erste* Buch, das einen riesigen Schritt in die Richtung eines echten Verständnisses von weiblicher Sexualität ausmacht. Es befaßt sich freimütig, offen und ehrlich mit Frauen.

Ich mache Sie am besten mit mir bekannt, ehe ich meinen Beitrag für Ihr nächstes Buch liefere. Ich bin neunzehn, seit eineinhalb Jahren verheiratet und werde bald zum zweiten Mal Mutter. Ich halte mich für sexbesessen – wenn es so etwas gibt! – und bisexuell. Ich hoffe, daß in den vergangenen Jahren meine Kenntnisse, was das Leben, die Liebe, den Sex und die Kunst der Selbstfindung betrifft, über dem Durchschnitt liegen.

Ich erinnere mich, daß meine Phantasien in einem sehr frühen Alter begannen, mit fünf oder sechs. In dem Alter dachte ich oft, wie nett es wäre, wenn ich jemand Älteren hätte, der diese »verdorbenen, aber ach so schönen« Dinge mit mir täte... so wie ich Nacht für Nacht in meinem Bett lag und mit einem straff gespannten Stück Bettlaken über meine kleine »Muschi« fuhr. Ich hoffte insbesondere, daß es mit dem siebzehn Jahre alten Jungen in der Nachbarschaft passieren würde. Außerdem konnte ich es kaum erwarten zu erfahren, wie das »Dingelchen« eines Jungen aussah und sich anfühlte. Dann, eines Tages im Frühling, der meinem siebten Geburtstag folgte, wurden all meine Phantasien beantwortet. Terry (ich erinnere mich noch gut an ihn) fragte mich, ob ich Lust hätte, mit ihm »Musik anzuhören«. Die Stereoanlage stand in seinem Zimmer, das zu diesem Zeitpunkt in einer Schlafbaracke und ausreichend weit von dem Haus seiner Eltern und dem Rest der Farm entfernt lag. Als wir miteinander zu reden begannen, stellte ich bald fest, daß wir uns näher kamen, und deshalb dachte ich, daß es »angebracht« wäre, ihm ein paar wirklich persönliche Fragen zu stellen. Ein seltsames Funkeln schien in seinen Augen zu erscheinen, und er sagte: »Schieß los!« Ich erinnere mich daran, daß die erste und einzige Frage, die ich ihm an diesem Tag stellen konnte, war: »Wie sehen Jungen da unten aus?« Ich mußte ihm versprechen, es keiner Menschenseele zu erzählen, und dann fragte er, ob ich es mir wirklich selbst ansehen wollte – das wäre leichter, als zu versuchen, es zu erklären, sagte er. Ich sagte sehr ängstlich ja. Er zog sich aus und stand vor mir. Ich erinnere mich, daß ich auf seinen Penis starrte und mir verzweifelt wünschte, ihn anfassen zu dürfen. Er spürte es: »Du willst mich anfassen, stimmt's?« sagte er. »Zieh deine Jeans aus, und ich zeige dir, wie gut wir uns fühlen können.« Wieder tat ich ängstlich, was er sagte. Dann »betastete« er mich, bis ich beinahe starb, weil es ein immer besseres Gefühl war. Dann zeigte er mir, wie man »ihm einen runterholen« konnte. Wie köstlich war diese erste Erfahrung, und ich zweifle nicht daran, daß ich sie nie vergessen werde.

Im Alter von zehn hatte ich immer mehr sexuelle Abenteuer, aber ungefähr in diesem Alter hatte ich auch immer mehr Phantasien darüber, wie es wäre, wenn mich jemand von meinem eigenen Geschlecht in den Arm nähme. Im Alter von elf fand ich es heraus.

Meine Eltern waren sehr gut mit einer anderen Familie aus dem Ort befreundet, die Milchprodukte herstellte, und die Kinder beider Familien kamen gut miteinander aus. Tatsächlich waren sie die liebsten Spielkameraden meines Bruders, meiner Schwester und von mir, und wir verbrachten häufig ganze Wochenenden miteinander. Sie waren genau in unserem Alter. Marie und ich waren mit elf Jahren die Ältesten, R. (mein Bruder) und Ted waren neun, und C. (meine Schwester) und Rosalie waren acht.

Marie und ich fühlten uns in der Welt der Kinder komisch, weil wir beide BHs Größe 75B trugen und beide einen dicken Busch Schamhaare hatten. Wir hatten uns häufig über sexuelle Kontakte und komische Sachen zu diesem Thema unterhalten. Daher leitete ich eines Abends, als wir in ihrem Zimmer im Bett lagen (während eines unserer Aufenthalte), die Untersuchung der Merkwürdigkeiten unserer »weiblichen Körper« ein. Aber ich machte es erst, als ich dachte, sie schliefe schon. Ich griff an ihre Brust (sie lag mit dem Rücken zu meinem Bäuchlein) und begann, sie so sanft, wie es ging, zu berühren, damit sie nicht aufwachte. Aber bald atmete sie schwer und seufzte leise. Ich erstarrte, weil ich das als ein Zeichen sexueller Erregung kannte. Leise sprach ich ihren Namen aus. Sie antwortete mit der gleichen leisen Stimme: »Was?« Alles, was ich sagen konnte, waren Worte, die sich in den folgenden Jahren als die schönsten herausstellten, die ich vorbringen konnte: »Faß mich an!«

Sie tat es, und wir gingen im Verlauf der Nacht dazu über, gegenseitig unsere Körper mit den Händen oder dem Mund zu liebkosen, und obwohl wir nichts über Cunnilingus wußten, war es das einzige, was wir nicht miteinander machten.

Ich kam mit Phantasien von lesbischen Affären in die Pubertät, aber ich überlegte mir auch, wie es wohl mit einem Mann sein könnte. Dann lernte ich 1969 den Mann kennen, mit dem ich jetzt verheiratet bin. Wir haben unsere Jungfräulichkeit aneinander verloren.

Als ich verheiratet war, hörten meine Phantasien bis September oder Oktober 1972, sechs Monate nach der Geburt unserer Tochter, auf. Unsere Ehe begann auseinanderzugehen, und ein Jahr später trennten wir uns. Er verließ mich mit unserer Tochter und ging nach Washington State zurück, wo er geboren war und wo wir unser erstes gemeinsames Zuhause hatten. Ich blieb in unserem zweiten Zuhause in Arizona.

Die Phantasie, die ich im Oktober 1972 entwickelte, war, daß ich einen von zwei Typen kennenlernte. Der eine war Indianer, unbeschwert und sehr rücksichtsvoll. Er war bereit, in der Sexualität dazuzulernen und damit zu experimentieren. Vor allem verfügte er über starke Selbstbeherrschung, und so konnte unser Liebesspiel Stunden dauern. Wir hatten keine Probleme, es gab keine Eifersucht und keine Peinlichkeiten.

Der andere Typ war auch Indianer, aber sehr reich, riesig gebaut und auf eine verrückte Art sehr sorglos. Sexuell war es mit ihm sehr befriedigend, weil er sehr willig war, sich im vollen Umfang zu geben, und das auch, indem er mich zu einem sexuellen Dreieck verleitete.

Auch wenn es phantastisch klingt: In den zwei Monaten, in denen mein Mann und ich voneinander getrennt waren, *lernte* ich diese zwei Typen *kennen*. Ich erlebte mit beiden eine sehr liebevolle Beziehung; aber es war nicht die Art von Liebe, die ich für meinen Mann empfand.

Als mein Mann und ich nach der Trennung wieder zusammenkamen, fühlte ich mich besser, weil ich meine Phantasien ausgelebt und mir erfüllt hatte. Ich hatte mich auf die Reihe bekommen, und wir beide empfanden unsere Beziehung als besser als jemals zuvor. Wir waren offener und ehrlicher zueinander, und wir erwarten nun das Ergebnis: unser zweites Kind.

Ich sehe meinen Mann nun in einem neuen sexuellen, körperlichen und mentalen Licht. Wenn ich onaniere oder mit ihm schlafe und an seinen schönen Körper denke und wie lieb er zu mir ist, erlebe ich einen nahezu unfaßbaren Orgasmus. Ich kann ehrlich sagen, daß das Zusammenleben mit ihm nicht besser sein könnte!

Obwohl ich durch ihn befriedigt werde, wie ich gerade gesagt habe, bin ich aufrichtig genug, zuzugeben, daß ich noch häufig von anderen Frauen phantasiere (ich wünsche mir wirklich, es würde auf einer erwachseneren Ebene geschehen). Ich habe eine Freundin, die diese Wünsche nach einer sexuellen Begegnung vielleicht teilt, und ich wünsche mir häufig, sie täte es, aber ich habe nie ausführlich mit ihr darüber gesprochen. Ich stelle mir vor, daß ich ihr mit meinen Händen und dem Mund so viel Lust bereiten würde, wie ich könnte. Die Vorstellung, daß sie es mir mit dem Mund macht, erregt mich ungeheuerlich! Dann, nachdem ich sie komplett befriedigt hätte, würde sie mir dieselbe wunderbare Lust zurückgeben. Es wäre so gut für uns beide, weil niemand anders als eine Frau einer anderen Frau so viel Vergnügen bereiten kann. Keiner weiß besser, was schön ist. Ich täte es wirklich, wenn sich eine Gelegenheit dazu böte.

Viel Glück für Sie und Ihr neues Buch.

Joyce

Ich habe gerade Ihr Buch *Die sexuellen Phantasien der Frauen* zu Ende gelesen. Als ich auf der Rückseite des Buchs Ihre Adresse und die Bitte um Beiträge sah, fühlte ich mich gezwungen zu schreiben. Ich habe gerade den Abschluß auf dem College gemacht, bin zweiundzwanzig und zum ersten Mal vor einem Jahr auf das Wunder der Sexualität gestoßen. Mein erster und augenblicklicher Liebhaber ist ein sexuelles Kraftwerk. Er kann sich mächtig ins Zeug legen und sich über eine Stunde zurückhalten, in der ich so viele Orgasmen habe, daß ich den Überblick verliere. Ich phantasiere nicht, während wir ficken, weil ich in der Zeit einen so überwältigend guten Fick erlebe. Im Grunde lese ich Ihr Buch, um Ideen zu bekommen, wie ich mein Sexualleben variieren könnte, um es für meinen Liebhaber und für mich noch lustvoller zu gestalten. Ganz egal, woran ich denke, ich überlege mir immer, wie ich es in die Realität umsetzen könnte, aber heute abend ist mein Liebhaber aus geschäftlichen Gründen weggefahren, und ich muß auf Phantasien zurückgreifen, die aus dem heraus, was wir in der Vergangenheit miteinander erlebt haben, entstanden sind.

Diese Phantasien hatte ich heute abend. Mein Freund nennt mich Linda Lovelace. Unnötig zu sagen, daß ich technisch ein Profi bin und mir vorstelle, daß ich seinen ganzen Schwanz verschlucke, indem ich ihn so tief es geht in meine Kehle stecke und den Würgereflex überwinde. Ich habe eine ordentliche Menge Spucke im Mund, die ich dazu benutze, seinen wunderschönen Schwanz, seine Eier und das Innere seines Oberschenkels naß zu machen. Ich habe auch an eine Szene gedacht, in der er mich von hinten gefickt hat. Als ich in dieser hündischen Stellung war, habe ich den Kopf gebeugt, um ihn zu beobachten, wie er mich fickt. Außerdem probiert er Verschiedenes aus, als wollte er sagen: »Guck, Mama – freihändig.« Er spielt außerdem liebevoll mit meinen Brüsten, während ich seine großen Eier massiere, und ich kann seinen schönen Schwanz sehen, wie er in meine Möse hinein- und wieder hinausgleitet, und ihn dabei berühren.

Mein Freund ist auch der wundervollste Liebhaber für mich (übrigens, ich hatte drei Männer). Zum Beispiel leckt er an meiner Möse und saugt an der Klitoris. Dann steckt er die Zunge in meine nasse, saftige Möse (so bezeichnet er sie: saftig), und macht es so, als würde er mich mit der Zunge ficken. Ich liebe es sehr.

Während ich das alles aufgeschrieben habe, hat es dazu geführt, daß meine Möse tropfnaß und einsatzbereit geworden ist. Aber leider muß ich es aushalten, bis ich wieder mit meinem Liebhaber zusammen bin und wir die verlorene Zeit aufholen können.

Deshalb an alle da draußen: Laßt euch ficken (und erlebt eine gute Vögelei, wenn ihr es tut!).

P.S. Ich glaube, daß ich durch die strenge Erziehung von meinen Eltern in der Zeit, in der ich aufwuchs, so viel Lust an meiner sexuellen Aktivität habe. Ich war in meinem Freundeskreis die letzte Jungfrau, und ich hatte immer sehr viel Angst vor dem, was ich »herausfinden« würde, wie es die Leute bezeichneten. Deshalb können Sie sich vorstellen, was ich für ein Vergnügen empfand, als ich den Sex so spät entdeckte und herausfand, daß es wundervoll war, statt angsteinflößend, wie meine Eltern es mir eingeredet hatten.

Kapitel 2

Adoleszenz

Mit dem Einsetzen der Menstruation geht die Kindheit zu Ende, und die Adoleszenz beginnt. Wir werden plötzlich in eine Welt geworfen, die größer ist als alles, worauf wir uns vorbereitet haben, die mehr Auswahl zur Verfügung stellt, als uns die Kindheit jemals angeboten hat. Ebensosehr, wie wir uns nach Reife und dem Erwachsensein gesehnt haben, so sehr erleiden wir nun, nachdem diese Zeit begonnen hat, Rollen- und Identitätskonflikte. »Was möchtest du werden, wenn du groß bist?« Diese Frage wirft uns in Hoffnungslosigkeit. Wir wollten die eine Sache gestern tun, aber sie ist heute nicht mehr von Bedeutung, und wir argwöhnen, daß wir morgen wieder unsere Meinung ändern. Vor allem möchten wir sagen: »Ich weiß es nicht. Ich bin zu jung, um mich entscheiden zu können.« Aber das wird uns nicht erlaubt. Nur *Kinder* sagen das. Statt dessen sinken wir in eine trübe Stille oder geben hochnäsige Antworten. Der Druck von Familie und Gesellschaft, der ein Erziehungssystem zwingend vorschreibt, das uns im Eiltempo in die Zukunft treibt, scheint uns keine Pause zu bieten, um stehenzubleiben und darüber nachzudenken, wer wir sind.

Es ist das Alter, in dem wir uns verlieben – immer wieder. Weil das augenscheinlich der Ausdruck unserer wachsenden sexuellen Reife ist und außerdem der Ausdruck unserer Suche nach einer Identität: Eines der größten Wunder der ersten Liebe ist, wie jeder neue Mann uns dabei zu helfen scheint, eine neue Person in uns zu entdecken.

Aus diesem Grund glaube ich, daß der zeitgenössische Sittenkodex verhängnisvoll ist, weil er verlangt, daß Liebe durch Sex bestätigt werden muß. Es muß nicht wirklich so sein, daß es junge Mädchen schon brauchen. Sex kann zu einem Druckmittel werden, das sie zu weit und zu schnell voran in eine Richtung treibt, von der sie noch nicht sicher sind, ob sie dorthin möchten. »Ich liebe dich«, möchte sie zu ihm sagen, aber sie hat Angst: es könnte das letzte Signal sein, das er braucht, um die Tür zu seinem Schlafzimmer zu öffnen. (Laß dich darauf ein oder halte den Mund). Sie wünscht sich vielleicht gerade jetzt Sex oder nicht, aber was sie sich verzweifelt wünscht, ist, mit ihm zu sprechen. Sie möchte, daß er ihr sagt, daß er sie auch liebt, damit sie ihn darum bitten kann, diese Frau, die er liebt, zu beschreiben. Wer ist sie? Was an ihr ist so wunderbar? Ist *sie* das wirklich? Sie hat einen unrealistischen Eindruck von sich selbst; sie braucht jemand anderen, in dessen liebevollen Augen sie sich spiegeln kann, ein Bild von sich gestalten und formen kann, das sie sehen und verstehen kann. Sie hat zu lange in Spiegel gesehen. »Erzähl mir, welche Art Mädchen du magst«, bitten wir den jungen Mann, den wir kennen. *Sag mir, wie ich sein soll.* Jedesmal, wenn ich diese Bitte von der Stimme einer jungen Frau ausgesprochen höre, überläuft mich ein kleiner Schauer, egal, mit welchen Worten sie ausgesprochen wird. Es ist *die* ontologische Frage, eine Suche nach der Basis, auf der wir aufbauen und bleiben können. Wir sehen uns gegenseitig an und versuchen Anhaltspunkte zu finden, aber es ist eine Frage, die wir zur rechten Zeit auf unsere Art und Weise beantworten müssen. Was die Plastic-People so wenig wahr klingen läßt, ist, daß sie in sich nicht nach einer Antwort gesucht haben; sie haben ihre angepaßten, nachgebildeten Selbstbilder aus dem unaufrichtigen Schund, den ihnen die Gesellschaft übergeben hat, gebaut. Dr. R. D. Laing *(Das geteilte Selbst)* empfindet diese Frage als den Kernpunkt der Schizophrenie – oder vielleicht als eine fehlende Antwort darauf. Die Anforderung, unsere echte Identität zu finden, ist eine der großen Aufgaben der Adoleszenz.

Deshalb verbringen Teenager so viel von ihrer emotionalen Energie und Zeit mit Gesprächen: Es ist die Arbeit an der Definition. In ihren endlosen Spekulationen über die Ewigkeit, Wahrheit, Schönheit, Gut und Böse – sogar in ihrer ständig kichernden Art zu klatschen – entdecken sie Ebenen ihrer Persönlichkeit und suchen nach dem Gold ihres wahren Ich. Eine der hoffnungsvollsten Entwicklungen unsrer Zeit ist, so empfinde ich es, daß junge Frauen nicht mehr länger nur jungen Männern zuhören, um Anhaltspunkte dafür zu finden, wer sie sein könnten. Wir stellen heute diese Fragen auch anderen Frauen, jede von uns bestärkt jede andere Frau in unserem Entschluß, unsere Sexualität selbst zu definieren – und nicht nur in Ausdrücken, von denen wir annehmen, daß Männer sie gut finden. Der Große Einkaufsmarkt für Männer ist geschlossen; wir verkaufen uns nicht mehr länger.

Für Phantasien, die aus der Krise der Adoleszenz entstehen, ist es typisch, daß sie unterschiedliche Persönlichkeiten ausprobieren, verschiedene Vorlieben und Abneigungen testen und unsere Sexualität für die uns noch bevorstehenden Situationen, durchspielen. Sis erzählt uns in ihrem Brief stolz, daß sie eine gute Schülerin ist und etliche Leistungskurse belegt. Aber sofort weiß sie, daß sie diese große Anerkennung, die ihr verliehen wurde, verteidigen muß, indem sie uns berichtet, daß sie »ein sehr starkes sexuelles Bedürfnis danach hat, Liebe zu machen.« Stimmt das? Oder ist das nur eines der Dinge, zu denen Mädchen ihres Alters okay sagen, weil sie glauben, sie müßten es? (Genau wie ihre Mütter eine Generation früher empfanden, sie müßten das Gegenteil sagen.) Als sich Sis dann die Gelegenheit, Sex zu machen, durch einen Jungen, den sie gut kennt und der ihr verspricht »sehr vorsichtig« mit ihr umzugehen, tatsächlich bietet, springt sie buchstäblich alarmiert in die Höhe und ruft: »Ich will nicht!«

Ich kann mich gut in solche jungen Frauen wie Sis hineinversetzen. Trotz ihrer mutigen Reden weiß etwas tief in ihnen, daß sie für Sex noch nicht bereit sind. Sie weiß nicht, warum das so ist. Sie wird von den Gleichaltrigen nicht bestärkt – jeder um sie herum scheint Sex als selbstverständlich zu betrachten. Sie ist ganz allein mit ihren Gefühlen, die sie leiten – *aber das reicht aus.* Sie muß nicht wissen, warum sie noch nicht für Sex bereit ist; sie muß nur in Übereinstimmung mit ihren Gefühlen sein: Ihr Körper informiert ihre Seele, und ihre Antwort lautet *nein.* Ich applaudiere ihr dafür, wie sie mit ihrer inneren Sprache in Einklang handelt, insbesondere deshalb, weil es eine selbstbestimmte Antwort auf die Ungleichheit mit dem ist, was akzeptierte Slogans und Vorstellungen ihrer Freunde zu sein scheinen. Es ist ein lebenslanger Kampf, unseren Verstand und unsere Gefühle dazu zu bringen, daß sie zusammen im selben Strom schwimmen. Weil ich glaube, daß jede Frau das Recht hat, *ja* zu sagen, wenn sie sich so fühlt – so hat sie wirklich das Recht, sich zu verweigern, wenn das Mysterium von Ebbe und Flut ihrer Begierden sie noch nicht erreicht hat.

84

In den Phantasien, die Sis uns überlassen hat, können wir erkennen, daß sie dabei ist, sich auf die Zeit der wirklichen Sexualität vorzubereiten, von der sie weiß, daß sie vor ihr liegt.

Für Beth Anne sind die Phantasien ebenfalls erregende Strategien, um von einer Idee Gebrauch zu machen, der sie noch ambivalent gegenübersteht. Sie berichtet uns, daß sie Jungfrau und zu schüchtern ist, um *Die sexuellen Phantasien der Frauen* in der Buchhandlung zu kaufen, in der sie arbeitet, obwohl sie dort Rabatt bekommen kann. In ihren Phantasien sehen wir ihre andere Seite: Sie ist eine Frau, die gern mit »einem Kunden, einem Fremden auf der Straße, jemandem, den ich nicht zu gut kenne« Sex machen will. Und dann fügt sie einen Satz hinzu, der uns zeigt, wie ähnlich sie Sis ist. »Junge, Junge«, wenn das geschieht, bin ich wirklich vorbereitet, nach all diesen Übungen in meinem Kopf.«

Penelopes Brief zeigt uns eine andere Untersuchung ihrer sexuellen Identität in der Phantasie. Sie ist das Kind von intelligenten, genau beobachtenden Eltern; sie fühlte sich ihrer Mutter gegenüber frei genug, sie darum zu bitten, ihr beizubringen, wie man masturbiert, nachdem sie durch die Lektüre von Masters und Johnson auf die Idee kam. In ihrem Brief sehen wir, daß sie sich zu dieser Art von einer netten jungen Frau entwickelt hat, die wir von einer solchen Familie erwarten: Sie weiß in der Sexualität bescheid, ist kultiviert, jemand, der sich frei und sicher genug fühlt, Männer »gelegentlich« auszufragen, statt ständig passiv zu warten, bis sie gefragt wird. Aber in ihren Phantasien erforscht sie die total entgegengesetzte Identität: »Die Frau, die ich mir nicht erlauben darf zu sein (doof, naiv, ahnungslos, was ihre Sexualität betrifft)...«

Selbst wenn wir Eltern hätten, wie Penelope sie hat, würde etwas in uns uns zu Menschen machen wollen, die das Recht haben, gegen sie zu rebellieren. Aber wenn die Eltern anständige, vernünftige und intelligente Leute sind, ist die Rebellion unvernünftig; ihre absolute Scharfsichtigkeit ist frustrierend und gibt uns keine feste Basis, um dagegen anzugehen. Aber auch unsere negativsten Gefühle müssen irgendwie ausgedrückt werden. In Phantasien wie Penelopes wurde das Problem aufgehoben. Sie *ist* die Frau, die »ich mich selbst nicht sein lassen kann«. Das heißt, sie ist das *doofe Weibsbild*, das zu sein ihr durch ihr Erziehung unmöglich ist. Sie hat die Eltern in ihrer Phantasie überlistet: endlich Rebellion.

Sis

Ich bin jung (fünfzehn) und Jungfrau. Ich habe schon viele Jungen kennengelernt, aber ich habe nie eine sexuelle Beziehung gehabt, die wirklich weiter gegangen wäre. Ich glaube, der Grund ist der, daß ich sehr schüchtern bin und Angst habe, daß die Jungen meinen Freunden erzählen, was wir tun. Ich bin eine gute Schülerin und bin sehr beliebt, und ich möchte das nicht verderben, aber ich habe ein sehr starkes Bedürfnis danach, Liebe zu machen.

Das letzte Mal, daß ich jemandem einen Korb gegeben habe, war, während ich einige Freundinnen besucht habe, die weit von meinem Haus entfernt wohnen (wir kennen sie, seit sie sehr klein waren). Einer der Freunde ihres Bruders war so alt wie ich und kam rüber, um sich mit uns zu treffen. Seine Familie hat einen Swimmingpool, und sie gehen häufig dort hin. Er lud uns für den Nachmittag ein, bei ihm schwimmen zu gehen. Das taten wir dann auch. Als wir bereits gehen wollten, sagten meine Freundinnen, sie hätten ihr Handtuch am Pool vergessen, und sie baten mich, es holen zu gehen. Der Junge in meinem Alter war da und sonst niemand, als ich das Handtuch holte. Er sagte, daß er mich mag, und ich sollte meine Freunde, mit denen ich da war, fragen, ob ich eine Zeitlang dableiben dürfe, um zu schwimmen oder so ähnlich. Sie sagten ja. Wir schwammen eine Weile, und dann stiegen wir aus dem Wasser, um etwas zu essen. Seine Mutter war verreist, und er war allein zu Hause.

Als wir durch die Tür gingen, legte er von hinten einen Arm um mich, und fing an, meinen Hals zu küssen; ich drehte mich um und küßte ihn, und wir knutschten ungefähr fünfzehn Minuten auf dem Sofa, aber das reichte ihm nicht. Er nahm mich mit nach oben in sein Schlafzimmer und zog sich die Badehose aus, während ich auf dem Bett lag. Ich sprang auf und sagte: »Ich will nicht«, und er sagte, daß er wüßte, was ich empfinde, und er wäre sehr vorsichtig mit mir. Er sagte, daß er mir nur zeigen wollte, wie sehr er mich mag, und daß er nur meinen Körper mit seinen Händen und seinem Mund erforschen wollte und daß ich dasselbe mit ihm tun sollte, aber er wollte nicht mit mir ficken, wenn ich es nicht will. Ich rannte aus dem Zimmer und rief meine Freunde an, daß sie mich abholen sollten.

Ich phantasiere häufig, was geschehen wäre, wenn ich nicht hinausgerannt wäre. Hier ist die beste:

Nach langen Überredungsversuchen lasse ich nicht zu, daß er mich berührt. Er sagt: »Was hältst du davon, wenn wir zum Pool gehen und hineinsteigen, bis zum Hals, und du ziehst dir dann deinen Bikini aus, und ich befühle dich, auf die Art kann ich dich nicht sehen...« Ich sage okay.

Wir gehen bis zum Hals hinein, und er öffnet das Oberteil und zieht es mir aus, und dasselbe macht er mit dem Höschen. Er küßt mich, und dann schlüpft seine Hand zwischen meine Beine. Er beobachtet den Ausdruck auf meinem Gesicht, während er das tut. Er packt eine meiner Brüste. Dann öffnet er die Lippen meiner Muschi und fährt mit dem Finger über meine Klitoris und stimuliert mich, bis ich mich nicht mehr beherrschen kann. Dann nimmt er seinen Schwanz, schlüpft zwischen die Lippen meiner Möse und reibt daran, wie mit seinem Finger. Ich kann es nicht mehr länger aushalten und bitte ihn, mich zu lecken; ich bin noch im Wasser, als er mich auf ein Floß hebt, so daß meine Beine im Wasser hängen und die Muschi an der Kante ist; er leckt mich kräftig, und dann taucht seine Zunge so weit wie möglich in meine Vagina. Ich tausche dann mit ihm die Plätze, und diesmal ist er auf dem Floß. Ich nehme seinen Schwanz in meinen Mund und sauge kräftig daran. ENDE.

Als ich klein war, lebte ich mit meinem Cousin zusammen. Eines Tages sagte er, daß er mich selbst untersuchen wollte, damit ich nicht zum Arzt gehen müßte. Ich war einverstanden, weil ich es haßte, zum Arzt gehen zu müssen. Er zog mich aus und tat alles mögliche, was ihm einfiel. Er öffnete die Lippen meiner Muschi und befühlte sie, saugte daran und leckte sie; dann brachte er mich dazu, dasselbe mit ihm zu tun. Er steckte einen Eiswürfel zwischen meine Schamlippen, und das machte mich fast verrückt. Dann sagte ich ihm, daß ich mal auf die Toilette müßte, also brachte er mich dazu, mich hinzustellen, preßte seinen Mund auf meine Pussy, und ich benutzte seinen Mund als Toilette. Das begeisterte mich mehr als alles andere. Wir machten das sehr oft, bis ich acht war.

Zur Zeit befriedige ich meine sexuellen Bedürfnisse mit einem Vibrator. Ich liege auf dem Bett, ziehe meinen Slip aus und lege den Vibrator zwei bis drei Minuten zwischen meine Beine, und es stimuliert mich so, daß ich zum Orgasmus komme. Es ist ein wundervolles Gefühl; ich glaube, wenn ich den Mut aufbringen kann, einen Mann das tun zu lassen, wird es mich begeistern.

Beth Anne

Hallo. Ich war schon im Bett (allein) und habe fast schon geschlafen, als ich dieses Bedürfnis bekam, Ihnen zu schreiben.

Ich habe gerade *Die sexuellen Phantasien der Frauen* zu Ende gelesen, und ich möchte gern, daß Sie wissen, daß das Buch eines der informativsten und interessantesten war, das ich jemals gelesen habe, und Sie können mir glauben, ich habe eine Menge gelesen.

Ich arbeite in einer Buchhandlung hier in Philadelphia. Ihr Buch kam letzte Woche an. Unser Geschäftsführer, der sehr solide und religiös erzogen ist, war im Urlaub, also haben wir uns abgewechselt, das Buch durchzublättern. Unser stellvertretender Geschäftsführer (der nebenbei bemerkt homosexuell ist) sagte mir, daß das Buch schweinisch ist. Ich bin siebzehn; er ist dreiunddreißig. Ich habe das Buch hin und wieder für ein paar Tage halbwegs heimlich mitgenommen, und dann, letzte Woche, kaufte ich es bei der »Konkurrenz«, weil es mir zu peinlich war, zu fragen, ob man die Plastikhülle abziehen kann, in der es eingeschweißt ist, oder den Verkauf in das Verkaufsbuch der Angestellten eintragen zu lassen.

Jetzt folgt eine Unterhaltung, die von mir und einer anderen Verkäuferin, Tina, die dreiundzwanzig und verheiratet ist, geführt wurde. Sie entwickelte sich, als wir nichts Besseres zu tun hatten, als herumzustehen und über Geschäfte zu sprechen.

Tina: Haben wir schon einige M.S.G. verkauft?

Ich: Ja, ein paar, wenn man bedenkt, daß wir sie gerade erst ausgelegt haben.

Tina: Hmmm...

Ich: Ich habe ein Exemplar davon in der Stadt gekauft, weil ich nicht den Nerv hatte, es hier zu kaufen.

Tina: Wirklich? Ich würde es gern lesen, wenn du es durch hast. Ich sagte, daß es schweinisch ist, weil Jim (stellvertretender Geschäftsführer) dabeistand, und ich dachte mir, es hätte ihn vor den Kopf gestoßen hätte, wenn ich Interesse gezeigt hätte... Ich hatte außerdem Angst, daß Mary (Abteilungsleiterin) hereinkommen könnte, und das wäre mir WIRKLICH peinlich gewesen.

Man kann wohl behaupten, daß das so ziemlich jede Frau interessiert, obwohl es wahrscheinlich als sozial nicht besonders akzeptabel angesehen wird.

Die sexuellen Phantasien, die ich zur Zeit habe, tauchen normalerweise in der Nacht auf, wenn es ruhig ist und ich Zeit habe, sie ungestört auszuarbeiten. Ich bin noch Jungfrau, obwohl ich nicht so sicher bin, ob ich noch viel länger eine bleiben möchte. Ich habe gerade Ihr Buch gelesen und denke an den Jungen, in den ich verliebt bin, und daß es mich dazu gebracht hat, noch einmal darüber nachzudenken, ob ich seinen Anträgen widerstehen sollte. Er ist fünfundzwanzig und wirklich supernett, obwohl ich nicht sicher bin, ob er noch länger bei mir bleiben wird, und es wäre mir irgendwie lieber, wenn ich meine erste sexuelle Begegnung mit jemandem hätte, den ich wirklich liebe.

Das Seltsame ist, wenn ich mich mit jemandem verabrede, an dem mir wirklich etwas liegt, habe ich keine Phantasien von ihm. Es scheint mir nicht sehr anständig zu sein, von jemandem zu phantasieren, wenn ich noch nicht einmal weiß, ob dieser Jemand meinen Phantasien im wirklichen Leben gerecht werden kann.

Normalerweise kreisen meine Gedanken um einen Mann, den ich unglaublich attraktiv und sehr nett finde, das heißt, einen Kunden, einen Fremden in dieser Straße, jemanden, den ich nicht zu gut kenne. Ich kann ihn mir vorstellen, wie er alle möglichen Sachen mit mir macht, alles, wovon ich gelesen habe. Und ich kann rückhaltlos auf ihn reagieren, weil es keine Probleme damit gibt, was danach geschehen könnte (er geht wahrscheinlich weg und läßt mich völlig befriedigt zurück). Aber natürlich will ich wirklich, daß diese Dinge mit einem Mann geschehen, den ich wirklich liebe. Junge, wenn das geschieht, bin ich wirklich darauf vorbereitet, nach all diesen Übungen in meinem Kopf! Wenn ich diesen Mann kennenlerne, kann ich betrunken, stoned, ärgerlich oder glücklich sein und er von mir aus auch, aber solange wir uns lieben, wird es in Ordnung sein. Ich nehme an, daß das deswegen so ist, weil ich im Grunde eine unsichere Person bin und es brauche, daß mir jemand dauernd versichert, wie attraktiv ich bin.

Alles Glück für Ihr nächstes Buch. Wir brauchen es! Passen Sie auf sich auf. Peace.

Penelope

Am Ende Ihres Buches *Die sexuellen Phantasien der Frauen* bitten Sie um Vorschläge, Kommentare oder mehr Phantasien. Ich möchte etwas aus meinem Garten mit Ihnen teilen.

Meine früheste Erinnerung geht auf ein Alter von wahrscheinlich zehn oder elf Jahren zurück. Eine Freundin und ich hatten irgendwie entdeckt, daß die elektrische Zahnbürste ihrer Familie ein mysteriöses Gefühl hervorrief, wenn sie an einem gewissen Bereich plaziert war. Ich weiß nicht, was ich empfunden habe, aber ich erinnere mich, daß ich immer das Gerät von mir wegnahm, wenn diese extremen Spannungen eintraten. Ich setzte es nie so weit fort, daß es zu dem kam, wovon ich heute weiß, daß es ein Orgasmus ist.

Neben den wenigen Wochen, in denen meine Freundin und ich ins Badezimmer entkamen, erinnere ich mich an nichts Sexuelles, bis ich fünfzehn war. Ich versuchte Masters und Johnsons' Report *Sexuelle Reaktionen* zu lesen und fragte meine Mutter, wie man masturbiert. Sie erklärt es mir, und seitdem habe ich mich beinahe jede Nacht vergnügt. Das war vor sieben Jahren.

Meine frühen Phantasien begannen häufig damit, daß ich im Schlafzimmer herumtanzte und vor einem verborgenen Publikum von erregten Männern eine Vorstellung gab. Von Zeit zu Zeit durften einige daran teilnehmen, und ich rieb meine Brüste am kalten Spiegel, manipulierte meine Klitoris, kam schließlich zum Bett zurück und brach darauf zusammen. Manchmal, besonders als ich zum ersten Mal masturbierte, habe ich die Dauer der »Nummern« gestoppt und gesehen, wie schnell ich kommen konnte.

Bis vor ein paar Monaten habe ich immer nur meine Klitoris stimuliert. Ich habe nie Spaß daran gehabt, einen Geschlechtsverkehr zu simulieren, und bis vor kurzem habe ich es nie in der Realität genossen. Sogar jetzt noch ist meine Klitoris das Zentrum.

Meine derzeitigen Phantasien variieren sehr. (*Die sexuellen Phantasien der Frauen* hat mir dabei geholfen, meine nächtliche Auswahl zu erweitern!). Manchmal ist die Frau aggressiv, aber meistens ist sie das, was ich als »doofes Weibsbild« bezeichnen würde. Sie besteht vor allem aus Busen und ist naiv. Sie trägt tief ausgeschnittene Tops, aber sie ist sich nicht im klaren darüber, daß sie lustvolle Blicke auf sich zieht. Normalerweise wird sie heimtückisch dazu verleitet, mehr zu trinken, als sie sollte, oder starkes Hasch zu rauchen. Sie beugt sich nach vorn, und ihre Titten fallen noch weiter heraus, oder ein Träger rutscht herunter, und der Mann rückt heimlich immer näher an sie heran. Ich sehe in diesen Phantasien nie mein Gesicht. Ich mache mich entweder an unbekannte Leute heran oder benutze Szenen aus Kinofilmen und die Stars aus diesen Filmen. Wenn die Phantasie anfängt, denkt die Frau nicht an SEX. Der Mann tut das. Und was mich zuerst hochbringt, mich auf einen Orgasmus zutreibt, ist, wenn ich auf die Brust der Frau sehe; an diesem Punkt der Phantasie bin ich der Mann. Während der Annäherung des Mannes fühle ich beides, die Sensation im Körper der Frau, und ich werde außerdem durch die Fortschritte in der Annäherung und die Vorfreude darauf, die Frau zu bekommen, erregt wie der Mann. Wenn dann das Ficken beginnt, bin ich nur noch die Frau und hebe meine Hüften, weil ich es verzweifelt darauf absehe, daß dieser Schwanz in mich eindringen und mich befriedigen soll.

Sie haben häufig darüber gesprochen, daß Phantasien oft der Ausdruck dessen sind, was jemand in der Realität erleben möchte. Wenn ich meine Phantasien analysiere, finde ich es wirklich interessant, daß die Frau, die ich mir nicht erlaube zu sein (doof, naiv, im unklaren über ihre Sexualität), ganz genau die Frau ist, die meine Tagträume dominiert. In Wirklichkeit bin ich nie passiv. Ich frage Männer gelegentlich aus, mache Liebe, wenn ich es will (wenn sich eine Gelegenheit dazu bietet), und präsentiere mich eher als ganze Persönlichkeit, statt als eine verspielte Frau. Irgendwie ist mir die Tatsache verhaßt, daß es mich sehr erregt, wenn ich mich in die Rolle des »doofen Weibsbilds« phantasiere. Ich hoffe, daß ich eines Tages einem Mann nahe genug bin, um mich frei zu fühlen, einige dieser Phantasien auszuleben. Es würde mir gefallen, wenn ich feststellen könnte, daß mich das mehr und schneller erregt, als es mir in der Realität passiert. Ich bin normalerweise zu bewußt und mir über alles zu sehr im klaren, um mich gehenzulassen und etwas zu genießen. Zur Zeit bin ich nach drei Jahren Ficken (nicht regelmäßig die ganze Zeit über) ein paar Mal durch oralen Sex gekommen und einmal während des Geschlechtsverkehrs, aber nur, wenn meine Klitoris zur gleichen Zeit stimuliert wurde. Ich habe selten phantasiert, wenn ich mit einem Mann zusammen war. (Obwohl ich vorhabe, damit anzufangen.) Ich komme immer, wenn ich masturbiere.

Ich möchte Sie außerdem in Ihrer Bemerkung, daß man Phantasien miteinander teilen sollte, unterstützen. Durch die Offenheit meiner Familie habe ich mich nie komisch oder verdorben oder schuldig wegen meiner Phantasien gefühlt oder weil ich masturbiere. Und was für eine tolle Erfahrung das ist, wenn man mit einer Freundin über Phantasien spricht und herausfindet, daß man genau dieselbe Szene in einem Buch benutzt!

Ich danke Ihnen für Ihr erstes Buch und hoffe, daß Ihr nächstes erfolgreich ist. Bitte nehmen Sie sich das, was Sie von meinem Geschriebenen brauchen können. Ich habe es genossen, die Phantasien mit Ihnen teilen zu können, und wenn es noch irgend etwas geben sollte, worüber ich schreiben könnte, um Ihnen mehr Material zukommen zu lassen, schreiben Sie mir bitte, und ich stelle etwas für Sie zusammen. Ich genieße es, an Sex zu denken und über mich zu sprechen.

Viel Glück.

Während des Aufruhrs in den Jahren unserer Adoleszenz versuchen wir, unsere Identität zu finden, und wir identifizieren uns häufig zu sehr mit Popidolen oder Kinostars. Wir werden fanatische Mick-Jagger-Fans, wir sammeln Fotos von David Bowie, wir besuchen Fanclubs von diesem oder jenem Fernsehstar. Das ist insbesondere ein weiblicher Versuch, das Identitätsproblem zu lösen: Jungen haben keine so große Kapazität wie wir, eine liebevolle Identifikation herzustellen, und deshalb gibt es kein weibliches Equivalent von – zum Beispiel – David Cassidy. Das war bestimmt genauso bei unserer Mutter: es gab keinen weiblichen Frank Sinatra. Wir verlieren uns, indem wir uns in jemanden verlieben, den alle anderen auch lieben, von dem wir Fotografien, Konzertprogramme und LPs sammeln. Einen Augenblick lang finden wir unsere Identität, indem wir sie verlieren; wenn sonst keiner bei einen Sly-Konzert schreit, schreien wir auch nicht. Wir wollen nicht die einzigen sein, die in ihn verliebt sind; wir genießen es, unser Selbst und unser flatterndes Identitätsempfinden in der übermächtigen Masse eintauchen zu lassen, die ihn anbetet, aber deren bloße Menge uns die Macht über ihn gibt: *Er muß uns gefallen*.

In unseren Phantasien gehen wir einen Schritt weiter: Das geliebte Idol, dessen Schicksal und Zukunft von einer enormen Masse gemacht wird, sieht nur eines: uns. Errol Flynn sucht sich Katherine unter all den anderen Schönheiten auf dem Ball aus. Elvis »sucht mich aus der großen Menge aus, um mit mir in sein Hotelzimmer zu gehen«, schreibt die achtzehn Jahre alte Jenny (die Jungfrau ist), »und es endet damit, daß ich mit ihm gehe, um mit ihm zusammenzuleben...«

Der Star wählt uns aus, um uns zu lieben; er setzt uns neben sich an seinen Tisch, nimmt nur uns mit in sein Bett. Es muß uns nicht nur geben, sondern wir müssen auch schön sein, erregend, liebenswert, mehr als alle anderen Frauen. In diesen Phantasien gibt uns der Star einen Teil seines Zaubers und seines Charismas ab. Er teilt die Vollkommenheit der Liebe, die er von seinen Fans bekommt, mit uns. Wir werden vor dem Neid anderer Frauen immer reicher; sein Ruhm bewirkt, daß wir uns selbst erregend finden. Er ist die Sonne, und wir sind der Mond, und wir scheinen wundervoll in seinem reflektierten Licht.

All das genügt – *ist sogar mehr als genug* –, wenn wir Teenager sind. Wenn wir Frauen sind, hören diese Phantasien auf. Wir wollen in unserem eigenen Licht gesehen werden.

Jenny

Ich habe das Buch *Die sexuellen Phantasien der Frauen* genossen. Es ist für die, von der und über die Sexualität der Frau, und wir brauchen mehr Bücher wie dieses. Ich muß gestehen, daß ich von einigen Phantasien erst schockiert war – meine sind nicht so deutlich und so abwegig. Aber vielleicht werden sie das, wenn ich älter werde. Sie haben mir ein paar tolle Ideen vermittelt, und ich muß gestehen, daß die Sachen über Tiere mich faszinieren.

Ich bin achtzehn Jahre alt und Jungfrau. Vielleicht sind deshalb meine Phantasien so »mild«, verglichen mit denen, die in Ihrem ersten Buch beschrieben werden. Ich erlebe in der Phantasie, daß ich zu einer Hollywood-Party gehe und dort solche Leute wie Roddy McDowall oder Gene Kelly kennenlerne (ältere Männer törnen mich an). Sie verlieben sich sofort in mich, und es endet damit, daß sie mich heiraten oder wir zusammenleben.

Manchmal phantasiere ich, daß ich bei einem Elvis-Konzert bin, und er wählt mich aus der Masse aus, um mit mir in sein Hotelzim mer zu gehen, und es endet damit, daß ich weggehe, um mit ihm in seinem Haus in Graceland zusammenzuleben.

Eine andere Phantasie, die ich habe, betrifft Mr. Spock von »Raumschiff Enterprise«. Er ist überhaupt nicht emotional und sehr ruhig, aber ich bin die einzige, die ihn erregen kann, und es endet dennoch damit, daß wir in einer würdevollen Art Liebe machen.

Ich habe auch die »klassischen« Phantasien – daß ich ein entführtes Mädchen bin und in einem dürftigen Fetzen gefesselt werde, und gerade als die bösen Kreaturen kommen, um mich anzugreifen, erscheint der Held und bringt mich schnellstens weg, aber ich helfe ihm dabei, die bösen Kerle zu vertreiben, mit Karate etc.... Ich will kein »schwaches Mädchen« sein!

Ich habe nicht vor zu heiraten, das ist kein Leben für mich – ich möchte jemand sein, möchte viel reisen und mir Sachen ansehen. Aber ich bin auch katholisch, und das übt auf meine Moral und meinen Glauben Druck aus. Ich möchte mich gern so frei fühlen, daß ich mit jedem, den ich mag, ins Bett gehe, aber meine Religion verbietet es mir. Ich möchte nicht bis in alle Ewigkeit verdammt sein, aber ich möchte auch kein Einsiedler werden. Die Voraussetzungen sind ungünstig.

Noch einmal danke ich für die Arbeit, die Sie leisten. Ich hoffe, es nützt, um den Frauen zu zeigen, daß sie mit ihren Träumen nicht allein sind, und daß sie darin unterstützt werden, mehr zu phantasieren. Ich glaube wirklich, daß kein Mann jemals so tolle Phantasien haben kann wie wir Frauen!

Veevee

Ich habe Ihr Buch *Die sexuellen Phantasien der Frauen* immer wieder gelesen, jetzt ungefähr hundertmal, und ich würde gern einen Beitrag leisten. Bevor ich anfange, möchte ich Ihnen sagen, daß das Buch das tollste von allen ist. Was für eine Erleichterung, als ich erfuhr, daß andere Mädchen auch phantasieren!

Jetzt etwas zu meiner Person. Mein Name ist Veevee. Ich bin achtzehn, ich möchte gern Modedesignerin für Rocksänger werden, und ich bin sehr geil. Ich habe meine Unschuld erst letztes Jahr durch meinen Freund verloren, mit dem ich immer noch zusammen bin. Wir schlafen regelmäßig an jedem Wochenende miteinander, sogar während meiner Periode. Es ist irgendwie unsauber, aber er mag es, weil er kein Verhütungsmittel benutzen muß.

Die Männer in meiner Phantasie sind weder schwarz noch weiß, sondern sie sind Orientalen. Ich finde sie extrem sexy, und ich kann mich einfach nicht für eine andere Art Mann erwärmen (obwohl ich selbst nicht aus dem Orient komme). Ich verabscheue eine behaarte Brust und ein Gesicht voller Haare... helle Haare, Augen und eine helle Haut, die zu milchig ist, um erotisch sein zu können. Ich liebe schlanke Körper, weiche goldene Haut und einen süßen Arsch, und Orientalen haben all das. Japaner sind mir am liebsten, und mein Freund ist Japaner. Ich habe auch mit einem wundervollen koreanischen Jungen geschlafen, den ich kürzlich in einer anderen Stadt kennengelernt habe. Ich habe bisher noch nicht die Chance gehabt, einen Chinesen an Land zu ziehen, aber ich arbeite daran.

Der Star meiner Phantasien *ist* auch in der Realität ein Star, ein japanischer Rocksänger und Superstar. Er ist unglaublich toll und hat eine dunkle Mähne und große schwarze Augen, ein Anblick, daß ein Mädchen neidisch werden könnte, und einen sinnlichen Mund, gerade richtig für tiefe, lange Küsse. Und, wow, was für ein Körper! Überhaupt nicht dünn, aber geschmeidig und muskulös. Ich besitze einige Bilder von ihm, auf denen er nur Shorts und Turnschuhe trägt, und ich weiß nicht, wie oft ich masturbiert habe, während ich auf diese Fotos geschaut habe. Wie auch immer, ich phantasiere von ihm, während er auf der Bühne steht und weiße Lederklamotten trägt, mit hohen Stiefeln und Handschuhen, die mit Bergkristallen verziert sind. Die Hose und die Weste sind sehr eng, und die Weste ist tief ausgeschnitten. Sie ist ärmellos, und seine goldene Haut glänzt schweißbedeckt im Licht. Sein Haar ist wild, und seine Augen blitzen, während er sich zu dem Hämmern der Musik windet und dreht.

Tausende von Mädchen um ihn herum schreien, aber ich beobachte ihn triumphierend, und ich weiß, daß ich die Frau bin, die diesen wundervollen Körper, der von Leder umspannt ist, besitzen wird. Von all den Frauen im Publikum bin ich die einzige, die die Augen schließen und sich an die genaue Form seines Schwanzes erinnern kann – etwas, was niemand im Publikum gesehen hat, ausgenommen, wenn sich durch die Erregung beim Gesang während der Vorstellung vor den schreienden Frauen seine Erektion aufreizend in seiner engen Hose abzeichnet. Nun verbeugt er sich zum letzten Mal, und ich mache mich auf den Weg aus der Menge hinaus und nehme mir ein Taxi zu seinem Apartment. Als ich durch die Menge gehe, dreht sich niemand nach mir um. Sie drängen sich alle nach vorn, um einen Blick auf ihn zu werfen, aber ich habe die geheime Macht des Wissens, daß sie mich festhalten würden, wenn sie wüßten, wo ich hingehe und mit wem ich dort zusammen sein werde.

In seinem Apartment angekommen, ruhe ich mich auf dem riesigen Doppelbett aus. Es hat Satinbettwäsche und einen bestickten und gesteppten Baldachin. Ich nippe an einem Drink, bis ich höre, daß die Tür geöffnet wird. Er kommt herein und betrachtet mich eine Weile aus zusammengekniffenen Augen. Ich sehe, daß die schwere Musik und das Tanzen ihre Wirkung getan haben, und ich zittere vor Vorfreude. Ich fühle, wie sich die Feuchtigkeit zwischen meinen Beinen auszubreiten beginnt. Ohne sich erst die Mühe zu machen, seine Kleidung abzulegen, nimmt er mich in seine Arme und küßt mich fest und fordernd, während er mich auszieht. Mein Slip behindert ihn, und ich höre das befriedigende Geräusch des Reißens, als er ihn mir von den Hüften zerrt.

Jetzt zieht er seine Handschuhe aus und beginnt, meinen Körper zu liebkosen, seine goldenen Hände bewegen sich von meinen Brüsten hinunter zu meinem Bauch, zu meiner Möse (die ich sauber rasiert habe). Er steht direkt vor mir mit einem Arm um meinen Hals und zieht mich näher an sich, und die andere Hand bewegt er nach unten zwischen meine Beine mit dem Mittelfinger in mir und rührt in der Feuchtigkeit, während seine Zunge in meinem Mund meine leckt. Ich höre mich stöhnen, als ich mit einem Fuß einen Schritt mache, um meine Beine weiter für ihn zu öffnen, damit er zwei Finger hineinstecken kann.

Seine Küsse werden drängender, und er beginnt, sie auf meinem nackten Fleisch zu verteilen, immer tiefer und tiefer und weiter hinunter, ganz hinunter, und seine Zunge in meiner heißen Möse ist gerade zu viel, und ich hebe und winde mich im schönsten Orgasmus, den ich je gehabt habe – der Saft meiner Möse fließt aus mir heraus und bewegt sich in einem Strom hinunter in den Spalt meines Arschs.

Das macht ihn verrückt, und er springt auf mich und treibt seinen langen harten Schwanz so tief hinein, daß ich vor Ekstase stöhne. Er trägt noch immer die Lederweste, und ich kann ihn in einem Spiegel stoßen sehen, aber auch, wie meine Beine sich um seinen Arsch geschlungen haben. Er bemerkt, daß ich uns im Spiegel beobachte, und er stößt meinen Arsch mit einem kräftigen Schwung seines Schwanzes herum, während er noch in mir ist, damit wir parallel zum Spiegel liegen und ich genau seinen langen Schwanz dabei sehen kann, wie er hinein- und hinausgleitet. Ich lege meine Hand um ihn, als wollte ich meine Möse verlängern und noch fester damit zupacken. Es erregt ihn nur noch mehr, daß er von meiner Hand und meiner Möse zur gleichen Zeit gehalten wird, und gerade, als meine Hand zwischen seine Beine schlüpft und ich einen Finger in sein Arschloch schiebe, stößt er einen Schrei aus, als würde er getötet, und kommt!

Er ist inzwischen vollkommen erschöpft, und ich drehe ihn auf den Rücken und ziehe ihn vorsichtig aus. Ich gehe zum Waschraum, wasche mich und nehme ein kühles Handtuch, um ihn abzureiben. Ich reibe mit dem Handtuch seinen Rücken und die Brust ab, während er daliegt, mich aus halbgeschlossenen Augen beobachtet und lächelt. Dann massiere ich seine Beine und seinen Rücken, und er seufzt zufrieden. Ich krabble wieder zu ihm ins Bett zurück, und wir kuscheln uns aneinander und schlafen ein, während wir uns in den Armen halten.

Das ist eine Phantasie, von der ich hoffe, daß sie wahr wird, aber ich weiß es nicht… Ich habe vor, in diesem Jahr nach Japan zu gehen. Wir sehen dann weiter. Es würde mich wirklich begeistern, wenn ich einen Jungen verwöhnen könnte und wenn ich von ihm auch verwöhnt würde. Ich mag es, wenn ich irgendwie dominiert werde. Weil ich ein großes Mädchen bin, übernehme ich im wirklichen Leben die dominierende Rolle, würde aber gern die passive Rolle übernehmen – wenn ich mit jemandem schlafe jedenfalls.

Es war auch großartig herauszufinden, daß andere Mädchen Jungen auch gern anschauen. Ich mag an einem Jungen mit einem kekken runden Arsch und schmalen Schenkeln superenge, auf den Hüften anliegende Hosen mit einem geknöpften Hosenschlitz. Ich mag es auch, wenn die Rundung zwischen Schulter und Hüfte gut geformt ist und die Hemden am Hals aufgeknöpft sind. Enge hochtaillierte Hosen sind toll. Ich finde Stiefel sehr sexy, während ich mir mit Schuhen aus irgendwelchen Gründen meine Jeans naßmache.

Wenn mein Freund seine weißen Schuhe trägt, muß ich meine ganze Willenskraft zusammennehmen, um ihn nicht auf der Stelle anzumachen. Weiße Boots sind Superdynamit! Ich habe den chinesischen Sänger einer Rockgruppe kennengelernt, der sie trug, zusammen mit einem engen Overall, dessen Reißverschluß bis zum Nabel geöffnet war. Zuviel! Ich hätte alles darum gegeben, eine Runde zwischen den Laken mit ihm verbringen zu dürfen.

Aber genug von dem, was mich geil macht. Ich hoffe, Sie können meine Phantasien gebrauchen. Ich weiß, daß es nichts Ungewöhnliches ist, aber wenn ich mich niedergeschlagen und wenig sexy fühle, muß ich mir das nur vorstellen, und ich bin wieder gut drauf. Es ist besonders gut, es sich nachts vorzustellen, wenn ich mit meinem richtigen Freund zusammen bin – es bringt mich in genau zehn Sekunden zum Orgasmus.

Katherine

Meine Phantasien handeln beinahe immer von bekannten Personen – Kinostars, Baseballspieler etc. Ich bin zweiundzwanzig, hübsch, Single und war zweimal verliebt, beide Male war es ein Desaster, und jetzt bin ich vorsichtig gegenüber Männern.

Ich habe eine Phantasie, in der ich ein fünfzehn Jahre altes Mädchen bin und Marjorie heiße, und Christopher Lee (der englische Schauspieler) ist mein Patenonkel. Er besucht meine Eltern, und ich bringe ihn irgendwie dazu, mit mir in das waldreiche Gebiet unseres Anwesens zu gehen. Ich sage ihm, daß ich eine Überraschung für ihn habe und daß er mir den Rücken zukehren soll. Bald sage ich ihm, daß er sich wieder umdrehen soll, und er sieht mich nackt vor sich stehen und ihn schelmisch anlächeln. Er versucht an ein freundliches »Laß das!« zu denken, aber ich werfe mich ihm in die Arme, und er nimmt mich dort, inmitten der Wälder.

Eine andere Phantasie ist die, in der ich Basil Rathbone als Sherlock Holmes in der Baker Street 22b verführe. Ich bin darin seine zwanzig Jahre alte Nichte. Dr. Watson (Nigel Bruce) ist erstaunt, daß sein zurückhaltender Freund Holmes endlich doch etwas für jemanden empfindet.

Ich habe eine andere Phantasie, in der ich auf einem Ball tanze: Alle Frauen haben fließende Abendkleider an, und jede tanzt Walzer. Mein Abendkleid ist so tief ausgeschnitten, daß mein Partner hineinschauen und meine rosigen Brustwarzen sehen kann. Weil es im viktorianischen Zeitalter spielt, bin ich eine prüde Jungfrau. Mein Partner (nennen wir ihn Errol Flynn) nimmt mich in ein dunkles Treppenhaus außerhalb des Ballsaals mit und zieht mir das Oberteil des Kleids herunter. Ich protestiere schwach, als er meine Brüste massiert. Ich werde so erregt, daß ich nicht mehr dagegen ankämpfen kann, und er hebt mein langes Kleid hoch und steckt seine Finger in mich hinein. Die Furcht davor, von den anderen Gästen gesehen zu werden, verstärkt die Erregung.

Ich habe Phantasien, in denen ein Mann mich unter der Tischdecke in einem vollbesetzten Restaurant befingert.

Eine andere ist die, in der ich wirklich betrunken bin, zu betrunken, um noch zu wissen, was um mich herum vorgeht, und ich sitze in einem geparkten Wagen mit, ach, sagen wir mal Robert Taylor. Er legt mich über den Vordersitz, hebt mein Kleid hoch und zieht meinen Slip runter. Dann steckt er eine leere Weinflasche, mit dem dünnen Hals zuerst natürlich, in mich hinein und bewegt sie wirklich schnell hinein und hinaus. Ich *winde* mich in betrunkener Ekstase!

Nun, das sind ein paar derjenigen, in denen bekannte Personen vorkommen. Ich LIEBE gerade diese Personen des öffentlichen Lebens! Ich frage mich häufig, wie ich reagieren würde, wenn ich so jemanden in Fleisch und Blut kennenlernen würde; oh, ich weiß, einige sind schon tot, aber Christopher Lee, David Carradine (»Kung Fu«), Leonard Nimoy und William Shatner (»Raumschiff Enterprise«) und viele der New Yorker Mets, Nets, Jets und Sets sind noch am Leben. Seufz! Ich frage mich, wovon *ihre* Frauen phantasieren – wenn sie überhaupt zu phantasieren brauchen!!

Muffie

Ich weiß, daß das dumm klingt, weil ich kein dummes Teenager-Groupie bin, aber der Rocksänger Cat Stevens törnt mich heftig an. Ich bin einmal bis um drei Uhr morgens aufgeblieben, um im Fernsehen ein Konzert von ihm zu sehen und dabei besinnungslos zu masturbieren.

Ich phantasiere, daß er und ich an einem verlassenen Strand sind und nackt und lachend dort herumlaufen. Ich stolpere und falle, und er kommt schnell zu mir, um zu sehen, ob ich in Ordnung bin. Seine Hand auf meinem nackten Rücken verbrennt mich, und mit einem Stöhnen rolle ich hinüber, ziehe ihn auf mich, halte ihn zärtlich fest, küsse sein Gesicht und seine Augen, seine Lippen, und dann vergrabe ich meinen Kopf in der weichen Höhle seiner Schultern.

Seine Liebkosungen sind zart, wie ein Gedanke, und seine Augen sind liebevoll. Dann, ohne zu sprechen, öffne ich meine Beine, und er dringt in mich ein und drückt seinen Schwanz leicht gegen mich, als ob er um Erlaubnis fragt. Dann ficken wir, und es scheint, als wären wir eins mit dem Sand, der See und dem Mond. Wenn wir schließlich kommen, ist es würdevoll und langsam. Wir sind noch ineinander verschlungen, als wir einschlafen; als ich in der Morgendämmerung erwache, ist er gegangen, und ich finde eine wunderschöne Muschel in meiner Hand, und sie scheint mich anzulächeln.

Ich habe es wirklich genossen, daß ich in der Lage war, mein geheimes Ich in Worten auszudrücken, dafür vielen Dank. Ich versuche, meine Freundinnen dazu zu bekommen, daß sie Ihnen schreiben, aber die meisten sind mit ihren Gartenclubs und Abendessen beschäftigt. Dazwischen, mir eine Phantasie zu erzählen, und sie Ihnen zu schreiben, liegen Welten.

Vielleicht werden sie eines Tages frei genug sein.

Viel Glück, Nancy. Ich bin froh, daß jemand sich darum kümmert, Verständnis für die *ganze* Frau aufzubringen.

Carina

Ich habe Ihr Buch gelesen und es sehr genossen. Danke, daß Sie die Tatsache, daß Frauen mehr an Sex denken, als einigen Menschen klar ist, an die Öffentlichkeit bringen. Hier ist eine meiner Phantasien für Ihr neues Buch.

Zuerst einmal: Mein Name ist Carina. Ich bin achtzehn und lebe mit meiner Mutter und zwei jüngeren Brüdern zusammen. Meine Phantasie stellt sich immer unter der Dusche ein, wenn ich in einer bestimmten Weise dastehe und mich das Wasser mit dem richtigen Strahl am Ort der Begierde trifft. In der Phantasie wasche ich mich unter der Dusche, und ich höre nicht, daß die Türglocke klingelt.

James Caan, der Filmstar, steht vor der Tür, und er kommt herein (weil er die Tür zufällig unverschlossen vorfindet). Er ist da, weil er eine Freundin von mir getroffen hat, die ihm alles über mich erzählt hat. Nun, er kommt (ich meine, er steckt seinen Kopf durch den Duschvorhang) direkt unter die Dusche, wirft seine Kleidung ab und sagt: »Deine Freundin hat recht. Du bist so wunderschön, wie sie gesagt hat!« Wir machen Liebe, während das Wasser auf uns, um uns, und unter unsere Körper rieselt. Zu diesem Zeitpunkt habe ich einen Orgasmus, und die Phantasie endet.

Ich hoffe, daß es eine ist, die Sie gebrauchen können.

Obwohl June neunzehn und verheiratet ist, phantasiert sie von einer Freundin, die sie gekannt hat, als sie dreizehn war. »Im wirklichen Leben sind wir nur so weit gegangen, uns in die Arme zu nehmen und uns zu küssen«, schreibt sie voller Trauer über die kindlichen Sexualspiele, die sie in ihrer frühen Adoleszenz zu betreiben pflegten. Es schien da noch so leicht zu sein, unsere Freundinnen wie uns selbst zu betrachten, um uns in unserer Einsamkeit zu trösten. Wir klammerten uns aneinander, um uns in unserer jugendlichen Furcht und Verwirrung über unsere sich entfaltende Sexualität zu beruhigen. Indem wir den Körper der Freundin untersuchten, untersuchten wir den eigenen.

Dieses Element der narzißtischen Identifikation scheint in Junes Phantasie klar zu sein: Sie sieht ihre Freundin nicht als Rivalin in dem Dreieck, das sie mit ihrem eigenen Ehemann bilden will; sie ist nicht »die andere Frau« – sie ist eine Komplizin. Ihre Phantasie erinnert uns an die Tage, in denen es schöner war, alles, was wir erlebt haben, mit unserer Freundin zu teilen... diese frühere Zeit, als die echte Aufregung einer Verabredung zu dem Zeitpunkt, als wir mit ihm zusammen waren, nicht so viel bedeutet hat wie danach, wenn wir es unseren Freundinnen beschreiben konnten.

Ein wichtiger Punkt bleibt noch über Phantasien wie Junes zu sagen: Es ist für Frauen genauso normal, sexuelle Phantasien von anderen Frauen zu haben, wie es bei Männern selten ist, über andere Männer sexuell zu phantasieren. Das Schreckgespenst der Furcht vor der Homosexualität verfolgt uns in unserem Geschlecht nicht so, wie es das im anderen Geschlecht tut, aber das heißt nicht, daß jede Frau, die eine sexuelle Phantasie von einer anderen Frau hat, lesbisch ist. (Die Bezeichnung »latent lesbisch« hat keine Bedeutung. Wir sind alle »latent« – es ist für jeden Menschen vorstellbar, etwas Sexuelles mit irgendeinem anderen Menschen zum richtigen Zeitpunkt und unter den richtigen Umständen zu tun zu haben.)

Einige Frauen, die von anderen Frauen Phantasien haben, beschreiben sich selbst als lesbisch. Viele Frauen, die ähnliche Phantasien haben, tun das nicht. Sie kennen sich selbst besser, als ich sie kenne. Eine Phantasie zu haben, ist ein Schrei aus dem tiefen Inneren, der bedeutet, daß Sie etwas in der Art bereits getan haben... oder daß Sie es »wirklich« tun wollen. June hat von anderen Frauen sexuelle Phantasien, aber sie erwähnt nicht einen Moment lang, daß sie die Vorstellung hat, sie könnte lesbisch sein. Tina schreibt über ihre Anziehung in bezug auf Barbara in Ausdrücken, die besagen könnten, daß sie in einiger Zeit eine lesbische Beziehung eingehen könnte. Im ganzen Buch verstreut befinden sich Phantasien von anderen Frauen, die erotische Träumereien über Sex mit anderen Frauen haben,... einige Briefe sind von Frauen, die ihre Vorstellungen in die Praxis umgesetzt haben. Keiner dieser sexuellen Wege ist besser als irgendein anderer, keiner ist richtig oder falsch. Es ist nur wichtig, was für ein Gefühl Ihnen Ihr Sexualleben gibt. Wenn Sie sich ganz und gar glücklich fühlen, befriedigt und vital, geht es niemanden etwas an, wie Sie dieses Ziel erreicht haben. Einige dieser betreffenden Frauen bezeichnen sich selbst als lesbisch, andere tun es nicht. Wie Sie sich bezeichnen, geht auch niemanden etwas an.

Im Grunde kann gesagt werden, daß sexuelle Phantasien von anderen Frauen normalerweise auf die Eindrücke und Emotionen in der Zeit, als wir noch ein Baby waren, zurückgeführt werden können, als unsere Mutter unser erstes Liebesobjekt war. Einige Zeit später, als wir heranwuchsen, wechselten wir zu den Männern über – wir fingen mit dem Vater an, den wir als unser erstes Modell für alle Männer genommen haben. Aber einige übriggebliebene Emotionen, die unsere Mutter betreffen, einige unbewußte Vorstellungen davon, wie sie schmeckte, uns berührte und uns den ersten Eindruck von Liebe gab, liegt häufig noch irgendwo in uns begraben, genauso wie ein kleines bißchen von dem Kind in jedem Erwachsenen übriggeblieben ist.

June

Ich habe gerade Ihr Buch zu Ende gelesen. Ich habe es wirklich genossen, und ich bin froh, daß endlich jemand über die Phantasien der Frauen geschrieben hat.

Ich habe einige, aber diese ist meine liebste. Diese Phantasie handelt immer von einer Freundin, die ich kannte, als ich dreizehn Jahre alt war.

Ich habe mir immer gewünscht, es mit ihr zu machen. Im wirklichen Leben sind wir nur so weit gegangen, uns in die Arme zu nehmen und uns zu küssen. Es hat Frauen gegeben, mit denen ich geschlafen habe, aber es hat mich immer abgetörnt. Ich weiß, daß (ich nenne sie Sue) Sue die einzige war, die mich antörnte.

Ich bin neunzehn Jahre alt und verheiratet. Ich habe meinem Mann bereits von meiner Phantasie erzählt, aber als ich Ihr Buch gelesen habe, hat es mich sehr erregt, und ich beschloß, ihm meine Phantasie genau zu beschreiben und wie gern ich es hätte, wenn er es mit uns beiden täte.

Wir hoffen beide, daß wir eines Tages unsere Phantasie in die Realität umsetzen können. Ich glaube, nichts würde mich glücklicher machen. Wir leben zur Zeit weit von Sue entfernt, planen aber, bald zurückzuziehen.

Nun, danke für das Buch, das Sie geschrieben haben. Ich freue mich auf Ihr nächstes Buch. Ich hoffe, daß Ihnen dies irgendwie weiterhilft.

Tina

Ich bin siebenunddreißig Jahre alt und seit fünfzehn Jahren mit meinem Mann zusammen; seit zehn Jahren kenne ich Barbara. Mein Mann ist sexuell okay, aber nicht leidenschaftlich – sein Wert als Ehemann basiert auf anderen Qualitäten. Mein stärkstes emotionales Bedürfnis ist schon immer die Fähigkeit zur Offenheit gewesen, um all meine Gedanken und Gefühle mitteilen zu können (einschließlich sexueller Phantasien). Ich habe das nicht mit meinem Mann erlebt, aber mit Barbara. Sie hat alles tiefer mit mir geteilt als mit jemand anderem, bis vor kurzem, als jemand Neues in ihr Leben trat.

Ich habe von ihr und anderen Frauen sexuelle Phantasien gehabt und überhaupt sexuelle Gefühle, so weit ich zurückdenken kann. Der Grund, weshalb ich Ihnen schreibe, ist eine »Veränderung«, die sich in mir vollzogen hat – keine der Phantasien in Ihrem Buch scheint auf mich zuzutreffen.

Im Laufe der Zeit hat sich die sichtbare Sexualität zwischen Barbara und mir von einer überhaupt nicht stattfindenden Berührung zu spontanen Küssen, Umarmungen und Rückenstreicheln entwickelt, was mich bis dicht vor den Orgasmus brachte. (Ich glaube, ich werde sie demnächst einmal fragen, ob es ihr etwas ausmacht, wenn ich in ihrer Gegenwart masturbiere. Ich werde darüber noch eine Weile nachdenken, da wir in verschiedenen Städten leben und uns persönlich nur ein- oder zweimal im Jahr begegnen.)

Bis letztes Jahr sagte Barbara, daß sie sich von Frauen sexuell nicht angezogen fühlt. Jetzt lebt sie in einer lesbischen Beziehung. Sie können sich die Mischung aus Freude für sie und Schmerz, den ich empfand, als das geschah, vorstellen. Bis zum Beginn dieser Beziehung kreisten meine Phantasien um Barbara. Ich stellte mir vor, daß sie sagte: »Ja, ich habe sexuelle Gefühle für dich«, und es mir mit dem Mund machte, mich umarmte, mich küßte etc. Einmal stellte ich mir vor, daß Barbara hereinkam, während ich masturbierte, und sie setzte sich neben mich und hielt meine freie Hand. Letzten Winter besuchte ich sie und ihre Liebe, und wir kamen einander näher als jemals zuvor. Sie war die ganze Zeit über offener und herzlicher als je zuvor, drückte aber eindeutig aus, daß ich nicht ihre Bettgenossin sein würde. Am nächsten Abend rauchten wir drei Frauen zusammen Pot (für mich das erste Mal). Schließlich gingen sie ins Schlafzimmer, und ich legte mich auf die Couch. Ich fühlte mich so, als wäre ich dabei und hätte Anteil an ihrer Sexualität. Und dann plötzlich schaltete ich von den ausschließlichen Masturbationsphantasien auf ein Gespräch mit Barbara um und teilte mit ihr Worte der Liebe und der tiefen Gefühle, einige davon waren sogar Geständnisse der Eifersucht. Aber obwohl das, worüber ich sprach, nicht nur positive Gefühle waren, fühlte ich Barbaras Verständnis und Liebe. Ihre nicht sexuelle, aber tiefe Liebe für mich bewirkte, daß ich mich gut fühlte, und sie verstärkte meine sexuelle Intensität. Seither habe ich häufig dieses Gefühl der Nähe mit einer Frau verbunden, und fühlte ihre Liebe durch meine Masturbation. Ich habe es Barbara am nächsten Tag erzählt, und sie empfand es als sehr schön. Ich teilte mit ihr auch alle Gefühle, die ich in der Phantasie verbalisierte, als ich mir vorstellte, wie die beiden im anderen Zimmer miteinander Liebe gemacht haben, und sie verstand auch das. Ich nehme an, daß Sie das nicht unbedingt als sexuelle Phantasie bezeichnen würden, aber es törnt mich am meisten an, wenn ich mir beim Onanieren vorstelle, wie sehr mich eine Frau (Barb) versteht, akzeptiert und liebt.

Manchmal versuche ich das Gefühl dann, wenn ich mit meinem Mann zusammen bin, einzubringen (aber ich fühle mich schuldbewußt, wenn ich an jemand anderen denke, wenn ich mit ihm zusammen bin). Seit dem letzten Winter habe ich mit drei Frauen geschlafen. Eine der Frauen berührte außer meinem Körper auch meine tiefsten Gefühle. Ich phantasiere von ihr auf zwei unterschiedlichen Ebenen gleichzeitig – auf der unserer gemeinsamen Gefühle und über Erinnerungen an unsere Sexualität. Wenn Liebe und Sex zusammentreffen, kann das enorm stimulierend sein.

Ich betrachte mich übrigens als bisexuell und bemühe mich innerhalb meiner religiösen Konfession, das Verständnis von Homosexualität und Bisexualität auszubreiten. Ich habe letzten Sommer eine Betrachtung dieses Problembereichs in Barbaras Verfassung, ehe es sie aktiv betraf, angeregt. In diesem Sommer stand sie da, wo ich bereits mit den anderen stand, und führte es durch, während ich in meinem eigenen Bereich blieb. Die Gefühle von Zusammengehörigkeit und schwesterlichem Verhältnis, die ich durch diese Aktivitäten erhalte, machen mich mehr als froh.

Ich habe einer meiner Geliebten von dieser Art von Phantasien erzählt, und sie hat sie ausprobiert und wirklich gemocht. Ich hoffe, ich habe sie gut genug erklärt, um mich verständlich zu machen. Es ist die Stärke der emotionalen Intensität und der allgemeinen Nähe, die die sexuellen Empfindungen verstärkt. Ich habe auch eine meiner deutlichsten Phantasien bis jetzt noch nicht erwähnt. Ich erzähle sie schnell, ehe ich nicht mehr den Nerv dazu habe. Ich trinke Muttermilch und schwimme schließlich in ihr, und wenn ich mich dem Höhepunkt nähere, fühle ich mich, als würde ich ertrinken.

*

Tobys erste Phantasie stammt, wie die meisten aus diesem Kapitel, aus einer Zeit ihres Lebens, als sie noch nicht reif für die Sexualität war. Sie war fünfzehn, schreibt sie, als sie von dem Mann, der in der Nachbarschaft lebte, zu phantasieren begann. Er war »ungefähr fünfundvierzig, mit sexy grauem Haar (und kultiviertem Äußerem).«

Ah, diese kultiviert aussehenden, grauhaarigen älteren Teufel! Wie häufig sie die erotischen Träumereien von jungen Frauen bevölkern, die jung genug sind, um ihre Töchter sein zu können! Das zweifelhafte Mysterium, bereits in vielen Betten geschlafen zu haben, das sie mit sich führen, umgibt sie beinahe wie ein mystischer goldener Schleier der Romantik. Sexuell und väterlich gleichzeitig versprechen die älteren Männer, uns sicher in unser sexuelles Leben zu geleiten, indem sie uns mit außerordentlichem Geschick einführen und uns in ihrer Weisheit vergeben, während sie uns in einem verbotenen Akt genießen.

Toby

Ich bin achtzehn, weiß, Single und habe eine vernünftige, liberale Einstellung zur Sexualität und bin von Leuten umgeben, die Sex mißbilligen. Zur Zeit habe ich eine Affäre mit einem Typen namens Lou, der sechsundzwanzig Jahre alt ist. Seine Scheidung ist in ungefähr einem Monat durch. Er ist wirklich umwerfend!

Meine erste Phantasie hatte ich von einem Mann, der neben uns wohnte. Bei unserem Sommerhäuschen. Ich war zu dem Zeitpunkt fünfzehn. Er ist ungefähr fünfundvierzig mit sexy grauem Haar (sieht sehr kultiviert aus).

Meine Eltern haben ein Häuschen, ich habe mein eigenes.

Um ungefähr ein Uhr morgens erklang ein Klopfen an der Tür und V., der Mann von nebenan, der Kinder hatte, die älter waren als ich, kam herein, und sofort umarmten wir uns wie verrückt. Er war der schärfste verheiratete Mann in unserer Gegend.

Während wir uns zärtliche Worte zuflüstern, fallen wir auf das Bett und machen miteinander Liebe. Er ist sehr sanft, und ich werde geil, wenn ich an ihn denke. Wir vögeln und quatschen miteinander, bis er um fünf Uhr morgens nach Hause zurückkehrt und mir nur die Erinnerungen daläßt.

Eine andere Phantasie, die ich habe, handelt von einem riesigen Hund (einem Schäferhund), der mich bumst (in der Hundestellung natürlich). Ich muß mich hinhocken, und der Hund wird dazu getrieben, zwischen meinen Beinen zu schnüffeln und mich auszulekken. Dann steckt er seinen harten, feuchten Penis in mich hinein, und wir bumsen wie die Wahnsinnigen.

Schon allein der Gedanke an seine große Nase, die mich zwischen den Beinen untersucht, erregt mich.

Nichts erregt mich wirklich mehr, als der Gedanke, mit zwei Männern Liebe zu machen. Ich kenne beide.

Einer um Cunnilingus an mir auszuüben, während der andere (nach dem ersten) mich bumst.

Als wir in einem Zug saßen, machten Lou und ich Liebe auf den Sitzen unseres Waggons. Es war dunkel, Abend, so daß uns niemand richtig sehen konnte (hoffte ich). Die Sitze uns gegenüber waren leer, aber vor mir und hinter mir saßen Leute. Wir spielten aneinander herum, bis der kritische Moment kam. Er zog seine Hose herunter und legte eine Decke über sich. Ich hatte ein Kleid an und keinen Slip darunter, und daher hüpfte ich auf seine Knie, und als er seinen riesigen Pimmel in mich hineinsteckte, zusammen mit den Bewegungen des Zugs, fühlte ich mich wie im Himmel. Es war toll! Ich habe meinen ersten Orgasmus mit ihm bekommen.

Wir fickten ungefähr zwei Stunden, die ganze Fahrt hindurch bis Boston, wo wir am nächsten Tag ein Engagement hatten.

Ich phantasiere häufig, daß er wieder zu Hause ist, und ich mit ihm wieder und wieder vögeln kann.

Jedesmal, wenn ich einen Typen mit engen Hosen sehe... starre ich ihn an! Ich könnte ihn mir gerade schnappen, und wow!

Sie scheinen eine tolle Frau zu sein, und ich hoffe, wir lernen uns eines Tages kennen.

Penny

Als ich mir zum ersten Mal über meine sexuellen Phantasien klar wurde, war ich ungefähr zehn. Ich fühlte mich früher manchmal von ihnen bedroht, besonders von denjenigen, die von anderen Frauen handelten. Ich bin bis jetzt noch nicht so weit, sogar heute noch nicht, wie ich möchte, um darüber mit meinem Mann zu sprechen, obwohl meine beste Freundin und ich Phantasien austauschen. Unsere letzte beiderseitige Phantasie war die, daß wir unseren Männern erzählen, wir fahren nach Memphis, um ein Wochenende lang wie verrückt einzukaufen, aber tatsächlich fahren wir nur hin, um miteinander zu ficken. Wie Sie feststellen können, habe ich mit meinen Phantasien lange gebraucht und kann sie jetzt genießen. Tatsächlich lese ich nicht gern *Die sexuellen Phantasien der Frauen,* während ich bei der Arbeit bin, weil es mich zu sehr antörnt, und in diesem Zustand möchte ich nicht im Büro sein.

Als ich ein Kind war, war eine meiner liebsten Phantasien, auf dem Superhighway zu laufen, der in der Nähe meiner Schule war. Die Leute fuhren nicht mit Autos – ich stellte sie mir vor, wie sie sich in kleinen Haufen oder Gruppen vorwärts bewegten, aber sie liefen. Als ich in einen verlassenen Weg einbog, um an einer sich langsam vorwärts bewegenden Familie vorbeizukommen, mußte ich mich zur Seite drehen. Ich kam nah an einem Mann vorbei, der einen Steifen hatte. Ich lächelte und sagte: Mm-mm-mm . . ., als wollte ich sagen: Mm-mm-gut. Er nahm meinen Arm und versuchte, mich dazu zu bekommen, mit ihm zu gehen. Ich lächelte verschlafen und antwortete, daß ich wirklich nicht könnte, weil ich zu jung und unerfahren sei. Er versuchte, mich noch einmal zu überzeugen, und ich sagte: Warum nicht. Wir gingen an der nächsten Ausfahrt raus. Ich hatte keinen Slip an. Wir saßen in der Nähe der Schule. Jemand (ich glaube, der Mann mit dem Steifen) spielte an meiner Klitoris rum. Es war schön. Dann war ich in einem Zimmer. Ich beschloß, daß ich hinausgehen mußte. Deshalb fragte ich ihn schläfrig, ob ich bitte mein Höschen zurück haben könnte. Er gab es mir, und ich verließ schnell das Zimmer. Da lag Schnee auf dem Boden; dann war der Mann hinter mir. Plötzlich sah ich einen Zug ankommen. Ich brüllte: »Gott sei Dank für den Southern Pacific!«

Das war das Ende dieser einen speziellen Phantasie. Eine der ersten Phantasien in meinem ganzen Leben, an die ich mich erinnern kann, drehte sich um einen Mann, der sich hingelegt hatte. Ich öffnete seinen Reißverschluß – ich schob meine Hand in seine Unterhose, aber ich gelangte in finsterste Schwärze. Zu diesem Zeitpunkt hatte ich nie einen Schwanz gesehen.

Vor ein paar Jahren, als ich die Phase durchlief, von der ich geschrieben habe, daß ich Phantasien von anderen Frauen hatte, waren meine sexuellen Bilder sehr exotisch. Ich stellte mir vor, wie ich an die Titten der Miß Amerika griff und wie ich eine schwangere Frau dabei beobachtete, wie sie sich auszog. Häufig habe ich davon geträumt, barbusig in der Öffentlichkeit herumzulaufen, in der ich dann normalerweise versuchte, mich zu bedecken. Kürzlich hatte ich eine Prominentenwoche. Eines Nachts war ich ein Mitglied des M.A.S.H-Teams, und Alan Alda war hinter mir her. In der nächsten Nacht fickte mich Frank Langella *(Diary of a Mad Housewife, Zwölf Stühle)* und sagte: »Ich habe nur das Problem, daß mein Schwanz so klein ist. Also spann bitte deinen Muskel an.« Ich erinnere mich daran, daß ich im Traum fühlte, wie ich meine Vagina anspannte und locker ließ, anspannte und locker ließ.

Wenn Sie möchten, bitte ich meine Freundin, mit der ich Phantasien austausche, daß sie ihre an Sie schickt. Ich hoffe, daß ich Ihnen ein bißchen geholfen habe.

Cecilia

Ich liebe Sie, ich liebe Sie, ich liebe Sie!!!!

Ihr Buch war sensationell und zeitweise ziemlich antörnend – zeitweise auch ziemlich abtörnend, aber immer ein höllisches Vergnügen. Es würde mir sehr viel Spaß machen, wenn ich Ihnen eine oder zwei meiner Phantasien vorlegen könnte. Ich bin siebzehn und habe, solange ich mich erinnern kann, phantasiert (in der einen oder anderen Form).

Meine liebste (sie ist mir immer noch die liebste) handelt von diesem Jungen, mit dem ich verschiedene Male aus war (aber mit dem ich leider nie geschlafen habe). Das war, weil ich noch Jungfrau war – aber wenn er mir wieder über den Weg läuft, bin ich sicher, daß ich es dahin bringe! Die Phantasie beginnt damit, daß wir allein zusammen im Schlafzimmer sind, und ich gehe rüber zu ihm und fange sofort an, ihn ziemlich leidenschaftlich zu küssen, während ich seinen Hosenlatz öffne. Ich nehme seinen riesigen pochenden Schwanz in meine Hände und fange an, ihn zu streicheln und mit ihm zu spielen, etc. Er streicht mit seinen zitternden Händen über meinen Pullover und fängt an, meine Brüste zu massieren. Er zieht den Reißverschluß meiner Hose auf, schlüpft mit der Hand direkt auf meine nasse Muschi und steckt ein paar Finger in meine Möse.

109

Wir ziehen uns gegenseitig aus (ich höre ein Weile damit auf, während ich seine Unterhose herunterziehe, um es ihm mit dem Mund zu machen). Er legt mich auf sein Bett, stützt meine Beine auf und öffnet sie und vereinigt seine vollen roten Lippen mit meiner roten Möse, und *Zowie*! Ich ziehe seinen Kopf an mich, und seine Zunge leckt mich um den Verstand. Wir schlafen miteinander und kommen befriedigt zu einem Ende.

Meine nächste betrifft eine Freundin von mir. Ich beschließe, bei ihr zu schlafen, also rauchen wir etwas Gras und fühlen uns sehr ungezwungen miteinander. Wir beschließen, zusammen duschen zu gehen, und da beginnt der Spaß. Wir bieten uns gegenseitig an, uns den Rücken zu waschen, und natürlich ist das nicht alles, was wir uns gegenseitig waschen. Wir gehen in ihr Schlafzimmer, und zuerst reibe ich sie mit einem Handtuch trocken, dann tut sie dasselbe bei mir; sie läßt mich auf der Kante des Bettes sitzen, so daß sie meine Füße und Beine abtrocknen kann. Sie fängt an, meine Schenkel zu befühlen, und macht sich daran, sie zu küssen und zu lecken. Sie öffnet meine Beine weit und fängt an, meine Möse zu lecken, daran zu saugen und sie zu küssen.

Sie bearbeitet meinen ganzen Körper, und es endet damit, daß wir die ganze Nacht Sixty-Nine miteinander machen.

Ich habe all das meinem Geliebten erzählt, und er begeistert sich auch dafür.

Ich schaue mir außerdem gerne den Schritt und den Arsch von Männern an. Ich genieße es immer, einen Mann in der Vorstellung auszuziehen und zu phantasieren, daß wir es miteinander treiben. Ich kann es kaum erwarten, bis Ihr nächstes Buch da ist. Viele Grüße.

Isabel

Ich habe gerade Ihr Buch mit dem Titel *Die sexuellen Phantasien der Frauen* zu Ende gelesen, und es gefiel mir sehr gut. Es gefiel mir deshalb so gut, weil ich mich besser fühle. Ich denke oft an Sex, und ich phantasiere so viel über Sex, daß ich allmählich schon dachte, ich bin pervers. Ich fühle mich jetzt besser, weil ich weiß, daß andere Frauen genauso viel über Sex phantasieren wie ich. Im nächsten Schuljahr bin ich im zweiten Jahr Studentin am College, aber ich bin gerade den Sommer über zu Hause. Ich möchte Ihnen von meinen Phantasien erzählen, aber ich muß diesen Brief anonym schreiben, weil ich in einer sehr kleinen Stadt lebe, und ich möchte nicht, daß jemand irgend etwas über mich herausfindet. Wie ich sagte, habe ich eine Menge Phantasien, und ich möchte Ihnen von einigen erzählen. Obwohl ich fast zu jeder Zeit Phantasien habe, habe ich meine am besten entwickelten Phantasien, wenn ich masturbiere. Ich glaube, ich masturbiere mehr als die meisten Mädchen. Beinahe jede Nacht, ehe ich schlafen gehe, masturbiere ich, und ich masturbiere auch häufig zu anderen Tageszeiten, wenn ich erregt und eine Weile allein bin. Masturbation ist die einzige Art sexueller Aktivität, die ich jemals erlebt habe. Obwohl die Leute sagen, daß ich ein hübsches Gesicht habe, habe ich Übergewicht. Weil ich Übergewicht habe, ist es schwer für mich, Verabredungen mit Jungen zu treffen, und deshalb habe ich in meinem ganzen Leben nur wenige Verabredungen mit Jungen gehabt. Wenn ich ehrlich bin, habe ich ein bißchen Angst vor Jungen. Ich habe Angst davor, frigide zu sein, wenn ich je Sex mit einem Jungen haben sollte. Das ist jetzt aber genug von mir. Ich sollte Ihnen besser von meinen Phantasien erzählen.

Ich glaube, ich bin das weibliche Äquivalent eines »Spanners«. In meinen sexuellen Phantasien stelle ich mir mich beinahe immer vor, wie ich andere Leute beobachte, die sich sexuell betätigen. Eine meiner liebsten Phantasien ist, mir vorzustellen, wie sich ein attraktiver Junge auszieht, während ich ihn heimlich beobachte. Ich habe nie einen Jungen ausgezogen gesehen, und deshalb bin ich nicht sicher, ob das, was ich mir vorstelle, wirklich stimmt. Ich werde durch den Anblick der sexuellen Geschlechtsorgane eines Jungen erregt, aber bei dem Gedanken, daß ich sie tatsächlich berühren sollte, befällt mich eine Art Panik. Sie ziehen mich irgendwie an und stoßen mich gleichzeitig wieder ab. Wenn ich diese Phantasie habe, stelle ich mir auch gerne vor, daß dieser Junge onaniert, nachdem er sich ausgezogen hat. Ich bin mir nicht sicher, wie Jungen wirklich masturbieren, aber in meinen Phantasien tun sie das unterschiedlich. Am liebsten stelle ich mir zur Zeit vor, wie ein Junge mit dem Gesicht nach unten auf seinem Bett liegt und seine Hüften hebt und senkt, so daß sein Penis sich an den Laken reibt. Ich stelle mir gern vor, daß er meinen Namen ausruft, wenn er ejakuliert, als ob er von mir phantasiert.

In einer anderen Phantasie stelle ich mir vor, wie ein Paar Sex miteinander hat, während ich es heimlich beobachte. Die Paare sind gewöhnlich Leute, die ich persönlich kenne; wenn eine meiner Freundinnen heiratet, liege ich gern in meinem Bett und versuche mir vorzustellen, was sie und ihr Mann in der Hochzeitsnacht tun könnten. Ich stelle mir vor, daß ich heimlich beobachte, wie sie ihrem Mann vor dem ersten Mal beim Ausziehen zusieht und wie sie sich auszieht, während ihr Mann zusieht. Die Vorstellung, mich vor einem Jungen auszuziehen, erschreckt mich, aber sie erregt mich auch. Nachdem ich von einer meiner Freundinnen und ihrem Mann phantasiert habe, wie sie sich ausziehen, stelle ich mir vor, daß ich sie heimlich beobachte, während sie zum ersten Mal miteinander schlafen. Ohne, daß ich es genau weiß, stelle ich mir vor, daß sie Jungfrau ist. Der Penis ihres Mannes ist sehr groß, und sie schreit vor Schmerz auf, als er ihn ihr zum ersten Mal hineinstößt. Es tut so weh, daß sie anfängt zu weinen, aber ein paar Minuten später fängt es an, ihr zu gefallen. Dies ist auch ein Teil der Sexualität, vor dem ich Angst habe, der mich aber auch erregt.

Neben Jungverheirateten phantasiere ich von anderen Paaren, die ich auch kenne, entweder verheiratete oder unverheiratete. Ich denke darüber nach, was sie wahrscheinlich miteinander tun, wenn sie Sex haben. Ich versuche gern, mir all die Dinge vorzustellen, die sie tun könnten, wenn sie miteinander schlafen. In meiner Phantasie versuche ich mir auszumalen, wie sie es miteinander tun. Eine meiner liebsten Vorstellungen ist die, daß sie oralen Sex miteinander haben. Meistens versuche ich mir vorzustellen, daß irgendein Mädchen an dem Penis ihres Partners saugt. Die Phantasie, daß ich das mit einem Jungen tun könnte, stößt mich ab, aber es fasziniert mich auch. Ich stelle mir manchmal vor, daß er in ihren Mund ejakuliert und sie es schluckt. Wenn ich daran denke, erregt es mich sehr, aber ich glaube nicht, daß ich das jemals wirklich tun werde. Ich male mir auch gern in der Vorstellung aus, daß sich Paare gegenseitig masturbieren, und ich werde sehr erregt, wenn ich versuche, mir vorzustellen, wie der Junge an den Brustwarzen des Mädchens nuckelt.

Die meisten meiner Phantasien sind in der Art, wie ich sie bereits beschrieben habe, aber ich habe manchmal andere Arten sexueller Phantasien. Beinahe immer, wenn ich einen gutaussehenden Jungen sehe, versuche ich mir vorzustellen, wie er ohne Kleidung aussieht. Wenn ich das mache, spiele ich eine Art Spiel. Ich versuche, die Größe und die Form seiner Sexualorgane zu erraten, aber weil ich nie einen Jungen ohne seine Kleidung gesehen habe, bin ich auch nicht sicher, wie seine Sexualorgane aussehen müssen. Einmal sah ich einen Jungen, dessen Hose so ausgebeult war, als wäre sein Penis erigiert, und es erregt mich, wenn ich daran denke, wie er aussah. Ich würde mir wirklich wünschen, es gäbe ein Magazin für Frauen, das Fotos von gutaussehenden Männern zeigt, die unbekleidet sind. Eine andere Phantasie, die ich ein paar Mal hatte, betrifft zwei Mädchen, die ich vom College kenne.

Sie bewohnen zusammen ein Apartment, und ich hörte von einigen meiner Freunde, daß sie lesbisch sind. Manchmal, wenn ich masturbiere, versuche ich mir vorzustellen, daß ich heimlich beobachte, wie diese beiden Mädchen miteinander schlafen. Es beunruhigt mich, aber ich werde wirklich erregt, wenn ich an sie denke, wie sie es miteinander treiben. Manchmal erregt es mich auch, wenn ich an einige sehr weibliche und schlanke unbekleidete Mädchen denke, und gelegentlich stelle ich mir vor, wie ich ein Mädchen beobachte, wenn es sich auszieht und masturbiert. Manchmal denke ich, daß es mich weniger ängstigen würde, mit einem anderen Mädchen zu schlafen als mit einem Jungen.

In beinahe allen meinen Phantasien bin ich nur ein heimlicher Beobachter der Sexualität einer andren Person, aber in einer sehr kleinen Anzahl von Phantasien spiele ich auch andere Rollen. Die meisten dieser Phantasien haben eine ähnliche Aufmachung. Ich stelle mir vor, daß ich gefangen und dazu gezwungen werde, mit einem gutaussehenden Jungen zu schlafen. Ich werde Ihnen ein Beispiel für eine dieser Phantasien geben. Ich stelle mir vor, daß ich und der gutaussehende Junge, der mich sonst nie beachtet hätte, eingeschneit sind, allein in einer Berghütte oder an einem anderen ähnlichen Ort. Wir haben Nahrung und Holz für das Feuer im Kamin, so daß wir uns wohlfühlen. Als der Abend kommt, bereiten wir uns darauf vor, in verschiedenen Zimmern zu schlafen, aber als ich anfange, mich auszuziehen, stürmt er in mein Zimmer. Er ist bereits ausgezogen, und er entfernt gewaltsam den Rest meiner Kleidung. Als er mich ohne Kleidung sieht, erregt es ihn nur noch mehr, und sein Penis ist erigiert. Er ist sehr fest und sehr groß, und ich fürchte mich bei sei-

113

nem Anblick. Er zwingt mich dazu, mich in dem Bett auf den Rükken zu legen, und er legt sich auf mich. Sofort fängt er an, seinen Penis in mich zu stoßen. Es tut so weh, daß ich anfange zu weinen, aber
er hört nicht damit auf, seinen Penis in mich hineinzustoßen. Nach
einigen Minuten fängt es an, mir zu gefallen. Er hört ungefähr fünfzehn Minuten lang nicht damit auf, seinen Penis hinein- und wieder
hinauszubewegen, und dann ejakuliert er. Während er ejakuliert,
sagt er mir, wie schön es ist, mit mir zu schlafen. Danach liegen wir
zusammen im Bett, und er behandelt mich sehr zärtlich. In Phantasien wie dieser stelle ich mir vor, daß es sehr schön ist, Sex zu haben,
aber ich habe dabei keinen Orgasmus. Aber ich habe diese Form
von Phantasien nicht sehr häufig. Ich habe sie wahrscheinlich nicht
öfter als ein- oder zweimal im Monat. Ich muß für so eine Phantasie
in der richtigen Stimmung sein, oder sie verursacht mir ein unange-
nehmes Gefühl anstelle eines guten.

Die erste eindeutig sexuelle Phantasie, die ich hatte, ist mir einge-
fallen, als ich dreizehn war und meine älteste Schwester geheiratet
hat (ich habe nur Schwestern, keine Brüder). Zu diesem Zeitpunkt
fragte ich meine Mutter über die Ehe und das Kinderkriegen aus,
und sie erzählte mir von der Sexualität. Bald danach begann ich zu
masturbieren, und als ich das machte, phantasierte ich davon, wie
meine Schwester und ihr frisch angetrauter Mann miteinander
schlafen. Vielleicht ist mir diese Phantasie, weil sie die erste ist, die
ich je hatte, die liebste von allen. Ich werde extrem erregt, wenn ich
mir vorzustellen versuche, was ein frisch verheiratetes Paar, das ich
kenne, in der Hochzeitsnacht und den Flitterwochen miteinander
treibt. Die zweitliebste dieser Art von Phantasien sind die, in denen
ich mir vorstelle, daß ich heimlich beobachte, wie ein gutaussehender Junge sich auszieht und masturbiert. Ich stelle mir SEHR VIEL
EHER vor, wie ich das beobachte, als tatsächlich mit einem Jungen
Sex zu haben.

Ich hoffe, daß das, was ich Ihnen über meine sexuellen Phantasien
berichtet habe, dazu beitragen kann, Ihre Recherchen fortzusetzen.
Ich kann es kaum erwarten, die Ergebnisse dieser zusätzlichen Recherchen zu lesen. Ich habe mein Exemplar Ihres Buchs einer Freundin geliehen, und sie mag es auch sehr. Vielleicht wird sie Ihnen
schreiben. Ich würde Ihnen auch noch einmal schreiben, wenn mir
noch mehr einfällt, wovon ich Ihnen erzählen kann.

Kapitel 3

Aussehen

Bis vor sehr kurzer Zeit hielt sich sogar noch im Beruf des Medizi-
ners der Gemeinplatz, daß Frauen nicht angetörnt werden, wenn sie
Pornographie lesen. Als ich begann, für *Die sexuellen Phantasien
der Frauen* zu recherchieren, erzählte mir ein Arzt nach dem anderen, daß Frauen *nicht in der Lage sind*, sich durch dieselbe Art visu-
eller Stimulation, von der Männer angetrieben werden, erregen zu
lassen. »Eine Frau empfindet Sex nicht als eine Art simples physi-
sches Vorhaben, wie es der Mann tut«, lauteten die üblichen Erklärungen. »Pornographische Bücher oder Fotos schließen Gefühle aus
der Sexualität aus, aber eine Frau kann Sexualität nur im emotionalen Zusammenhang sehen, anders interessiert sie sich nicht dafür.«

Dies klingt vielleicht ganz vernünftig; im großen und ganzen
stimmt es, was die Art und Weise betrifft, wie Frauen ihr Leben führen. Das einzige Problem an dieser Erklärung ist, daß sie die *Wollust
der Frau* nicht erklärt oder eingesteht.

Es hilft mir nicht dabei zu erklären, weshalb es meine Aufmerksamkeit so fesselt, wenn ich einem Mann auf der Straße begegne,
der eine bemerkenswerte Schwellung in seiner Hose hat... weshalb
ich nur in der Lage war, meinen Kopf von einer Seite zur anderen zu
drehen, als ich mir im Theater *The Changing Room* angesehen
habe, ein Stück, in dem schließlich ein Dutzend nackte Männer zur
gleichen Zeit die Bühne betraten. Ich hatte nie zuvor so viele nackte
Schwänze gleichzeitig zur Inspektion präsentiert bekommen, und
obwohl ich keine Gefühle für irgendeinen der beteiligten Schauspieler aufbrachte, war das einer der aufregendsten Abende, den ich je
in einem Theater verbracht hatte.

War ich so etwas wie ein Monster? fragte ich mich. Ich besaß
nichts, womit ich mich vergleichen konnte, kein Rollenvorbild, in
dessen Fußstapfen ich sicher treten konnte. Ich verfügte über keine

kulturelle Genehmigung, die meine lüsternen Interessen billigte, so wie die Männer sie besitzen. Wenn ein Mann gern ins Varieté geht und sich Fotos von nackten Frauen an die Wand hängt, zeigt es, daß er ein verdammt geiler Typ ist. Es gibt sogar eine Gesellschaft in San Diego, die aus jungen Kerlen besteht, die sich stolz als »International Girl Watchers« bezeichnen. Aber von uns stellt man sich vor, daß wir Fotos von jungen Paaren sammeln, die Hand in Hand im Mondlicht spazierengehen. Die ganze Angelegenheit kommt mir sehr ungerecht vor – schlimmer noch, sie verletzt mein Gefühl für Logik und Symmetrie. Es mußte eine andere Seite der Medaille geben, obwohl ich nie davon gehört hatte, daß man darüber sprach, und obwohl kein Arzt mit mir übereinstimmen wollte. Ich erinnere mich, daß ich vor nicht allzu langer Zeit mit der jungen Tochter von Freunden über ihre Erfahrungen am Strand sprach. »Männer haben diese lustige Ausbuchtung vorn an ihrer Badehose«, sagte das Mädchen, »aber man glaubt von dir, daß du es nicht bemerkst. Wie soll das denn gehen?«

Wie sollte das tatsächlich gehen? Ich werde wütend, wenn ich Männer und Frauen zugleich sagen höre, daß der nackte Männerkörper nicht so interessant oder schön wie der nackte weibliche Körper ist. Warum? Warum sollen Titten in irgendeiner Weise schöner sein als die Hinterbacken oder der Schwanz eines Mannes? Ich glaube, daß es die Männer selbst sind, die diese Idee in die Welt gesetzt haben, daß ihre nackten Körper häßlich sind – oder letztendlich auch unbedeutend oder zu unwichtig, um sie sich anzusehen, solange sie keine Erektion haben! Wenn ich recht habe, dann sind es die Männer selbst, die beiden Geschlechtern helfen müssen, dazu übergehen, ihre nackten Körper als ästhetisch befriedigend zu akzeptieren und nicht nur als sexuell nützlich; sie müssen lernen, sich zurückzulegen und es der Frau gern zu erlauben, sie anzusehen. Wenn Männer einmal von der Idee abkommen, daß sie es nicht wert sind, angesehen zu werden, wenn sie keinen riesigen erigierten Schwanz haben, dann werden sie von einem riesigen Ausmaß an Kastrationsängsten befreit. Sie werden von der Vorstellung befreit sein, daß sie entweder ein riesiger Penis oder »nichts« sind. Sie können Männer sein statt immerwährende Fickmaschinen.

Einen nackten Mann von hinten zu sehen, ist ein Anblick, der mir den Atem verschlägt – die ehrfurchtgebietende Form von Kraft, in der die Schultern in schmale Hüften übergehen, das harte, musku-löse Aussehen eines athletischen Arsches... Es gibt Linien im männ-lichen Körper, die noch nie bemerkt wurden, eine Ästhetik der männlichen Anatomie, über die die Frauen bald Poesie verfassen werden... *wenn* wir es uns erlauben, sie anzusehen.

Im Gegensatz zu Männern wurden Frauen von Geburt an dazu erzogen, Exhibitionisten zu sein. Geschäftig enthüllt die Mode in diesem Jahr einen Aspekt unserer Anatomie und versteckt ihn im nächsten. Wer anders als eine Frau fühlt tief in sich die erotische Kraft dessen, was das Auge sehen kann? Für mich ist offensichtlich, daß beide Geschlechter durch das Lesen und das Betrachten von et-was Erotischem gleich stark stimuliert werden müssen, aber daß Frauen – »Damen« – kulturell dazu erzogen wurden, das abzustrei-ten, sogar sich selbst gegenüber. *Beide* Geschlechter reagieren auf natürliche Dinge wie Sonnenschein, Pelztiere, das Gefühl von Ge-schwindigkeit, den Klang von Musik – warum soll es da diesen gro-ßen Unterschied zwischen dem geben, was die Geschlechter indivi-duell antörnt? Wenn Männer und Frauen Sex mögen, werden ihn beide in seiner ganzen Ausdrucksform mögen, sogar in seiner flüch-tigsten. Nachdem ich in die *Die sexuellen Phantasien der Frauen* ge-schrieben hatte, daß ich eine »eingefleischte Schwanz-Betrachterin« bin, nahm mich eine Frau nach der anderen beiseite, um mir mit ei-nem erleichterten Lachen zu erzählen, daß sie es auch ist. (Sie wer-den in vielen Briefen dieses Buches auch die Lust daran entdecken, sich vorzustellen, was in der engsitzenden Hose eines Mannes los ist.)

Roxanne schickt mir auch den Beweis, daß ich nicht allein damit dastehe, eine erotische Dynamik von den Dingen zu empfangen, die ich sehe. Ihr Brief enthält elf verschiedene Phantasien, und alle han-deln davon, zu sehen und gesehen zu werden.

Aber ihr Brief endet mit einer traurigen Bemerkung, von der ich glaube, daß es eine ist, die sehr gut erklärt, weshalb Frauen so viel Angst haben, ihre Erregung durch etwas Sexuelles zu gestehen. »...ich muß nun aufhören«, schließt Roxanne, »weil mein Mann nach Hause kommt. Er ist toll, aber sehr konservativ, deshalb möchte ich nicht, daß er das alles sieht.« Statt daß sie die Reaktion der Frauen auf Dinge, die sie sehen oder lesen, als einen weiteren Weg der Erotik empfinden, den sie zusammen erforschen könnten, empfinden zu viele Männer sie als Bedrohung, als ein Zeichen ekstatischer Sexualität, vor der sie Angst haben, daß sie sie nicht befriedigen können. »Mein Ex-Mann erinnert sich lieber an mich als eine Frigide«, sagte eine Freundin kürzlich zu mir, »als daß er glaubt, ich könnte vielleicht nicht genug bekommen haben.«

Roxanne

Ich habe eine ganze Anzahl von Phantasien, die mir die liebsten sind – ich nenne sie meine liebsten Phantasien, weil ich, wenn ich alle meine Phantasien beschreiben würde, ein Buch verfassen müßte. Aber wie auch immer, weil meine Vaginalsäfte anfangen, sich auszubreiten, geht es jetzt los:

Phantasie 1: Es gibt ziemlich in der Nähe meiner Wohnung einen Pornographieladen für Bücher und Hefte. Die Magazine sind besonders groß mit allen Arten von Bildern und Anzeigen, einschließlich, wie Schwule am besten Schwule ficken können und so weiter. Wie dem auch sei, ich sehe mich mit einer Art von enthüllender Kleidung und wirklich ohne jede Form von Unterwäsche darunter hineingehen. Egal was ich darüber anhabe, meine Brustwarzen sind klar zu sehen, und das Unterteil ist so etwas wie ein kurzer, geschlitzter Rock. Ich gehe hinein und fange an, die Magazine durchzublättern, als ich unabsichtlich absichtlich eines fallenlasse. Ich beuge mich hinunter, um es aufzuheben, und so enthülle ich meinen Arsch und meine Möse in ihrer ganzen Pracht. Der junge Eigentümer beobachtet mich natürlich die ganze Zeit, und er ist vollauf damit beschäftigt, sich zusammenzureißen. Manchmal stürzt er zu mir herüber, und ehe ich eine Chance habe, mich aufzurichten, steckt er seinen enormen Pimmel in mich hinein – in mein Arschloch, in meine Fotze – egal – und rammelt zu unser beider Wonne.

Manchmal will er mir nicht näherkommen, also bringe ich ein paar Magazine zu ihm, um sie zu kaufen, und sage: »Junge, ich wette, an einem Platz wie diesem werden Sie andauernd geil«, oder: »Sie sollten ein Hinterzimmer haben, in dem geile Frauen wie ich ein bißchen ficken können, wenn sie es brauchen – so, wie gerade jetzt.« Er sieht mich wollüstig an und sagt mir, daß sie so einen Raum haben! Er führt mich hin, und ich gehe mit einem vibrierenden Körper mit. Was konnte da schon anderes drin sein als drei um-

werfende Typen und ich, die in dieser Show die Regie führt? Wo –
haben Sie sich jemals in alle drei Löcher gleichzeitig ficken lassen?

Ein anderes tolles Gefühl ist, wenn man von zwei Typen gehalten
wird und auf dem Pimmel des dritten hinaufgeschoben und wieder
heruntergelassen wird – zuerst langsam und dann mit sich steigern-
der Geschwindigkeit.

Nach dieser ganzen Vorstellung will ich mehr Abwechslung. Ich
nehme einen Typ mit in die angrenzende Dusche und bitte ihn, mich
anzupinkeln – ja – auf meine Titten, meinen Bauch und meine
Möse. Das ist erregend! Danach beuge ich mich nach vorn, begebe
mich auf alle Viere und sage ihm, daß er »ihn in meinen Arsch stek-
ken« soll, was er denn auch gehorsam tut.

Diese spezielle Phantasie endet normalerweise ungefähr hier.
Heute am frühen Morgen ging ich in die Buchhandlung, um sie auszuleben (wenigstens in den Anfangsstadien), nur um herauszufinden, daß alle aus geschäftlichen Gründen weggegangen waren.
Konnte man das glauben? Und ich war *bereit*! Ich hatte nur eine
weiße schulterfreie Bauernbluse und einen kurzen Rock im Bauern-
stil an – keine Unterwäsche! Wenn ich mich vorbeugen würde oder
wenn ein starker Wind käme, würde ich entweder eingesperrt oder
vergewaltigt – vielleicht beides. Ich war natürlich enttäuscht und
frustriert! Ich ging nach Hause und onanierte mit einer künstlichen
Banane, die, das können Sie mir glauben, kein Ersatz für einen
Schwanz (oder mehrere) war.

Phantasie 2: Ich habe unglaublich exhibitionistische Bedürfnisse
– wie mich vornüber zu beugen, wie oben beschrieben. Eine Menge
dieser Ideen habe ich von Fotos aus Zeitschriften. Ich würde GERN
einen Strip vorführen, der darin kulminiert, daß ich das ganze ver-
sammelte männliche Publikum ficke. Ich würde gern mit der Hand
masturbieren oder mit Gurken oder was auch immer auf der Bühne
wäre und Männer in Raserei versetzen würde.

Phantasie 3: Ich würde mich gern zwanglos gekleidet auf öffentlichen Plätzen, wie in einem Kaufhaus, mit meiner vorn aufgeknöpf-
ten Bluse zeigen, die weit genug geöffnet wäre, um männlichen Pas-
santen zu Gefallen eine Titte von der Seite zu zeigen. Gelegentlich
würde sie jemand begrabschen und anfangen, mir vor Lust die Kleider vom Leib zu reißen.

Phantasie 4: Hier ist etwas, was ich vor einigen Wochen tatsächlich getan habe. Ich hatte wieder keine Unterwäsche an und parkte mein Auto auf einem Parkplatz neben einem großen Gebäude, an dem Bauarbeiten ausgeführt wurden. Einige Stockwerke über mir waren Arbeiter, und daher entschloß ich mich, ihnen ein Gratisvergnügen zu bieten... Ich zog meinen Rock hoch (im Auto) und fing an, mit meinem Finger zu masturbieren. Nach einigen Minuten hatte ich ein empfängliches Publikum. Ich hätte gern mit einem oder mehreren gebumst, aber ich hatte keine Zeit dafür. Leider!

Phantasie 5: Ich würde mir gern einen Pornofilm in einem Kino ansehen – ich kann so richtig fühlen und erleben, wie ich heiß und naß werde, weil mich der Film wirklich antörnt. Plötzlich spüre ich, wie sich eine fremde Hand auf meinem Schenkel langsam zu meinem winzigen schwarzen Slip bewegt. Die Hand erreicht das Zentrum und findet mich naß und bereit vor. Um eine zu große Störung zu vermeiden, ziehe ich das Höschen aus, und er öffnet seinen Hosenlatz. Ich bewege mich hinüber und setze mich auf seinen Schoß, und dabei schaffe ich es, sein dreißig Zentimeter langes Sexspielzeug leicht und weich in mein brennendes Sexloch hineinzulassen – ich bewege mich auf und ab, bis wir uns in einem Orgasmus entleeren. Dann lösen wir uns voneinander, und er geht in dem dunklen Kino zu einem anderen Platz. Ich habe sein Gesicht nie wieder gesehen – es war nicht wichtig.

Ich stecke gerade meinen Finger in meine Fotze, während ich das schreibe – mein Gott – ich bin kein Mensch – nur eine einzige Sexmaschine.

Phantasie 6: Ein andermal sehe ich mich als eine Lehrerin einer Klasse von Jungen im Alter von fünfzehn bis achtzehn Jahren. Sie törnen mich nicht besonders an, aber ich sitze gern mit gespreizten Beinen auf dem Pult und törne *sie* an, indem ich sie »versehentlich« meine Sexualorgane sehen lasse. Manchmal kommt ein Lehrerkollege, mit dem ich zusammenarbeite, in den Raum, und wir demonstrieren ihnen, wie man »richtig« oralen Sex betreibt. Er zieht mich langsam ganz aus, und ich setze mich wieder auf das Pult – jetzt ganz nackt. Er bittet mich, mich mit gespreizten Beinen hinzusetzen, so daß die ganze Klasse meine Möse und mein Arschloch sehen kann. *Er* spreizt meine Schamlippen und beschreibt der Klasse die weibliche Anatomie. Während er mich berührt und beschreibt, werde ich verrückt und bewege meinen Körper mit wilder Hem-

120

mungslosigkeit. Die Jungen an ihren Tischen öffnen einer nach dem anderen ihre Reißverschlüsse und lassen ihre Schwänze heraus. Hier und da sehe ich Fontänen von Samen spritzen. Mein Lehrerkollege macht es mir jetzt mit dem Mund und erregt mit seiner Zunge meine Klitoris. Er bewegt sich langsam nach unten, bis seine Zunge in meine Vagina schlüpft und sich sein Finger in meinen Arsch bohrt. Ich bin immer noch auf dem Pult. Jetzt ficken Jungen andere Jungen, und einige greifen nach mir – saugen an meinen Brustwarzen und versuchen, den Lehrer wegzuschieben, damit sie an mich rankönnen. Das geht immer so weiter...

Phantasie 7: Ich werde wirklich sehr angetörnt, wenn ich einen nackten Mann in *Playgirl* sehe. Während ich ihn mir anschaue, stelle ich mir manchmal vor, daß ich zu Hause bin und sehr wenig und sehr enthüllende Kleidung anhabe – vielleicht ein durchsichtiges Shortie. Ich sehe mich in dem mannshohen Spiegel im Schlafzimmer an und bewundere meinen Körper. Vor dem Spiegel schwenke ich mehr oder weniger unbekleidet die Hüften. Ich habe mich auch schon dabei beobachtet, wie ich masturbiere, aber das befriedigt mich nie richtig, so daß ich verdammt schlecht drauf bin, als es an der Tür klopft. Ich gehe ins Wohnzimmer, spähe durch die Lamellen der Jalousien und sehe einen Lieferanten mit einem Paket für mich. Zu diesem Zeitpunkt hämmert er gegen die Tür, so daß ich begreife: »Oh, Scheiße, wenn er so in Eile ist, muß ich jetzt aufmachen.« Und ich öffne – beides, die Tür und mich selbst. Als ich die Tür öffne, bittet er mich, für dieses Paket zu unterschreiben; als ich unterschreibe, schaut er mich an. Als ich fertig unterschrieben habe, bin ich an der Reihe, ihn anzuschauen – ich sehe auf seinen Schritt. Unnötig zu sagen, daß er sich wirklich vorwölbt. Er steht ein bißchen innerhalb des Türrahmens, und daher streifen meine Brustwarzen seinen nackten Arm, als ich nach der Tür greife, um sie hinter ihm zu schließen. Das ist alles, was er braucht. Er packt mich, hebt mich hoch und trägt mich hinüber zu einem Stuhl im Wohnzimmer, wo er mich mit jeweils einem Bein über eine Armlehne hinsetzt, mich also leicht schwebend und mit meinen völlig zur Schau gestellten Genitalien sitzenläßt. Er zieht mir das Nachthemd über den Kopf und läßt mich nackt dort sitzen. Ich bin so erregt, daß ich fühle, wie die Säfte aus mir herausfließen. Er zieht einen künstlichen Schwanz aus seiner Tasche und steckt ihn in mich hinein – es geht auf und ab, bis ich komme und komme und komme. Dann hebt er mich hoch, legt mich auf den Boden und fickt mich, bis ich wahnsinnig bin. Während das abläuft, betritt mein Hund den Raum und fängt an zu schnüffeln und zu winseln, und sein Pimmel tritt heraus. Er hat aber keine Chance, weil mein Lieferant es mir zu gut liefert, als daß ich meinem Hund Aufmerksamkeit schenken könnte... vielleicht zu einem anderen Zeitpunkt.

Phantasie 8: Ich würde auch gern einen Typ finden, der sich gern in die Badewanne legt und mich auf sich reiten und sich von mir überall bepissen läßt.

Phantasie 9: Ich stelle mir gelegentlich vor, wie ich in eine Studentenverbindung gehe und meine Verfügbarkeit JEDEM, der da und bereit ist, ankündige.

Phantasie 10: Ich bin Stammkundin in einer Striptease-Bar. Das Mädchen auf der Bühne macht ihre Sache und hat nichts außer einem G-Tanga an. Ich bin allein da, und der Raum ist mit Männern angefüllt, die alle vom Beobachten der Stripperin erregt sind. Stripper erregen mich auch – aber ich will einen MANN, der mich befriedigt. Einer nähert sich mir, setzt sich neben mich und legt seine Hand unter meinen Rock. In sehr kurzer Zeit steckt er vier Finger in mein Loch, und es kümmert mich nicht die Bohne, wer mich beobachtet. Ziemlich bald sind alle Augen auf uns gerichtet. Ich habe mich auf einer Sitzgruppe in einer Nische hingelegt, und er zieht sich aus. Er legt sich auf mich und dann mich auf sich; als ich auf ihm sitze, schwingen meine Titten wie verrückt, und verdammt schnell fühle ich einen anderen Schwanz in meinem Arsch eindringen. Wir bewegen uns nach der Musik. Die Stripperin tanzt immer noch, und sie legt ihren Tanga ab und fängt an, mit der Kerze von einem der Tische zu masturbieren. Die Leute klatschen, schreien und fluchen, und die Musik wird immer lauter. Es ist so gut – es hört nie mehr auf.

Phantasie 11: Ich posiere im wirklichen Leben gern für Pornobilder – nicht professionell – nur für meine Liebhaber. Gott, ist das aufregend. Ich posiere rückhaltlos in *jeder* Stellung. Sie sagen, was sie wollen – ich mache es. Ich liebe es, mir später die Bilder anzusehen und mich davon komplett erregen zu lassen. Einmal machte ein Typ ein Foto im Spiegel, während ich an seinem Schwanz saugte – sich das später anzusehen, war absolut faszinierend und aufregend.

Ich laufe die meiste Zeit in einer geilen Verfassung herum. Manchmal kann ich mich nicht einmal konzentrieren, und das ist schlecht, weil ich am College studiert habe und eine berufstätige Frau bin... Ich will meinen Beruf nicht nennen, weil ich es nicht riskieren kann, in irgendeiner Weise erkannt zu werden.

Nun, es gibt noch mehr Phantasien, aber ich muß jetzt aufhören, weil mein Mann nach Hause kommt. Er ist wunderbar, aber ziemlich konservativ, und deshalb möchte ich nicht, daß er dies alles sieht.

Ich möchte gern Ihr zweites Buch lesen – ich hoffe, Sie können dafür etwas von diesem hier gebrauchen.

Vor einigen Jahren pflegte ich häufig für *Cosmopolitan* zu schreiben. Ich erinnere mich daran, daß ich mich eines Tages mit Helen Gurley Brown unterhielt. Sie dachte daran, etwas sehr Gewagtes zu unternehmen: Sie wollte im Mittelteil das Pinupfoto eines nackten Mannes zum Ausklappen bringen. Sie brauchte meine Hilfe, um den richtigen Mann zu finden. Ich dachte gern darüber nach, wer der Richtige sein könnte, und zitierte zu dem Zweck mindestens ein Dutzend meiner eigenen Phantasien herbei. Helen war wegen dieses Projekts sehr ängstlich: Sie machte sich Sorgen, daß es viele Frauen abstoßen würde, wenn es nicht geschmackvoll gemacht war. Sie hatte Grund für ihre Sorge: So etwas hatte es nie zuvor in einem Frauenmagazin gegeben, das in Amerika herauskam. Helen realisierte nicht, daß die Frauen ihres Leserkreises mehr als bereit für dieses Experiment waren.

Ich hatte zuvor bei meinen eigenen Recherchen für *Die sexuellen Phantasien der Frauen* entdeckt, daß der beste Weg, einer Frau ihre Angst zu nehmen, der war, ihr zuerst von meinem eigenen Verhalten zu erzählen, wenn sie offen über ihre erotischen Vorstellungen sprach. Das stellte ihr ein Rollenvorbild zur Verfügung, etwas, womit sie sich identifizieren konnte, und es gab ihr das Gefühl, nicht allein zu sein, wenn sie über irgendein erotisches Thema sprach. Deshalb beschrieb ich mich in den Hunderten von Fragebögen, die ich für *Die sexuellen Phantasien* losschickte, als jemanden, der »leidenschaftlich Schwänze anschaut«, und ich fragte, ob die Leserinnen das auch gern täten. Auf diese Frage fehlte es nie an Reaktionen. Die meisten Frauen beschrieben, daß sie auch Schwänze betrachten, andere sagten, daß sie gern den »Hintern eines Mannes« sehen, »ihre Hose inspizieren, um zu sehen, auf welcher Seite sie ihn tragen«, oder sie »schauen« einfach. Sharon sagt: »Ich stelle sehr oft fest, daß ich auf den Schwanz eines Mannes schaue, genauso, wie ich manchmal sehe, daß Männer auf meine Brüste starren!« »Ich habe schon immer leidenschaftlich gern Schwänze betrachtet«, schreibt Molly. »Ich mag es, wenn ich einen Typen sehe, der ansatzweise eine Erektion hat. Ich bin begeistert, daß ich damit nicht allein bin.«

Die Reaktion, die ich (in geringerem Maße) auf meine Fragebögen erhielt, wurde durch die Reaktion auf das erste Foto des nackten Burt Reynolds im *Cosmo* um ein Tausendfaches übertroffen. Obwohl Helen Brown aus persönlichen Gründen beschlossen hat, die Fotoserie von nackten Männern als ein regelmäßiges Feature nicht fortzusetzen, hat sie dennoch einen ganzen Gewerbezweig ins Leben gerufen. Es gibt jetzt unterschiedliche Frauenmagazine, die für die müßige Inspektion der Amerikanerinnen seitenlange Features über nackte Männer mit einer sich ständig erweiternden Auswahl an verschieden großen Genitalien bringen – viele von ihnen haben nie zuvor diese mysteriösen Teile der männlichen Anatomie derart auf die Nähe und in so leuchtenden Farben gesehen.

Wenn sich viele dieser fotografischen Bemühungen noch geschmacklos darstellen – oder, um mehr auf den Punkt kommen, Ihrem Geschmack nicht entsprechen – dann gibt es einige Gründe, die das erklären. Einer ist: Ich glaube nicht, daß diese neuen Magazine sich vorgestellt haben, wie man einen nackten Mann so fotografieren kann, wie eine Frau gern einen Mann sieht. Vielleicht erklärt sich all das damit, daß die in Frage kommenden Magazine Männern gehören und von ihnen veröffentlicht werden, oder sie haben männliche Art-Directors. Deshalb ist der nackte Mann in einer Weise bildlich dargestellt, von der diese Männer glauben, daß Frauen darauf reagieren: der nackte Football-Spieler, der behaarte Schauspieler oder ein Model in seiner ganzen muskulösen Schönheit neben einem Zuchthengst mit geblähten Nüstern und einem Sexualorgan, mit dem nur die Größe des Models konkurrieren kann – oder ansonsten der unvermeidliche Maserati oder Ferrari, der daneben schnurrt. Der Art-Director kann nicht glauben, daß die armen Frauen da draußen »es begreifen«, ohne daß das Foto mit männlichen Phallussymbolen überladen wird. Der Mann allein hätte nicht gereicht – dachten diese anderen Männer.

Diese neuen Magazine haben jetzt mühsam in den letzten Jahren ein paar männliche Pinups hervorgebracht. Weil ich damit einverstanden bin und nur bedaure, daß sie es nicht besser machen, stelle ich erfreut fest, daß sie es lernen, die Pferde, die Autos und andere mit Stacheln versehene Requisiten der Männlichkeit fallenzulassen. Sie müssen angefangen haben, auf die Frauen »da draußen« zu hören, anstatt auf die angstvollen Geräusche in ihren eigenen Köpfen: Eine Frau braucht nicht irgendein Symbol, um den nackten Penis, den sie sich ansieht, als dem Mann zugehörig zu erkennen.

Ein anderes immer noch existierendes Mißverständnis darüber, was Frauen an nackten Männern so genießen, ist der Glaube, daß der Penis dreißig Zentimeter lang sein muß, sonst interessiert sich keine Frau dafür. Wieder einmal muß die Frage gestellt werden: Haben diese Männer, die diese fixe Idee aufrechterhalten, das von ihrem Leserinnenkreis, oder ist es eine Reaktion auf ihre eigene innere Angst?

Die Vorstellung, daß Größe alles ist, ist der absolut kritische Punkt in dem neuen Film von Mel Brooks *Frankenstein junior*. In diesem Kinofilm hat die frigide, manipulierende junge Frau keine Skrupel, ihrem Geliebten mit dem gelockten Haar eine Abfuhr zu erteilen, wird aber durch die Größe des enormen Schwanzes eines Monsters zum Orgasmus gebracht und »zur Frau gemacht«. Zu dem Zeitpunkt im Film, als ihre Augen an dem gigantischen Spielzeug kleben, das sich ihrem Jungfernhäutchen nähert, zeigt ihr Gesicht Angst und Schrecken, aber im darauffolgenden Augenblick der Penetration schwingt sich ihre Stimme zu einem erleichterten, klangvollen, jubilierenden hohen C auf. Das Publikum bricht in Gelächter aus; jeder versteht den Spaß. Aber im wirklichen Leben ist das kein Spaß.

Eines der größten sexuellen Probleme der Männer betrifft die Größe ihres Schwanzes. Sie glauben wohl *wirklich*, daß die Größe alles ist; die Psychiater haben eine Menge Arbeit damit, Patienten mit schrecklichen Komplexen wegen ihrer sexuellen Unzulänglichkeit in bezug auf die Größe ihres Penis' zu behandeln. (»Er ist nur siebzehneinhalb Zentimeter lang, Doktor.«) Was den Leuten nicht in den Sinn gekommen ist, die diesen Film und ausklappbare Pinupfotos kreiert haben, ist: Wenn Frauen in diesem Buch oder in Witzen, die sie sich untereinander erzählen, sich über diesen oder jenen »riesigen«, »gigantischen« oder »monströsen« Schwanz verbreiten, so muß die ganze Vorstellung als eine Metapher der Lust, die sie sich wünschen, betrachtet werden – die Größe ist ein rein symbolisches Maß für ihre überschwengliche Annäherung an die Freuden der Sexualität. Welche Frau möchte von einem enormen Penis im wirklichen Leben aufgerissen und von einem unglaublichen Schwanz gerammt und wund gemacht werden?

Das Beharren der Frauen auf der Größe in ihren Gesprächen oder Phantasien ist bloß ein »Aufhänger«, an dem sie ihre Träume orientieren. Es ist ihr Ruf nach mehr sexuellem Vergnügen, nach einer umfangreicheren, intensiveren Erfahrung – nicht nach einem größeren Spielzeug. Ich habe von sehr wenigen Frauen gehört, daß sie die kleine Größe ihrer Liebhaber beklagen. Wie ihnen jeder Arzt oder jede erfahrene Frau sagen kann, kommt es bei einem Schwanz nicht auf die Menge, sondern auf die Qualität an, die Sachkenntnis des Liebhabers.

Diese männliche Konzentration auf die eigene Unzulänglichkeit und Angst hat (in meinen Augen) eine enttäuschende Überbetonung von Pinupfotos von Männern mit dicken, geschwollenen Geschlechtsteilen hervorgerufen, die der Phantasie keinen Raum läßt – während Jackie schreibt, daß sie durch den äußerst masochistischen, aber sehr gut geschriebenen Roman *Die Geschichte der O.* und durch andere Dinge, die sie liest und sieht, sehr angetörnt ist, aber in »schmutzigen Kinofilmen« keine Stimulation findet, weil sie »phantasielos und geschmacklos« sind. Zu jedem Mann, der sagt: »Aber welche Frau möchte einen schlaffen Schwanz sehen?« kann ich nur sagen: »Nur die Frau weiß am besten, was man aus einem schlaffen Schwanz machen kann.«

Man gebe uns etwas Richtiges in die Hand. Ich bin wirklich sehr dafür, daß für uns Frauen Fotos von nackten Männern in Frauenmagazinen verfügbar gemacht werden sollen. Ich wünschte, ich hätte sie gehabt, als ich aufgewachsen bin. Warum sollen die Genitalien der Männer ein Mysterium sein? Aber der Erfolg dieser Magazine hängt auf lange Sicht von der Entwicklung eines Leserkreises von Frauen ab, die es gelernt haben, auf den Anblick eines nackten Mannes im Film, auf Fotos und in allen Medien zu reagieren. Wenn die Frauen entspannt genug sind und ihren eigenen authentischen Gefühlen und Reaktionen erlauben, in ihr Bewußtsein zu dringen – wenn sie sich frei genug fühlen, mit den Empfindungen, die in ihnen beim Anblick dieser schönen, nackten Männer entstehen, zu spielen – wenn sie gelernt haben »zu schauen« und wenn sie offen und aufnahmefähig sind – wird die Botschaft zurück an die Industrie gehen, *und die Industrie wird von ihrem Leserinnenkreis Raffinesse lernen:* Frauen genießen es, zu schauen; und das ist es, was sie sich ansehen möchten.

Jeder neue Geschäftszweig braucht Zeit, um Angebot und Nachfrage aufeinander abzustimmen, besonders in einem Bereich, der so empfindlich und tabu ist wie der, daß Frauen schamlos den Anblick eines nackten Mannes zur Kenntnis nehmen und genießen. Ich hoffe, wir bekommen genug Zeit, damit sich die Kunst der Fotografie von nackten Männern entwickelt, so daß sie Monat für Monat und Jahr für Jahr über eine große Anzahl authentischer Leserinnen verfügt. Ich hoffe, daß die Gelegenheit für Frauen, nackte Männerkörper zu sehen und zu genießen, nicht nur eine vorübergehende Modeerscheinung ist. Es ist die Reaktion auf ein sehr reales Bedürfnis unter den Frauen – und alles, was damit erreicht wird, kann sich nur günstig auf die Männer auswirken.

Ich glaube, daß es geschehen wird. Wir sind, wenn sonst schon nichts, ein tyrannisches kommerzielles Land. Die Industrie weiß schon seit langem, daß sie den weiblichen Sexappeal dazu benutzen kann, um den Männern alles zu verkaufen, vom Cabrio bis hin zu Investmentfonds. Wenn es einmal klar ist, daß männlicher Sexappeal das gleiche Wunder an Verkaufstechnik bei den Frauen bewirkt, wird er sich als der letzte Schrei mit der Geschwindigkeit, mit der eine Registrierkasse die Dollarzeichen klingeln läßt, vorwärtsbewegen. Ich spende nicht dem rücksichtslosen Materialismus meinen Beifall. Ich sage nur, daß eines der erfrischenden Nebenprodukte des unvermeidlichen Anwachsens im Gebrauch von männlichem Sexappeal in der Werbeindustrie darin besteht, daß endlich gesellschaftlich sanktioniert wird, wenn Frauen es genießen hinzuschauen – und nicht immer nur diejenigen zu sein, die angesehen werden.

Sharon

Ich habe gerade Ihr Buch *Die sexuellen Phantasien der Frauen* zu Ende gelesen. Ich möchte mich gern bei Ihnen dafür bedanken, daß Sie so ein Buch geschrieben haben. Ich habe gedacht, daß ich Ihnen schreiben muß, um Ihnen von meinen Phantasien zu erzählen (sexuellen Phantasien). Aber zuerst ist es wichtig für Sie, glaube ich, ein bißchen über mich zu wissen. Ich bin Single, neunzehn Jahre alt und studiere im zweiten Jahr am College. Ich besuche ein kleines Junior-College hier in meiner Heimatstadt. Weil die Stadt so klein ist, kennt praktisch jeder jeden, besonders unter den jungen Leuten. Meine Eltern sind ziemlich verklemmt in bezug auf Sex. Meine Mutter hat mir nur das Wichtigste über die Menstruation und all das erzählt, was ich schon wußte, als sie es mir erzählte. Mein Vater hat mir nie irgend etwas erzählt! Ich habe zwei Brüder, die zu baden ich geholfen habe, und ich war häufig Babysitter für vier Jungen, und daher weiß ich schon seit langer Zeit, wie ein Penis aussieht. Der Penis hat mich immer fasziniert, und deshalb habe ich, als ich in der Lage war, modernes Informationsmaterial zu lesen, alles verschlungen, was mir in die Finger gefallen ist. Über das Lesen von Büchern und Magazinen habe ich etwas über Sex und den männlichen und weiblichen Körper gelernt. Ich onaniere gelegentlich, wenn ich die Ruhe dazu habe, aber ich war noch nie soweit, einen Orgasmus zu bekommen. Ich habe nur mit zwei Jungen Geschlechtsverkehr gehabt. Einer ist mein Bruder, und er ist siebzehn Jahre alt. Der andere ist der Freund meines Bruders, der achtzehn Jahre alt ist. Aber ich war mit keinem von beiden in der Lage, einen Orgasmus zu bekommen. Es gibt einen Jungen, den ich manchmal treffe und von dem ich glaube, daß ich mit ihm einen Orgasmus haben könnte, wenn er es wirklich richtig mit mir täte! Ich komme kurz vor einen Orgasmus, wenn ich von ihm phantasiere. Ich nenne ihn D. In meinen Phantasien machen sich D. und ich daran, einige Sachen zu machen, wie in einem schönen Restaurant zu essen oder so ähnlich. Dann gehen wir zu einem von uns nach Hause und fangen an zu trinken. Wir trinken normalerweise Rum und Coke. Ungefähr nach dem dritten Drink fängt D. an, mich zu küssen und mit meinen Brüsten zu spielen und Ähnliches. Da beginnt die Phantasie, weil wir in der Realität an dieser Stelle auseinandergehen. Wir liegen auf dem

Sofa, und ich werde sehr geil und er auch. Wir ziehen uns aus und gehen ins Schlafzimmer, wo wir miteinander schlafen, normalerweise mit wenigstens einer eingeschalteten Nachttischlampe. Ich träume, daß ich mindestens drei Orgasmen habe und daß wir am nächsten Morgen wieder miteinander Liebe machen.

Dann habe ich eine Phantasie, in der ein völlig Fremder an meine Tür kommt, und ich verführe ihn. Obwohl ich zufriedenstellende Brüste habe (80C), habe ich in meinen Phantasien sehr große, runde Brüste. Mein Haar ist normalerweise sehr lang und hat jede Menge Fülle.

Ich habe eine Phantasie, in der ich eine Striptänzerin in einem Varieté bin. In meiner Phantasie komme ich in einem langen roten, tief ausgeschnittenen Kleid mit einem Schlitz bis zu den Hüften auf die Bühne. Mein Haar ist pechschwarz und fällt mir fast bis auf die Hüften. Ich fange mit einem sehr verführerischen Tanz an, und alle Männer beginnen zu pfeifen und zu klatschen, und in der vordersten Reihe gibt es einige, die eine Erektion haben! Ich beginne damit, meine langen roten Handschuhe auszuziehen, und als nächstes ziehe ich mir meine großen, runden Ohrringe aus. Dann kommen die Schuhe dran. Ich öffne dann den Schlitz, um einen Teil eines Hüftgürtels und das obere Stück meiner Strümpfe zu zeigen. (Der Hüftgürtel ist auch rot.) Ich öffne den Schlitz gerade weit genug, damit die Männer sehen, daß ich KEINEN Slip anhabe. Dann schließe ich den Schlitz und mache ein paar weitere verführerische Bewegungen; dann entferne ich einen Träger, was die Männer wirklich auf Touren bringt. Ich entferne den anderen Träger, und dann beginne ich, den Reißverschluß des Kleids aufzuziehen (er ist an der Seite, auf der das Kleid den Schlitz hat). Ich ziehe ihn sehr langsam auf. Aber sogar dann bin ich noch nicht nackt. Ich habe den Hüftgürtel, die Strümpfe und einen roten trägerlosen BH an! Ich ziehe mich weiterhin langsam aus und reize die Männer auf! Schließlich, als ich nackt bin, kann sich ein Mann aus dem Publikum (erste Reihe) nicht mehr länger zurückhalten. Er springt auf, wirft mich auf der Bühne auf den Boden und fängt an, mich zu ficken! Alle anderen Männer im Publikum masturbieren oder machen es sich gegenseitig. Es gibt zu dieser Phantasie und zu all den anderen auch Variationen.

In einer anderen, die ich habe, werde ich vergewaltigt! Ich habe aber nie von Fremden oder Hunden phantasiert. Meistens sind die

Männer in meiner Phantasie diejenigen, zu denen ich mich zu diesem Zeitpunkt hingezogen fühle! Ich stelle häufig fest, daß ich auf den Schritt einer Männerhose schaue, genauso, wie ich bemerke, daß Männer auf meine Brust starren!

Ich glaube, daß ich gewisse lesbische Tendenzen habe, weil meine ersten Phantasien von anderen Mädchen handelten, und manchmal habe ich noch eine Phantasie von einem Mädchen oder einer Frau. Ich stelle außerdem fest, daß ich beim Anblick von Bildern mit nackten Frauen erregt werde! Wenn ich je die Gelegenheit für eine lesbische Erfahrung hätte, zweifle ich nicht daran, daß ich sie nicht verpassen würde. Aber ich könnte nie völlig lesbisch werden.

Zur Zeit suche ich einen netten, irgendwie älteren Mann, der mir alles beibringt, was ich über Sex wissen will, weil ich sehr unerfahren und dumm bin. Wenn Sie jemanden kennen, der so ähnlich ist, dann schicken Sie ihn zu mir!

Ich habe schon immer sexuelle Phantasien gehabt, und lange Zeit dachte ich, daß sie anomal und seltsam wären, und ich versuchte, sie zu unterdrücken. Aber das mache ich jetzt nicht mehr.

Ich hoffe, ich habe Ihnen bei Ihren Recherchen ein kleines bißchen geholfen. Ich freue mich auf Ihr nächstes Buch. Danke nochmal für *Die sexuellen Phantasien der Frauen*.

Molly

Ich *liebe* Sie! Habe gerade *Die sexuellen Phantasien der Frauen* gelesen und fühle mich gezwungen, Ihnen zu schreiben.

Ich habe gerade eben das Buch beendet, und in mir laufen so viele Gedanken wirr durcheinander, daß ich versuchen werde, Ihnen meine Gefühle in einer ordentlichen Weise zu berichten.

Zuerst: Ich bin immer noch angetörnt. Ihr Buch hat eine enorme erotische Wirkung. Muß ich sagen, daß ich zahllose Male aufhören mußte, um zu onanieren? Aber seltsamerweise erregen mich meine EIGENEN erotischen Phantasien noch immer mehr, als einfach über andere zu lesen.

Ich habe mich wegen meiner Phantasien während des Masturbierens nie schuldig gefühlt – ich habe das immer für ziemlich natürlich erachtet und schon phantasiert, seit ich im Alter von fünf Jahren angefangen habe, regelmäßig zu masturbieren. Aber ich habe die *größte* Erleichterung empfunden, als ich gelesen habe, daß andere Frauen regelmäßig phantasieren, während sie ficken. Ich habe mich immer schrecklich *schuldig* gefühlt, wenn ich mit einem Mann geschlafen habe und an einen anderen gedacht habe. Nun stelle ich fest, daß es nicht anomal oder gemein oder demütigend für den Typ ist, mit dem ich zusammen bin – es macht nur alles lustvoller. Was für eine tolle Entdeckung und große Entlastung. Danke!

Das andere schöne Ergebnis ist, daß ich mich den anderen Frauen näher fühle. Wäre es nicht toll, wenn wir eher alle diese Dinge miteinander besprechen könnten, als ein Buch zu lesen? Vielleicht werde ich das jetzt so machen. Es gestattet mir wirklich, mich anderen Frauen gegenüber offener zu fühlen.

Zwei andere untergeordnete Punkte. Ich habe immer leidenschaftlich gern Schwänze betrachtet, und ich sehe es gern, wenn ein Junge ansatzweise eine Erektion hat. Ich bin begeistert festzustellen, daß ich damit nicht allein bin. Außerdem phantasiere ich manchmal, mit den Brüsten einer anderen Frau zu spielen und an ihnen zu saugen, und ich schaue immer auf Brüste. Ich bin froh, daß das auch normal ist, weil ich immer gefürchtet habe, daß in mir einige tief verborgene lesbische Tendenzen stecken. Jetzt weiß ich, daß das nicht so ist und daß meine Phantasie normal und natürlich ist.

Ich habe nur einen Einwand. Auf der Rückseite der Taschenbuchausgabe steht eine Bemerkung von Dr. Leonhard Cammer, der sagt, daß Phantasien »eine notwendige Flucht aus der nicht erfüllten Realität erlauben«. Quatsch! Er hat den Punkt Ihres Buches völlig außer acht gelassen, der besagt – daß sie die Realität verschönern und daß es keine Flucht ist. Typisch sexistischer Kommentar eines Mannes, der die Frauen wirklich nicht versteht.

Danke, Nancy, daß Sie es mir möglich gemacht haben, mich besser zu fühlen. *Jeder* sollte Ihr Buch lesen.

P.S. Ich bin ins College gegangen, dreißig, Single.

Jackie

Ich habe gerade *Die sexuellen Phantasien der Frauen* zu Ende gelesen. Vielen Dank dafür, daß Sie diese Phantasien gesammelt haben. Als ich das Buch gelesen habe, hat es mich sehr erleichtert, daß meine eigenen Phantasien so normal sind.

(Nebenbei, ich bin sechsundzwanzig Jahre alt, weiß, entstamme der Mittelklasse, dreieinhalb Jahre College, und zur Zeit bin ich in der Ausbildung als medizinische Assistentin.)

Obwohl ich eine phantasiebegabte Person bin, entnehme ich meine Phantasien häufig anderen Quellen, wie zum Beispiel Kinofilmen (keinen schmutzigen Filmen, merkwürdigerweise, weil ich sie phantasielos und geschmacklos finde), Romanen (*Die Geschichte der O.* etc.) und anderen bekannten Medien.

Aber im allgemeinen entnehme ich sie Erfahrungen, die ich selbst gemacht habe und in phantastischen Ausmaßen ausarbeite und ausschmücke. Eine meiner liebsten, nebenbei, geht um Prostitution, einen weißen Fleck in *Die sexuellen Phantasien der Frauen*.

Vor einigen Jahren lernte ich einen Mann kennen, der ein mieser Kerl war, wie ich kurz danach entdeckte, der aber so von sich eingenommen war, ohne, nebenbei gesagt, wirklich *einen* Grund dafür zu haben, daß ich von seiner Eitelkeit fasziniert war und mit ihm ein paar Monate lang intim war, ehe sich meine Faszination in Langeweile wegen seiner ungehobelten Berechenbarkeit verwandelte und ich ihn nachfolgend fallenließ.

Meine Prostitutions-Phantasie von diesem Mann, den ich Roger nenne, geht mehr oder weniger so: Ich bin in der Stadt, um wichtige Besorgungen zu machen, als ich Roger sehe und, schlimmer noch, er mich sieht. Aus seinem Lächeln, als er sich mir nähert, entnehme ich, daß er nichts Gutes im Schilde führt. Um keine Szene zu verursachen, erlaube ich ihm, mich in ein heruntergekommen wirkendes Café mitzunehmen. Dort erzählt er mir, daß er einige schreckliche Dinge über mich erfahren hat, etwas, was mich persönlich und mein Berufsleben ruinieren könnte, ebenso wie meine Familie. Ich glaube in meiner Phantasie, daß er mich erpressen und Geld aus mir herausholen will, aber ich entdecke statt dessen, daß er vorhat, mich als Prostituierte für seinen eigenen Gewinn zu benutzen. Ich bin hilflos und muß gehorchen.

Er hat offensichtlich all das geplant, weil er mir, als ich ihm in sein Apartment folge, eine durchsichtige Bluse, einen superkurzen Minirock, schwarze Netzstrümpfe und einen schwarzen Hüftgürtel gibt, die ich gegen meine Straßenkleidung auswechseln muß. Aber ehe ich das mache, sagt er mir, daß ich mir den ganzen Körper einschließlich meiner Schamhaare rasieren soll.

Als ich damit fertig bin und mich umgezogen habe, laufen wir durch die Stadt und machen uns auf den Weg zu einer Party, auf der er meine Dienste verkauft hat. Wir halten vor einem Laden an, auf dessen roter Fassade Neuheiten steht, aber ich kann an der Ausstattung im Fenster sehen, daß es ein richtiger Sexshop ist, einer der Pornobücher verkauft und das Drum und Dran von fetischorientiertem Sex anbietet. Wir gehen hinein. Hinter der Theke steht ein gutaussehender junger Orientale (im wirklichen Leben waren einige meiner Liebhaber Orientalen, und ich gestehe, daß ich sie weißen Männern vorziehe). Er lächelt uns an und kann sofort an meiner Aufmachung und dem Makeup erkennen, was ich bin.

Roger übersieht mich und fängt an, mit dem Ladeninhaber über verschiedene seiner Waren zu sprechen, während ich herumwandere und mir die Sachen, die an der Wand hängen, anschaue, wie zum Beispiel Ledergeschirre, Dildos, Fesseln, Peitschen, Vibratoren etc., die mich sehr heiß und erregt machen, genauso wie eine große Auswahl an schmutzigen Büchern. (Diese Erregung, nebenbei gesagt, ist sehr seltsam, weil ich einige Teile der oben genannten Ausstattung ausprobiert habe und völlig davon abgetörnt war, aber in meiner Phantasie bin ich so erregt, daß ich mir auf die Lippen beißen muß, um mich nicht anzufassen, während mich beide Männer beobachteten.) Roger sieht das und ruft mich zu sich. Auf der Theke liegt ein ganzer Packen Kram, den Roger kaufen will, aber er hat nicht genug Geld. Er schlägt dem Geschäftsinhaber vor, daß er mich im Austausch für die Ausstattung nehmen kann, wenn er will. Der Ladeninhaber lächelt wieder und zieht die Rouleaus an den Ladenfenstern herunter.

Roger hebt meinen Rock hoch und öffnet meine Bluse, spielt an mir herum und zeigt mich dem Ladeninhaber, der vorschlägt, nach oben zu gehen. In dem Zimmer oberhalb der Treppe befindet sich ein riesiger Neufundländer, und beide Männer legen mich auf dem Tisch auf den Rücken und lassen den Hund meine nackten Schamlippen ablecken, während er seine große Nase so tief wie möglich hineinbohrt. Während der Hund das tut, beginnt Roger mich mit einem Dildo anal zu penetrieren. Die Mischung aus Lust und Schmerz ist so groß, daß ich laut aufschreie, was Roger noch mehr erregt, so daß er es nur noch wilder treibt.

Plötzlich stößt der Orientale den Hund und Roger weg, zieht

schnell seine Sachen aus und fängt an, mit mir Liebe zu machen. Roger wird sehr ärgerlich und mischt sich ein, aber der Ladeninhaber sagt etwas auf Chinesisch zu dem Hund, der sich zu Roger umdreht und ihn in Schach hält. Roger wird wütend, als er hilflos beobachten muß, wie ich ganz und gar auf den Ladeninhaber reagiere und nicht widerwillig, wie ich es bei ihm getan habe. Ich empfinde sehr viel Lust, als ich es dem zärtlichen Mann mit dem Mund mache und ihn den Analverkehr an mir ausüben lasse, der in diesem Fall nicht weh tut, wie es sonst der Fall ist. Ich stöhne vor Begierde, als er zum einfachen, klaren Geschlechtsverkehr überwechselt. Während dessen dreht sich mein Liebhaber zu Roger um und sagt, wenn er (Roger) mich weiterhin belästigt oder bedroht, wird er es büßen. Roger, der feige ist, glaubt das und schleicht sich verstohlen aus dem Zimmer, mit dem knurrenden Hund auf den Fersen. Und die Art dieses Mannes, mich zu lieben, und nicht etwa Rogers kaltherziges Ficken ist das, was mir unerwartet zu einem unerträglich köstlichen Orgasmus nach dem anderen verhilft.

Und das ist die einfache Form einer meiner liebsten Phantasien, bei der die wahre Lust triumphiert und dem Schurken einen Strich durch die Rechnung macht.

Noch einmal danke und die besten Wünsche für weiteren Erfolg.

Ich glaube, daß Sex die gesamte menschliche Seele und den gesamten menschlichen Körper durchdringt. Während wir Lebensmittel einkaufen, stellen wir fest, daß der Verkäufer gut aussieht; es gibt Frauen, die mir schreiben, daß sie von ihrem Zahnarzt, während er in ihren Zähnen bohrte, sexuelle Phantasien gehabt haben. Aber wir brauchen einen Brennpunkt, ein konkretes Symbol, ein Bild oder ein Buch, um uns unserer freien, fließenden Sexualität bewußt zu werden und uns wohlzufühlen. »Seit ich Ihr Buch gelesen habe und auch während ich es gelesen habe«, schreibt Sally, »habe ich angefangen, über meine eigenen Phantasien nachzudenken. Ich hatte diese Vorstellungen schon immer, seit ich ungefähr zwölf war, aber ich habe niemandem davon erzählt…«

Marylou erzählt uns, daß sie immer bestritten hat, sexuelle Phantasien zu haben, bis sie *Die sexuellen Phantasien* gelesen hat. »Nein«, sagte sie zu ihren Freundinnen, wenn das Thema aufkam; sie hatte noch nie Phantasien. »Ich denke nur an meinen Geliebten.«

Aber sie hat in ihrem Kopf kleine Rückblenden registriert, sagt sie, sogar während sie abstritt, daß in ihrer Vorstellung erotische Phantasien tanzten. »Als ich *Die sexuellen Phantasien der Frauen* las, dämmerte es mir, wie es Paula in diesem Buch geschah – oh, ›eine Phantasie ist etwas, was ein gutes Gefühl verursacht.‹ Tatsächlich haben sich die meisten Szenen in diesem Buch durch meine Phantasie bewegt, aber mit einem anderen Drehbuch.«

Marylou veranschaulicht das Faktum, daß wir alle mehr wissen, als wir uns bewußt machen wollen. Sehr viele sexuelle Vorstellungskraft, Tagträumereien, Träume und Phantasien hängen irgendwo hinten in unserer Seele. Es ist alles wie eine Datenbank, in der spezifische Bits an Informationen sehr schnell nach vorn ins Bewußtsein gebracht werden können, wenn der richtige Hebel umgelegt wurde, und ebenso schnell zurückgerollt werden, nachdem sie gebraucht wurden, so daß es schwer ist, sich daran zu erinnern, daß der Gedanke schon einmal da war. Auf diese Art und Weise leben wir mit unserem konservierten mentalen Feuer, unserer Sexualität, die heruntergedreht ist. Vielleicht ist das nötig, um den gewöhnlichen Ablauf eines gewöhnlichen Tages zu überstehen, ein notwendiges Opfer unseres erotischen Selbsts auf dem Altar einer industrialisierten Gesellschaft. Aber sind diese Tage nur halb gelebt? Ich glaube, daß jede Stimulation einen positiven Wert hat, daß alles, was uns das Gefühl gibt, am Leben zu sein, ein absoluter Gewinn ist. Ob es ein gelegentlicher Blick auf ein Foto in einem Magazin ist, ein Bild in einem Fernsehfilm oder eine Seite in einem Buch, was uns intensiver empfinden läßt – ist das nicht gerade das, was das Leben ausmacht?

Sally

Auf Anregung meiner Schwester hin habe ich gerade Ihr Buch zu Ende gelesen. Ich glaube wirklich, daß es phantastisch ist. Ich konnte es nicht weglegen.

Zuerst will ich Ihnen etwas über mich erzählen. Ich bin neunzehn, habe gerade erst im letzten Dezember geheiratet und liebe Sex. Mein Mann ist vierundzwanzig und sehr kräftig.

Seit ich Ihr Buch gelesen habe, und auch während ich es gelesen habe, habe ich angefangen, über meine eigenen Phantasien nachzudenken. Ich hatte schon immer diese Vorstellungen, seit ich zwölf war, habe es aber niemandem erzählt und sie auch nicht ausgelebt. Ich glaube, ich habe nie wirklich darüber nachgedacht, bis ich gelesen habe, daß andere Frauen ähnliche Vorstellungen haben.

Mein Mann sagt, daß die Art Sex, die wir betreiben, für ihn ausreicht und daß er seine Phantasien nicht diskutieren will. Ich möchte gern über meine diskutieren und auch über einige andere, die ich in Ihrem Buch gelesen habe – nur darüber reden, das ist alles – aber er scheint dafür nichts übrig zu haben.

Ich onaniere nicht, denke aber oft daran. Vielleicht würde ich es versuchen, wenn ich ein wirklich gutes Buch über Masturbation lese oder wenn jemand offen mit mir darüber diskutieren würde. Wenn ich daran denke, daß mich andere Frauen befingern und es mir mit dem Mund machen, erregt mich das ganz außerordentlich. Es ist nie geschehen, aber es klingt sehr gut. Ich denke auch an große maskuline Männer, wie man sie in *Playgirl* oder in *Viva* sehen kann; ich stelle mir gern vor, daß sie direkt aus den Seiten steigen und mir gewaltsam die Kleider vom Leib reißen und mich, auseinandergespreizt, die Arme ausgebreitet, an den Bettpfosten fesseln. Während ich auf diese Fotos schaue, stelle ich mir vor, wie er mich reizt, mich befingert, um mich auf Touren zu bringen, und mich dann nur mit der Spitze seines Schwanzes reizt. Ich weiß nicht, woher ich diese Ideen habe, weil das nicht zu den Dingen gehört, die mein Mann mit mir macht – ich meine, mich mit seinem Schwanz zu reizen. Ich bin sicher, ich habe darüber irgendwo etwas gelesen. In meiner Phantasie leckt dieser Mann aus den Seiten von *Playgirl* dann meine Titten und meinen Bauchnabel, bis ich ihn bitte, mich zu ficken, und endlich tut er es. Ich denke nicht an solche Dinge, wenn mein Mann und ich Liebe machen oder Sixty-Nine betreiben, sondern wenn ich allein bin und Pornobücher lese. Dann törnt es mich wirklich an. Ich kann mich wirklich in die Seiten eines guten Buchs hineinbegeben. Es setzt meine Vorstellungskraft in Gang, und sie erlaubt es mir, mich als Bestandteil einer sexuellen Welt vorzustellen, vor der ich sicher bin, daß ich sie nie kennenlernen werde. Alle Männer und Frauen in meiner Phantasie sind gesichtslos. Sie sind immer Fremde. Ich bin nicht einmal zu erkennen; die Dinge, die ich mir erlaube, sehen mir überhaupt nicht ähnlich. Aber wie ich es genießen würde, die Spannung dieser Dinge, die ich gelesen und auf den gedruckten Seiten gesehen habe, auszukosten!

Es ist toll zu lesen, wie andere Frauen denken, und es ist dumm von mir, zu glauben, daß wir nicht das Recht auf diese sexuelle Erregung haben, die wir in unserer Vorstellung empfinden. Die Männer, die glauben, daß wir zu dieser Art Erregung nicht in der Lage sind, scheinen nur reichlich dumme kleine Mädchen zu kennen.

Vielen Dank.

Marylou

Ich habe gerade Ihr Buch zu Ende gelesen, und ich wollte Ihnen gern erzählen, daß ich es genossen habe und daß es mir geholfen hat.

Meine Freundin brachte das Buch zu einem Picknick mit. Die Frauen, die dabei waren – durchschnittlich Mitte zwanzig, Anfang dreißig, Grundschullehrerinnen wie ich – stritten ab, sexuelle Phantasien zu haben. Ich bestritt es auch – »Nein, ich denke an meinen Liebhaber – ich habe nie Phantasien gehabt«, aber kleine Rückblenden wurden in meinem Kopf registriert, so vage, daß ich nicht einmal meinen Finger darauflegen konnte. Als ich *Die sexuellen Phantasien der Frauen* las, dämmerte es mir, wie es Paula in diesem Buch geschah – oh, »eine Phantasie ist etwas, was ein gutes Gefühl verursacht.« Tatsächlich haben sich die meisten der Szenen in diesem Buch durch meine Phantasie bewegt, aber mit einem anderen Drehbuch. Es hat mich amüsiert, sogar in der Quickie-Abteilung zu lesen, daß zwei verschiedene Frauen ihr prickelndes Gefühl durch Tarzan beziehen. Er war in der Phantasie mein erster Mann. Immer wenn ich Tarzan-Comics las, zitterte ich vor Erregung; dann, ehe ich am Abend einschlief, konstruierte ich mir meine eigenen Geschichten. Ich glaube, ich war ungefähr zwölf. Ich wechselte später zu einigen Fantasy-Jungen über: Spin und Marty. Ich nehme an, das kam daher, daß ich mich dann in die Geschichte einbeziehen konnte. Ich habe auch eine Menge in der Schule taggeträumt, aber ich kann mich nicht erinnern, daß da sexuelle Dinge vorkamen. Ich könnte es mir vorstellen, weil die Muster bestehen blieben – Traumgeschichten der Nacht und Tagträume – bis ich verheiratet war. Ich erinnere mich, wie ich, als ich Anfang zwanzig war, mit dem Bus zur Arbeit fuhr und phantasierte. Meine Drehbücher waren nicht sehr scharf, ich glaube es jedenfalls nicht. Sie waren zurückhaltend, und ich war sexuell frustriert. Ich hatte mit Jungen schon seit ich fünfzehn war das Vorspiel betrieben, aber ich hatte, bis ich dreiundzwanzig war, keinen Geschlechtsverkehr. Es weckte in mir Schuldgefühle, aber die Phantasien taten das nicht.

Ich dachte, meine Phantasien hätten aufgehört, als ich vor sieben Jahren geheiratet habe – bis ich Ihr Buch gelesen habe. Aber ich habe sie mehr als je zuvor. Seit beinahe drei Jahren habe ich einen richtigen Liebhaber, und er ist mein Phantasie-Ehemann. Wenn ich zu ihm auf eine Party gehe, fühle ich mich und agiere wie die Gastgeberin. Und wenn ich mit meinem echten Ehemann nach Hause gehe, gehe ich mit meinem Phantasie-Ehemann ins Bett. Wenn er auf dieser Party mit seiner Frau tanzt, sehen wir uns gegenseitig im Spiegel über der Bar an, und wir liegen uns wirklich in den Armen. Er kann toll phantasieren. Während unserer einmal in der Woche stattfindenden Liebesakte im Bett phantasieren mein Liebhaber und ich gemeinsam. Manchmal hat unser Motelzimmer zwei Doppelbetten, und wir reden über das andere Paar, das im anderen Bett Liebe macht. Manchmal tun wir so, als würden wir einen Pornofilm drehen. Ich weiß wirklich nicht, warum ich gesagt habe, daß ich keine sexuellen Phantasien habe.

Wenn ich masturbiere, ziehe ich mir manchmal sexy Kleidung an und betrachte mich dann im Spiegel an. Manchmal benutze ich verschiedenes Gemüse aus dem Garten. Ich gehe hinaus und pflücke eine gutproportionierte Zucchini.

Ich werde dazu übergehen, jetzt mehr Gebrauch von meinen Phantasien zu machen, statt sie zu unterdrücken. Es scheint mir, daß Sex ohne Phantasien mechanisch und ohne Vergnügen ist. Mein Mann und ich machen nur noch selten miteinander Liebe, seit ich meine Affäre begonnen habe. Ich will ihn nicht verlassen. Wir haben eine Menge gemeinsam, aber wir können nicht miteinander reden, so wie mein Geliebter und ich es tun. Ich glaube, es ist unrealistisch zu erwarten, daß einer der Richtige ist. Man braucht viele Menschen, um die Bedürfnisse einer Person zu erfüllen. Das klingt, als würde ich Menschen benutzen. Ich betrachte mich gern als jemanden, der sich seine Phantasien erfüllen kann, aber ich brauche Liebe, jemanden, der mich versteht, und ich brauche Geld, damit ich mein schönes Haus auf dem Land und meinen Stall voller Pferde haben kann. Ich könnte mir von meinem Lehrergehalt nur ein Apartment leisten.

Meine besten Wünsche für das neue Buch. Es tut mir leid, daß ich keine spezifischen Details meiner Phantasien beschreiben konnte. Sie sind an diesem Punkt zu unterdrückt, und nebenbei bin ich bildende Künstlerin. Worte waren noch nie meine Stärke.

Mein Geliebter wird bald anrufen. Mit meiner neuen Haltung in bezug auf Phantasien steht uns ein großes Abenteuer bevor.

Kapitel 4

Frustration

Als ich damit anfing, *Die sexuellen Phantasien der Frauen* zu schreiben, sagte ich: »Räumen wir zuerst einmal mit dem Frust auf.« Es ist eines der großen Mißverständnisse, denen die Leute unterliegen, daß sexuelle Phantasien die einsamen Träume von vertrockneten alten Jungfern sind. Das ist nicht wahr.

Während die Frauen in diesem Kapitel vertreten sind, weil sie in der einen oder anderen Form alle eine Frustration in ihrem Leben empfinden, kann nur Laura als Jungfrau bezeichnet werden – aber von der Beschreibung ihrer Aktivitäten her ist es klar, daß sie nur technisch eine bleibt und nur in Form von Zentimetern. Biba kommt der konventionellen Vorstellung von Frustration sehr nahe. Sie ist durch ihre dritte Schwangerschaft in die Nähe dieses Bereichs gerückt und schreibt, daß sie masturbiert und phantasiert, um den Geschlechtsverkehr zu ersetzen, wenn er für sie zu unangenehm wird.

Häufiger jedoch, das ist mein Eindruck, ist es nicht so sehr der Mangel an Sexualität, der zur Frustration der Frauen führt, die mir schreiben, sondern die Tatsache, daß die Qualität ihrer sexuellen Erfahrungen nicht so ist, wie sie es sein könnte. Bis vor kurzem blieb diese Art des Unglücklichseins unausgesprochen. In unserer Kultur war man stillschweigend übereingekommen, daß jede Frau, die das Glück hat, einen Mann zu haben, kein Recht hat, sich zu beschweren.

Im Gegensatz zu diesem weitverbreiteten Glauben bin ich der Ansicht, daß wir als Frauen, die mehr sexuelle Freiheit erreicht haben, größere sexuelle Frustration erleben. Bis vor kurzem waren junge Frauen so sehr damit in Anspruch genommen, an ihrer Unschuld zu hängen, daß ihre konsequente Frustration praktisch ein Merkmal von Tugendhaftigkeit war. Wenn wir uns in unserem kleinen Ein-

zelbett in der Nacht unruhig hin- und herwerfen, behalten wir
schließlich den Traum vom Bewahren der symbolischen Rosen-
knospe, von der uns Mutter versichert hat, daß man uns noch mehr
wertschätzen wird, »wenn der richtige Mann kommt«.

Frustration war etwas, was ein »braves Mädchen« schweigend
mit einem Doris-Day-Lächeln erleidet. Anständige Frauen sprachen
nicht darüber oder gaben bis vor kurzem nicht einmal sich selbst gegenüber die authentische emotionale Einsamkeit und den physischen Schmerz zu, der von einer Frau empfunden wird, die bereit für
und begierig auf Sex ist, aber davon ferngehalten wird. (Sogar ehe
sie ihn erlebt hat, weiß sie schon, daß sie ihn vermißt. Ihre Phantasien haben es ihr gesagt.)

Die Pille hat nicht »alles« verändert. Das ganze Buch hindurch
finden Sie Briefe von Frauen in den Zwanzigern, die mir erzählen,
daß sie noch Jungfrauen sind. Genauso waren es ihre Mütter. Aber
was heute anders *ist*, das ist die enorme Menge von Informationen
über die Lust an der Sexualität, die nicht nur für die Frauen erhält-
lich ist, sondern praktisch unvermeidlich: Film und Fernsehen lassen uns nicht vergessen, daß sich andere in der sexuellen Ekstase befinden.

Ein anderer wenig diskutierter Aspekt der Befreiung, der in die
sexuelle Frustration vieler junger Frauen führt, ist ironischerweise
unsere größere Freiheit in der Auswahl. Die Wagemutigsten der
neuen Generation von Frauen fühlen sich nicht mehr länger gezwungen, überstürzt zu heiraten. Vielleicht wollen sie Karriere machen; vielleicht wollen sie einfach nicht mit dem ersten Mann, der
ihnen über den Weg läuft, seßhaft werden. Frauen messen sich mehr
Wert bei, und weil wir das tun, werden wir etwas wählerischer in
bezug auf Männer. Ein Job, den man mag, eine Arbeit, die man befriedigend findet – etwas zu tun, von dem man den Eindruck hat,
daß es wichtig ist – ist, glaube ich, von essentieller Bedeutung für ein
angenehmes Leben. Es ist nicht nur an sich erfüllend, sondern es
hilft auch, den Anforderungen unserer Kultur, daß wir heiraten sollen, nur weil wir fünfundzwanzig oder dreißig werden, zu widerstehen.

Aber eine selbständige Frau zu werden, gut ausgebildet und wäh-
lerisch, was ihren sexuellen Geschmack betrifft, läßt uns in bezug
auf die Einsamkeit anfechtbar werden. Man kann eine Jungfrau

sein und sexuell frustriert. Aber jede erfahrene Frau weiß, daß einmal Sex zu haben, guten Sex zu haben, und dann ohne ihn auskommen zu müssen, sogar noch mehr Raum für wirklichen Schmerz hinterläßt.

In unserer Kultur wird der Schmerz, den eine Frau durch sexuelle Entbehrungen erleidet, nicht ernstgenommen. Nicht so bei den Männern.

Der Mythos sagt: »Männer sind anders.« Männer *brauchen* Sex. Die Ehefrau ist frigide oder gerade auf dem Land – beinahe jede Entschuldigung reicht aus, um einen Mann in diese oder jene Liebelei zu »treiben«. Die Gesellschaft verzeiht einem frustrierten Mann, daß er sich Sex holt, wo er es kann. Die Prostitution ist für ihn gemacht worden.

Aber eine Frau? Die Vorstellung von einer Frau, die in den Ehebruch, die Homosexualität oder zu einem männlichen Prostituierten getrieben wird (wenn sie ihn finden kann) – diese Idee macht uns schaudern. Wenn eine Frau derart starke sexuelle Gelüste hat, wird das als erniedrigend betrachtet. »Sie braucht es wirklich« ist kein sexuelles Kompliment; es ist eine Demütigung. Und doch, warum sollte es denkbar sein, daß eine Frau weniger darunter leidet als Männer, wenn sie ohne Sex auskommen soll? Wir wachen vielleicht nicht am Morgen mit einer Erektion auf oder erwachen aus einem feuchten Traum, aber wir träumen, und wir phantasieren auch über den Mangel an Sexualität hinaus. Wir leiden genauso darunter wie ein Mann.

Was verheiratete Frauen und sexuelle Frustration angeht, glaube ich, beginnen wir gerade damit, den Tribut, den Frauen in Form von sexlosen oder sexuell phantasielosen Ehen zollen, zu begreifen. Frauen wie Lyle fangen gerade erst an, gegen die Ungerechtigkeit oder sexuelle Unreife eines Ehemannes, der seiner Frau die Masturbation vorzieht, aufzubegehren. Sie ist Zeitgenossin genug, um zu sagen, daß sie nicht wirklich etwas dagegen hat, wenn er sich einen runterholt, nur insofern, als er ihr damit etwas nimmt. Aber die Akzeptanz der Angewohnheiten ihres Mannes tut ihr nicht gut. Sie bleibt mit sehr phantasievollen aber einsamen Vorstellungen zurück.

Laura

Zuerst muß ich Ihnen erklären, daß ich eine siebzehn Jahre alte Jungfrau bin. Ich onaniere beinahe jeden Tag, gehe häufig mit Jungen aus, um Petting zu machen, und liebe es, Jungen einen zu blasen.

Einige meiner Phantasien drehen sich um bestimmte Dinge, die passiert sind. Ich lege mich hin und versuche, in meiner Vorstellung einige Sensationen wiederauferstehen zu lassen, die ich empfunden habe. Ich liebe es, mir vorzustellen, wie meine Hand hinunter in die offene Hose des Jungen fährt und sein Schamhaar betastet, die Vorhaut an seiner Schwanzspitze ergreift und fühlt, wie sein Schwanz größer wird. Ich erinnere mich an das Gefühl von gleitender Haut, wenn ich meine Hand auf und ab bewege. Ich mag das vertraute Gefühl, wenn sich ein Junge auf mich legt (wir sind beide nackt), seinen erigierten Schwanz gegen meinen Bauch preßt – es ist wahrscheinlich die Versuchung (so nahe und doch so fern), die mich so erregt. Ich erinnere mich an individuelle Gesten, Schlafzimmerwitze und den Geruch, den ich mochte – Wein oder Pot in seinem Atem, ein leichter Geruch von Schweiß und Aftershave. Jede dieser Vorstellungen ist eher ein flüchtiger Eindruck als eine vollständige Erfahrung.

Meine Masturbationsphantasien sind aus diesen Vorstellungen zusammengesetzt und einigen ganz bestimmten Personen zugeordnet. Eine meiner Phantasien ist die, daß ich es Björn Borg, dem schwedischen Tennisspieler, mit dem Mund mache. Ich denke an die glitschige und gummiartige Konsistenz seines Schwanzes, die zarte Feuchtigkeit seiner Spitze, das Gefühl des Pulsierens am Stamm, wenn er kommt, und den Geschmack von Samen. Nachdem ich diese Phantasie entwickelt habe, habe ich in *Playgirl* gelesen, daß die meisten Skandinavier nicht beschnitten sind. Das machte die Phantasie noch erregender.

Es erregt mich, wenn ich einen Typ mit einem Steifen sehe. Ich fange an zu phantasieren, daß ich mit ihm schlafe, sogar dann, wenn ich das nie in Betracht ziehen würde.

Einmal wollten zwei Typen mit mir schlafen. Ich habe es abgelehnt und sie mir nacheinander vorgenommen. Nun denke ich an Gruppensex, würde es aber nie in Betracht ziehen, wenn noch ein anderes Mädchen dabei wäre.

Typen mit ungewöhnlichem Haar sind mein Fetisch. Verrücktes, gewelltes oder krauses Haar törnt mich total an.

Ich phantasiere auch vom Vögeln und kann die Einzelheiten nur erahnen – ich nehme an, daß die meisten der Gefühle denen vom Petting sehr nahekommen, außer daß der Penis größer und schwieriger zu lenken ist (wenn er auf bestimmte Bereiche Druck ausübt, das Ausmaß des Drucks, Geschwindigkeit etc.).

Ich phantasiere weiter, aber weil ich den meisten Sex mit Typen erlebe, die ich nicht sehr gut kenne (ich mag sie, aber ich will keine Kinder und ebensowenig irgendwelche Geschlechtskrankheiten von ihnen haben), bin ich noch nicht soweit, die Verantwortung fürs Vögeln zu übernehmen.

Ich suche nach einem Typen, der es genauso genießt, mich zu befriedigen, wie ich es genieße, ihn zu befriedigen (und wenn Björn Borg meine Adresse haben will...)

Danke, daß ich meine Ansichten äußern durfte. Ich habe nicht gedacht, daß ich anomal bin, weil ich Phantasien habe, nur daß ich so anomal bin, sie nicht einzugestehen.

P.S. Wenn nichts Besonderes an meinen Phantasien ist, vertrete ich vielleicht die Jungen und Unerfahrenen.

Biba

Sie erwähnen in Ihrem Buch über Phantasien keine schwangeren Frauen.

Mein drittes Baby kommt in zwei Wochen. Ich onaniere und phantasiere viel. Ich habe im vierten Monat angefangen. Ich glaube, daß ich es deswegen mache, weil ich mich zur Zeit nicht wohlfühle, wenn ich ficke, und mich immer weniger dabei wohlfühle, je dicker ich werde.

Während meiner ersten und zweiten Schwangerschaft habe ich auch immer mehr onaniert und phantasiert. Ich war damals mit jemand anderem verheiratet. Er war groß und hat mir weh getan. Ich habe in den letzten sechs Wochen den normalen Sex bereitwillig aufgegeben, obwohl ich ihm bereitwillig einen runtergeholt habe. Ich mochte seine Größe, wenn ich nicht schwanger war, obwohl er mich emotional nicht befriedigen konnte.

Meinen derzeitigen Mann liebe ich sehr. Er ist nicht so groß und flexibler, so daß ich immer noch gerne Sex mit ihm mache, sogar jetzt. Er hält sich so lange zurück, wie er kann, weil das Baby ungestüm reagiert. Auch in bezug auf die Positionen, die wir einnehmen. Er dringt von hinten ein, oder ich lege ein Bein über seine Hüften, während er auf der Seite liegt; ich liege auf dem Rücken. In dieser Position kann man nicht sehr weit eindringen, und daher muß er sehr geil sein, um zum Orgasmus zu kommen. Ich kann nicht zum Höhepunkt kommen, egal, wie geil er mich macht oder wie sehr ich wünschte, daß ich es könnte. Deshalb erzähle ich, wie ich mich erleichtere. Ich bin dann immer allein, und meine Kinder schlafen.

Ich beginne damit, daß ich vor dem Spiegel an meinen Brustwarzen spiele. Meine Hände werden zu den Händen von irgendwelchen Mädchen, zwicken, kneifen, kneten und umfassen sie. Bald sind es zwei Mädchen, eines für jede Brust. Meine Brüste sind jetzt sehr groß, so daß ich tatsächlich eine Brustwarze in meinen Mund nehme, daran sauge und mir dabei vorstellen kann, daß die Mädchen diejenigen sind, die daran saugen. Ein drittes Mädchen kommt von hinten dazu; sie greift an meinen Arsch und massiert ihn rundum. Sie küßt meinen Hintern, steckt ihre Zunge in meinen Anus und schlürft. Ein viertes Mädchen kniet sich vor mich hin und fängt an, die Innenseiten meiner Beine zu küssen, immer weiter hinauf, immer näher an meine Vagina. Ich spreize meine Beine für sie noch weiter auseinander. Sie saugt langsam an meiner Möse, bewegt sich über meine Schamlippen zu meiner Klitoris. Ein fünftes Mädchen erscheint und sitzt auf meinen Toilettentisch. Ihre Beine sind gespreizt. Ich beuge mich zu ihr und sauge an ihren Brüsten. Das Mädchen zwischen meinen Beinen saugt, oh, so gut. Ich mache es dem Mädchen vor mir mit dem Mund und sauge an ihrer Möse. Das Mädchen, das an meinen Brüsten saugt, greift mit ihren Händen hinüber, um die Titten des Mädchens an meinem Arsch zu streicheln. Mit meinen Armen greife ich nach ihnen und befingere ihre Muschis. Das Mädchen zwischen meinen Beinen ist dabei, mir einen Höhepunkt zu verschaffen. Jetzt lege ich mich in mein Bett, stecke mir ein Kissen zwischen die Beine und onaniere bis zum Höhepunkt innerhalb von Sekunden, und dabei stelle ich mir immer noch vor, daß ich ein Mädchen zwischen meinen Beinen habe, eine an meinem Arsch, eine, die an meinen Titten saugt, eine um meine Finger herum und eine in meinem Mund.

Manchmal schaue ich mir Bilder von nackten Mädchen an, um diese Phantasie in Gang zu setzen, und ich sehe sie mir an, wenn ich dabei bin, zu onanieren.

Ich habe nie ein Mädchen gekannt, daß es mir mit dem Mund gemacht hat, und auch keines, das ich geleckt habe. Diese Phantasie tauchte während meiner ersten Schwangerschaft in meiner Vorstellung auf.

Männer haben es mir mit dem Mund gemacht; einige waren wirklich toll.

Ich wünsche mir wirklich dringend, normalen Sex zu machen. Ich kann den Zeitpunkt kaum erwarten, bis ich ganz normal mit meinem Mann zum Orgasmus kommen kann.

Lyle

Nancy Friday, Sie sind so etwas wie ein Genie! Danke, daß Sie so ein inspirierendes, interessantes Buch zusammengestellt haben.

Ich bin fünfundzwanzig, von skandinavischer und amerikanisch-indianischer Abstammung und bin groß gebaut, aber nicht dick. Ich habe vor drei Jahren geheiratet, und ich ziehe aus mehreren Gründen in Betracht, mit ihm *nicht* verheiratet zu bleiben, und der *unwesentlichste* der Gründe ist der: Er ist eine lausige Nummer im Bett. Er ist zweiunddreißig.

Oberflächlich betrachtet glaube ich, daß er ein netter Mann ist, aber mit ihm zu leben ist sehr frustrierend und scheint ein Verhältnis von achtzig zu zwanzig zu sein, statt fünfzig zu fünfzig – oder wenigstens erträgliche sechzig zu vierzig. Was ich damit sagen will: Ich gebe zuviel und, egal wie sehr ich versuche, ihn dazu zu bekommen, in dieser Beziehung etwas zu »geben«, er will einfach nichts Richtiges in bezug auf Liebe, miteinander teilen, Reden, Pläne machen und allen anderen Dingen aufbauen, von denen man ANNEHMEN kann, daß sie von zwei verheirateten Menschen geteilt werden, die als Paar zusammenleben.

Mein Mann ist in einem Puff in Nevada in die Sexualität eingeführt worden, und danach hat er mehrere Frauen gehabt und hat verdammt nichts gelernt. Ehe wir geheiratet haben, hat er mir immer wieder gesagt, was für ein geiler Typ er wäre. Daß ich nicht lache. Er hat sich vielleicht geil gefühlt, aber er ist auf seine eigene

Hand scharf. Ich glaube, daß die Möse keiner einzigen Frau in der Lage gewesen ist, seine eigene Technik zu ersetzen.

Als ich zum ersten Mal entdeckte, daß er mehr oder weniger regelmäßig masturbiert, waren wir ein Jahr verheiratet. Die Augenblicke, in denen er erregt war, nahmen ab, und ich schrieb es seinem harten Studium zu... es kam mir nie in den Sinn (und das tut es noch immer nicht), daß irgend etwas an mir nicht in Ordnung ist. Ich hielt mich weiterhin sauber und gepflegt und insgesamt attraktiv und habe ihn nie abgewiesen, wenn er mich wollte. Wie dem auch sei, ich sortierte die schmutzige Wäsche und bemerkte einige seltsam aussehende Taschentücher von ihm. Die Bügelfalten waren noch drin, aber sie klebten in der Mitte zusammen. Er hatte in sie hineingespritzt. Ich war schockiert und verletzt; es war wie ein Schlag ins Gesicht, als wollte er sagen, daß ich nicht gut genug für ihn war, mit mir Liebe zu machen, aber noch lange gut genug, um hinter ihm sauberzumachen! Wäre er dagewesen, als ich diese Entdeckung machte, hätte ich ihm die Taschentücher in den Rachen gestopft (es macht mich immer noch wütend). Ich inspizierte die übrige schmutzige Wäsche und fand zwei Unterhemden und einige weitere Taschentücher, die seine mangelnde Begierde mir gegenüber ziemlich gut erklärten – der Idiot hatte sich schon allein verausgabt. Ich hätte kotzen können. Er war zu diesem Zeitpunkt Student. Ich arbeite, und er hatte damals einen Teilzeitjob.

Ich konfrontierte ihn mit seiner kleinen Leidenschaft und sagte ihm, wie sehr mich das verletzte. Er sagte, er würde es nicht mehr tun, aber das war eine Lüge – der Beweis für das Gegenteil äußert sich darin, daß er immer noch ein liebloser Mann ist, der sich nur in seine eigene Hand verliebt hat.

Wenn er mit mir schläft, ist er steif, gehemmt und sehr langweilig. Er probiert nie eine andere Position aus, und ich muß ihn praktisch darum bitten, es ihm mit dem Mund machen zu dürfen. Ich habe ihn nie gezwungen, etwas zu tun, aber ich habe einige Vorschläge gemacht, die er alle ohne die geringste Begeisterung aufgenommen hat. Er hat meine Vagina nie mehr als zwei Minuten lang berührt, und er bemüht sich nicht darum, meine Klitoris zu finden und sie zu streicheln. Übrigens, wenn er es zuläßt, daß ich ihm einen blase, kommt er so lange nicht, bis er mich weggestoßen und sich auf mich gelegt hat. Du lieber Gott, ich brauche unbedingt Abwechslung!

Ich habe versucht, damit geduldig umzugehen, habe ihn nie gebeten, verrückte Sachen zu tun, und mich ihm nie aufgedrängt. Er ist von den Annäherungsversuchen der Frauen wirklich angewidert. Ältere Frauen, die Versuche unternehmen, mit ihm zu flirten, törnen ihn wirklich ab. Statt daß er es als ein Kompliment auffaßt und den Damen zublinzelt (das wüßte ich wenigstens zu schätzen!), wird er nur feindselig.

An dieser kurzen Zusammenfassung meiner Gefühle in bezug auf ihn, können Sie, glaube ich, erkennen, daß ich eine Menge Gründe habe, Phantasien zu entwickeln.

Nachdem ich Ihr erstes Buch über Phantasien gelesen habe, suchte ich in meiner Erinnerung danach, wann ich zum ersten Mal dieses wunderbare Gefühl in meinem Becken wachgerufen habe, und ich glaube, daß es geschah, als ich Doktor und Krankenschwester mit meinem Bruder und einem seiner Freunde gespielt habe. Ich war von seinem faltigen Skrotum, das die Hoden umgab, völlig fasziniert. Ich mag es immer noch sehr, wenn ich diesen wundervollen Bereich mit meiner Zunge liebkose.

Ein paar meiner Kindheitsfreundinnen und ich liebten es, einander zu erzählen, was uns erregte, und uns manchmal da zu berühren, »wo es ein gutes Gefühl war«. Wir dachten uns wirklich einige Knüller an Phantasien aus, aber wir haben in unseren Phantasien nie IRGEND ETWAS wie große Geschlechtsteile gesehen, die häufig solche Geschichten dominieren. Wir verabredeten uns mit Jungen und hatten keine Gewissensbisse wegen unbedeutenderer früherer Erfahrungen. Ich glaube, wir stellten uns nur vor, daß das die »Praxis« für das wirkliche Leben ist. Mir ist nie in den Sinn gekommen, daß es einen lesbischen Beiklang haben könnte, nachdem ich herausgefunden hatte, was lesbisch bedeutete.

Da ich von meinem Mann immer noch die achtlosen »Erinnerungen« daran erhalte, daß Portnoy, der Masturbations-Champion der Welt, hier lebt, habe ich mir mit meinen Phantasien aushelfen müssen, bis er mich vielleicht doch einmal will (was reichlich selten vorkommt).

Vor einigen Jahren (vor der Heirat) hatte ich mit einem Mann, der in meinem Gebäude arbeitete, eine Affäre. Er war phantastisch im Bett. Ich wünsche mir noch heute, daß wir in der Lage gewesen wären, eine engere Beziehung miteinander zu haben, so etwas Ähnliches wie eine Ehe! Wie dem auch sei, dieser dunkelhaarige Mann erregte mich so sehr, daß ich explosive Orgasmen bekam. Ich wußte nicht, daß der menschliche Körper solch eine Lust aushalten kann. Ich schwöre, daß ich dachte, ich würde sterben und in den Himmel kommen, als er mich zum ersten Mal leckte! Ich sehne mich nach jemandem, der das wieder tut, und deshalb stelle ich mir vor, wenn mein Mann sich auf mir verausgabt, damit ich unter seinen Stößen nicht wirklich ersticke, daß statt dessen ein großgebauter Mann mit vollen Lippen und großen schwarzen Augen, so wie mein früherer Liebhaber, meine Oberschenkel streichelt und mir sagt, wie sehr er meine blasse, weiche Haut (an der ich in der Realität wirklich hart arbeite, um sie mir zu erhalten) liebt. Er streichelt meine Muschi stärker, sieht mich sehnsüchtig, zärtlich aber diabolisch an, und macht sich daran, mich zärtlich mit einem vollen, weichen Lachen vor Übermut in das himmlische Gefühl eines starken Höhepunkts zu treiben. Ich liebe es, dies aufs Papier zu bringen.

Während er so weitermacht, habe ich einige wunderschöne Orgasmen; er dreht mich um und kniet sich rittlings über mein Gesicht, damit wir Sixty-Nine zusammen einnehmen und ich ihm genauso große Lust verschaffen kann. Diese Phantasie ist die größte für mich, aber manchmal variiere und benutze ich diese:

Als es Abend wird und die Sonne untergeht, streichele ich mich selbst. Ich erwarte eine Freundin, und als sie ankommt, lasse ich sie herein, und sie sieht, daß ich nackt bin. Sofort weiß sie, was ich will, und sie sagt mir, daß sie mich auch will, und daher gehen wir dazu über, in mein großes (in der Phantasie) Himmelbett zu gehen und unter die Seidenbettwäsche zu schlüpfen, die meterweise mit Rüschen besetzt ist. Wir bedecken jeden Zentimeter unserer Körper mit Küssen, üben aneinander Cunnilingus aus und erreichen wunderschöne Orgasmen.

Ich stelle mir vor, daß ich in einer Berghütte in den Alpen allein bin – oder an einem Ort, an dem die Luft sehr klar ist – und in einem weißen Kleid auf dem Balkon stehe. Meine Brüste sind unbedeckt, und die frische Luft macht meine Brustwarzen hart, und es gibt mir ein starkes Gefühl von Lebendigkeit, diese Luft tief einzuatmen.

Ein sehr gutaussehender, kräftiger Mann kommt näher und sieht mich auf meinem Balkon. Er sagt, daß er von meinem Anblick überwältigt ist, und er fragt mich ohne Verlegenheit, ob er in mein Zim-

149

mer raufkommen darf, um mich aus der Nähe zu bewundern. Ich starre zu ihm herunter, sehe die wachsende Wölbung in seiner Hose und sage, während ich mein dickes Haar zurückwerfe: »Natürlich, ich mache uns einen Tee«, und ich lächele ihn so warm an, wie es mir möglich ist. Er betritt mein Zimmer, dessen eine Wand mit Spiegeln bedeckt ist und dessen andere Wände mit einer blauen und purpurroten Blumentapete tapeziert ist. Viele Kissen sind im Zimmer verteilt, und Purpurrot, Blau, Rosa und Rot sind die dominierenden Farben. Er öffnet mein weißes Kleid bis zum Nabel und bewundert meine schöne Haut und meinen kräftigen Körper. Dann kann er es nicht mehr länger aushalten, und er hebt mich hoch und trägt mich zum Bett, und wir machen in vielen unterschiedlichen Positionen Liebe, weil er einen wunderbar langen Penis hat, der von einer Menge schwarzen Haars umgeben ist, und dieser Penis gibt sich so lange nicht zufrieden, bis wir beide lachen und vor Glück und Höhepunkten praktisch hysterisch sind.

Ich möchte nicht, daß Sie glauben, ich hätte irgend etwas gegen Masturbation, wie ich es vorher über meinen Mann gesagt habe. Ich glaube, daß das toll ist, aber nur, wenn der andere (zum Beispiel der Partner) dabei auf nichts von der Leidenschaft und dem Liebesakt, den beide brauchen, verzichten muß.

Danke, daß ich das aufschreiben durfte. Ich hoffe, daß es in irgendeiner Weise für Ihre nächste Ausgabe hilft.

P.S. Bitte entschuldigen Sie die Tippfehler, aber ich bin Autorin, und ich wußte, daß ich zuviel davon noch einmal umschreiben würde, wenn ich sie verbessert hätte, und die Natürlichkeit meiner Gedanken wäre dann nicht erhalten geblieben. Deshalb: hier ist es – unüberarbeitet.

Wenn Sie glauben, daß diese Form ehelicher Hoffnungslosigkeit, die Lyle erleidet, selten ist, dann sprechen Sie mit einigen erfahrenen Eheberatern. In unserer Kultur glaubt man, daß eine Frau erfüllt ist, wenn sie einen Mann, ein schönes Haus, Kinder, einen Kombi und so weiter hat. Wie kann sie es wagen, nach mehr zu schreien? Wenn sich ihr Mann zu Tode arbeitet (sich selbst zu Tode, aber auch von Sexualität), zeigt das nur, was für ein guter Mann und Vater er ist. Die Tatsache, daß sie unersättliche sexuelle Begierden verspürt, ist für sie (und ihre Mutter!) nicht akzeptabel.

»Es kommen eine Menge Männer, die völlig verwirrt sind wegen der neuen Anforderungen, die an sie gerichtet werden«, sagt Dr. Salvatore Ambrosino, Leiter der Family Service Association für Nassau County, einem feudalen Vorort außerhalb von New York City. »Die Frauen haben ein völlig neues Bild von sich«, sagt er. »Durch den Feminismus und die bewußtseinsentwickelnden Selbsterfahrungsgruppen haben sie den Eindruck erhalten, daß sie es zulassen, zu Opfern zu werden, und dagegen protestieren sie.«

Dr. Ambrosino fährt fort: »Frauen haben sich bisher eine Menge gefallen gelassen, solange der Mann ein guter Ernährer war, aber nun nicht mehr. Dies gilt auch für Frauen aus der Arbeiterklasse. Wir haben bisher selten Beschwerden von Frauen gehört, die sich sexuell nicht befriedigt fühlten... jetzt erhalten wir sie.« (New York Times, 16. Oktober 1974).

Das letztendliche, unangenehme Faktum, dem wir gegenüberstehen, ist, daß eine Frau sogar mit dem erregendsten Liebhaber oder Ehemann auf Erden sich noch als frustriert empfinden kann. Dot erzählt uns, daß sie zehn Jahre lang ein sehr aktives und befriedigendes Sexualleben mit einer großen Anzahl von Liebhabern geführt hat, daß sich aber ihre Phantasien im Bereich der Sexualität mit anderen Frauen abspielen. Bis zu einem bestimmten Grad erleiden die meisten von uns, ob Männer oder Frauen, ein bestimmtes Gefühl der Frustration. Tief oder nicht so tief in uns begraben liegen Geschmack, Begierden, eine starke Sehnsucht und erotische Bilder, die aus der polymorph perversen Zeit des Säuglingsalters und der Kindheit übrig geblieben sind; das sucht und findet immer wieder seinen Ausdruck in unterschiedlichsten Arten von ausgedehntem und abwechslungsreichem Vorspiel oder in Phantasien, wie sie Dot hat.

Im Erwachsenenalter zeigt sich die Frustration in vielen Formen. Wir entscheiden uns vielleicht dafür, bestimmte sexuelle Gelegenheiten vorübergehen zu lassen, weil wir ganz besonders an Monogamie glauben – weil der Antrag in einer wenig anziehenden Art oder in Ausdrücken gemacht wurde, die wir als emotional leer empfunden haben – vielleicht aber auch einfach nur, weil wir keine Zeit hatten. Aber jede Gelegenheit ist in unserem Gehirn und Unterbewußtsein irgendwo registriert worden. Sehr häufig entstehen Phantasien aus einer sehr entwürdigenden oder abstoßenden Erfahrung, die wir in unserem Alltag gemacht haben.

151

Sogar wenn wir unseren Job aufgeben, einer Scheidung entgegen-
sehen, eine Million Dollar auf der Bank haben und den Rest unseres
Lebens einer erotischen Betätigung widmen (eine normale Phantasie), ist es dennoch niemandem möglich, die sexuell stimulierenden
Situationen, die uns jeden Tag umgeben, zu handhaben. Wer kann
mit jedem attraktiven Mann, den man trifft, Liebe machen? Wenn
man sich einen aussucht, läßt man die anderen vorüberziehen. Sogar wenn man es versucht, stellt sich das beharrliche Wissen ein,
daß immer noch gutaussehende, schöne Männer durch die Straßen
von London, Paris und Rom laufen – wunderbare Männer, erstaun-
liche Liebhaber, denen man nie begegnen, die man nie kennenlernen
wird, während man systematisch versucht, den besten Liebhaber im
Umkreis von fünfzig Meilen zu finden. Die Begierde existiert lange;
das Leben ist kurz. Wir leben mit einem Rückstand von nicht ver-
brauchten Begierden – »etwas ist vorbei, etwas fehlt, eine Tür ist für
immer geschlossen«.

Es ist nicht die bloße Menge an Sex, die den Schmerz in unserem
Herzen ausmacht. Wir sehnen uns nach einer Qualität von Sex, die
wir nie kennengelernt haben, die wir nie in unserem Leben kennenlernen. In einer Welt, die die Religion verloren hat, ist *der Orgasmus*
vielleicht die letzte mystische Erfahrung, an die wir glauben können. Wir hoffen, in ihr eine Art Transzendenz zu finden, die wir am
Sonntag in der Kirche nicht mehr finden können. Es ist eine zu
schwere Last von Erwartungen, die die Sexualität nicht tragen
kann.

Die Folge ist Frustration. Viele unserer Phantasien sind das Ergebnis davon, daß wir die Vorstellungskraft dazu benutzen, Erfahrungen zu machen, die wir nie gemacht haben. Ich würde eher sagen, daß diese Phantasien die Begierde nach einer größeren sexuellen Vielfalt ausdrücken und in sich eine Art von erotischer Großzü-
gigkeit darstellen, als daß sie aus einer sexuellen Verarmung heraus
entstehen. Sie drücken nicht den Mangel an Sexualität aus, sondern
die Sexualität als solche.

Gloria schreibt, daß »mein Geliebter mein sexuelles *Ideal* ist und
mir Positionen zeigt, von denen ich noch nie gehört habe. Er ist
nicht zu gehemmt, um während oder nach dem Sex zu reden, und er
fragt mich auch danach, was mich antörnt oder wie ich etwas empfinde.« Er ist sich seiner Männlichkeit so sicher, sagt sie, daß »ich

ihm vielleicht eines Tages von meinen Phantasien erzähle. — Er verspürt kein Bedürfnis danach, sich oder jemand anderem etwas zu beweisen, und das ist einer der Gründe, weshalb ich ihn mehr als jeden anderen liebe.«

Ich behaupte, daß Gloria weit entfernt von einer konventionell frustrierten Frau ist; aber sogar inmitten dieses Paradieses, in dem sie lebt, wünscht sie sich etwas mehr. Obwohl sie sich in diesen »idealen« Mann verliebt hat, *kann* sie sich noch jemand anderen vorstellen: einen jüngeren Mann. Ich finde an Glorias Brief besonders interessant, daß er aufzeigt, daß sie gern die Rollen vertauschen würde. Ihr sexuell erfahrener Liebhaber bringt ihr immer neue Positionen und Vorstellungen bei — und das liebt sie; mit ihrem siebzehnjährigen Phantasie-Liebhaber ist *sie* der Initiator, der geschickte, erfahrene Partner, der dem Jungen Lustgefühle beibringt, die er nie zuvor erlebt hat.

Dot

Ich habe gerade *Die sexuellen Phantasien der Frauen* zu Ende gelesen. Ich glaube, daß es eines der besten Bücher zu diesem Thema ist. Es ist sehr klar und einfach und ohne Verworrenheit geschrieben.

Ich phantasiere vierundzwanzig Stunden am Tag (im wachen Zustand oder schlafend) und habe das getan, seit ich zwölf Jahre alt war (ich bin jetzt achtundzwanzig). Ich habe schon angefangen zu glauben, daß ich anomal bin, bis ich Ihr Buch gelesen habe. Ich bin Single und habe ein sehr aktives Sexualleben in den letzten ungefähr zehn Jahren mit unterschiedlichen Liebhabern gehabt, die alle verheiratet waren. Wenn ich Liebe mache, denke ich nur daran, wie schön es ist und daß es nichts gibt, was sich damit vergleichen läßt. Ich masturbiere beinahe jeden Tag, manchmal mehrmals am Tag. Ich mache es gern, wie ich ein aufreizendes Buch lese oder mir Bilder von nackten Frauen anschaue. Deshalb glaube ich, daß die meisten meiner Phantasien lesbische sind, obwohl ich nie eine Affäre mit einer anderen Frau gehabt habe. Ich liege gern am Abend im Bett und denke darüber nach, wie es sein könnte, wenn ich mit einer Frau zusammen wäre, die mit mir schlafen würde. Ich fühle gern, wie meine Brustwarzen hart werden, und ich überlege mir, wie es wäre, wenn eine Frau daran saugen würde. Ich spiele an mir rum, bis ich zum

Orgasmus komme, und gleichzeitig stelle ich mir vor, wie es mir jemand mit dem Mund macht. Ich denke auch gern daran, dasselbe mit jemand anderem zu tun. Wenn ich es auch noch so gern mache oder daran denke und vielleicht irgendwann eine Affäre mit einer Frau haben werde, so will ich doch nicht, daß der Mann durch sie ersetzt wird. Es ist immer noch die beste Art zu bumsen. Ich denke auch daran, wie es wäre, wenn beide, ein Mann und eine Frau, gleichzeitig mit mir Liebe machten. Ich habe noch nie zuvor jemandem von meinen Phantasien erzählt, und ich fühle mich erleichtert, daß ich es jemandem erzählen konnte (ich bin jetzt auch sehr geil).

Danke noch einmal für das tolle Buch.

Gloria

Ich habe den Eindruck, daß ich Sie mit Ihrem Vornamen ansprechen darf, weil Sie mir und den anderen Leserinnen einen so intimen Teil ihrer Person bloßlegen. Ich liege gerade im Bett, mit Ihrem Buch vor mir. Aus irgendeinem Grund ist keine meiner Phantasien, außer einer kurzen, auf die Sie sich ganz am Rande beziehen, in Ihrem Buch enthalten.

Ich bin eine dieser Personen, die, während sie Liebe machen, nicht phantasieren; ich verliere mehr oder weniger das Bewußtsein statt dessen und bin mir nur über das körperliche Empfinden im klaren. Ich phantasiere, wenn ich gelangweilt oder geil oder allein bin. Obwohl ich mich sexuell als *sehr* raffiniert betrachte (nichts überrascht mich), finde ich gerade einige neue Dinge heraus. Mein neuer Liebhaber ist mein sexuelles *Ideal*, und er zeigt mir Positionen, von denen ich noch nie gehört habe. Er ist nicht zu gehemmt, um während und nach dem Sex zu sprechen, und er fragt mich, was mich antörnt oder wie ich etwas empfinde. Vielleicht erzähle ich ihm eines Tages von meinen Phantasien, weil er einer von vielen Männern ist, die sich ihrer Männlichkeit absolut sicher sind. Er verspürt nicht das Bedürfnis, sich oder jemand anderem etwas zu beweisen, und das ist einer der Gründe, weshalb ich ihn mehr als jeden anderen liebe.

Aber nun zu meinen Phantasien selbst. Meine liebste ist auch die längste und detaillierteste.

Ich stelle mir mich vor, wie ich eine Cabriolimousine fahre. (Geschwindigkeit ist sexuell antörnend, etwas, was schnelle Fahrer als

Grund dafür, daß sie gern schnell fahren, nicht eingestehen). Wie auch immer, ich fahre ungefähr neunzig Meilen in der Stunde auf einem Freeway und überhole einen anderen Sportwagen, der genau wie ich sein Verdeck geöffnet hat. Ein attraktiver Junge von ungefähr siebzehn fährt den Wagen. Er sieht zu mir herüber, lächelt und erhöht die Geschwindigkeit seines Wagens, so daß er so schnell ist wie meiner. Seine Bereitwilligkeit, mit mir zu spielen, und sein Aussehen törnen mich an. (Ich brauche nur fünf Minuten, um so erregt zu sein, daß ich zum Orgasmus komme). Er fährt an derselben Ausfahrt ab, die ich auch nehme, und daher fahre ich ihm hinterher. Er ist sich meiner völlig bewußt, fährt in eine einsame Gegend und steuert den Wagen an den Straßenrand. Ich bremse hinter ihm und steige sofort aus dem Auto. Ich trage Hot-Pants und ein rückenfreies Oberteil (tolle Beine und Schultern). Ich beschließe, die Situation so direkt wie möglich zu handhaben. Als ich an dem Fenster seines Wagens ankomme, beuge ich mich weit zu ihm herunter und sage: »So ein Fahrstil törnt wirklich an.« Er lächelt mich ziemlich schüchtern an und stimmt mir zu. Es dauert nicht lange, und schon sprechen wir begeistert über Autos, und ein Thema führt zum nächsten. Bald sitze ich mit ihm in seinem Auto, und wir rücken immer näher zusammen, bis wir uns umarmen und küssen, statt zu reden. Wir werden schnell erregt, und er sagt mir widerstrebend, daß er noch jungfräulich ist. Ich sage ihm, daß wir alle irgendwann anfangen, und lade ihn dann ein, mit mir zu kommen; er stimmt begierig zu.

Die nächsten zwei Stunden sind so einzigartig für mich, weil ich noch nie vorher mit einem jungfräulichen Mann geschlafen habe. Ich genieße den Blick in sein Gesicht, als er zum ersten Mal in mich eindringt, und den Kitzel, den der Klang seines Seufzens und Stöhnens in mir hervorruft, wenn er kommt. Wir machen insgesamt dreimal Liebe miteinander, und ich komme mindestens achtmal. Schließlich sagt er, daß er nach Hause muß. Er schreibt sich meine Telefonnummer auf, ehe er geht, und ich weiß, daß ich wieder von ihm hören werde.

Ich bin einmal dem Ausleben dieser Phantasie sehr nahe gekommen. Ich lernte einen Mann kennen, so wie ich den Jungen in meiner Phantasie kennenlernte, aber er war auf keinen Fall jungfräulich, sondern ein sehr träger, selbstsüchtiger Liebhaber.

Ich habe eine andere Phantasie, in der es um einen Teich unter einem plätschernden Wasserfall geht, und eine, in der ich mit einer anderen Frau Liebe mache. Es ist für mich nicht traumatisch, meine Phantasien im wirklichen Leben auszuleben, weil ich nicht von Vergewaltigung oder Sadismen oder irgendetwas phantasiere, was ich nicht gern ausprobieren würde. Ich glaube, daß ich mich noch nicht einmal unterbewußt schuldig oder aggressiv fühle, wenigstens nicht, wenn es um meine Sexualität geht. Ich phantasiere manchmal, daß ich jemanden mit einem Baseballschläger auf den Kopf haue, aber nur, wenn ich wütend auf ihn bin.

Ich werde Ihr Buch noch einmal lesen, und ich freue mich darauf, Ihr zweites zu lesen. Es wird interessant sein, meine Phantasie in einem Buch wie Ihrem gedruckt zu sehen, damit ich die Leute unterstütze, offener in bezug auf diesen Aspekt ihrer Sexualität zu werden. Wenn oder falls Männer in der Lage sind, diesen Aspekt der Frauen zu akzeptieren, werden wir vielleicht in der Lage sein, uns gegenseitig auf jeder Ebene besser zu verstehen.

Ich bin von Ihrer Offenheit und Ihrer Philosophie der Selbstliebe beeindruckt. Ich glaube, daß Selbstakzeptanz einer der echten Schlüssel zum Glück im Leben ist, und deshalb schäme ich mich nicht, Ihnen meinen richtigen Namen zu nennen. Danke und die besten Wünsche für Erfolg für Ihr nächstes Buch.

Bitte entschuldigen Sie meine seltsame Handschrift, aber ich bin stoned, was es mir ermöglicht hat, offen zu sein.

Eines der größten Bedürfnisse, die sexuelle Phantasien für eine Frau erfüllen, ist das Vorspiel. Phantasien helfen uns, das Niveau der Erregung zu erreichen, auf dem er sich bereits befindet – oder er hätte uns gar nicht erst ins Schlafzimmer eingeladen. In einer egalitären Gesellschaft ist es ohne Bedeutung, ob der Mann oder die Frau der sexuelle Initiator ist; wenn einer in der Stimmung ist, und der andere ist es nicht, wird daraus kein starkes Empfinden von Zurückweisung entstehen, weil die Rollen beim nächsten Mal genauso leicht vertauscht sein können. Zur Zeit jedoch, verursacht durch die männerorientierten Regeln, unter denen wir leben, ist es gewöhnlich der Mann, der aktiv wird, *wenn er bereit ist*. Beinahe konspirativ machen die Frauen bei dieser Idee mit und lassen den Mythos vom Mann als lüsternem Biest, das sein schwaches, schüchternes

Mädchen mit einer Mischung aus Schmeicheleien und grober Gewalt ins Bett zerrt, fortbestehen. Jede Frau weiß in ihrem Herzen, wie unvollständig dieses Bild ist.

Dabei bleiben die Momente unberücksichtigt, in denen sie höllisch geil und er ungefähr hundert Meilen weit entfernt ist, oder wenn er wie ein Bulle lechzt, und sie hat einen Braten in der Backröhre, muß die Kinder in einer Stunde abholen oder ist einfach mit den Gedanken woanders. Aber die kalte Hand, die nach dem Herzen Amerikas greift, wenn wir eine Frau in einem Fernsehdrama sehen, die unabsichtlich einen sexuell erregten Ehemann abweist, packt unsere eigenen Herzen, wenn unser Mann/Liebhaber nach uns greift, und wir beginnen, ihn wegzustoßen. »Du darfst das nicht mit einem Mann machen!« lautet das Monogramm, das uns Mutter heimlich ins Hirn gestickt hat. »Richtig« wäre es, den Braten anbrennen zu lassen, die eigene Arbeit unerledigt liegenzulassen, und, ja, Vergnügen und Orgasmus vorzutäuschen, ohne eines von beidem zu empfinden. Befriedige seine Lust, wenn du ihn liebst, weil da etwas mysteriöserweise Unerklärliches ist, was mit dem männlichen Ego geschieht, wenn er sexuell zurückgewiesen wird. Es ist nicht so, daß ihm Warzen an seinem Skrotum wachsen oder er sich irgendwelchen anderen (wahrscheinlich geschlechtskranken) Frauen zuwendet, um ein Ventil zu bekommen; genauso schrecklich ist, daß wir uns selbst weniger als Frau empfinden, weil wir ihn zurückgewiesen haben. Unsere Weiblichkeit besteht darin, daß er uns begehrt. Unsere »Selbstsucht« (so heißt es, hat man uns beigebracht) kann unser ganzes zukünftiges gemeinsames sexuelles Glück gefährden. Vielleicht versucht er es nicht noch einmal; vielleicht verliert er das Interesse; etwas Schreckliches und Schlimmes könnte nicht nur seinem Schwanz und zeitweise auch seinem männlichen Ego zustoßen, sondern vielleicht auch dauerhaft unserem wackeligen Status als »richtige Frauen« schaden.

Um gerecht zu sein, es ist ein schönes Gefühl, mitten in der Hausarbeit oder während der Arbeit an der Schreibmaschine davon überrascht zu werden, daß der Liebhaber eine riesige Erektion hat und sich nach dir sehnt. Er arbeitet verzweifelt an seinem verdammten verklemmten Reißverschluß, führt dich ins Schlafzimmer, während er dich mit Küssen bedeckt und deine Brüste streichelt... du bist begeistert, lachst vor Vergnügen und Amüsement und brauchst überhaupt keinen großen Antrieb. Ihr beide genießt den spontanen Augenblick zusammen, *aber eure Fahrpläne sind nicht gleichgeschaltet.* Besonders, weil er bereits eine Zeitlang seine Phantasie davon hat, dich zu ficken (oder er hat sie gerade), und er vollständig erregt ist. Du liegst Meilen hinter ihm zurück, weil du irgendwo hinten in deinem Kopf noch mitten in diesem komplizierten Rezept steckst, das du in der Küche realisieren wolltest, oder du bist gerade dabei, den verzwickten Absatz in der Schreibmaschine zu entwirren.

Das Problem weist noch eine weitere Schwierigkeit durch die medizinisch dokumentierte Tatsache auf, daß Männer physiologisch in der Lage sind, den Höhepunkt eher zu erreichen als Frauen. Er ist nicht nur lange, ehe er dich über seine Intentionen in Kenntnis setzt, psychisch bereit dazu, Sex zu machen, sondern auch seine Drüsen und Nervenenden sind physisch in Gang gesetzt und sind dir weit voraus. Das Ergebnis ist, daß die meisten Frauen häufig ihre sexuellen Erfahrungen ein bißchen gehetzt, unbefriedigt und sogar mit dem Gefühl, übergangen worden zu sein, beenden. Callie ist in der glücklichen Lage, einen Mann zu haben, der sich über diese Probleme im klaren ist. Er benutzt sexuelle Phantasien als eine Art Vorspiel, um sicherzugehen, daß seine Frau immer zum Höhepunkt kommt. Tatsächlich ist er derjenige, der sie ihr erzählt. »Das einzige Problem ist«, schreibt sie über seine Praxis, sexuelle Phantasien als eine Art Vorspiel zu benutzen, »daß normalerweise die Phantasie der logischen Entwicklung der Story weit vorauseilt. … häufig sind mein Mann und ich nicht in der Lage, den ›guten Teil‹ der Geschichte zu erreichen, weil nur die Vorfreude auf das, was kommt, erforderlich ist«, um den Orgasmus zu erreichen.

Unglücklicherweise haben nicht viele Frauen Männer, die bereit sind, sich die Mühe zu machen, ihre Frauen vor der Penetration zu stimulieren. Arlene schreibt unglücklich, daß ihr Mann »überhaupt nicht an irgendeine Art Vorspiel glaubt. – Sex dauert, mit viel Glück, insgesamt nur drei Minuten.«

Sie sollten daran denken, jeden Augenblick eine Art Vorspiel zur Verfügung zu haben. Behalten Sie es im Kopf. Versuchen Sie, sich an eine ihrer liebsten sexuellen Phantasien zu erinnern – eine, die Sie vielleicht in diesem Buch gelesen haben, oder eine neue, die Sie sich selbst ausgedacht haben. Es ist ein wunderbarer Weg, sich so schnell auf Touren zu bringen, bis Sie so erregt sind wie er – um mit ihm gemeinsam schnurstracks auf den Orgasmus zuzulaufen oder ihn zu überholen und schneller zum Orgasmus zu kommen.

Es ist eine Ironie der Phantasie, daß selten der Mann, den wir lieben, der Held unserer erotischen Träume ist. Vielleicht ist es das Erfülltsein und die Befriedigung, die wir von ihm bekommen, die nichts mehr der Vorstellung überläßt, und daher brauchen wir diese Fremden in der Nacht, um unsere imaginierte sexuelle Welt zu bevölkern. Sie geben uns die Erregung des Unbekannten.

Arlene ist eine der seltenen Ausnahmen von der Regel. Vielleicht kommt es daher, daß ihr Mann sie so unbefriedigt *läßt*, daß er es für sie sein muß, mit dem sie Liebe macht, wenn sie onaniert. »Ich stelle mir uns beide vor, wie wir den Höhepunkt erreichen, und ich wache immer mit einem guten Gefühl aus dieser Phantasie auf.«

Arlenes Phantasien zeigen uns, daß sie wohl kaum eine sexuell unersättliche oder sonderbare Frau ist. Sie bittet um etwas, worauf jede Frau ein Recht hat; in einer ihrer Phantasien, die sie geschickt hat, hat sie vielleicht einen Weg gefunden, um in der Realität das zu bekommen, was sie will. Wenn sie onaniert, schreibt Arlene, benutzt sie Haarbürsten, Würste, eine Gurke… »Ich glaube, ich würde sterben, wenn er mich erwischen würde, aber ich stelle mir manchmal vor, wie er hereinkommt, und es erregt mich nur noch mehr.«

Vielleicht wäre sie sehr angenehm überrascht, wenn sie ihn gerade das tun ließe?

Callie

Vielen, vielen Dank für *Die sexuellen Phantasien der Frauen*. Ich habe nicht geglaubt, daß ich sonderbar bin, aber ich habe mich gefragt, ob andere Frauen genauso viel phantasieren wie ich. Ich bin gerade vierzig Jahre alt und seit zweiundzwanzig Jahren verheiratet. Weil ich vor der Ehe keine Beziehungen hatte, also mit keinem, außer mit meinem Mann, habe ich phantasiert, wie das wäre.

Während des Vorspiels masturbiert mich mein Mann bis zum Höhepunkt. Ich komme normalerweise sehr schnell zum Höhepunkt, brauche aber manchmal psychologische Hilfe – das ist dann der Zeitpunkt, an dem die Phantasien einsetzen. Mein Mann und ich teilen sie – tatsächlich erzählt er sie mir. Wir haben zwei Lieblingsphantasien, die wir zur Zeit in unserem Vorspiel benutzen.

Phantasie 1: Der Bürstenverkäufer kommt. Er hat so viele Teile zur Auswahl, daß ich ihm sage, er soll sie auf dem Boden vor der Couch ausbreiten. Ich entschuldige mich für einen Moment, gehe ins Schlafzimmer und ziehe mir das Höschen aus. Ich trage einen Minirock, und deshalb bin ich reichlich entblößt, als ich auf der Kante der Couch sitze, um seine Auslage besser überblicken zu können. Er kniet auf dem Boden. Als er mir seine Teile zeigt, zeige ich ihm meine. Immer wenn ich nach unten greife, um eine Bürste hochzuheben, öffne ich nachlässig die Schenkel. Ich beobachte aus den Augenwinkeln seine Blicke, und er schaut praktisch auf meine entblößte Möse. Ich entblöße sie noch mehr. Er ergreift schließlich die Chance und sagt etwas Passendes. Ich reagiere halbwegs schockiert. Er sagt, daß er einfühlsam sein wird, und er fügt hinzu, daß ich ihn gewollt haben muß, sonst wäre ich vorsichtiger gewesen. Ich werde schwach und gebe schließlich nach, aber ich sage ihm, daß er mich nicht bumsen kann – nur mein Mann darf das. Das Beste, was ich ihm anbieten kann, an meiner Möse zu spielen und an ihr zu saugen. Er akzeptiert das bereitwillig. Ich lege mich hin, ziehe den Rock ganz hoch, spreize die Beine, und er kommt auf mich zu. Ich greife nach unten und öffne die Lippen und – normalerweise komme ich jetzt, wenn ich nicht schon davor gekommen bin.

Phantasie 2: Eine Variation der ersten. Ich überrede einen Vertreter bei einer dieser Werbevorführungen für Wäsche, meiner Freundin ein Gastgeschenk zu machen, und dafür verspreche ich ihm einen Verkaufstermin. Der Verkäufer kommt zu mir nach Hause und ist ein sehr gutaussehender Mann. Ich verhalte mich nervös, und er versichert mir, daß er Frauen beim Anziehen von BHs und Unterkleidung jederzeit hilft und sich nichts dabei denkt. Ich gehe ins Schlafzimmer und ziehe mir den Morgenmantel über Höschen und BH. Er gibt mir einen BH zum Anprobieren. Ich schlüpfe bis zur Taille aus dem Morgenmantel, drehe mich um und versuche, die Büstenhalter zu wechseln. Es ist einfach zu schwierig, den Morgenmantel dabei festzuhalten, und auf seinen Zuspruch hin sage ich mir, was soll's, und lasse ihn fallen. Ich beschwere mich über die Paßform – er scheuert und kneift vorne. Er sagt, daß ich wahrscheinlich meine Brüste nicht richtig in die Körbchen gelegt habe. Er bringt mich dazu, daß ich mich hinüberbeuge, nachdem er den BH geöffnet hat. Er greift unter meine Brüste und umfaßt sie, während er erklärt, wie man es macht und wie ich mich fühlen sollte. Während er meine Titten umfaßt, streicht er sehr zart über die Brustwarzen, und sie richten sich auf. Der BH paßt, und ich beschließe, ihn zu nehmen, aber nachdem ich das Vorführmodell abgelegt habe, ziehe ich meinen anderen nicht wieder an. Es versetzt mich in Erregung, dort mit meinen schönen, völlig nackten Brüsten zu stehen, deren Brustwarzen jetzt so hart wie Radiergummis sind, und ihn zu sehen, wie er sie anstarrt. Er holt eine Strumpfhose heraus, und ich probiere sie an. Ich beschwere mich wieder über den Sitz. Er sagt, daß mein Höschen unter der Strumpfhose Falten wirft, und er schlägt vor, das Höschen auszuziehen, damit sie besser paßt. Jetzt stimme ich schnell zu. Nachdem ich die Strumpfhose wieder angezogen habe, schaue ich in den mannshohen Spiegel. Sie ist so hauchdünn, daß nichts der Phantasie überlassen bleibt. Meine Möse ist wirklich sehr dicht mit Haaren bewachsen, die sich ein ganzes Stück weit hinauf zu meinem Bauch fortsetzen. Ich sehe, wie er im Spiegel über meine Schulter darauf schaut. Jetzt bin ich innerhalb der Phantasie und in der Realität sehr heiß. Ich sage ihm, daß es im Schritt zieht – und weiß genau, was er tun wird. Er läßt seine Hand vorn über meine Schamhaare gleiten und legt seine Finger auf die Lippen. Er streicht darüber und fragt mich, ob das besser ist. Ich sage, es sei schon ein bißchen besser, aber irgend etwas stimmt noch nicht. Er sitzt auf einem Stuhl neben mir und bittet mich herüberzukommen, damit er sehen kann, wo das Problem liegt. Als ich dicht vor ihm stehe, zieht er die Strumpfhose über meine Hüften und weiter über eines meiner Beine. Er bittet mich, ein Bein auf die Lehne des Sessels zu stellen, damit er herausbekommt, was mich stört. Als ich das mache, lehnt er sich nach vorn zwischen meine gespreizten Beine, benutzt seine Finger, um meine Lippen zu öffnen, und legt sehr zart seine Zunge dazwischen – und ich komme.

Das einzige Problem mit diesen Phantasien ist, daß normalerweise die Phantasie der logischen Entwicklung der Story weit vorauseilt. In dem Fall sind mein Mann und ich häufig nicht in der Lage, den »guten Teil« der Geschichte zu erreichen, weil nur die Vorfreude auf das, was noch kommt, erforderlich ist, um das Vorhaben auszuführen.

Jetzt noch eine weitere meiner liebsten Phantasien, die ich normalerweise benutze, wenn ich masturbiere. Mein Mann ist Pilot. Natürlich kommen viele Zwischenstationen mit verschiedenen Stewardessen vor. Im Gegensatz zu der üblichen Meinung scheinen während dieser kurzen Aufenthalte nicht allzu viele Techtelmechtel vorzukommen. Wir haben ein aktives Sexualleben, und deshalb bin ich sicher, daß er mit diesen Mädchen nicht rummacht; aber ich phantasiere davon, während ich masturbiere. Es ist sehr sexy, sich vorzustellen, daß er das tut. (Ich erzähle ihm das natürlich nicht.)

Phantasie 3: Ich steige in ein Flugzeug und folge ihm an den Ort seines Zwischenaufenthaltes. Er hält sich für ein paar Stunden in einem Hotel auf. Ich bekomme von dem Hotelangestellten einen Schlüssel und gehe hinauf. Ich weiß, was ich entdecken werde. Ich öffne die Tür. Er ist nackt und sitzt mit einem riesigen Steifen auf einem Stuhl. Vor ihm steht mit vorgewölbten Hüften und einem Fuß auf der Lehne des Stuhls eine umwerfende Stewardeß, die ich kenne. Sie ist nackt. Sie ist ein großes Mädchen – aber nicht dick. Sie hat einen schönen Körper. Schön, groß, aber gutgeformte Brüste. Sie ist sehr blond, außer ihrer Möse, die dicht mit schwarzen Haaren bewachsen ist. Mein Mann leckt ihre Möse, während sie mich ansieht, mir zulächelt und mich hereinbittet. Auf dem Bett liegt eine genauso aufregende Brünette; sie ist auch nackt. Sie bittet mich, mich auszuziehen, und sagt mir, daß »er in ein paar Minuten fertig ist.« Ich sitze auf einem Stuhl. Jetzt haben sie sich auf das Bett begeben. Die Blonde saugt am Schwanz meines Mannes. Sie wird von der Brünetten geleckt, und natürlich macht mein Mann es der Brünetten mit dem Mund. Ich bin so heiß, während ich sie beobachte, daß ich jetzt an meiner Möse rumspiele und meine Brustwarzen streichele, bis ich komme. Die Mädchen kommen auch, aber mein Mann kommt nicht. Die Blonde dreht sich schließlich zu mir um und sagt: »Er ist jetzt soweit.« Ich gehe zum Bett hinüber und lasse mich langsam auf seinem wundervollen Pimmel nieder. Die Mädchen sind neben uns und machen es sich gegenseitig mit dem Mund. Als ich sie beobachte und auf dem Schwanz reite – komme ich.

Ich habe zuviel drauflosgeredet, fürchte ich, aber wie einige Ihrer anderen Beteiligten gesagt haben: Es ist gut, es jemandem erzählen zu können. Ausführliche Phantasien sind immer noch etwas, was nicht zum Kaffeeklatsch gehört.

Ich glaube, daß Sie vertrauenswürdig sind, aber ich fühle mich wohler, wenn ich nur mit dem Vornamen unterschreibe.

Arlene

Die sexuellen Phantasien der Frauen ist ein tolles Buch. Ich kaufte es zufällig, und es scheint sich zu dem besten Zufall entwickelt zu haben, der mir je geschehen ist.

Ich bin seit eineinhalb Jahren verheiratet und bin glücklich darüber, daß ich jetzt *Die sexuellen Phantasien der Frauen* gelesen habe. Wie Sie feststellen werden, hat mein Mann ein ungewöhnliches Problem, das mich wahnsinnig macht. Er glaubt überhaupt nicht an irgendeine Art Vorspiel, außer für sich selbst. Ich muß alles für ihn tun, aber er will mich nicht erregen. Er besteigt mich nur, dringt vielleicht viermal in mich ein, zieht ihn heraus und kommt. Sex dauert, wenn wir Glück haben, insgesamt drei Minuten. Ich habe ihn unzählige Male gefragt, weshalb er nicht in mir kommen will, aber ich bekomme keine Antwort. Er sagt mir, daß ich still daliegen soll, und wenn ich versuche, mich mit ihm zu bewegen, scheint er von der Vorstellung beseelt zu sein, daß nur Männer dazu bestimmt sind, Sex zu genießen. Ich finde mich jeden Tag damit ab. Wenn er zur Arbeit geht, bin ich so überglücklich. Ich habe mich eines Tages mit meiner Haarbürste auf den Boden des Badezimmers gelegt und daran gedacht, wie es wäre, mit meinem Mann zu schlafen. Es ist so schön, daß ich es beinahe jeden Tag tun muß. Ich stelle mir uns beide vor, wie wir den Höhepunkt zusammen erreichen, und ich werde vor Lust fast verrückt. Dann gehe ich in einen Laden und suche nach anderen Annehmlichkeiten, die meine Haarbürste ersetzen. Bis jetzt habe ich es mit einem Hot-Dog, einer Knackwurst, anderen Würsten und einer Gurke probiert. Ich glaube, ich würde sterben, wenn er mich dabei erwischen würde, aber manchmal stelle ich mir vor, daß er hereinkommt, und es erregt mich nur noch mehr.

Bunny schreibt, daß der Liebesakt mit ihrem Mann »immer aufregend und allumfassend« ist. Obwohl er gelähmt ist und nicht laufen kann, haben sie einen Sohn, und, »Jungejunge«, berichtet sie über ihren Mann, »er hat mehr Energie als ein junger Mann, wenn es ums

Ficken geht. Wir haben eine Menge Feuer, und glauben Sie mir, wir brennen es alles ab. Die Tage des Rein-Raus-Danke sind vorbei.« Bunnys Mann ist so gierig und experimentierfreudig in bezug auf Sex wie Bunny selbst, und doch, im tiefsten Inneren von Bunnys reichem erotischen Leben benennt sie die Frustration: Sie hat schon immer eine Phantasie gehabt, in der sie mit einer Frau schläft. Das ist ein wichtiges Thema für Frauen in allen Lebensumständen, das sich durch alle Briefe in diesem Buch hindurchzieht.

»Wer weiß besser als eine Frau, wie man eine andere Frau befriedigen kann?« Ich glaube, dieser Satz verfolgt jede Frau in jedem Schlafzimmer, die das Feuerwerk kennt, das ihr der orale Sex bieten kann, deren Liebhaber aber unerfahren und ungeschickt sind oder es nur völlig widerstrebend tun. Sogar Bunny, die gegenüber ihrem Mann nie einen Mangel an Leidenschaft auf irgendeinem sexuellen Gebiet andeutet, empfand es als eine erregende Erfahrung. Wenn sie beschreibt, was geschah, als sie mit dem Einverständnis und unter Einbezugnahme ihres Mannes ihre Phantasie in die Praxis umgesetzt hat, schildert Bunny das Gefühl, von einer anderen Frau geleckt zu werden: »Sie hatte eine Zunge, die jede Stelle kennt, die man bei einer Frau kennen kann.«

Weil Bunny sich selbst nicht als lesbisch bezeichnet, sehe ich sie auch nicht als eine Lesbierin an. (Die Tatsache, daß sie verheiratet ist, ist natürlich auf die eine oder andere Art kein Beweis.) Einige Lesbierinnen sind stolz auf ihre Beziehung. Andere Frauen beschreiben mir homosexuelle Phantasien, fügen aber den Vorbehalt hinzu, daß sie, wenn sie es auch genießen, daran zu denken, sich trotzdem als heterosexuell betrachten. Bunny in ihrem Enthusiasmus und ihrer Genußfähigkeit von Sex in allen Formen scheint an dieses Thema überhaupt nie einen Gedanken zu verschwenden – und ich glaube, daß sie wahrscheinlich die Klügste von allen ist.

Bunny

Ich habe seit Jahren Phantasien, habe aber nie einen Gedanken daran verschwendet, bis mein Mann und ich sie zu teilen begannen. Jetzt sind Phantasien ein Teil unseres Alltagslebens. Es begann damit, daß mein Mann, ich und unser Sohn zusammen mit zwei anderen Paaren 1972 eine Reise nach Houston, Texas, machten. Als wir am nächsten Morgen aufwachten, beschlossen die Frauen, einkaufen zu gehen. Wir waren etwa sechs Straßenkreuzungen weit gelaufen, als mir ein Peep-Show-Laden ins Auge fiel. Ich habe mir schon immer gewünscht, in einen dieser Läden zu gehen, und weil ich weit weg von zu Hause war, fühlte ich mich etwas unbefangener beim Betreten dieser Örtlichkeit. Daher fragte ich die Frauen, ob sie mit mir gehen würden. Eine sagte okay, aber die andere griff nach meinem kleinen Jungen, der zwei Jahre alt war, und sagte nein, ich gehe nicht an einen solchen Ort (die arme Frau hätte hingehen sollen; sie hätte etwas lernen können). Ich war wirklich erstaunt über die Bücher, die Dildos in allen Größen, Vibratoren und Spezialdildos, die sie in den Auslagen hatten. Ich ging durch den Laden und versuchte, die besten Bücher rauszusuchen, aber ich konnte natürlich nur auf den Einband sehen und meine eigene Beurteilung in bezug auf die Bücher, die in durchsichtige Hüllen eingeschweißt waren, einsetzen. Daher griff ich mir drei Bücher heraus, von denen ich mir dachte, daß sie Vergnügen bereiten könnten. Ich konnte es kaum erwarten, in das Zimmer zurückzukommen und sie zu öffnen. Als ich es tat, konnte ich meinen Augen nicht trauen. Honey, beim Anblick dieser Bücher haben mein Mann und ich uns gefragt, was wir bis jetzt alles versäumt haben. Mein Mann und ich nutzten jede Chance, die wir bekamen, um hineinzusehen. Ich habe die lesbischen Szenen sehr genossen. Als wir miteinander schliefen, erzählte ich meinem Mann von meiner Phantasie, mit einer Frau zu schlafen. Unser Liebesakt war immer aufregend und allumfassend, und die Vorstellung davon, daß es mir eine Frau mit dem Mund machen würde, erregte uns noch mehr. Deshalb planten wir, jemanden dafür zu gewinnen, um zu sehen, wie lustvoll es wirklich wäre. Eines Abends kam eine Freundin von uns herunter. Sie spricht nur über Sex. Ich fragte sie, ob sie je von einer Frau geleckt worden ist; sie sagte nein, war tatsächlich aber sehr neugierig darauf. Ich erzählte ihr, was mein Mann und ich vorhatten, und zu meiner Überraschung war sie sehr bereitwillig. Sie zog sich schneller aus als wir. Ich war seit Monaten darauf gespannt, wie es sein würde, eine Frau zu lecken, und jetzt lagen wir hier alle drei nackt, und ich fragte mich, ob ich meine Sache gut machen würde. Ich weiß schon lange, daß ich meinem Mann verdammt gut einen blasen kann, aber verdammt, eine Frau zu lekken, das war etwas anderes, also mußte ich ran. Zuerst streichelte ich ihre Brüste, und dann arbeitete ich mich langsam mit meiner Zunge nach unten bis zu ihrer Möse. Ich öffnete sie mit einer zarten Berührung, so wie mein Mann mich öffnet, manövrierte vorsichtig meine heiße Zunge hinein und beobachtete, wie sich ihr Gesichtsausdruck veränderte: Verdammt, das war aber auch höchste Zeit! Ich leckte sie, bis mein Mann es nicht mehr aushielt, und er begann mich zu lecken. Nachdem wir sie nach Hause gebracht hatten, gingen wir ins Bett zurück und machten weiter, wo wir aufgehört hatten. Hier hatte ich also diese Kleine geleckt und es genossen, aber es gab ein Problem: Ich wollte, daß mich eine Frau leckte. Es gibt diese andere Freundin, die gerade achtzehn ist, die aber gut über Sex Bescheid weiß. Sie kam eines Abends herunter. Mein Mann hatte Gäste, deshalb kam sie ins Schlafzimmer. Ich lag dort nur mit einem Morgenmantel bekleidet und sah mir »Die Unberührbaren« an, als ich ihre Hand unter meinem Morgenmantel fühlte. Sie ist der Typ Frau, der sagt, wenn du etwas willst, dann sorg dafür, daß du es auch bekommst, und so nahm ich an, daß sie an meine Möse wollte, und, Baby, die konnte sie wirklich nur zu gerne haben. Sie hatte Erfahrung. Schon an der Art, wie ihre Hand sich zu meiner Möse bewegte und meine Lippen so zart spreizte, merkte ich es. Sie kam näher, um meinen Hals zu erreichen und ihn zart zu küssen; dann senkte sie langsam ihren Kopf zu meiner Perle. Verdammt, dieses Luder wußte genau, was es tat. Und ich genoß jede Minute davon. Dann kam mein Mann dazu. Es war ein anderes Dreieck, aber diesmal leckte mich die Frau. Sie hatte eine Zunge, die jede Stelle kannte, die es an einer Frau gibt.

Ich wußte nicht, daß mich eine Frau so erregen könnte, wie ich es in diesen Minuten empfand. Mein Mann befaßte sich mit mir, während sie ihm einen blies. Dann fummelte ich an ihr rum, während mich mein Mann von hinten fickte, dann streichelte ich sie, während ich ihm einen blies, dann kümmerten wir uns beide um ihn, sie blies ihm einen, während ich an seiner Brust saugte. Dann fickte er uns beide.

Zur Zeit habe ich gern eine Phantasie über eine ehemalige Freundin meines Mannes. Von der Minute an, in der ich sie kennenlernte, mochte ich sie. Als ich sie drei Jahre kannte, fand ich durch meinen Mann heraus, daß sie ein Verhältnis miteinander hatten, bevor er mich kennenlernte. Es ist ein Jahr her, seit wir sie das letzte Mal gesehen hatten. Sie ist jetzt mit ihrem Mann in Europa. Schon seit mir mein Mann erzählt hat, wie er mit ihr zu schlafen pflegte, stelle ich mir in der Phantasie vor, daß sie rüberkommt und wir zusammen Wodka trinken, wie wir es gewöhnlich taten. Ich frage sie, ob sie sich gern von meinem Mann lecken lassen würde, und sie ist einverstanden, also ziehen wir uns alle aus. Mein Mann will Frauen wirklich reizen, und deshalb beginnt er zuerst, an mir rumzumachen, und er weiß, wie sehr sie das erregt; er bläst in meine Ohren, beißt in meinen Hals, leckt meinen ganzen Körper, und dann teilt er langsam meine Lippen und leckt meine Möse, und dann nähert er sich meiner Perle. Aber er dringt nicht in meine Möse ein. Dann fühle ich, wie eine Zunge in mich eindringt, eine lange, heiße Zunge, die jeden Winkel leckt, die jeden Tropfen Saft, der herauskommt, aufnimmt. Dieses Weibstück weiß wirklich, was sie tut, eine Zunge, die immer noch an meiner Perle ist, und eine heiße Zunge, die sich bedachtsam Zeit nimmt, als sie sorgfältig meine Möse erkundet. Sie und mein Mann nehmen mich jetzt höllisch in die Mache, bis ich nicht mehr kann, und jetzt brauche ich einen Fick, deshalb gibt ihr mein Mann den Dildo, damit sie ihn mir reinstecken kann. Sie macht damit gelegentlich gerade eben am Eingang meiner Möse herum, und dann spießt sie mich damit auf. Mein Mann saugt an meinen Brüsten und spielt mit meiner Perle. Nun beginnen wir, immer erregter zu werden. Sie fängt damit an, mit dem Dildo in mich einzudringen. Ich fange an zu schreien, ich komme, du Luder, hör nicht damit auf, in mir rumzumachen. Dann fängt mein Mann an, mit ihr Liebe zu machen. Sie fängt an, mich zu küssen, und ich küsse sie. Während mein Mann es ihr mit dem Mund macht, kommt sie zwischen meine Beine und fängt langsam an, mich zu lecken, und ich fange an, am Pimmel meines Mannes zu saugen, und wir kommen alle gleichzeitig zum Höhepunkt.

Manchmal phantasieren mein Mann und ich von vier Männern, die uns überfallen und uns in einen Schuppen stecken, wo sie mich ficken, während mein Mann gefesselt ist und nichts anderes tun kann, als zuzugucken. Ein Typ macht es mir mit dem Mund, während der andere seinen großen schwarzen Schwanz in meinen Mund schiebt. Die anderen zwei lecken meinen ganzen Körper. Nachdem es mir alle mit dem Mund gemacht haben und ich an allen Schwänzen gesaugt habe, wird eine Frau hereingebracht, und sie beginnt mich zu lecken, und danach lecke ich sie. Sie wird dann zu meinem Mann gebracht. Er ist losgebunden worden, und er fängt an, sie zu lecken. Jetzt wird ein deutscher Schäferhund reingebracht, und er fängt an, meine Möse und mein Arschloch zu lecken. Als sein roter Penis zum Vorschein kommt, steckt er ihn mir rein, und wir beginnen zu ficken. Jetzt üben mein Mann und diese Frau Sixty-Nine aus. Wir haben alle unseren Höhepunkt erreicht, und jedem ist es höllisch gekommen.

Mein Mann und ich sind seit drei Jahren verheiratet. Ich bin fünfundzwanzig, und er ist achtundvierzig. Er sitzt in einem Rollstuhl, ist da seit 1949 drin, und, Baby, er hat mehr Energie als ein junger Mann, wenn es ums Ficken geht. Wir haben eine Menge Feuer, und glauben Sie mir, wir brennen es alles ab. Die Tage des Rein-Raus-Danke sind endgültig vorbei.

Ich habe Ihr Buch wirklich genossen.

Eine von Sherries großen Frustrationen ist, daß sie ihre Phantasien nicht mit ihrem Mann teilen kann: »...sogar nach zehn Jahren Ehe liebt er mich immer noch nicht richtig, oder er vertraut mir nicht.« Deshalb schweigt sie über ihre Wachträume, die ihre Stunden im Schlafzimmer mit Leben füllen könnten.

Sherries Brief läßt eine mitfühlende Saite in mir anklingen; sie bringt mich dazu, über die Sperren, die wir alle in uns haben, zu seufzen. Sie lassen einem so viel Glück entgehen, sorgen für so viel verlorene Zeit. Ich empfinde ihren Mann nicht so sehr als kaltherzigen Bösewicht wie als einen Menschen mehr, der meint, er kann nicht glauben, was er nicht weiß. Die Ironie liegt darin, daß Sherrie bereit ist – begierig –, ihn ihre verborgensten Gedanken wissen zu lassen; sie wünscht sich, sich ihm offenzulegen in ihrer ganzen Nacktheit. Es ist herzzerreißend festzustellen, daß sein Mißtrauen es ihm im höchsten Maß unmöglich macht, jemals herauszufinden, was sie für sexuelle Phantasien hat, und sie mit ihr zu genießen.

Ginger macht dagegen einen glücklicheren Eindruck. Sie berichtet, daß sie lernt, ihre Phantasien zu benutzen, um ihren Mann zu erregen. Sie suchte sich zwei der Phantasien von *Die sexuellen Phantasien der Frauen* aus und liest sie ihm »gelegentlich« vor. Das Ergebnis bereitet ihr Vergnügen – »er bekommt einen Steifen.« Vielleicht hat Gingers Mann, dadurch unterstützt, begonnen, Phantasien zu entwickeln. »Einmal«, sagt sie glücklich, »hat *mein Mann* eine schöne Phantasie über den Flughafen entwickelt.« Ihre unterstrichenen Worte sind der Beweis, der uns sagt, wieviel Vergnügen sie dabei empfindet, wenn sie seine Märchen teilt.

Ricky ist mit dem einzigen Mann verheiratet, mit dem sie je Geschlechtsverkehr hatte, aber obwohl ihr Mann tatsächlich »ein paar Tricks« aus seiner Zeit bei der Navy im Süden des Pazifik und im Orient nach Hause mitgebracht hat, findet sie, »nach einer Weile werden sogar die bizarrsten Stellungen langweilig«. Weil sie nur einen Mann in ihrem Leben kennengelernt hat, sagt sie: »Mir ist zu vertraut, wie er sich anfühlt und welche Maschen er draufhat. – Ich bin schrecklich neugierig, ob es einen spürbaren Unterschied zwischen Männern gibt. – Ich möchte es wirklich so gern wissen und habe vor, es herauszubekommen, egal, ob ich verheiratet bin oder nicht.« Wahrscheinlich hat sie es noch nicht herausbekommen; in der Zwischenzeit befriedigt sie ihr Bedürfnis nach Abwechslung statt dessen in ihren Phantasien.

Frühe Ehen sind häufig ein Desaster; es ist nicht wahr, daß viele Leute kein erfülltes Leben führen können, wenn sie nur eine Person sexuell kennengelernt haben. Die Wahrheit ist, daß sich viele Menschen noch nicht kennen, ehe sie heiraten. Eine Frau, die den ersten Mann heiratet, mit dem sie ins Bett geht, wird häufig von einer lebenslangen Neugierde geplagt, wie es bei Ricky der Fall ist. Ihr Brief endet mit einer wehmütigen Bemerkung: »Ich glaube, einige Leute würden sagen, daß ich eine sexuell frustrierte Person bin. Ich liebe Sex und Berührungen. Ich glaube, ich brauche Sex und Zärtlichkeit, um emotional und seelisch gesund zu bleiben...«

Wie die übrigen Frauen in diesem Kapitel berichtet uns Ricky von ihren Phantasien, die sie benutzt, um die bislang unausgekosteten sexuellen Vergnügungen vom reichgedeckten Büffet des Lebens zu kosten.

Sherrie

Danke für *Die sexuellen Phantasien der Frauen*. Ich wünschte nur, ich könnte sagen, was ich wirklich denke, und ich wünschte, ich könnte meine Phantasien mit meinem Mann teilen – aber sogar nach zehn Jahren Ehe liebt er mich nicht richtig, oder er vertraut mir nicht. Ich füge drei meiner Phantasien für Ihr nächstes Buch bei. Ich hoffe, daß es anderen Frauen hilft, sich selbst besser verstehen zu lernen, genauso wie *Die sexuellen Phantasien der Frauen* mir geholfen hat. Meine allerbesten Wünsche für Sie und Ihre zukünftigen Bücher.

Meine Phantasien handeln zur Zeit hauptsächlich von einem Paar, mit dem mein Mann und ich eine ganze Menge Zeit verbringen. Wir liegen alle mit unserem Alter bei Anfang dreißig, sind weiß, Mittelschicht und haben ein Studium am College absolviert.

Der Mann meiner Freundin neckt mich immer damit, daß er mit mir weglaufen würde, oder er erzählt meinem Mann, daß ich »das hübscheste Mädchen in der Stadt« bin und daß jeder Mann in der Gegend mit mir eine Nummer schieben wollen würde, wenn er die Chance dazu bekäme. Mein Mann denkt, daß das alles ein großer Scherz ist, und obwohl ich diesen Typ nie in irgendeiner Weise ermutigt habe, bin ich sicher, daß er mich bei der ersten Gelegenheit bumsen würde, wenn ich damit einverstanden wäre. Er macht gewöhnlich seine Frau vor allen Leuten irgendwie schlecht, und daher glaubt sie, daß seine Bemerkungen über mich ein anderes Mittel sind, um sie herunterzuputzen.

Nun zu den Phantasien:

Phantasie 1: Wenn ich masturbiere (mindestens täglich!), stelle ich mir manchmal vor, daß meine Freundin geschäftlich unterwegs ist und ich mich einverstanden erklärt habe, auf ihre Kinder aufzupassen. Während die Kinder in der Schule sind, kommt ihr Mann nach Hause. Wir absolvieren die üblichen Späße und Annäherungsversuche, aber diesmal weiß ich, daß er es durchziehen wird, wenn ich es will. Er zieht mich eng an sich und fängt an, mein Gesicht und meinen Hals zu küssen; dann, als ich fühle, daß sein Schwanz sich erigiert an meinen Bauch preßt, steckt er gewaltsam seine Zunge in meinen Mund. Wir gehen ins Schlafzimmer, und er zieht mich sehr langsam aus. Er legt mich über die Seite des Bettes, mit meinen Knien über der Kante und fängt an, meine Möse zu lecken und zu küssen. Währenddessen sagt er mir, wie schön ich bin, daß meine Brüste so viel größer als die seiner Frau sind und daß meine Figur sehr viel weicher und kurviger als ihre ist. Nachdem er mich bis zu dem Punkt, an dem ich fast erschöpft bin, geleckt und gesaugt hat, schiebt er mich weiter auf das Bett hinauf und steckt mir langsam seinen Schwanz in die Möse. Ich stelle ihn mir sehr lang und heiß vor. Er läßt ihn hinein- und hinausgleiten, ohne daß er irgendein Gewicht auf meinen Körper legt, und deshalb fühle ich nur seinen heißen Schwanz, der in meine Möse hineinschlüpft und wieder heraus. Weil ich durch meinen eigenen Saft so naß geworden bin, hat er wenig Mühe und kann mit seinem Schwanz leicht in mich hineingleiten. Schließlich rammt er ihn mir so hart hinein, daß ich glaube, ich werde auseinandergerissen, und BAMM!!! sind wir beide zur selben Zeit gekommen!

Phantasie 2: Ich stelle mir vor, daß meine Freundin und ich entweder bei ihr oder bei mir zu Hause allein sind, und wir wissen, daß lange Zeit niemand nach Hause kommt. Sie bittet mich, ihr dabei zu helfen, die Seiten ihrer Muschi zu rasieren, so daß das Haar nicht mehr aus dem Badeanzug herausgucken kann. Ich bin damit einverstanden, ihr zu helfen, und deshalb gehen wir ins Schlafzimmer, und während sie mit gespreizten Beinen auf dem Bett liegt, fange ich an, sie zu rasieren. Nach einiger Zeit, als wir fertig sind, sind wir beide sehr erregt davon, daß ich sie zwischen den Beinen berührt habe. Wir stellen beide fest, daß wir miteinander Liebe machen wollen. Dann ziehen wir uns aus und beginnen, einander zu küssen, während wir eng nebeneinander liegen, Gesicht an Gesicht. Ich bewege mich nach unten und fange an, ihre Brüste zu küssen und an ihnen zu saugen, und dann bewege ich mich weiter nach unten und gehe zwischen ihre Beine. Ihre Möse ist schon dabei, naß zu werden, als ich meine Zunge in sie hineinstoße.

Lange Zeit lecke ich sie von ihrem Anus bis zu ihrer Klitoris, und ich küsse sie und sauge sehr weich daran. Dann fange ich an, meine Zunge härter auf ihre Klitoris zu pressen, und ich stecke meine Zunge in ihre Möse, soweit ich kann. Ich mache das so lange, bis sie kommt. Dann lasse ich sie einen Augenblick ausruhen, ehe ich von ihrer Klitoris und Vulva den Saft ablecke. Nach einer kurzen Pause macht sie es mir mit dem Mund. Zuerst spielt sie mit meinen Brüsten, aber sie will nur (ich will, daß sie das tut!!!) an meinen Schritt kommen. Sie macht mit mir dieselben Dinge wie ich mit ihr, aber sie hat eine längere Zunge als ich, und daher kommt sie weiter in mich hinein als ich in sie. Sie bringt mich schließlich zum Höhepunkt, indem sie ihre Oberlippe auf meine Klitoris legt und die Zunge in meine Vagina steckt. Ich fühle die weiche Innenseite ihrer Lippe und die Härte ihrer Zähne gegen meine Klitoris drücken. Nachdem ich gekommen bin, leckt sie mir den Saft weg.

Phantasie 3: (Diese Phantasie hat nichts mit diesem Paar zu tun). Ich bin in der Zeit zurückgereist und befinde mich jetzt im japanischen Kaiserreich (ungefähr um 1500), und ich bin einem Herrscher als Geschenk übergeben worden. (Ich weiß nicht, wer mich weggegeben hat und warum.) Ich weiß, daß der Herrscher nie zuvor eine weiße Frau gehabt hat, und er ist durch mich sehr erregt. Ich werde gebadet, parfümiert und mit einem schönen Kimono bekleidet. Obwohl der Kimono schwer ist und mich vollständig bedeckt, bin ich mir völlig darüber bewußt, daß ich nichts darunter anhabe. Als ich vor den Herrscher gebracht werde, hört jeder bei Hofe zu sprechen auf und dreht sich nach mir um. Er läßt mich neben sich stehen und öffnet meinen Kimono, so daß jeder sehen kann, wie schön mein Körper ist. Er berührt mein Haar (auf dem Kopf) und dann berührt und streichelt er meine Muschi, weil ihn der Anblick von blondem Haar, das sich ganz weich anfaßt, so einnimmt. Seine Diener bringen mich in sein Schlafzimmer, damit ich ihn dort erwarte. Sie ziehen mir den Kimono aus und legen mich auf das Bett (auf dem Boden – japanischer Stil). Als der Herrscher hereinkommt, setzt er sich auf einen niedrigen Stuhl neben mich und fordert einen riesigen gutaussehenden Wächter mit einem Wink auf, mich für ihn vorzubereiten. Der Wächter kniet sich zwischen meine Beine und fängt an, meine Vulva und Klitoris zu lecken. Er leckt mit langen, heißen Strichen immer weiter und läßt seine Zunge (eine sehr lange) immer schneller über meine Möse fahren. Jetzt hat der Herrscher seinen Kimono geöffnet, und ich sehe, daß er einen riesigen Schwanz hat, der hart und steif wie ein Stück Holz ist und diese wundervolle weiche braune Spitze hat. Obwohl der Wächter mich mit seiner Zunge an meiner Möse wahnsinnig macht, gehe ich zum Herrscher hinüber und fange an, an seinem Schwanz zu saugen. Er versucht nicht, ihn tiefer in meine Kehle zu schieben, er lehnt sich nur auf seinem Stuhl zurück und genießt, was ich mit ihm mache, während er mir mit der Hand durch das lange blonde Haar fährt. Jetzt ist der Wächter unter mir mit seiner Zunge so weit er kann in meiner Möse. Gerade als der Herrscher kommt und sein Saft mir in den Mund schießt, komme ich durch das, was der Wächter mit mir macht, und stoße so hart ich kann mit meinem Schritt gegen sein Gesicht.

Ginger

Ich liebe Ihr Buch. Wie antörnend! Ich wünschte, ich hätte etwas dazu beitragen können, aber ich möchte Ihnen etwas über mich erzählen. Ich habe einen Mann geheiratet, der fünfzehn Jahre älter ist als ich. Größtenteils ist er ein komischer Kauz und kann mich nicht befriedigen. Ich weiß nicht, WIE ich einen Orgasmus bekommen kann. Wir haben nur einmal in der Woche oder noch weniger Sex. Er ist achtunddreißig; ich bin dreiundzwanzig. Wir sind seit vier Jahren verheiratet. Ich habe mich danach gesehnt, Affären zu haben, aber ich bin nicht schön und habe nie jemanden gefunden, der mit mir schlafen würde. Ich habe nie die Männer darum gebeten, aber ich habe Andeutungen gemacht und versucht, sie zu verführen. (Es hat nie geklappt.) Früher habe ich von berühmten Männern phantasiert: Dick Martin, Tom Snyder. In der vergangenen Woche habe ich von dem Angestellten des Buchladens phantasiert, in dem ich Ihr Buch gekauft habe. Ich hatte zwei Begegnungen mit ihm, aber ich kann mich nicht an ihn erinnern, obwohl er sagte, daß wir auf dieselbe Highschool gegangen sind. Er ist verlobt, und ich möchte mit ihm schlafen, bevor er heiratet. Ich fühle mich sehr schlecht, weil »mich keiner sexuell begehrt«. Es ist so eine deprimierende Erfahrung mit der offensichtlich fehlenden Begierde meines Mannes. Manchmal fühle ich mich so, daß ich mich gern umbringen würde. Nancy, ich werde mit IRGEND JEMANDEM vögeln!!! (Oder mit irgend etwas!)

Jim, der Mann, den ich sehr liebte, ging nie mit mir aus, als ich noch Single war (ich erinnere mich nicht gern daran, daß ich ihn aufgefordert habe, mit mir auszugehen, und daß er es rundheraus und ziemlich taktlos abgelehnt hat). Jim ist jetzt verheiratet, und ich glaube nicht, daß er weiß, wie sehr ich ihn noch liebe. Ich habe eine Menge Phantasien davon gehabt, wie ich ihn dazu verleiten kann, daß Jim mit mir fickt... oder daß er mich wenigstens berührt. Ich phantasiere, daß ich ihm das nächste Mal, wenn er allein rüberkommt und mich findet, vortäusche, daß ich in meinem Apartment vergewaltigt worden bin. Ich lege mich hin und tue so, als wäre ich »von Sinnen«. Ich trage zerrissene Kleider, habe die Beine weit geöffnet, und meine nackte Möse ist zu sehen. Ich lege meinen Kopf neben etwas Hartes, und habe etwas Blut am Kopf. Er *muß* mich vom Boden aufheben und mich zur Couch oder in mein Bett tragen. Er muß auf mich achten. Wer weiß, vielleicht fickt er mich sogar! Nach einer angemessenen Zeit »komme ich wieder zu mir«. Ich nehme ihm das Versprechen ab, nicht die Polizei zu rufen. Ich erzähle ihm, daß es Inzest war... so etwas wie, daß es der Bruder meines Mannes war, der mich vergewaltigt hat. Der Hauptunterschied zwischen dieser Phantasie und denen in Ihrem Buch ist der, daß ich mich deswegen nicht schuldig fühle. Ich manipuliere ihn bis zu dem Punkt, an dem er mir gegenüber die Situation ausnutzt oder nicht. Das ist dann seine Entscheidung. Auf jeden Fall muß er mich berühren. Das wird genügen. Aber ich bin nicht gefesselt oder werde dazu gezwungen. Ich mache es bereitwillig, gern und ohne Schuldgefühle – verdammt, wenn es doch jemand mit mir täte!

Die Phantasien um andere Frauen und die Hundephantasien törnen mich an. Einmal hat sich *mein Mann* eine gute Phantasie im Flughafen ausgedacht; wir sind völlig Fremde in einem Flughafen-Terminal. Ich laufe dort herum, und er läuft hinter mir her. Ich habe kein Höschen an und einen kurzen Rock, und ich kämpfe mit einigen Stücken Gepäck, meiner Handtasche und der Sonnenbrille. Ich lasse meine Sonnenbrille fallen. Er hat seinen Reißverschluß aufgezogen, und sein klopfender Schwanz ragt aus seiner Hose. Ich beuge mich aus den Hüften nach vorn, um das aufzuheben, was ich fallengelassen habe, und er prallt »versehentlich« mit mir zusammen. Wir kämpfen beide mit unserem Gepäck und fallen mit dem Gesicht nach unten auf den Boden. Wir vögeln langsam, und nach und nach kommen andere Leute hinzu und gesellen sich zu uns. Wir legen uns anders hin, mit den Gesichtern nach oben, und wir rollen übereinander und lecken und ficken uns alle gegenseitig.

In Wirklichkeit will ich, daß mein Mann meine Möse leckt und küßt. Er will es nicht, ist nicht bereit dazu, nur, wenn ich Druck ausübe und ihm so lange zusetze, bis er es tut. Gestern abend hatte ich einen Verdacht und handelte entsprechend. Ich nahm vorsichtig zwei der Phantasien aus Ihrem Buch und las sie ihm vor, ganz beiläufig. Da gibt es »Jo« und »Wanda« (Der Zoo). Er hat einen Steifen bekommen. Ich will einen großen Hund. Ich habe mit einem Hund gefickt, als ich ein Teenager war, und ich habe es gemocht. Ich glaube, mein Mann wäre sehr stimuliert, wenn er sehen würde, wie mich der Hund fickt, und er würde zur selben Zeit den Hund besteigen. Wir leben in einem Apartment, in dem Hunde nicht erlaubt sind, und deshalb wird es mindestens zwei Jahre dauern, bis ich einen bekommen kann, ohne daß ich mir irgendwo einen »ausleihe«. Ich danke Ihnen sehr, daß Sie sich so darum bemühen und uns um unsere Phantasien bitten.

Wie um alles in der Welt wollen Sie *Die sexuellen Phantasien* mit einem weiteren Buch überbieten? Ich befinde mich in einem andauernden Zustand von »Feuchtigkeit« seit gestern morgen, als ich angefangen habe, es zu lesen!

Ricky

Ich möchte Ihnen schreiben, weil ich *Die sexuellen Phantasien der Frauen* so sehr genossen habe. Ich habe es informativ, interessant, unterhaltend, lustig, schockierend und sogar ein bißchen stimulierend (sexuell) gefunden.

Ich phantasiere. Ich habe versucht, mir vorzustellen, daß mein Mann ein anderer ist, aber es ist mir nicht geglückt. Er ist der einzige Mann, mit dem ich je geschlafen habe, und nach drei Jahren mit nur einem Mann habe ich festgestellt, daß mir zu vertraut ist, wie er sich anfühlt und welche Maschen er draufhat, um in meinen Kopf hineinzubekommen, daß er ein anderer Mann ist.

Ich tagträume von Sex. Ich bin schrecklich neugierig, ob es da einen spürbaren Unterschied zwischen den Männern gibt. Können Sie mir den Unterschied in der Größe ihres Organs nur von dem Gefühl her beschreiben, wenn Sie ihn tief (oder nicht so tief) in der warmen, weichen Stelle haben? Sind ihre »Ausführungen« merklich anders? Ich möchte so viel wissen und habe vor, es herauszubekommen, egal ob ich verheiratet bin oder nicht.

Mein Mann war in der Navy, als wir uns kennenlernten und anfingen, miteinander zu schlafen. (Obwohl wir im eigentlichen Sinne nicht miteinander »schliefen«, bis wir verheiratet waren.) Er brachte aus dem Südpazifik und dem Orient ein paar Tricks mit nach Hause. Er zeigte mir so viele Positionen, daß ich sie weder zählen kann, noch will. Nach einer Weile werden selbst die bizarrsten Positionen langweilig. Seit dem Tag, an dem wir heirateten, hat er sehr viel von seinem Interesse an Sex eingebüßt. Er sagte, daß es vor unserer Heirat eine starke »Herausforderung« für ihn gegeben hatte. Nun ist alles verfügbar, wann immer er will. Er wendet sich mir zu, wenn er das Bedürfnis spürt – nicht, weil es das Schönste ist, sondern der natürliche Lockruf des sexuellen Triebs – im Abstand von ungefähr ein bis zwei Wochen und nie öfter als einmal pro Nacht. Er ist aber immer bereit, sich von mir einen blasen zu lassen. Aber nicht, mit mir zu schlafen oder mich zu lecken, wenn ich es möchte.

Meine Tagträume handeln von Männern, die ich kennengelernt habe. Ich stelle mir vor, daß wir allein sind und er zärtlich mit mir Liebe macht. Nein, ich mache mit ihm genauso Liebe. Er zeigt, daß er wirklich genießt, was ich mit ihm und an ihm mache. Er bewegt sich, er gibt leise, aufreizende Geräusche von sich, er hält mich enger an sich gepreßt. (Mein Mann ist ein ruhiger Mann, er gibt nie ein Geräusch von sich. Er behauptet, daß er nur eine »heiße Stelle« hat – seinen Pimmel.) Wir geben einander und nehmen voneinander im schönsten und kreativsten Akt. Bis jetzt bin ich noch nicht in der Lage gewesen, diese Phantasie zu beenden. Ich habe manchmal einen Orgasmus währenddessen, aber das ist nicht allzu wichtig für mich. (Ich genieße das Vorspiel immer am meisten.)

Manchmal ist der Mann berühmt. Mein Idol ist Joe Namath. Manchmal ist er ein Mann, den ich gelegentlich getroffen habe; manchmal ist es ein Freund meines Mannes. Mein Mann weiß, daß ich mich zu diesem *einen* Mann sexuell hingezogen fühle. Es kam in einem »Was wäre, wenn«-Gespräch heraus. Er weiß und ich glaube mir selbst, wenn ich sage, ich bezweifle stark, daß ich eine Affäre beginnen könnte. Der Mann müßte den ersten Schritt machen. Einen subtilen, einen zärtlichen.

Ich glaube, ich wäre nicht offen, wenn ich Ihnen nicht erzählen würde, daß ich diese Tagträume von meinem Halbbruder habe. Wir haben denselben Vater. Unsere beiden Mütter sind von unserem Vater geschieden, und wir haben uns über einen Zeitraum von sechzehn Jahren selten gesehen. Er kam schließlich unserem Vater immer näher. (Ich habe mich immer zu unserem Vater hingezogen gefühlt, aber nicht sexuell.) Wir begannen, uns zu sehen und einander zu schreiben. Weil wir nicht die Chance hatten, ein Bruder-Schwester-Verhältnis zueinander zu entwickeln, fühle ich auch nicht so für ihn. Ich empfinde teilweise, daß er mich nicht als »Schwester« betrachtet. Er ist ein zärtlicher Mensch, und ich habe manchmal den

Eindruck, daß er gern mit mir vögeln würde, so wie ich auch mit ihm. Die Tatsache, daß wir denselben Vater haben, scheint uns davon abzuhalten. Ich weiß, wenn er es mich wissen lassen würde oder auf mich zukäme, dann würde ich sofort darauf eingehen. Ich habe keine Angst davor, Initiatorin in bezug auf Sex zu sein. Ich muß nur wissen, ob der Mann, an dem ich interessiert bin, an mir interessiert ist. Er (mein Bruder) wirkt sehr sinnlich. Er gehört einem Nudisten-Lager in den Hügeln an. Er ist auch ein sehr sinnlicher Fotograf. Weiche, stimmungsvolle, schöne Arbeiten. (Unser Vater ist Fotograf; er ist ein halber Profi).

Ich glaube, einige Leute würden sagen, daß ich eine sexuell frustrierte Person bin. Ich habe gesagt, daß ich ein sexueller Mensch bin. Ich liebe Sex und Berührungen. Ich glaube, daß ich Sex und Zärtlichkeit brauche, um emotional und seelisch gesund zu bleiben. Ich hoffe, daß Sie dies hier brauchen können. Bitte lassen Sie mich wissen, was Sie darüber denken.

Stella

Ich habe gerade Ihr Buch zu Ende gelesen und fand es sehr aufregend, gelinde gesagt. Ich habe einigen Freundinnen davon erzählt, und es tut mir leid, sagen zu müssen, daß sie nicht offen genug sind, um es auch zu lesen.

Mein Sexualleben fing im Alter von zweiundzwanzig auf meine Veranlassung hin an. Ich habe sehr oft mit diesem einen Typen geschlafen mit dem üblichen Vorspiel, aber wenn es »an die Grenze« ging, lief *nichts mehr.* Weil ich ein romantischer Mensch bin, fragte ich ihn eines Abends, ob er mit mir Liebe machen wollte. Die Folge davon war unglücklicherweise die Frage, die ich mir stellte: Ist das alles?

Seit diesem Zeitpunkt hat es noch einige Männer gegeben, aber ich scheine immer denselben Typ Mensch kennenzulernen. Sie befriedigen sich und lassen mich sehr frustriert und immer noch in der Erwartung zurück, daß endlich etwas geschieht.

Ich liebe Sex, um es gelinde zu sagen, und ich habe es nie bereut, meinen sozusagen weiblichen Schatz aufgegeben zu haben, statt ihn zu hüten. Ich bin jetzt fünfundzwanzig und habe mit einem Typen drei Jahre zusammengelebt. Unser Sexualleben ist sehr lustlos, vielleicht deshalb, weil ich es nicht mehr versuche. Aber *er* tut sexuell nicht das geringste für mich.

Weshalb ich bei ihm bleibe, ist eine Geschichte für sich. Ich habe es woanders versucht, seit ich mit diesem Typen zusammenlebe, schien aber nirgendwo Befriedigung gefunden zu haben. Ich versuche herauszufinden, was ein Orgasmus ist!

Wenn ich an Ihr Buch denke, finde ich mich darin häufig wieder. Wenn ich Ihnen meine Phantasien erzählen würde, wären sie häufig genau wie die von anderen Frauen. Für mich bedeutet Sex, daß Menschen zusammen sind, etwas teilen, etwas füreinander empfinden, liebevoll miteinander umgehen. Ich frage mich oft, wie ein bestimmter Mensch sein könnte. Ich sehe einen Mann im Büro oder auf einer Party, und ich versuche mir vorzustellen, wie es wäre, mit ihm zu schlafen. Aber ich habe immer Angst davor, daß meine Träume so enden wie die Realität – lieber in der Vorstellung, als während der Ausführung. Viele Männer glauben, daß die Frau, weil sie den Höhepunkt erreicht haben, auch befriedigt sein muß. Ich nehme an, daß ich weiterhin nach einem Mann Ausschau halte, der das nicht glaubt, der Frauen besser versteht. Aber ich vermute, bis dahin muß ich mich an meine Träume halten.

Jill

Eine Freundin von mir hat mir vor kurzem Ihr Buch empfohlen, daher habe ich ein Exemplar davon gekauft. Ich habe es gerade zu Ende gelesen. Ich habe auf einer der letzten Seiten eine Bitte um Vorschläge, Kommentare und weitere Phantasien gesehen, und deshalb schreibe ich Ihnen jetzt. Ich finde Ihr Buch ganz toll. Bis jetzt habe ich immer geglaubt, daß meine Phantasien etwas Schlimmes sind, was ich verbergen muß. Ich hatte Angst, daß etwas mit mir nicht stimmen könnte, weil ich häufig diese »schlimmen« sexuellen Phantasien hatte und weil ich sie genoß. Das Wissen, daß andere Frauen sexuelle Phantasien haben wie ich, hat mich von einigen Ängsten befreit.

Ich möchte einige meiner Phantasien mit Ihnen teilen, und vielleicht helfen sie Ihnen dabei, Ihr zweites Buch zusammenzustellen. Ich möchte Ihnen zuerst etwas über mich erzählen. Ich habe früher als Sekretärin gearbeitet, aber jetzt bin ich nur noch Hausfrau. Ich bin die meiste Zeit zu Hause, und weil ich keine Kinder habe, fühle ich mich sehr gelangweilt und allein. Mein Mann hat einen Job von der Sorte ohne feste Arbeitszeiten. Er kommt häufig sehr spät nach Hause, und dann nimmt er sich Arbeit mit. Oft muß er auch an den Wochenenden arbeiten. Ich glaube wirklich, wir hatten mehr Zeit miteinander, als wir noch nicht verheiratet waren. Sogar abends, wenn ich ins Bett gehe, ist er im allgemeinen noch auf und erledigt Arbeit, die er nach Hause mitgebracht hat. Er scheint für mich keine Zeit mehr zu haben. Er hat auch für Sex selten Zeit. Sogar wenn ich auf ihn zukomme und ihn frage, ob er mit mir schläft, sagt er normalerweise, daß er zuviel zu tun hat oder daß er keine Zeit verlieren darf. Wenn er mit mir schläft, tut er so, als wäre es eine routinierte Angelegenheit wie Zähneputzen oder sich rasieren. Er benimmt sich, als hätte er es eilig, es hinter sich zu bringen. In der letzten Zeit sagt er, daß er keine Zeit hat, mit mir zu schlafen, aber daß er es mir ein bißchen mit der Hand macht, wenn ich es will. Er sagt mir oft, daß ich es lernen soll, meine sexuellen Bedürfnisse zu beherrschen, und daß es wichtigere Dinge gibt als Sex. Da mein reales Sexualleben nicht so ist, wie ich es mir wünsche, muß ich mir ein gutes Sexualleben zusammenphantasieren. Ich verbringe viel von der Zeit, in der ich zu Hause allein bin, damit, daß ich phantasiere und masturbiere. Ich habe eine ganze Kollektion von Phantasien entwickelt, und ich möchte gern einige mit Ihnen teilen.

In meiner liebsten Phantasie bin ich eine Herrscherin im Nahen Osten, wie es sie vor langer Zeit gab. Ich lebe in einem »Lustpalast« mit einem ganzen »Harem« von Männern. Sie stehen mir immer zur Verfügung, um mir jedes nur mögliche sexuelle Begehren, das ich habe, zu erfüllen. In meiner Vorstellung habe ich sie in Kategorien unterteilt, wie Akten in einem Aktenschrank. Sämtliche Männer sind nach ihrem Alter, ihrem Aussehen, ihrem Körperbau, ihrer sexuellen Geschicklichkeit (das heißt, nach den sexuellen Fertigkeiten, von denen ich mir vorstelle, daß sie sie haben), und nach ihrer Persönlichkeit eingeordnet. Die meisten Männer im Harem sind Männer, die ich kenne oder gekannt habe, aber einige sind phantasierte Männer oder Männer, über die ich etwas weiß, die ich aber nicht persönlich kenne. Der Kategorie der sexuellen Geschicklichkeit ordne ich jeden Mann gemäß seiner allgemeinen Geschicklichkeit beim Sexualakt zu, seiner Kraft und Ausdauer während des Akts, seiner Geschicklichkeit beim oralen Verkehr und irgendwelchen sonstigen Begabungen, die er hat. Ich bewerte auch jeden Mann in meinem Harem nach der Größe seines Penis', seiner Fähigkeit, ihn zu benutzen, und danach, ob er beschnitten ist oder nicht. Ich mag Abwechslung, und daher sind alle Männer unterschiedlich. Je nachdem, wonach ich zur Zeit Ausschau halte, suche ich mir einen aus.

In einer typischen Phantasie dieser Art befinde ich mich in einem riesigen, üppig ausgestatteten Schlafzimmer in meinem »Lustpalast«. Ich bin normalerweise mit einem aufreizenden seidenen Nachthemd bekleidet. Im Schlafzimmer steht ein riesiges Himmelbett, auf dem ich liege. Wenn ich versuche, mich zu entscheiden, welchen Mann (oder welche Männer) ich will, liege ich da und masturbiere, in der Phantasie und in der Realität. Wenn ich mich für den Mann, den ich will, entschieden habe, wird er in mein Schlafzimmer gebracht. Ich beobachte, wie er in ein angrenzendes Badezimmer gebracht wird, in dem meine Bediensteten (alle weiblich) ihn ausziehen und ihn baden. Wenn sie ihn abgetrocknet und parfümiert haben, bringen ihn meine Dienerinnen zu meinem Bett und verlassen den Raum. Der Mann, den ich ausgewählt habe, wünscht sich sehnlichst, mit mir zu schlafen, aber ich bringe ihn dazu, daß er sich neben mein Bett stellt und wartet, bis ich fertig bin. Häufig steige ich zu diesem Zeitpunkt aus dem Bett und ziehe mich aus, während er mich beobachtet. Er muß dort stillstehen und darf sich nicht bewegen, während ich ihn verführe. Wenn ich nackt bin, gehe ich zu ihm hinüber und streichle ihn und reibe meinen Körper an seinem, aber er muß still stehenbleiben. Wenn ich ihn genug gereizt habe, lege ich mich auf das Bett und erlaube ihm, sich neben mich zu legen und mit mir zu schlafen. Wenn ich mir oralen Verkehr wünsche, lege ich die Beine über die Bettkante, und er kniet sich neben das Bett und macht es mir mit dem Mund. Manchmal sitze ich auch auf der Bettkante, oder ich knie und er muß sich vor mich hinstellen. Dann mache ich es ihm mit dem Mund. In den Phantasien, in denen ich es ihm mit dem Mund mache, stelle ich mir normalerweise vor, daß sein Penis noch weich ist und in meinem Mund anschwillt und erigiert. Wie ich schon sagte, sind die Männer verschieden, und demnach ist die Art und Weise des Liebesakts, den ich mit jedem habe, auch verschieden. Dennoch sind alle sehr leidenschaftlich. Normalerweise mache ich sehr lange Zeit Liebe mit dem Mann, den ich aussuche. Er ist in der Lage, seinen Orgasmus bis zum Ende hinauszuzögern, oder er ist in der Lage, mehr als einen Orgasmus zu haben. Alle Männer in meiner Phantasie beherrschen eine dieser beiden Techniken. Das ist bestimmt so, weil mein Mann weder das eine, noch das andere kann und ich mir wünschte, er könnte es. In meiner Phantasie mache ich mit den Männern, die ich auswähle, in vielen unterschiedlichen Positionen Liebe. Das ist auch anders als der Liebesakt mit meinem Mann, weil er immer darauf besteht, dieselbe Position einzunehmen, die Standardposition, mit ihm oben.

In dieser Art Phantasie kann ich mir eine unbegrenzte Anzahl von Variationen vorstellen. Eine meiner liebsten Variationen ist eine, in der mein Mann gedemütigt wird und leiden muß. In dieser Phantasie ist es mein Mann, der in mein Schlafzimmer gebracht wird. Als meine Dienerinnen ihn ausziehen und baden, machen sie sich über ihn lustig und lachen ihn aus. Meistens ziehen sie ihn mit seinem kleinen Penis auf. Sie sagen ihm, daß sein Penis aussieht wie der eines kleinen Jungen. In Wirklichkeit sieht er auch tatsächlich eher wie der eines Jungen aus als wie der eines Mannes. Er ist sehr gehemmt, weil sein Penis so klein ist, und er fragt mich häufig, ob es mir etwas ausmacht, daß sein Penis so klein ist. Ich sage ihm immer, daß es mir nichts ausmacht, aber manchmal würde ich ihm gern sagen, was ich wirklich denke. In dieser Phantasie quälen ihn meine Dienerinnen damit, daß sie ihm die Dinge über seinen kleinen Penis sagen, die ich ihm gern sagen würde. Als meine Dienerinnen ihn zu meinem Bett bringen, bleiben sie und beobachten uns, statt zu gehen. Er bittet mich, mich auszuziehen und mit ihm zu schlafen, aber ich weigere mich. Ich stehe immer noch im Nachthemd dicht vor ihm und flüstere ihm ins Ohr, welche Genüsse er kosten würde, wenn er mit mir schlafen würde. Es erregt ihn sehr, und er bekommt eine Erektion und kann nicht mehr länger warten. Er greift nach seinem Penis, um zu masturbieren, aber als er ihn berührt, ejakuliert er. Meine Dienerinnen, die ihn beobachten, lachen ihn aus und verspotten ihn. Sie witzeln immer wieder: »Kein anderer Revolverheld zieht schneller.« Er schämt sich sehr und ist verlegen, und er bittet mich, ihm noch eine Chance zu geben. Ich weigere mich und sage ihm, daß er sehen wird, wie ein richtiger Mann mit einer Frau Liebe macht. Dann befehle ich meinen Dienerinnen, ihn so an einen Pfeiler zu binden, daß er mein Bett sehen kann.

Während mein Mann dasteht und zusieht, lasse ich einen meiner liebsten Männer in mein Schlafzimmer bringen. Es ist immer einer, den mein Mann kennt. Häufig ist es ein früherer Freund von mir, mit dem ich zum ersten Mal in meinem Leben geschlafen habe. Mein Mann steht mit dem Gesicht zu mir, damit er sehen kann, wie meine Dienerinnen diesen Mann ausziehen und baden, und mein Mann sieht, daß der Mann, den ich ausgesucht habe, einen sehr viel größeren Penis hat als er. Der Penis dieses Mannes ist um so vieles größer als normal, wie der Penis meines Mannes kleiner als normal ist, und das trifft auch wirklich auf meinen früheren Freund zu, von dem ich gerade gesprochen habe. Während mein Mann zusieht, wird der Mann zu meinem Bett gebracht. Ich ziehe mich schnell aus und knie mich neben das Bett, so daß er direkt vor mir steht. Dann beuge ich mich vor und küsse die Spitze seines Penis'. Er ist noch weich, und ich halte ihn mit meinen Fingerspitzen. Er fühlt sich schwer an. Ich ziehe die Vorhaut zurück und lecke seine weiche rosa Eichel. Aus den Augenwinkeln kann ich sehen, daß mich mein Mann beobachtet. Der Penis dieses Mannes ist so groß, daß ich nicht sehr viel davon in meinen Mund bekomme, aber ich nehme soviel wie möglich in den Mund. Während ich an ihm sauge und ihn lecke, erigiert er. Nach einigen Minuten höre ich auf, gehe ins Bett zurück und lade den Mann ein, sich mit mir hinzulegen. Wir fangen langsam an, Liebe zu machen. Er ist ein sehr geschickter Liebhaber, und er macht alles, was mir Lust bereitet. Obwohl er leidenschaftlich und sehr erregt ist, läßt er sich Zeit. Wenn ich bereit bin, lasse ich ihn auf dem Rücken liegen und setze mich auf ihn. Ich führe seinen Penis in mich ein, und er füllt mich ganz aus. Wir fangen ganz langsam an und bewegen uns so, daß sein Penis in langen, langsamen Bewegungen in mich hinein- und wieder hinausgleitet. Ich habe mehrere Orgasmen, und er ist in der Lage, seinen Orgasmus so lange hinauszuzögern, wie ich es will. Schließlich bin ich bereit für die letzte Runde, und wir werden wild. Wir erreichen zusammen einen unglaublichen Orgasmus. Wir liegen einige Minuten ruhig nebeneinander, und dann sind wir bereit, noch einmal von vorn anzufangen. Er hat immer noch eine Erektion. Diesmal begebe ich mich auf alle Viere, und er kniet sich hinter mich und dringt von hinten in mich ein. Wir fangen wieder langsam an, und er greift um mich herum und streichelt mich mit den Händen. Nach einer Weile verlieren wir die Beherrschung, und er bewegt sich wie ein wilder Zuchthengst. Wir erreichen zusammen einen weiteren unglaublichen Orgasmus. Manchmal gehen wir dazu über, noch einmal in anderen Positionen Liebe zu machen, aber häufig hört es an dieser Stelle auf. Mein Geliebter und ich baden zusammen, während mein Mann uns beobachtet. Dann zieht er sich an und kehrt in den Harem zurück, und mein Mann wird am Pfeiler angebunden zurückgelassen. Ich gehe wieder ins Bett und lege mich hin, und meine Dienerinnen verspotten meinen Mann damit, daß er doch ein armseliger Liebhaber ist, verglichen mit dem Mann, den er gerade gesehen hat. Dann wird mein Mann in den Harem zurückgebracht, wo sich die anderen Männer auch über ihn lustig machen.

Ich habe eine weitere Version dieser Phantasie, in der ein junger Mann in mein Schlafzimmer gebracht wird, nachdem mein Mann versagt hat. Der Junge hat noch nie zuvor mit einer Frau Liebe gemacht, und ich bringe ihm bei, wie das geht. Was noch hinzu kommt, ist, daß der Penis des Jungen größer ist als der von meinem Mann. Das demütigt meinen Mann jetzt wirklich. Dieser Junge lernt schnell und wird ein sehr viel besserer Liebhaber als mein Mann.

Ich habe auch andere Phantasien. Ich phantasiere gern von Paaren, die ich kenne. Ich genieße es, mir auszumalen, wie sie miteinander Liebe machen. Jetzt, wo verschiedene Magazine für Frauen Fotos von nackten Männern veröffentlichen, habe ich herausgefunden, daß es mich sehr erregt, solche Fotos anzuschauen. Ich sehe mir häufig solche Fotografien an, während ich masturbiere, und ich phantasiere von den Männern, die dort abgebildet sind. Ich stelle mir vor, wie sie mit mir Liebe machen. Ich habe keine Phantasien, in denen ich an einem lesbischen Liebesakt teilnehme, aber ich habe Phantasien, in denen ich heimlich zusehe, wie zwei andere Frauen miteinander schlafen. Besonders großen Spaß machen mir Phantasien, in denen ich heimlich zusehe, wie andere Leute es miteinander treiben.

Ich genieße mein Sexualleben in der Phantasie entschieden mehr als mein wirkliches Sexualleben. Ich glaube, das ist der Hauptgrund dafür, weshalb ich dachte, daß meine sexuellen Phantasien schlimm sind. Ich hatte auch ein schlechtes Gewissen, weil ich soviel Zeit damit zugebracht habe, meinen Phantasien nachzuhängen. Ich verbringe oft Stunden damit, zu phantasieren und zu masturbieren. Damit fülle ich die meiste Zeit aus, in der ich kaum etwas anderes zu tun habe. Die meisten meiner Phantasien sind so angelegt, daß ich einen Harem von Männern habe. Ich kann jeden Mann haben, den ich will, und ich kann mit ihnen tun, was ich will. Ich habe keine meiner Phantasien in die Realität umgesetzt, aber mit der Zeit ist mir mehr und mehr danach zumute. Es kann gut sein, daß ich demnächst der Versuchung nicht wiederstehen werde, eine meiner Phantasien wirklich auszuleben, wenn sich die Situation ergibt. So, wie mich mein Mann behandelt und wie er mit Sex umgeht, habe ich fast das Gefühl, es ist mein Recht, mir sexuelle Befriedigung zu holen, wo ich sie bekommen kann. Ich ertappe mich dabei, daß ich nach der richtigen Situation Ausschau halte, in der ich gefahrlos eine Affäre mit einem anderen Mann haben kann. Es dauert vielleicht nicht lange, bis ich die Situation finde, die ich suche, und dann werde ich einige meiner Phantasien umsetzen. Ich frage mich manchmal, ob es meinen Mann überhaupt stören würde, wenn ich mit einem anderen Mann eine Affäre hätte, solange es ihm keine Ungelegenheiten verursacht. Es könnte ihm sogar angenehm sein, weil es mich davon abhalten würde, ihn mit Sex zu belästigen. Trotz allem muß ich sagen, daß ich es am liebsten hätte, wenn mein Mann ein besserer und befriedigenderer Liebhaber würde, so daß alle diese Dinge unnötig wären. Ich glaube, das ist meine größte Phantasie.

Teil II

Der Sinn der sexuellen Phantasie

Kapitel 5

Tagträume

Das Leben kann als ein Bemühen um Gleichgewicht betrachtet werden. Wenn wir hungrig sind, essen wir. Müde? Wir ruhen uns aus. Wenn wir unseren Geist zu sehr angestrengt haben, sehnen wir uns nach körperlicher Anstrengung oder einem Spaziergang im Wald. Das gilt auch für unser inneres Selbst – obgleich viele unserer geistigen Bemühungen, ein Gleichgewicht zu halten, am Rand unseres Unterbewußtseins treiben. Tagträume – während wir der üblichen Hausarbeit nachgehen – sind ein Teil dieser Aktivitäten.

Normalerweise verlassen Tagträume unsere Seele, ohne eine Spur zu hinterlassen. Eine zufällige Frage vom Nachbarn, das Läuten des Telefons – und plötzlich sind wir auf das Hier und Jetzt konzentriert, und ein großer Teil unserer müßigen Träumereien ist vergessen. Im Gegensatz zu unbewußten Phantasien ist es normalerweise jedoch nicht allzu schwer, unsere Tagträume wieder herzuzitieren und sie zu untersuchen. Wenn wir das tun, kann es uns eine Menge darüber sagen, wer wir sind und was wir in unserem Leben vermissen. Das trifft augenscheinlich für den Walter-Mitty-Tagtraum zu, dem sich der unscheinbarste Durchschnittsbürger hingibt. In seinen Träumereien werden die überspanntesten Ambitionen wahr. Außergewöhnlich an sexuellen Tagträumen ist, daß sie nicht häufig bei Frauen auftreten, die überhaupt keinen Sex haben. Wenn die Verdrängung so umfassend ist, werden auch die sexuellen Tagträume in den Hintergrund geschoben. Sehr viel häufiger stelle ich fest, daß die erotischen Tagträume von Frauen sich nicht so sehr um Sex schlechthin drehen, sondern um eine bestimmte Art von Sex, die sie noch nicht erlebt haben oder die sie sich nicht erlauben. Sie strengen ihre Phantasie an, damit sie ihnen das liefert, was ihnen im wahren Leben fehlt.

Mir sträuben sich die Haare, wenn die Leute versuchen, Tagträume als unwichtig abzutun, weil sie »unwirklich« sind. Sie sind genauso real wie die Erfahrungen beim Lesen eines Romans, dem Zuhören von Musik oder dem Betrachten von Gemälden. Es sind alles Leistungen der Phantasie, um uns mit einer befriedigenderen Ordnung der Realität eine Schönheit zu präsentieren, die wir sonst vielleicht nie kennengelernt hätten. Jane Eyre existierte nie in der realen Welt, aber ich bin durch Charlotte Brontës Geschichte über sie bereichert worden. (Könnte ein Roman nicht vielleicht sogar als ein disziplinierter Tagtraum beschrieben werden?)

Normalerweise folgen auf unsere Tagträume von Glück abrupt Gefühle der Enttäuschung und/oder der Schuld. Das Pendel schwingt zurück in Richtung Gleichgewicht, geht aber genau durch den Mittelpunkt der Stauung. Wir reagieren über, es ist, als könnten wir unsere Balance nicht wiederfinden, bis wir mit mentaler Reue und Bedauern für die phantasierte Lust bezahlt haben, die wir uns selbst ausgemalt haben. Dr. Erik Erikson (Kindheit und Gesellschaft) sagt, als er über die Ängste spricht, die in uns durch unsere imaginierten Handlungen oder Vergnügungen entstehen: »…unsere irrationale Sorge… unsere Angst davor, Leute erregt zu haben, die wirklich nicht an uns interessiert sind, und sehr wohlmeinende Leute gegen uns aufgebracht zu haben, unsere phantasierte Sühne und unsere kindlichen Wiederholungen können uns sehr überraschen.«

Diese Barrieren zwischen uns und unserem Glück, die Grenzen, die wir uns stecken, sind häufiger innerhalb von uns als außerhalb. Aus Angst, daß der Mann, den wir lieben, schlecht von uns denken könnte, zögern wir, ihn um ein einfaches sexuelles Vergnügen zu bitten, auf das wir jedes Recht haben. In unserer eigenen Vorstellung entwickelt er sich vom Liebhaber zu einem Kritiker – schlimmer noch, wir machen aus ihm einen Kritiker, der so hart ist, daß wir *im voraus* wissen, er wird es ablehnen. Aus diesem Grund vermeiden wir den Realitätstest und bitten ihn nicht und geben ihm nie eine Chance, uns zu zeigen, wie sehr ihm unsere Bitte um ein bislang unbekanntes Vergnügen willkommen ist. Es ist unser eigenes unnötig strenges und sogar sadistisches Bewußtsein, das uns von sexueller Lust fernhält, die zu genießen wir jedes Recht haben.

In ihrem sehr romantischen Brief beschreibt Lulu ein Ereignis, an dem teilzuhaben sie sich nicht erlaubte, obwohl der Zeitpunkt, der

Ort und sogar der Mann »richtig« waren. Sie nennt ihre Phantasie: »Eine ideale sexuelle Begegnung«. Aber auf dem Höhepunkt des Ereignisses im wirklichen Leben »mischte sich mein automatisches ›Nein danke‹ ein. – Wenn ich genug Mut gehabt hätte, hätte ich ein einfaches ›Ja, ich will‹ geflüstert.«

Lulus Brief fährt damit fort, einen einfachen Tagtraum vom Glück zu beschreiben. Während sie sicher bedauert, daß sie sich die Erfüllung dieser Erfahrung für den Rest ihres Lebens versagt hat, gehört sie ihr in ihren Tagträumen schließlich ganz allein. Eine Leistung der Phantasie hat das zerrissene Gebilde der Vergangenheit repariert.

Lulu

Ich habe Ihr Buch genossen und fand die ehrliche Enthüllung sexueller Impulse sehr befreiend und aufklärend für mich.

Wie Sie feststellen werden, war ich ziemlich reserviert und widersprüchlich, ehe ich geheiratet habe, aber der Impuls und die Phantasien waren sehr lebendig.

P. S. Ich bin zweiunddreißig, zum zweiten Mal verheiratet, und *sehr glücklich*. Ich habe meinen M. A. gemacht und bin ganztags angestellt in meinem Beruf. Für die Zukunft sind keine Kinder geplant.

Eine ideale sexuelle Begegnung

In Wahrheit ist meine ideale sexuelle Begegnung die zärtliche Erinnerung an meine zweite Verabredung mit meinem Mann. Wir lernten uns in der Kirche durch einen reinen Zufall kennen, und ich war sofort von dem unverhohlen anzüglichen Blick, mit dem er mich bedachte, abgestoßen – und das ausgerechnet in der Kirche. Unsere erste Verabredung war ein Desaster. Er lud mich ein, mit ihm segeln zu gehen. Ich lehnte es ohne die Anwesenheit anderer Leute ab, aus Angst davor, mit diesem brustbehaarten Mann allein »in der Falle« zu sitzen. Es war offensichtlich, was mir Sorgen machte. Eine beiläufige Anspielung, und ich war wieder außer Fassung – ich weiß jetzt, daß meine Reaktion zu heftig war, als daß sie ein echter Protest hätte sein können.

Er übte eine zunehmend stärkere Faszination auf mich aus, wenn ich ihn jetzt im Bereich der Kirche sah und außerdem auf einer Party, auf der er sehr charmant, lustig und sehr interessant war. Sein Arm, der sich unauffällig um meine Taille legte, und ein geflüstertes: »Bleib bei mir«, ließ mich in die Küche hasten, die mit tratschenden Frauen angefüllt war.

Nach quälenden Monaten, in denen ich ihn in der Kirche beobachtet hatte, zwang ich mich, ihn anzusprechen (ein mutiger Schritt vorwärts für mich), und er fragte mich, ob ich Lust hätte, mit ihm eine Wanderung durch ein waldreiches Gebiet zu machen, das bald durch den Bau eines Highways zerstört würde. Erschrocken und begeistert stimmte ich zu. Es war ein angenehmer Spaziergang durch die Wälder zu einem Wasserfall, und er handhabte meine Ängste, indem er mir im leichten Plauderton von den vielen abwechslungsreichen und erheiternden Erlebnissen auf seinen Weltreisen erzählte. Ich war sogar zu beklommen, um in unwegsamem Gelände seine Hand zu nehmen. Es ist unnötig zu sagen, daß ich mit mir kämpfte, weil ich mich sexuell zu ihm hingezogen fühlte und das Gefühl nicht beherrschen konnte.

Tapfer wagte ich mich so weit hervor, daß ich ihm sagte, ich würde mir seine Bilder irgendwann einmal ansehen, und er schlug daraufhin denselben Abend vor. Wir kamen in seiner gepflegten, behaglichen, männlichen Maisonette in einem sehr ruhigen waldreichen Gebiet an, von der aus man auf den See schauen konnte. Ich war sofort von seiner geschmackvollen Wohnung beeindruckt, aber auch von dem faszinierenden Porträt einer schönen Frau an einer Wand des Wohnzimmers – mit offenem Haar, geschlossenen Augen und einem in ekstatischer Lust zurückgeworfenen Kopf, offensichtlich auf dem Gipfel des Orgasmus. Ich fühlte mich hilflos – allein mit diesem Mann in einem Netz gefangen, das ich mir selbst gewoben hatte. Ich wollte nach Hause. Die andere Seite in mir entschied sich innerhalb von Minuten nach der Ankunft, daß ich hier für immer mit diesem Mann leben wollte, den ich nicht einmal richtig kannte.

Tony stellte im Radio einen Sender mit ruhiger Musik ein und zündete im dunkler werdenden Abendlicht ein intimes Feuer für uns beide an. Das riesige Sofa, auf dem eine weiche Alpaca-Tagesdecke ausgebreitet lag (von einer Reise nach Peru vor kurzem), war dicht vor den Kamin gerückt, auf den er Käse, Cracker, marinierte Pilze und zwei Gläser Scotch gestellt hatte. Der Sockel war aus Mahagoni mit Schnitzereien, die er selbst entworfen hatte. Dann ging er in eine hell erleuchtete Küche zurück, um das Abendessen zu bereiten. Ich starrte ins Feuer und versuchte, meine Fassung wiederzuerlangen. Das Porträt der Frau schien mich zu verspotten...

Kurz danach ließ sich Tony auf dem Sofa nieder und kündigte vergnügt an, daß das Abendessen in ungefähr zwei Stunden fertig sein würde. Seine spezielle Spaghettisoße mußte so lange köcheln. Innerlich rang ich wegen der langen unstrukturierten Zeit nach Atem, und ich fragte ihn, ob er mir seine Bilder zeigen würde.

Das tat er. Die Bilder zeigten lebendige und faszinierende Szenen von alten Indianerruinen in Machu Picchu, Peru. Als Kontrastprogramm zeigte er mir phantastische Bilder aus der Antarktis: Eisberge, die tosende See, herrliche Sonnenuntergänge, und seine Arbeit und die Kollegen an Bord des Schiffes. Ich war hingerissen von der sehr männlichen Domäne in einer Umgebung, die ich als so wild und von Natur aus schön ansah wie die Männer selbst.

Das Abendessen wurde am Kamin serviert: Spaghetti, Salat und Rotwein, und ich wurde langsam beschwipst. Danach drückte er mich an sich, und wir küßten uns. Ich liebte es. Tony küßt superb, leidenschaftlich und doch zart. Während er mit seinen Händen meinen Körper streichelte, sagte er mir, wie sehr er Sex liebte, wie sehr er aktive Frauen mochte und daß er gern ihre Geschlechtsteile küßte. Er erwähnte, daß seine ehemalige Frau es nicht mochte, wenn man ihre Klitoris berührte. Ich äußerte kühl analysierend, daß ihr in der Kindheit sicher verboten worden war zu masturbieren. Sein Gesichtsausdruck hellte sich sichtlich auf, und er bemerkte glücklich, daß er froh wäre, daß ich »es mochte«. Ich verschanzte mich hinter meiner professionellen Maske und sagte ihm, daß ich über *sie* spräche und nicht über *mich*. Tony sah mich verblüfft an und sagte, *er* spräche aber über *mich*.

Wir küßten uns häufig und lange an diesem Abend, und ich wurde sehr naß und glitschig und immer heißer. Tonys erigierter, pochender Penis verschaffte mir ein wunderbares Gefühl in der Schamgegend – es war so lange her, seit ich mit einem Mann zusammen war!! Ich war so ausgehungert nach Sex wie nach der Mahlzeit, die er serviert hatte.

Tonys Körper wurde auch heiß, und er begann zu schwitzen und zog sein Hemd aus. Ich liebkoste und streichelte leicht seinen Rükken, und aus einer unwiderstehlichen Neugierde heraus schlich meine Hand behutsam nach vorn, um die Menge wunderbaren Haars auf seiner Brust zu berühren und zu erkunden. Er flüsterte: »Du kannst die ganze Nacht hierbleiben, wenn du willst.«

(Bis zu diesem Punkt ist meine Begegnung wahr. Mein automatisches »Nein, danke« drängte sich in den Vordergrund, und obwohl er mir später sein Schlafzimmer zeigte, mit einem riesigen Wasserbett und einer weichen, mit Daunen gefüllten Bettdecke [aus langen ungeheizten Winternächten in Europa], Heizlampen über dem Bett, um sich wohlzufühlen, und eine weitere »Freude«, die ich später genießen lernen sollte, war ein Vibrator. Ich wollte bleiben!)

Hätte ich genug Mut gehabt, hätte ich ein einfaches »Ja, ich will« geflüstert. Ich hätte ihn ausgezogen, seinen Gürtel entfernt, damit kurz und spielerisch auf seinen Hintern geschlagen, seine Schuhe aufgemacht, ihm die Socken ausgezogen, ihm sehr langsam die Hose geöffnet und sie fallen lassen, ihm damit, während sie herunterfiel, die Innenseite seiner Schenkel gekitzelt. Dann hätte ich mir das Top, die Schuhe und die Hose ausgezogen, alles bis auf den schwarzen spitzenbesetzten BH und den schwarzen Spitzenslip. Im Licht des Feuers hätte ich ihm langsam im Stehen seine Unterwäsche ausgezogen, mit dem Gummiband seinen Bauch gekitzelt; und wenn sein großer, geschwollener, erigierter Penis hinausgesprungen wäre, hätte ich ihn von oben bis unten mit zarten Küssen bedeckt, hätte seine Hoden liebevoll in die Hand genommen und abwechselnd an beiden gezogen. Dann hätte ich den kitzligen Teil unterhalb und rund um die Spitze des Penis' geleckt und das »Auge« mit meiner Zunge liebkost. Er hätte ihn zu mir hingedrängt, und ich hätte ihn in meinem Mund gelassen und an ihm gesaugt und so viel wie möglich geschluckt. Tony bewegt sich in Kontraktionen der Lust hin und her...

Tony läßt mein langes Haar herunter und vergräbt sein Gesicht darin, küßt meinen Hals. Er zieht mir hastig den Slip aus, öffnet meinen BH, bewundert meine Figur im Licht des Feuers, während er mit seiner Hand leicht über meine Brüste fährt, innehält, um sie zu berühren und sie zu kneten, dann schnell zum Bauch gleitet und den Vaginalspalt reizt, seinem Finger erlaubt, leicht die Vagina zu berühren und sie zu reizen, und meine Klitoris beim Darüberfahren köstlich kitzelt. Eine Zunge intim in der Vagina und ein noch köstlicheres Kitzeln der Klitoris mit seiner Zunge, und er hebt mich hoch und trägt mich zum Bett, das von den Heizlampen bereits vorgewärmt worden ist.

Der Liebesakt beginnt. Ich bin rasend darauf versessen, sein gesamtes Gewicht auf mir zu spüren, das bestimmende Eindringen seines Glieds in meinen warmen wartenden Körper, der die Feuchtigkeit ausschüttet wie die Wasserfälle, die wir am Nachmittag gesehen haben. Stöhnend vor Lust fängt er an, tief in mich hineinzustoßen, sich an den Muttermund zu drücken, und beide entlassen wir aufgestaute Gefühle, die nur alleinlebende Menschen (oder ich) anhäufen können. Ich beantworte schwitzend und schreiend mit umklammernden Händen, sich hebenden Hüften, mit vor Erwartung durchgebogenem Rücken und mit brennender Lust in der Möse seine Leidenschaft. Meine Vorstellung durchläuft immer wieder der Gedanke: »Fick mich, Tony, fick mich.« Und dann weiß ich nichts mehr…

Ich bin hin- und hergerissen zwischen der Furcht vor der animalischen Leidenschaft, die sich in mir entlädt, und der verzweifelten Begierde nach dem rasenden Feuer, das sich in mir ausbreitet. Ich habe jetzt keine Wahl mehr. Tonys drängende Stöße gehen in meine über, und zusammen werden wir wie besessen in den letzten ungeheuerlichen Augenblick getrieben, in dem wir uns unserer Lust überantworten. Keuchend, mit durchgebogenem Rücken, werde ich von Tonys Männlichkeit verzehrt und löse mich im Nichts auf. Ich habe keine Worte, um meine Gefühle nach dieser Vereinigung zu beschreiben, nur Schreie aus meiner in Stücke gesprungenen Seele.

Ich schluchze an Tonys Hals und an seiner Schulter und komme wieder zu Bewußtsein. Er hält mich zärtlich, küßt meinen Hals und wiegt mich leicht. Ich empfinde eine ungeheuerliche Erleichterung und Dankbarkeit ihm gegenüber. Ich zerfließe vor Glück. Er gehört mir und ich gehöre ihm. In mir brennt noch ein kleines Feuer, das er mit seinen Händen zu einer großen Flamme entfacht. Ich habe eine Serie kleiner Orgasmen, nur Spiegelbilder unserer ersten Leidenschaft. Dankbar und erschöpft schlafe ich in seinen Armen ein…

*

193

Wir sind es alle gewohnt, Fernsehwerbung oder Illustriertenanzeigen zu sehen, in denen Frauen träumend am Fenster sitzen oder träumend ins Kaminfeuer schauen. Wenn ein Mann, der sich in die müßige Träumerei seines Pfeifenrauchs vertieft hat, gefragt wird, welche Träume vor seinen Augen schweben, wird er wahrscheinlich lachen und sagen: »Sophia Loren, die mich verführen will.« Aber einer Frau redet man durch solche Verkaufsmethoden ein, daß ihre korrekte Antwort lautet, sie träume von einer weißeren Wäsche, als sie die Nachbarin hat, oder davon, wie sie eine Babynahrung finden kann, von der ihr Kind einsachtzig groß wird. Der Gebrauch von erotischer Träumerei, der uns in unserer Vorstellung als sexuelle Wesen bestärkt, wird uns nicht zugestanden. Kein Wunder, daß sich so viele Frauen, die sich nur in der Rolle der Ms. Superkonsumentin sehen, dagegen zur Wehr setzen, sich in irgendeiner Phantasie zu sehen, die einen erotischen Beigeschmack hat.

Fernando Sanchez ist einer der Designer der femininsten, schönsten Damenunterwäsche derzeit in Amerika. Sie ist tatsächlich aus dem Stoff gemacht, aus dem die sinnlichsten Träume einer Frau entstehen können – wunderschön geschnittene Négligés mit Spitzeneinsätzen – Négligés, die den Betrachter durch die Grazie und die erotische Lockung des weiblichen Körpers in Entzücken versetzen. Und doch sagte Mr. Sanchez kürzlich zu mir: »Unser großes Problem ist, daß wir die Frauen dazu erziehen müssen, sich selbst in verführerischer Kleidung wie dieser zu sehen. Sie bleiben vielleicht stehen und bewundern ein verführerisches Nachthemd an einer Schaufensterpuppe im Laden oder an einem Model in einem Modemagazin, aber sogar in diesen befreiten Zeiten seufzt die Frau normalerweise nur und sagt: ›Das bin ich nicht‹ und macht sich auf den Weg in die Abteilung für Standardware, die sich auf der Leine aushängt.« Aber wenn sie keine erotische Frau ist, wer ist sie dann?

Ein Brief von einer Frau namens Cheryl ist ein Beispiel dafür, wie Frauen konditioniert wurden, ihre Sexualität zu bekämpfen. Sie war in ihrer eigenen Vorstellung so gehemmt, daß sie nicht einmal während der drei Jahre zum Orgasmus kam, in denen sie mit Unterbrechungen mit einem Mann zusammenlebte, mit dem sie verlobt war. »Vor ihm«, sagte sie, »war ich noch Jungfrau und versuchte zu masturbieren.« Aber sogar das klappte bei ihr nicht. Resigniert und hilflos schreibt sie: »Ich gab meine Versuche auf.«

Es war erst vor kurzem, im Alter von fünfundzwanzig, als sie einen jungen Mann kennenlernte und sich »endlich völlig entspannen konnte und meine neue Freiheit genießen, und ich ›kam‹ zum allerersten Mal«. Als wollte sie die Distanz unterstreichen, die sie gelernt hatte, zwischen sich und ihrer eigenen Sexualität beizubehalten, sagt sie, sie wäre sich nicht einmal sicher, ob sie mit diesem neuen Mann einen Orgasmus gehabt hätte – oder wenigstens hätte sie »es bis vor kurzem nicht richtig gemerkt«.

Einer der gesündesten Aspekte der menschlichen Natur ist der Kampf um ein Gleichgewicht; und wenn einmal die Unterdrückung aufgehoben worden ist, wird mit der Geschwindigkeit einer Sprungfeder die Balance eingerichtet. Jetzt, da Cheryl ihr sexuelles Selbst akzeptiert, scheinen ihre alten Gespenster zu verschwinden. Ich finde ihren Schluß sehr ergreifend: Ihr neues sexuelles Selbstvertrauen, sagt sie, machte sie »sehr stolz auf mich…« Sie empfindet sich endlich als Frau.

In ihrem Brief schreibt auch Jackie, daß sie die offene Auseinandersetzung mit ihrer Sexualität einen wichtigen Schritt vorwärts gebracht hat. Sie schreibt, daß sie und ihr älterer Bruder als Kinder häufig sexuelle Spiele miteinander trieben. Das ist kaum unüblich unter jungen Geschwistern; aber dennoch empfand sie diese Aktivitäten als so störend, daß sie »den Kopf unter dem Kissen versteckte, um zu erreichen, daß die Realität dieser Verantwortung ›weggeht‹«.

Wenn Jackie ihre sexuelle Erfahrung dadurch verleugnet, daß sie den Kopf unter dem Kissen versteckt, ist das wie eine andere Form von Verleugnung, in der eine sexuelle Erfahrung so gemacht wird, als wäre man der Beobachter. Es stößt nicht einem selbst zu, sondern jemand anderem. In Samanthas poetischer Phantasie, die sie »Der blaue Stern« nennt, passiert genau das. Die ganze Phantasie wird in der dritten Person erzählt, als hätte sie überhaupt keine Verbindung zu Samantha.

Es läßt sich leicht erkennen, daß diese Methode der sexuellen Phantasie eine Strategie ist, um Schuldgefühle zu vermeiden; es ist ein Tagtraum von der wunderbarsten sexuellen Erfahrung – aber die ganze Sache wird stellvertretend in der dritten Person erfahren.

Auch in Connies Phantasie scheinen die gleichen Gefühle die Basis für eine sexuelle Inszenierung zu sein, die sie erfindet. »Gesichtslose, vermummte, geschlechtslose Menschen binden mich mit Lederriemen an den Handgelenken und den Knöcheln«, schreibt sie, wenn sie die Begleitumstände ihrer liebsten Phantasie beschreibt, in der sie Sexualität ohne eigene Verantwortung dafür genießt, daß sie ohnehin keine andere Wahl hat.

Diese sexuellen Phantasien, die die höchste sexuelle Erregung und Befriedigung mit dem kleinsten Ausmaß an Schuld kombinieren, erreichen ihren logischen Schluß in den Phantasien, in denen die Frauen in dieser Sache absolut keine Wahl haben – es sind Phantasien von Gewalt oder Vergewaltigung. »Es klingelt an der Tür«, schreibt Elaine von einer solchen Phantasie. »Ein gutaussehender junger Mann verschafft sich Eintritt, packt mich…« Der sexuelle Akt findet statt, aber es ist nicht das Verschulden der Frau. Sie hat es nicht »herausgefordert«.

Wir müssen immer daran denken, daß dieses Wort für die meisten Frauen, die nie eine Vergewaltigung erlebt haben, nur eine abstrakte Idee darstellt; wenn sie Vergewaltigung mit Sex in ihren Phantasien kombinieren, *benutzen* sie Vergewaltigung beinahe als eine theatralische Übereinkunft – es ist ein Mittel zum Zweck. Wenn es so verstanden wird, ist Vergewaltigung die Codebezeichnung für: »Es war nicht mein Verschulden«, oder genauso einfach: »Er wollte mich so sehr, daß er mich überwältigt hat. Du kannst mir nicht vorwerfen, wenn ich eine so überwältigend sexuell attraktive Person bin, daß ich ihn wahnsinnig mache vor Lust, *obwohl ich alles getan habe, um ihn abzuwehren.*«

Wenn die Frauen, die von Vergewaltigung phantasieren, wirklich von deren Scheußlichkeit und Brutalität angetörnt wären, würden sie in ihren imaginierten Szenen die Gefühle von Abscheu, Scham und Erniedrigung beschreiben, die aus diesem physiologischen und psychologischen Angriff erfolgen würden. Aber das Gegenteil ist der Fall! Wenn Sie diese Vergewaltigungsphantasien lesen, die schließlich ganz und gar von den Frauen für ihr eigenes Vergnügen erdacht wurden, werden die Elemente von Gewalt und Brutalität als überhaupt nicht wichtig erachtet. Statt dessen macht es ihnen die Gewalt und Leidenschaft ihrer Vergewaltiger-Liebhaber möglich, ihre gesamte aufgestaute sexuelle Gewalt und Kraft zu entladen. Jeder Stoß seiner kraftvollen Hand, die sie niederzwingt, wird von ihren eigenen Stößen erwidert – was als Gegenwehr aufgefaßt werden kann, was aber unzweifelhaft eine sexuelle Entladung von Seiten der Frau ist, genauso schuldlos wie kraftvoll. Das Verlangen des Mannes nach ihrem Körper ist das Verlangen nach einer Lust, die mit der ganzen sexuellen Kraft und der Resonanz ihres Körpers zu beantworten sie immer zu gehemmt gewesen ist; die Phantasie erlaubt es ihr endlich, wie eine Art Tier in der Sexualität auf eine bei Tieren übliche Behandlung zu reagieren – es ist eine sehr wenig damenhafte Verhaltensweise, sogar unweiblich, wenn man die »aggressive« Vorgehensweise nicht als Gegenwehr maskieren kann.

Wenn die Frauen diese Vergewaltigungsphantasien mit dem Schmerz einer Vergewaltigung in Zusammenhang brächten, wenn sie sogar den darin enthaltenen Schmerz ausarbeiten würden, müßten die Phantasien masochistisch genannt werden. Aber das sind keine Phantasien von der Lust des Schmerzes. Es sind imaginierte Szenen, die von dem romantischen Bedürfnis nach unromantischem Sex sprechen: Diese Frauen wollen keine Liebe (wenigstens dieses eine Mal nicht) in einer Idylle aus Blumen im Überfluß in den Armen eines zärtlichen Liebhabers. Sie wollen schwitzen, sich wälzen, um sich schlagen und sich hemmungslos austoben. Sie wollen Sex, der alle Grenzen überschreitet, mit einem Mann haben, der sich nicht mit weniger als allem begnügt, was eine Frau in der Lage ist zu geben. Und die meisten Frauen sind in der Lage, eine höllische Menge mehr an sexuellem Einsatz und Gefühlen zu geben, als sie glauben, daß Männer es sich wünschen, und auch weit mehr, als sie sich selbst zutrauen (weil sie »anständige« Frauen sind). Die Vergewaltigungsphantasie hebt alle diese Probleme auf und liefert die gesamte Lust. Vergewaltigung? Diese Frauen wollen nicht vergewaltigt werden. Sie wollen sich entladen.

Aber ehe wir dieses Thema abschließen, möchte ich eine sehr wichtige Voraussetzung hinzufügen: Wir müssen uns klar darüber sein, daß der Genuß eines Gefühls in der Phantasie nicht notwendigerweise bedeutet, daß man es in der Realität ausleben will. Wenn Sie zum Beispiel wütend werden, sagen Sie vielleicht: »Wenn du das noch einmal machst, bringe ich dich um!« Diese Worte sind vielleicht sogar von einer sehr befriedigenden blitzartigen Vorstellung begleitet, daß der Missetäter tot zu den eigenen Füßen liegt. Aber keiner – man selbst zu allerletzt – glaubt wirklich, daß diese Phantasien von Gewalttätigkeit Vorstellungen sind, die man in die Tat umzusetzen gedenkt. Man will nur die momentane Erleichterung durch das *ausgedrückte* starke Gefühl, aber nur mit Worten und bloß als Vorstellung. Phantasien von Frauen wie Jackie, Samantha, Connie und Elaine – Phantasien von sexueller Nötigung oder Vergewaltigung – fallen in dieselbe Kategorie: Es kann befriedigend sein, daran zu denken; sie geben der Frau die Berechtigung, wenigstens in ihrer Vorstellung sexuellen Genuß zu finden, und sie befreien sie von Schuldgefühlen, weil sie in dieser Angelegenheit nie eine andere Wahl hatte – aber ich kenne keine Frau, die nicht sofort weglaufen würde, wenn auch nur der leiseste Hauch einer Befürchtung entstünde, daß das in der Wirklichkeit passieren könnte.

In der Phantasie liegt Sicherheit. In unserer Vorstellung können wir bestimmte Situationen ausprobieren, um festzustellen, wie wir sie empfinden; wir wissen immer, daß es gleichgültig ist, wie schmutzig die Gefühle auch sein mögen, mit denen wir umgehen, gleichgültig, wie wütend, ungeheuerlich oder fordernd deren Charakter auch sein mag, es sind nur Marionetten unserer Erfindungsgabe. Wenn irgendeine dieser Phantasien zu beängstigend wird, können wir sie abschalten, so wie wir die Seite eines Buchs umblättern. Das ist, so glaube ich, die letzte Zutat eines Glanzes, den die Vergewaltigung in einigen Phantasien enthält. Auf dem sicheren Spielplatz unserer Vorstellungen können wir mit den gefährlichsten und erregendsten Emotionen spielen – und sie nur aus Lust und Laune in einem müßigen Augenblick benutzen. In unserer Phantasie kann er wütend sein, bedrohlich oder uns sogar verletzen, *aber in der Wirklichkeit beherrschen wir ihn!*

Jackie

Während ich *Die sexuellen Phantasien der Frauen* las, schwankte ich das ganze Buch hindurch zwischen der Hoffnung und der Angst, daß Sie am Ende (nicht) um weitere Phantasien bitten würden. Während ich über andere Frauen las, stellte ich fest, daß ich mir wünschte, Sie hätten eine Gruppe, zu der ich gehen könnte, um von meinen Phantasien zu erzählen.

Ich bin neunundzwanzig, war nie verheiratet, bin sehr intelligent (IQ 150), sehr gebildet und unglaublich fett und frustriert. Ich habe mich nicht selbst entdeckt, wie es einige der Frauen hinstellen, die Beiträge zu Ihrem Buch geleistet haben, aber als ich fünf Jahre alt war, hat mich mein Bruder entdeckt. Wir versteckten uns in einem Einbauschrank, und er zog mein Höschen runter und untersuchte mich mit einer Taschenlampe – und er kicherte aufgeregt und drängte mich, ruhig zu sein. Ich hatte sogar da Angst vor meinem Bruder und war – obwohl ich es nicht verstand – schrecklich gedemütigt. Danach wurde ich auf mich selbst neugierig und onanierte. Meine Mutter bleute mir in dem Punkt nachhaltig Schuldgefühle ein: Jeden Morgen roch sie an meinen Händen und sagte: »Deine Hände riechen, als wären sie an der falschen Stelle gewesen.« Sie konnte mich – oder meinen Bruder – jedoch nicht davon abhalten.

Eine meiner frühesten Phantasien stellte sich ein, als ich vier Jahre alt war und solange im Bett meiner Eltern schlief, bis sie schlafen gingen. Ich malte mir aus, daß ein Doktor hereinkam, um mir eine Injektion zu geben. Ich erinnere mich, daß ich in der Phantasie nach meiner Mutter rief, aber sie beschützte mich nicht. Es war eine schrecklich erregende Vorstellung, dieses gräßliche Ereignis. Vielleicht kommt diese sexuelle Fixierung von meinem Bruder oder rührt von der Tatsache her, daß ich im Schlafzimmer meiner Eltern geschlafen habe, bis ich fünf war.

Mein Bruder und ich spielten viele sexuelle Spiele – Arzt und Schauspielerin, Arzt und Patientin, Mann und Frau, und wir hatten jede Menge Gelegenheit dazu, weil meine Eltern beide arbeiteten. Wenn sie da waren, kämpften wir miteinander und haßten uns. Ein störender Aspekt ist (für mich ist er das immer noch), daß wir uns nie küßten oder miteinander sprachen. Ich versteckte meinen Kopf immer unter dem Kissen, damit die Realität dieser Verantwortung »weggeht«. Mein Bruder ist vier Jahre älter als ich, und ich war schon immer stärker. Wenn wir miteinander kämpften, verletzte er mich (sehe ich das jetzt zu rational?). Ich habe mich seelisch immer dagegen gewehrt, die Verantwortung für unser Tun zu übernehmen. Wir setzten es fort, bis ich achtzehn war und er heiratete. Ich war sehr bestürzt und deprimiert über seine Heirat – aber ich konnte mir nicht erklären warum. Tatsächlich habe ich die ganze Geschichte nie verstanden, bis ich eine Analyse gemacht habe.

Seit er verheiratet ist, habe ich andere Männer gehabt, habe aber nie einen Orgasmus bekommen (wir hatten aber auch als Kinder keinen). Es ist immer dasselbe: Ich fühle mich jedesmal wieder entsetzlich gedemütigt und hasse mich hinterher. Ich war noch nie richtig verliebt. Ich kann noch nicht einmal einen Orgasmus bekommen, wenn ich masturbiere.

Meine Phantasien als Kind drehten sich normalerweise um Ärzte, die mir sagten, was für ein tapferes kleines Mädchen ich bin, während sie mich sexuell »untersuchten«. Gewöhnlich in Gruppen von drei oder vier Personen. Ich habe mich ein- oder zweimal dabei »erwischt«, daß ich eine lesbische Phantasie hatte, habe aber damit aufgehört, weil ich Angst davor hatte, ich könnte dadurch lesbisch werden. Ich sage »hatte«, weil ich, seit ich Ihr Buch gelesen habe, weiß, daß es nicht außergewöhnlich ist, und ich fühle mich freier. Ich kann Ihnen nicht genug dafür danken, daß Sie dieses Buch herausgebracht haben.

Als ich älter wurde, hörten meine Phantasien von Ärzten auf, und ich erinnere mich, daß ich wirklich davon angetörnt war, wenn ich mir während der Studienzeit im College vorstellte, mit dem Professor zu vögeln. Später hatte ich Phantasien von meinem Analytiker, obwohl sie nicht wirklich sexuell waren. Meistens wollte ich ein kleiner Vogel sein, der im Haar seiner Achselhöhle nistete. Früher habe ich Frauen verachtet, aber das ist jetzt anders. Ich habe festgestellt, daß ich gegenüber anderen Frauen mehr Respekt habe... aber nur, wenn sie intelligent sind. Ich suche immer noch eine bedeutungsvolle Beziehung mit einem Mann, und ich habe keine Angst mehr. Ich glaube, in Wahrheit hatte ich Angst davor, daß mich Männer und Frauen nur benutzen, mich verletzen und mich erniedrigen wollen. Das Wissen um meine sexuellen Phantasien hat mir dabei geholfen, endlich eine neue Selbstakzeptanz zu finden. Ihr Buch hat mir ein sehr viel besseres Gefühl gegeben. Danke.

Ethel

Auch ich habe geglaubt, daß ich verrückt bin, weil ich diese Phantasien hatte, aber jetzt weiß ich, daß es normal ist, weil ich Ihr Buch gelesen habe. Ich bin nicht lesbisch, aber ich habe häufig diese besondere Phantasie: Ich tagträume immer wieder, daß ein Mann mit einem Messer an meiner Tür klopft, und, wenn ich sie öffne, mich hineinstößt und seinen beiden Frauen sagt, daß sie hereinkommen können. Er fesselt mich, und die beiden Frauen ziehen mich aus. Eine ist schwarz und eine weiß. Die schwarze Frau hat eine Peitsche, ist nackt und hat nur schwarze Stiefel an. Sie fesselt mich ans Bett, und dann spreizt die Weiße meine Beine, und die Schwarze legt sich auf mich und fängt an, mich zu lecken. Als sie damit fertig ist, steht die Schwarze auf und setzte sich auf mein Gesicht, damit ich sie lekken kann, während die Weiße einen Vibrator in meine Möse steckt. Nach einer Weile nimmt sie ihn raus und fickt mich mit der Zunge, und nach einiger Zeit fährt sie mit ihren Fingern in meine saftige, nasse Möse hinein und hinaus, bis ich einen Orgasmus bekomme. Der Mann masturbiert, während er alles beobachtet. Danach binden alle meine Beine fest, und das weiße Mädchen öffnet meinen Mund, und der Mann läßt mich ihm einen blasen, und die schwarze Kleine befingert mich. Wow, jetzt bin ich geil. Ich könnte noch mehr erzählen, aber es würde ein ganzes Buch füllen. Danke, daß ich das erzählen durfte.

P.S. Glauben Sie mir, das ist kein Witz. Ich bin erst achtzehn und habe einen zweijährigen Sohn und einen Mann, der zweiunddreißig ist.

Samantha

Der blaue Stern

Der Raum wurde von Marmorstatuen bewacht, finsteren Gestalten, die in den Vorräumen standen. Die Stille wurde von leiser gespenstischer Musik durchdrungen, die von ihrer Form her unirdisch war.

Hinter den riesigen Türen, die scheinbar von der geduldigen Hand eines Bildhauers geschnitzt worden waren, lag ein prächtiger Raum. Er hatte etwas von einer Kathedrale – eine hohe gewölbte Decke, reich verzierte goldene Wände und einen makellosen Steinboden. Am höchsten Punkt des Raums, dem Mittelpunkt der Decke, befand sich ein prächtiger, dicker, gläserner Davidstern. Sein Saphirblau war beinahe rauchig, aber Licht strömte wogenförmig hindurch.

Das Mädchen lag auf einem langen Opfertisch darunter, und ihre Hände und Füße waren an den vier Ecken der Platte festgebunden. Sie war bis auf ein Holzkreuz um ihren Hals nackt. Sie lag da und blickte in versunkener Konzentration auf den pulsierenden Stern im Mittelpunkt ihres Gesichtsfelds. Von Zeit zu Zeit dehnte sie nahezu wohlig ihre Gliedmaßen in den einengenden Stricken, die sich um ihre Handgelenke und um ihre Knöchel schlangen. Aber ihr starrer Blick veränderte sich nicht. Auch nicht der Ausdruck ihres Gesichts. Sie lag von dem gläsernen Stern hypnotisiert da; er brannte in ihren Augen und in ihrem Herzen.

Leise nahmen vier Reihen von Männern um den Tisch herum Platz. Sie empfand ihre Anwesenheit im Innersten wie eine Stichwunde. Sie waren in einfache Gewänder gekleidet, lange Kutten aus Sackleinen, die mit einem Stück Schnur zugebunden waren. Sie stimmten einen Singsang an, leise, zart und klar, und dieser Gesang vermittelte ihr ein Gefühl von Kraft, fast schon von Reinheit, ließ sie frohlocken. Das Licht verdunkelt sich jetzt. Sie fuhr sich mit der Zunge über die Lippen und fühlte, wie warme Feuchtigkeit den Spalt zwischen ihren Beinen füllte. Ihre Brustwarzen wurden hart, und sie begann leise zu stöhnen, als sei das eine neue Erfahrung, und ihre Augen waren immer noch starr auf den blauen Stern über ihrem Kopf gerichtet. Der Gesang wurde lauter.

Einer der Mönche nahm seinen Platz am Ende des Tisches ein. Er berührte sanft die weichen weißen Füße, und dann legte er sich ganz auf sie. Er küßte den kleinen roten Mund und lag still. Das rauhe Sackleinen rieb sich an ihr und tat ihrer zarten Haut weh, aber als seine Erektion wuchs, verlor sie sich in dem Gefühl, wie sich seine harte Männlichkeit an ihren Bauch preßte. Er wälzte sich plötzlich zur Seite und zog das Gewand aus. Sie drehte langsam den Kopf um und sah ihn, einen großen und starken David, weiß und rötlich. Er hatte dunkles, gelocktes Haar, das sich auch um seinen erigierten Penis kräuselte. Er sah sie freundlich an, als er ihr Erstaunen über seine Länge bemerkte. Sie begann zu fühlen, wie sie eine Begierde bis ins Innerste durchdrang, die sie sich lange versagt hatte, fremdartig und ins Blau dahintreibend.

Der Mann legte sich wieder auf sie und küßte sie von den Füßen bis zu dem bereitwilligen gierigen Mund. Die Männer stimmten wieder ihren leisen Singsang an. Als sie das taten, führte er seinen Penis in sie ein. Es erinnerte sie vage an ein Messer, das in eine Scheide gesteckt wird.

Nach einem langen, süßen Liebesakt wurde sie von allen nacheinander von Kopf bis Fuß gestreichelt, und sie stöhnten und sangen und erfüllten sie mit ihrer Liebe.

Und als sie dahindämmerte, in ihrer Ermattung und Erfüllung, sah sie nur das Gesicht des ersten Davids vor sich. Der Stern füllte ihre Augen, und eine schläfrige Ermattung füllte ihren Körper. Sie schlief ein.

Debbie

Ich bin siebzehn Jahre alt und vögele seit über zwei Jahren. Meine Liebhaber lagen im Bereich von neunzehn bis vierunddreißig Jahren, obwohl ich die älteren bevorzuge. Ich bin sehr erfahren und sehr gut – und ich weiß das. Ich hatte viele Affären mit verheirateten Männern, und ich habe jede Minute genossen.

Ich habe schon seit der fünften Klasse Phantasien. Die Phantasien, die ich bis zur achten Klasse hatte, betrafen meine männlichen Lehrer. In meinem ersten Jahr in der Highschool habe ich angefangen rumzubumsen. Die ersten Male war es extrem schmerzhaft, und ich war nie befriedigt, aber ich wußte, daß da etwas Phantastisches am Sex sein mußte, und deshalb blieb ich dabei, bis ich eine der heißesten Nummern in der ganzen Gegend war.

In der letzten Zeit hatte ich unter anderem die Phantasie, daß ich durch eine gebirgige Gegend fahre. Mein Auto kommt ins Schleudern, und ich verunglücke. Ein toller Mann findet mich. Er hat sofort Mitleid mit mir. Ich bin in einer fremden Stadt, und daher beschließt der Mann, sich meiner anzunehmen. Der Höhepunkt der Geschichte ereignet sich in einer dunklen, stürmischen Nacht. Ich wohne in seinem Haus. Es donnert sehr laut, und ich bekomme Angst. Ich höre ein Klopfen an meiner Schlafzimmertür. Ich ziehe mein dünnes Nachthemd enger an mich. Er kommt herein und sieht mich an und versucht, gelassen zu sein. Er ist gekommen, um zu sehen, ob bei mir alles in Ordnung ist. Ich sitze auf dem Bett und habe die Beine angezogen. Ich greife nach etwas, und meine Beine spreizen sich. (Ich habe natürlich keine Unterwäsche an.) Er läßt mich nicht aus den Augen. Wir sehen einander lange an. Ich rufe ihn bei seinem Namen, und er setzt sich neben mich auf das Bett. Er küßt mich, seine Zunge dringt tief in mich ein, und er streichelt meine Titten. Er öffnet mein Nachthemd, und seine Zunge liebkost mich überall, und schließlich kommt er an meiner Klitoris an, auf die er all seine Bemühungen konzentriert. Dabei fickt er mich die ganze

Zeit über mit den Fingern in die Vagina und in den Anus (das mag ich sehr), bis ich komme. Danach hole ich seinen Schwanz heraus und lecke und sauge an seinem Pimmel und an seinen Eiern.

Eine andere Phantasie, die ich habe, ist die, daß ich von sechs oder mehr Männern vergewaltigt werde. Einer macht es mir französisch, die nächsten beiden machen an meinen Titten rum und streicheln und lecken sie, einer fickt mich mit einem riesigen Schwanz, während ein anderer meine Klitoris leckt und ein weiterer mich mit seinem Finger – einem großen Finger – in den Arsch fickt.

Ich hoffe, daß ich Ihnen irgendwie geholfen habe. Ich könnte noch jede Menge mehr schreiben, aber ich bin jetzt supergeil und möchte es mir lieber machen.

Connie

Mein Mann und ich haben gerade *Die sexuellen Phantasien der Frauen* zu Ende gelesen (er hat das meiste davon im Badezimmer gelesen; ich habe es normalerweise auf der Couch liegend gelesen). Ich habe das Bedürfnis, einige meiner Phantasien mit Ihnen zu teilen. Aber zuerst möchte ich Ihnen ein kleines bißchen von mir erzählen.

Ich bin sechsundzwanzig und seit beinahe sieben Jahren verheiratet (nicht immer so glücklich verheiratet, aber immer noch verheiratet). Wir haben einen vier Jahre alten Sohn. Ich arbeite unentgeltlich bei einem Radiosender. Ich habe eine Zeitlang das College besucht. Ich schreibe auch einiges (Prosa, Lyrik, in dieser Art). Mein häusliches Leben ist außerordentlich stumpfsinnig, und wenn ich nicht meine Phantasien hätte, käme ich schnell dahinter, daß ich auch ganz und gar ohne den üblichen Sex auskommen kann. (Ohne Phantasien finde ich das alles ziemlich langweilig, das muß ich leider sagen.) Ich bin nicht übermäßig attraktiv, weil ich etwas Übergewicht habe.

Jetzt möchte ich zu meinen Phantasien kommen. Ich habe etliche, und deshalb versuche ich jetzt, mich daran zu erinnern.

Ich glaube, daß meine liebste und erfolgreichste Phantasie eine Art sadomasochistischer Vergewaltigung ist. Sie beginnt immer, wenn mein Mann anfängt, meine Klitoris manuell zu stimulieren, und entsprechend der wachsenden Erregung verlagere ich mein Inneres von unserem Schlafzimmer in ein großes, schwach erleuchtetes Gemach. Gesichtslose, vermummte und geschlechtslose Personen binden mich an den Handgelenken und Knöcheln mit Lederriemen fest. Dann knebeln sie mich, und ich höre, wie sich langsam und quietschend eine Tür öffnet. Ich versuche, meinen angespannten Körper zu strecken, damit ich sehen kann, wer hereingekommen ist, aber ich kann die Person nie sehen. (Ich weiß nie, ob sie männlich oder weiblich ist, deshalb nenne ich sie »es«). Aber es ist in ein langes, dunkles, fließendes Gewand gekleidet und nähert sich mir langsam und zieht aus einer Tasche im Ärmel eine Feder.

Dieses Wesen überprüft die Riemen und den Knebel, um sicherzugehen, daß alles an der richtigen Stelle sitzt, und dann geht es langsam dazu über, mit der Feder über meine Brust und meinen Bauch bis zu meiner Möse zu streichen. Es beginnt, mich dort zu kitzeln, während es die ganze Zeit ein tiefes, kehliges Lachen von sich gibt. Je größere Anstrengungen ich unternehme, um mich zu befreien (oh, diese Lust), um so mehr lacht es. Es fährt so lange damit fort, bis ich ganz naß und glitschig bin und kurz davorstehe zu kommen. Dann hört es plötzlich damit auf, beugt sich herunter und berührt die Lippen zart und vorsichtig, als würde es mich untersuchen. Dann beginnt es, sachte zu lecken. Ich bin immer noch auf der Schwelle zum Orgasmus, aber ich fühle mich trotz der köstlichen Qualen etwas entspannter. (Insgeheim liebe ich gerade die Vorstellung, gefesselt und von einer Feder, einem Mund und einer Zunge »gefoltert« zu werden.)

Plötzlich fühle ich, wie mich Zähne beißen, wie Finger an mir ziehen und wie mich Zungen (es scheinen mehr als eine zu sein) lecken und es mir mit dem Mund machen.

Das treibt mich in eine Ekstase, die unvorstellbar ist. (In Wirklichkeit offenbar doch nicht, denn ich kann sie mir ja vorstellen). Während ich mich in der Realität bewegen kann, wenn mein Mann es mir mit dem Mund besorgt, werfe ich mich hin und her und schlage um mich, als wäre ich eine Person, die gefesselt ist und über das, was die Sinne aushalten können, hinausgetrieben wird. Ich liebe das! Diese Phantasie ist wirklich meine liebste. Ich weiß, daß es mir gefallen würde, gefickt oder geleckt zu werden, wenn ich gefesselt bin, und dennoch kann ich Ihnen versichern, daß ich mir nicht wünsche, es könnte sich so abspielen, wie es in meiner Phantasie abläuft. Ich finde es nur einfach sehr sexy.

Ich habe sehr häufig Phantasien von Frauen, die mit anderen Frauen schlafen, und von Männern, die mit anderen Männern schlafen. Ich mag es, wenn ich sie in der Phantasie beobachte. Das törnt mich wirklich an. Aber keine dieser Phantasien schafft das so gut wie die von mir und einer anderen Frau. Ich habe wirklich lesbische Tendenzen, aber bisher habe ich sie nur in meiner Vorstellung ausgelebt. Eines Tages vielleicht...

Meine zweitliebste Phantasie, wenn sie auch sehr üblich und verbreitet ist, handelt von einem halbwegs bekannten Sänger/Komponisten/Romancier/Dichter, den ich nie kennengelernt habe, der aber im Ruf steht, irre, wild, wollüstig, verrückt und nahezu unersättlich zu sein. Ich phantasiere von ihm zusammen mit anderen Frauen, mit Männern, mit Tieren, mit sich allein und mit mir. Mit den anderen geht er hart, fordernd, furchterregend und beinahe brutal um. Aber bei mir ist er alles andere als brutal. Trotzdem ist er immer noch furchterregend. Wir haben oralen Sex, analen Sex, koitalen Sex, Gruppensex, ausgeflippten Sex, perversen Sex und erleben dabei überwältigende Gipfel der Leidenschaft und Lust. Ich kann es keinen Tag lang ohne ihn aushalten. Ich lege seine Platten auf und entweiche in ein absolutes Wolkenkuckucksheim. Wenn ich an meiner Arbeitsstelle oder irgendwo anders bin und mich nicht anfassen kann, ohne fürchterlich aufzufallen, bin ich fast immer in der Lage, mich psychisch bis kurz vor einen Orgasmus zu stimulieren, ohne daß ich von außen anders wirke, als würde ich meinen Job tun, und das nur, indem ich mir vorstelle, daß ich die Musik dieses Mannes höre und mir ausmale, wie er in mich eindringt. Das ist besser als eine Kaffeepause.

Ich hoffe, das Lesen dieser Phantasien hat Ihnen genausoviel Spaß gemacht wie mir das Aufschreiben. Ich habe nie mit meinem Mann darüber gesprochen, weil er die Phantasien von Frauen als Bedrohung seiner Männlichkeit empfindet. Übrigens, ich habe nie von ihm phantasiert.

Während ich Ihr Buch gelesen habe, habe ich übrigens entdeckt, daß es wirklich toll ist, die Phantasien anderer Frauen zu benutzen, und das ist etwas, worauf ich absolut nie gekommen wäre. Vielen Dank.

Und jetzt werde ich mir wieder die Musik meines fernen Liebhabers anhören.

Entschuldigen Sie mich; ich KOMME gerade.

P. S. Mein Mann sagt, daß er nie Phantasien hat. Wie macht er das bloß?

Elaine

Ich habe gerade Ihr Buch zu Ende gelesen: *Die sexuellen Phantasien der Frauen.*

Es war wundervoll, und ich habe nie zuvor so etwas gelesen!

Danke für Ihr Buch, und ich weiß jetzt, daß ich einer großen Mehrheit angehöre! Ich schäme mich nicht mehr und fühle mich nicht mehr schuldig!

Ich habe eine Phantasie, die mir immer, wenn ich sie habe, einen explosiven und übermächtigen Orgasmus verursacht.

Es klingelt an der Tür, und ich gehe hin; als ich sie öffne, verschafft sich ein gutaussehender junger Mann Zutritt, packt mich und sagt mir, daß ich mich ruhig verhalten und tun soll, was man mir sagt. Ich bin geschockt und sprachlos. Er lächelt und schubst mich auf die Couch, und sein Körper liegt sofort auf meinem: Er fummelt an meiner Kleidung herum, und ich fange an, mit ihm zu kämpfen und ihn zu bitten: Nein, bitte, nein, nein! Er beginnt zu keuchen und sagt, daß ich meine Kraft nicht vergeuden soll, weil er mich jetzt ficken wird, ob ich es mag oder nicht. Während wir miteinander kämpfen, schafft er es, meine wesentlichen Körperteile bloßzulegen, und er beginnt damit, an meinen Brüsten zu saugen und seinen Schwanz an mir zu reiben. Er öffnet meine Beine, und ich spüre, wie er mit einem kräftigen Stoß in mich eindringt! Ich keuche, und er keucht auch, und als er sich in mir auf und ab bewegt, fleht er mich an, ihm mit meinen Bewegungen zu antworten. »Zeig es mir, Baby, zeig es mir«, wiederholt er immer wieder – und ich tue es! Seine Bitten und sein Stöhnen törnen mich an, und ich beginne, ihn mit aller Kraft zu ficken, und dabei stöhne ich.

Zu diesem Zeitpunkt bekomme ich einen tollen und wirklich explosiven Orgasmus, den ich von Kopf bis Fuß spüre! Mit dieser Phantasie muß ich mich nicht einmal berühren: Weil es so ist, als würde es wirklich geschehen!

*

207

Es macht mich traurig, wenn ich im Fernsehen spät in der Nacht alte Kinofilme sehe und begreife, daß die Pille und die Befreiung trotz allem, was sie gebracht haben, auch die Romantik abgetötet zu haben scheinen. Die heutigen Filme zeigen Liebende nicht mehr länger vor unüberwindlichen Hindernissen, die sie nicht zusammenkommen lassen, und uns wird nicht mehr eine Szene nach der anderen angefüllt mit der bitteren Süße des Lebens präsentiert, das die Liebenden vereinigt, um sie nach einem schnellen geraubten Kuß wieder voneinander zu trennen. Heute hat James Bond nur mit der schönen blonden Spionin einen Schußwechsel, und schon liegen sie miteinander im Bett. Wenn die sexuelle Freiheit ein entscheidender Gewinn für uns war, dann muß man doch zugeben, daß sie auch einen Verlust mit sich gebracht hat: Sex ist zu locker geworden, Sex wird ohne Gefühl betrieben, das typische Merkmal unserer Zeit ist vielleicht Sex ohne Schuldgefühle. Aber es ist auch ein Sex ohne Romantik.

Manche Frauen versuchen, die Romantik, die sie in den Filmen, die sie sehen, in den Liedern, die sie singen, und in den Büchern, die sie lesen, nicht mehr bekommen, durch etwas zu ersetzen, was aus ihrem eigenen Innern kommt. Sophie schreibt, daß ihre Phantasien »romantische Tagträume – einem Kinofilm von 1940 ähnlich« sind. Während des Geschlechtsverkehrs versucht sie nicht so sehr, die erotische Intensität des Augenblicks zu steigern, sondern eher, die Zeit durch Tagträume von »einem Kaleidoskop von Farben« zu verschönern oder indem sie in einem ruhigen Strom treibt. Killie träumt von einem »Erdling«, der ihr Geliebter ist, Libbys Phantasien drehen sich um das Syndrom des »Weißen Ritter, der mich von allem hier fortholt« ...Phyllis schreibt einen Brief, den sie nie abschickt. Jede Frau in diesem Kapitel versucht auf ihre eigene Art, etwas zu ersetzen, was sie vom Leben nicht bekommt oder was sie nicht wirklich wollte, wenn sie es bekäme. Ob diese Tagträume von anderen Frauen, analerotische Erfahrungen oder sogar Sex mit Kindern handeln, es sind wahrhaft harmlose Ausflüge in die Phantasie.

Sophie

Ich habe vor kurzem Ihr Buch *Die sexuellen Phantasien der Frauen* zu Ende gelesen, und ich meine, daß Ihr Buch vielen Frauen, die glauben, daß wegen der Vorstellungen in ihrem Kopf etwas mit ihnen nicht in Ordnung ist, einen großen Dienst erweist.

Ich persönlich war jedoch von der unterschwelligen Rechtfertigungshaltung, die das Buch durchzieht, ein bißchen abgestoßen – das Gefühl, hier entschuldigt man sich für etwas, was keiner Entschuldigung bedürfen sollte, keiner Rechtfertigung, keiner Billigung, keiner allgemeiner Zustimmung etc.

Frauen haben sich, seit Eva den Apfel gegessen hat, für die Taten ihrer Körper und die Gedanken in ihren Köpfen entschuldigt. Ich fände gern nur eine einfache Feststellung vor: So sind Frauen – nimm es so hin oder laß es bleiben«, ohne ausdauernde Rückversicherung, daß »es in Ordnung ist, sich so etwas vorzustellen«.

Was mich betrifft, so sind meine Phantasien sexuell und handeln von anderen Männern, nicht von meinem Mann, gewöhnlich von Männern, die ich gerade kennengelernt habe und zu denen ich mich hingezogen fühle, oder von einem der sehr gutaussehenden Freunde meines Mannes. Aber meistens sind meine Phantasien einfache romantische Tagträume – ähnlich wie ein Kinofilm von 1940 –, das Kennenlernen oder die Begegnung, unsere Augen treffen sich, eine liebevolle Umarmung, und dann das Ausblenden. Während des Geschlechtsverkehrs sehe ich auch häufig ein Kaleidoskop von Farben, normalerweise innerhalb eines bestimmten Spektrums, etwa Schattierungen von Rot oder Schattierungen von Gelb, und manchmal fühle ich mich, als würde ich in einem ruhigen Strom treiben, dann in schnell fließendem Wasser und dann in einem Wasserfall (den sehe ich in allen unterschiedlichen Schattierungen von Blau). Es sind eher sexuelle Bilder als Phantasien, und sie erscheinen während des Geschlechtsverkehrs, im Gegensatz zu den romantischen Tagträumen, die auf meinen ausdrücklichen Wunsch hin erscheinen, wenn ich allein oder gelangweilt bin. Sie erregen mich nicht sexuell, aber es ist eine angenehme Art, sich die Zeit zu vertreiben.

Ich bin einunddreißig Jahre alt und beinahe zehn Jahre verheiratet. Wir haben zwei Kinder. Ich bin Lehrerin und schließe nebenbei ein Aufbaustudium ab. Ich würde meine Beziehung mit meinem

Mann als durchaus befriedigend bezeichnen, sexuell und auch ansonsten. Ich habe nie mit einem anderen Mann als meinem Mann Sex gehabt und habe das auch nicht vor, aber nachdem ich Ihr Buch gelesen habe, bin ich sehr neugierig darauf geworden, wie es wohl wäre, mit jemand anderem zu schlafen (daher die sexuellen Phantasien von anderen Männern, die ich anfangs erwähnt habe). Diese Neugier sieht aber eher so aus, daß ich mich frage, wie es wäre, und sie ist weniger ein aktives sexuelles Bedürfnis.

Viel Glück für Ihr nächstes Buch.

Killie

Ich habe gerade ein Exemplar Ihres Buchs *Die sexuellen Phantasien der Frauen* gekauft, und ich kann Ihnen gar nicht sagen, wie dankbar ich Ihnen bin, daß Sie es geschrieben haben. Obwohl ich immer gedacht habe, daß Masturbationsphantasien in Ordnung sind, habe ich mich wegen meiner »tagtraumartigen« Phantasien oft für regelrecht gestört gehalten.

Ich bin knapp vierundzwanzig Jahre alt, habe das College abgeschlossen und bin unverheiratet, obwohl ich immer noch mit demselben Liebhaber zusammen bin, den ich seit dreieinhalb Jahren habe. Ich war immer ein sehr phantasiebegabtes Kind, und obwohl ich in einem extrem repressiven Milieu aufgewachsen bin, blühte und gedieh mein Phantasieleben. In der ersten Phantasie, an die ich mich erinnern kann, im Alter von sechs oder sieben Jahren, stellte ich mir vor, ich wäre mit einem Schauspieler einer gewissen Fernsehwesternserie verheiratet. Ich wußte nicht, was verheiratete Leute tatsächlich »taten«, aber das Unbekannte war in meinen Phantasien immer vorhanden.

Bis vor etwa einem Jahr dachte ich, nur Schizophrene hätten ein »Phantasieleben«; das, wovon ich jetzt weiß, daß es Phantasien waren, nannte ich einfach nur »Gedanken«. Folgerichtig habe ich mich nie als einen allzu sehr sexuell orientierten Menschen betrachtet, obwohl ich in meinem ganzen Leben kaum je an etwas anderes gedacht habe.

Ich »schaue« tatsächlich – ich schaue auf Schwänze, auf Ärsche, Hände, Bärte und Haare. Ich versuche mir vorzustellen, wie ein attraktiver Mann im Bett wäre, und ich kommentiere innerlich normalerweise diejenigen, die mir nicht gefallen, und sei es nur, daß ich mir sage, wie langweilig sie wären. Ich finde erotische Literatur sehr erregend. Einige meiner Favoriten sind *Lady Chatterley, Mein geheimes Leben*, einige Gedichte von Walt Whitman, die Geschichte »Liebe im Heu« von D. H. Lawrence und »Die kleine Farm« von H. E. Bates (!). Das bringt mich auf meine Phantasie vom »Erdling«. Ich glaube, am besten ließe er sich als eine Hippie-Variante von Oliver Mellor beschreiben (dem Wildhüter in *Lady Chatterley*). Er ist stark, aber nicht übermäßig muskulös; einfach, aber nicht primitiv oder beschränkt. Er ist von sehr großem Wuchs und hat dunkles Haar und einen dichten Bart. Wenn er mich hält, fühle ich mich vollständig eingehüllt (im Gegensatz zu meinem wirklichen Geliebten, der etwa meine Größe hat). Wir machen Liebe in blumenübersäten Wiesen und dicken, dichten Pinienwäldern auf einem Waldboden voller Farnkraut. Ich kann beinahe das feuchte Grün riechen, das samtige Moos und die raschelnden Blätter neben uns fühlen. Manchmal stelle ich mir vor, daß wir es im Regen treiben. Ich mag das wirklich. (Seit meinen drei psychedelischen Erfahrungen – zweimal LSD, einmal Meskalin – sind solche Details in meinem sinnlichen Leben sehr wichtig geworden.) Mein »Erdling«-Liebhaber ist im Sinne von Dreck nicht schmutzig, aber er ist ungewaschen. Der Geruch von ungewaschenen Achselhöhlen und besonders von ungewaschenen Eiern und einem ungewaschenen Arsch törnt mich sehr an. Ich bin keine ausgeprägte Persönlichkeit in diesen Phantasien – nicht eine Art »Erdmutter« –, sondern einfach nur ich selbst. Er hat volle, sinnliche Lippen, und ihn langsam zu küssen, ist köstlich. Seine Hände sind stark, aber gut geformt, und ich sehe sie vor mir, wie sie mich streicheln. (Ich sehe mich gern als eine Gestalt auf einem Bild von Renoir an, obwohl das heute nicht gerade in Mode ist.) Wenn wir ficken, liegt er oben, oder wir liegen auf der Seite, aber ein großer Teil der Phantasie widmet sich dem Streicheln und dem Schmusen.

Ihr Kapitel über das Ausleben von Phantasien ist interessant, weil ich vor ungefähr einem Jahr meinen perfekten »Erdling« kennenlernte. Ich ging am ersten Tag am College in einen Kurs, und da war er. Ich hatte schon eine undeutliche Vorstellung meines Phantasiemannes, aber nachdem ich Stan gesehen hatte, nahm die Phantasie wirklich Gestalt an. Ich habe den Kurs nur gut zwei Monate lang besucht, aber es war die reinste Qual. Sollte ich es »ausleben« oder nicht?! Ich bekundete mit ein paar kleinen Gesten mein Interesse, und ich glaubte, ich hätte eine positive Reaktion von ihm gesehen, aber ich hatte nicht den Nerv, etwas wirklich Kühnes zu tun, und dann war der Kurs vorbei, und ich zog sehr schnell danach fort. Leider – aber vielleicht ist es besser so. Ich habe immer noch meine Träume, und das ist wahrscheinlich besser als die reale Person, besonders, wenn es heißt, daß ich es hinter dem Rücken meines derzeitigen Freunds getan hätte. Es überläuft mich immer noch ein Schauer, wenn ich einen Typen sehe, der wie mein »Erdling« aussieht. Bis ich Ihr Buch gelesen habe, dachte ich, daß es irgendwie unreif oder meinem Freund gegenüber eine Untreue ist, aber jetzt fühle ich mich sehr viel besser.

Ich habe eine zweite Phantasie, die vor sehr kurzer Zeit erst an die Oberfläche gekommen ist und die ich selten zur Masturbation benutze: Normalerweise sind das nur Tagträume. Es ist die Verführung eines jungen Knaben. (Es hat vielleicht etwas zu sagen, daß ich ein Einzelkind bin – ich habe keine Brüder). Der Junge ist zwischen vierzehn und sechzehn, und er ist zart und geschmeidig, aber kein Schwächling, und er hat langes, welliges, wehendes blondes Haar. Er hat sehr wenig Körperbehaarung und nur einen schwachen Ansatz von Bartwuchs. Er ist jungfräulich, und ich muß ihm alles beibringen, sogar das Küssen. Aus Mangel an Erfahrung ist er schüchtern, aber er ist beinahe verrückt vor Geilheit, und ich befriedige ihn zuerst mit meiner Hand, nach einem ausführlichen Vorspiel. Er kann nicht genug bekommen und ich auch nicht. Ich bringe ihm verschiedene Positionen bei – eine gute für den Anfang ist die, daß er auf dem Stuhl sitzt und ich mit gespreizten Beinen auf ihm sitze. Ich habe alles unter Kontrolle, und ich zeige ihm alle Formen der Lust, die ich kenne; seine Erektion erneuert sich immer wieder. Nach einer wilden, unersättlichen Nacht schlafen wir endlich ein – er sieht wie ein junger Engel aus, wie er erschöpft und schwitzend mit seiner zerzausten blonden Mähne und seinem jungen, nassen, schlappen Schwanz neben mir liegt. Ich fühle mich sehr alt und weise (und sehr befriedigt!).

Ich habe mich dabei ertappt, auch das ansatzweise ausleben zu wollen, als ich vor kurzem begann, mit Kindern der sechsten Klasse zu arbeiten. Das ist für meinen Geschmack ein bißchen jung, aber einige der Jungen waren reif genug, um eine kleine Wölbung in ihrer Hose aufzuweisen. Ganz besonders einer fesselte meine Phantasie, und ich fing an, ihn zu bitten, während der Freizeit allein in das Klassenzimmer zu kommen, um mir bei künstlerischen Projekten zu helfen. Er war nicht ganz so wie mein liebster Phantasie-Junge, aber er reizte mich trotzdem, und ich mußte mich wirklich zurückhalten. Ich vermute, Frauen über achtzehn können dafür gerichtlich belangt werden. Vielleicht probiere ich es eines Tages in einer menschlicheren Umgebung als der einer Grundschule aus. Ich betrachte es als einen Akt der Wohltätigkeit, einem Jungen eine gute, gesunde und liebevolle Einführung in den Sex zu geben. Der erste Geschlechtsverkehr ist normalerweise ganz schön beschissen. Aber nebenbei törnt es mich an.

Ich war von Ihrer Äußerung überrascht, nur wenige Frauen hätten Phantasien, einen Jungen zu verführen. Ich dachte, das sei weitaus üblicher. Ich vermute, man stellt sich gern vor, daß man zur breiten Masse gehört.

Ich hoffe, daß ich diese Phantasien für mich nicht unbrauchbar gemacht habe, weil ich sie Ihnen offenbart habe. Ich glaube, es ist zu spät, um sich darüber noch Gedanken zu machen; falls ich mir den Spaß an meinen Phantasien damit verdorben haben sollte, bin ich sicher, daß mir neue einfallen werden.

Wenn ich sie nicht total verdränge, habe ich nie masochistische, lesbische oder Tierphantasien gehabt. Es hat ein paar Frauen gegeben, die ich gerne angeschaut habe, weil sie weich und rund waren (wieder meine »Renoir-Obsession«) und etwas Wohliges ausgestrahlt haben (wie der Geruch von Zimtbrötchen im Ofen). Aber ich habe kein Bedürfnis nach genitalem Sex mit einer Frau. Mein Geliebter ist jedoch bisexuell.

Noch einmal meinen Dank für Ihr Buch und Ihre weiteren Recherchen!

Libby

Ich schreibe, nachdem ich Ihr Buch *Die sexuellen Phantasien der Frauen* gelesen habe. Ich bin zwanzig Jahre alt, weiß, Mittelschicht, und in einer, wie ich glaube, guten Art halbverrückt. Wie auch immer, ich lebe mit einem Mann zusammen, den ich jetzt beinahe ein

Jahr kenne. Er ist ein guter Liebhaber, der beste, den ich je gehabt habe, und ich bin in seinen Armen befriedigt und zufrieden. Ich phantasiere nicht, wenn ich masturbiere oder wenn ich ficke. Ich phantasiere, wenn mein Freund zu Hause ist, wir aber noch nicht zusammen sind.

Ich kann all meine Arbeit tagsüber erledigen und meine »kreativen Ventile« auch tagsüber finden, und deshalb bin ich empfänglich für Gespräche, Liebe etc. Mein Geliebter arbeitet jeden Tag sehr hart im Büro, und wenn er nach Hause kommt, ist er bereit, den Text für seine Prüfung, die er ablegen will, zu lesen, und/oder unten im Laden zu arbeiten. Er schließt mich nie von seinen Aktivitäten aus, und tatsächlich unterstützt er mich sogar in meinem Interesse, aber an manchen Tagen ist mir wirklich nur danach, mit ihm zu schlafen. Manchmal spielen wir Verführungsspiele, aber normalerweise, wenn ich gerade lese, phantasiere ich, daß er mir das Buch aus der Hand reißt und mich ins Schlafzimmer trägt, daß er mich auszieht und mich auf dem Küchenfußboden bumst oder daß er den Stecker der Nähmaschine rauszieht und sich auf meinen kleinen Körper stürzt. Was diese eine Phantasie so schön macht, ist, daß sie eher geschehen kann, als man es erwartet. Ich bin in beinahe jedem Raum des Hauses geliebt worden (ich kann das Badezimmer empfehlen), und wenn es dann geschah, habe ich immer gehofft, daß es geschehen würde. Ich glaube, das ist die grundlegendste und normalste Phantasie – das Syndrom vom edlen weißen Ritter, der mich aus allem rausholt – aber ich dachte, ich schreibe sie einfach auf und schicke sie ein. Viel Glück.

Phyllis

Liebste Jennie: Sogar nach mehr als einem Tag bin ich von unserer gemeinsamen Erregung noch so erregt, daß ich es dir mitteilen muß. Obwohl wir beide Frauen sind, war es doch eine süße wunderbare Liebe, die wir eine kurze Stunde lang genossen haben.

Du bist wirklich wundervoll, mein Liebling, mit deiner seidenweichen, schimmernden Haut und der großartigen Figur. Ich mochte es, dich am ganzen Körper zu riechen und anzufassen, und ich bekam eine beinahe verzweifelte Lust darauf, als wir immer intimer wurden. Wie deine festen, bebenden Brustwarzen sich aufrich-

214

teten, als ich sie küßte! Nie werde ich ihre leicht rauhe Beschaffenheit vergessen, als ich der Reihe nach an ihnen knabberte. Und dann, als du murmeltest, daß ich meine Finger hinunter in den Spalt deines Hinterns gleiten lassen sollte. Süße, dein kleines Loch da ist so weich und doch so eng, so feucht und riecht nach Moschus. Und es erregte dich wirklich, nicht wahr, als ich mit der Fingerspitze eindrang? Mein Finger fühlte sich auch gut, als er dort in dir war.

Aber natürlich war es deine heiße süße Fotze, die mich wirklich verrückt machte. Es macht dir doch nichts aus, wenn ich sie deine Fotze nenne, oder? Obwohl ich glaube, daß einige Frauen es als ein vulgäres Wort empfinden, glaube ich nicht, daß irgend etwas an dir vulgär sein könnte, und wenn ich an dein großes Loch denke, ist es für mich deine Fotze. Und ach, Honey, wie sich ihr inneres Fleisch öffnete, als meine Finger durch deinen Schlitz fuhren. Du mochtest es, wie ich dich streichelte, nicht wahr? Natürlich mochtest du es, das habe ich doch daran gemerkt, wie du dich gewunden und gestöhnt hast.

Und dann als mein Mund sich direkt nach unten bewegte. Das viele Haar und das weiche Fleisch. Der wunderbare Geruch von dir und der erregende Geschmack deiner Flüssigkeit, die in meinen Mund sickerte. Und – ich nehme an, daß das schrecklich von mir ist, aber ich konnte nicht anders – ich liebte es, meine Nase gegen deine kleine Toilette in deinem Hintern zu drücken und die kräftige Würze zu riechen. Ich hätte dich am liebsten überall geleckt und alle Flüssigkeiten und Substanzen deines Körpers hinuntergeschluckt. Ich liebe alles an dir!

Es stimmt natürlich, Liebste, daß du mir nicht so viel zurückgegeben hast. Ich habe gemerkt, daß du zu sehr erregt warst und daß alles zu schnell passiert ist. Schon allein deine Hände auf mir waren genug, die Berührung deiner Finger, die so weich, warm und liebevoll war. Und du bist doch ein bißchen in mein Loch eingedrungen und hast meine Möse ganz oben gekitzelt, da, wo es so gut tut. Ich bin phantastisch gekommen, als du das getan hast. Als ich fühlte, wie du dich angespannt hast, und als ich deine erstickten Seufzer hörte, als du dich mit deiner Fotze über mich kauertest und sie an meinem Mund riebst, wußte ich, daß du einen sehr starken Orgasmus hattest, und meine eigene Möse entflammte in Ekstase. O Liebling, es war alles wundervoll, und ich werde es nie, nie vergessen.

O Jennie, laß mich noch einmal und zwar schon bald an deiner süßen, kleinen Fotze saugen. Tust du das, Liebste? Bitte!

Die Schreiberin des obigen Briefes beschloß ihn mit einem P.S., das an mich gerichtet war.

»Liebe Nancy Friday«, schrieb sie, »ich habe den beigefügten Brief nie abgeschickt, weil der beschriebene Vorfall sich nie ereignet hat und Jennie entsetzt wäre, wenn sie von meinen Gefühlen ihr gegenüber erführe. Es ist ein Phantasiebrief über eine phantasierte Erfahrung. Aber ich habe festgestellt, daß mir alles realer erscheint, wenn ich es so schreibe.

Marilyn

Ich bin gerade dabei, Ihr Buch *Die sexuellen Phantasien der Frauen,* das ich sehr gut und ehrlich finde, zu Ende zu lesen. Ich bin achtzehn und habe ein durchschnittliches Sexualleben, aber ich kann es auch eine Zeitlang ohne das aushalten.

Ich habe Ihr Buch kürzlich an einem Flughafen entdeckt, nachdem ich meine Schwester besucht habe (sie ist dreiunddreißig) und sie mir erzählte, daß sie Nutte geworden ist. Ich war schockiert, weil ich sie immer geliebt und zu ihr aufgesehen habe. Wegen des Altersunterschieds ist sie praktisch immer eine zweite Mutter für mich gewesen.

Mein Freund Howie hat kürzlich entdeckt, daß ich Ihr Buch gelesen habe, und nachdem er es überflogen hatte, bat er mich darum, es ihm auszuleihen. Einige Abende später, als er zu mir nach Hause kam, hatte er einen Freund dabei, der Dave hieß. Außerdem war eine Freundin von mir da. Howie bat Dave, ein paar Phantasien laut vorzulesen. Es war mir schrecklich peinlich, aber nach einer Weile verging das. Vielleicht hat mir das Mut gemacht, Ihnen diese Phantasie zu schicken, die ich gern in Ihrem nächsten Buch veröffentlicht sehen würde.

Ich habe eine eineinhalb Jahre alte Nichte, die ich sehr liebe. Ich sitze manchmal mit ihr zusammen, wenn ihre Mutter zu tun hat. Ich liebe sie so sehr, daß ich häufig daran denke, daß ich gern an ihr Cunnilingus ausüben würde. Sie liegt nur so da und gluckst und lacht sehr glücklich vor sich hin. Sie mag es, wenn ich sie anfasse und mit ihr spiele. Ich stelle mir gern ihr kleines glückliches Lächeln vor, das zu sehen wäre, wenn ich mein Gesicht nur zwischen ihre kleinen Beine legen und sie lecken würde. Sie ist zu jung, um zu bemerken, daß es irgend etwas anderes sein könnte, als mit ihren Fingern und Zehen zu spielen, und ich würde sie gern auf diese Weise glücklich machen.

Meine liebste andere Phantasie ist von einem früheren Verlobten. Wir haben ein paar Mal gevögelt, und es war die schönste und genüßlichste Zeit, die ich je erlebt hatte. Vielleicht lag es daran, daß ich mich sicher fühlte. Wir kannten uns sehr lange, und wir waren ineinander verliebt. Jedenfalls habe ich, nachdem wir auseinandergingen (ich liebe ihn immer noch), mit einem anderen Typen geschlafen, aber ich habe mir immer dabei vorgestellt, daß der Typ, mit dem ich im Bett war, mein Ex-Verlobter war. Sogar wenn ich einmal überhaupt nicht in der Stimmung bin, Sex zu machen, muß ich mich nur an das Gesicht meines Verlobten erinnern und mir vorstellen, daß er derjenige ist, der mich küßt, und sofort komme ich zum Orgasmus. Machen Sie mit Ihrer guten Arbeit weiter.

Moreen

Zuerst möchte ich sagen, daß Ihr Buch *Die sexuellen Phantasien der Frauen* toll zu lesen war; es ist wirklich an der Zeit, daß jemand die sexuellen Phantasien von Frauen veröffentlicht.

Meine eigene besondere Phantasie setzte vor einigen Jahren ein, als ich in das Krankenhaus, in dem ich als Krankenschwester arbeitete, eingewiesen wurde. Es gab zwei Ärzte, die täglich kamen, um mich zu untersuchen. Sie waren beide arrogant und dominierend in ihrer gespreizten Art. Wenn sie mich untersuchten, ließen sie mich das Nachthemd ausziehen und amüsierten sich großartig, während sie mich an den intimsten Stellen meines Körpers betasteten.

Nachdem sie den Raum verlassen hatten, stellte ich mir vor, daß sie die Patienten waren und ich die Schwester, die sie betreute. Meine erste Anordnung war, daß sie sich die Kleidung ausziehen und sich die im Rücken offenen Krankenhaushemden ausziehen sollten, während ich jede ihrer Bewegungen beobachtete. Als nächstes legte ich sie auf den Untersuchungstisch und schnallte ihre Beine auf den Metallbügeln des Tischs fest. In dieser Position hatte ich einen phantastischen Ausblick auf ihre Hintern und Geschlechtsteile. Da ich einen kurzen Rock und nichts darunter trage, beuge ich mich andauernd vor, um mich ihnen zu zeigen und riesige Erektionen hervorzurufen. Nachdem ich einen gut angefeuchteten behandschuhten Zeigefinger in ihre Ärsche gesteckt habe, masturbiere ich beide so lange, bis sie ejakulieren. Inzwischen flehen sie mich an weiterzumachen; da es mein oberstes Ziel ist, sie in Verlegenheit zu bringen, beschließe ich, beiden gleichzeitig einen guten Seifenlaugeneinlauf zu verpassen. Nachdem ich die längsten, dicksten Rektalröhren, die ich finden kann, aufgespürt habe, führe ich sie ihnen langsam ein, bis sie erneut eine Erektion bekommen. Als das warme seifige Wasser ihre Ärsche füllt, masturbiere ich beide bis zu dem Punkt ihrer Ejakulation. Kurz bevor sie kommen, entferne ich schnell die Rektalröhre und erlöse sie, um ihren Einlauf auszutreiben. Ich lache, als beide zur Toilette rennen und im Laufen Samen verspritzen.

Ich sollte erwähnen, daß ein Teil der Phantasie Wirklichkeit wurde, als ich unserem zuständigen Arzt mehrere Reinigungseinläufe geben mußte. Er war der dominierende Typ, der wenig oder keinen Respekt vor Krankenschwestern hatte. Glauben Sie mir, er bekam den Einlauf seines Lebens; er ist unter den Krankenschwestern als der HHH-Einlauf bekannt – heftig, heiß und höllisch viel.

Ich wünsche Ihnen alles Glück für Ihr neues Buch.

Janet

Ihr Buch *Die sexuellen Phantasien* ist wirklich toll. Mein Mann ist Bibliothekar und brachte es mir mit nach Hause. Ich konnte es kaum aus der Hand legen, als ich begonnen hatte, es zu lesen.

Ich phantasiere andauernd und in unterschiedlichem Ausmaß. Immer wenn ich ein Bild von Terry Thomas oder einem Mann mit einer Lücke zwischen den Vorderzähnen sehe, frage ich mich, wie es wäre, wenn ich während des Liebesspiels meine Brustwarze zwischen diese Vorderzähne stecken würde.

Die anderen sexuellen Tagträume außer dieser speziellen Phantasie sind in Ihrem Buch *Die sexuellen Phantasien* sehr gut erfaßt worden. Ich habe nicht mit anderen Frauen über meine Phantasien gesprochen, habe aber immer angenommen, daß »es jede tut«.

Ich bin dreißig, arbeite als Sekretärin und lebe von meinem Mann getrennt, der unseren zwei Jahre alten Sohn aufzieht. Wir haben mit anderen Personen sexuelle Beziehungen, aber ich habe nie mit jemand anderem als mit meinem Mann Spaß daran gehabt. In meinen Phantasien beobachte ich entweder zwei Fremde, die miteinander Liebe machen oder meinen Mann, der mit einer anderen Frau schläft.

Lucia

Ich habe Ihr erstes Buch gelesen und fand es ganz ausgezeichnet. Es heißt, daß Sie ein weiteres Buch in Vorbereitung haben, und deshalb habe ich beschlossen, Ihnen meine Phantasie zu schreiben.

Ich phantasiere von Männern und Frauen, aber meistens von Frauen. Ich weiß nicht warum, aber aus irgendeinem Grund törnt mich die Vorstellung, mit einer anderen Frau zusammenzusein, an. Ich bin nicht lesbisch, und tatsächlich bin ich seit einigen Jahren mit jemandem zusammen, den ich liebe. Ich habe nie jemandem von diesen Phantasien erzählt. Sie sind der erste Mensch.

Meine liebste Phantasie handelt von einer Avon-Verkäuferin. Ich lebe in einem Apartment, und eines Tages steht eine Avon-Verkäuferin an der Tür. Sie hat sehr große Titten und einen schlanken Körper. Wir setzen uns und sprechen eine Weile über Kosmetik. Dann fängt sie an, mir Body-Lotion auf ein Bein zu reiben. Ihre Hand bewegt sich langsam aufwärts, bis sie meine Möse erreicht. Ich kapiere und fange an, mit ihren Titten zu spielen. Wir ziehen uns gegenseitig aus, und sie fängt an, es mir mit dem Mund zu machen. Dieser Teil erregt mich am meisten, und der Rest der Phantasie besteht daraus, daß sie mich so lange leckt, bis ich einen Orgasmus habe.

Ich weiß, daß ich das nie wirklich tun würde, aber wenn es das ist, was mich antörnt, warum soll ich dann nicht daran denken? Ihr erstes Buch hat mir klargemacht, daß daran nichts ist, wofür ich mich schämen muß, und jetzt fühle ich mich danach nicht mehr schuldbewußt.

Danke, daß Sie mich angehört und verstanden haben. Ich hoffe, daß Sie das in Ihrem zweiten Buch gebrauchen können. Ich freue mich darauf, es lesen zu können.

Lilly

Meine Tagträume sind immer dieselben, aber jedesmal werden die sexuellen Teile wilder. Ich träume immer, daß ich es mit dem besten Freund meines Freundes mache. Immer wenn ich ihn sehe, sind die Träume wirklich gut, aber wenn ich allein bin, befriedigen sie mich auch.

Immer, wenn wir drei irgendwohin ausgehen, träume ich, daß ich neben ihm sitze. Ich streichle ihn immer dann, wenn mein Freund nicht hinsieht. In meiner Vorstellung ziehe ich diesen Typen langsam aus und starre auf seine Eier. Nach einer Weile bemerkt der Typ, daß ich ihn anstarre, und er weiß, was ich will. Irgendwie schaffen wir es, von meinem Freund wegzukommen, und egal, wo wir sind, dieser Typ und ich finden eine kleine Dachstube. Wir machen nur schöne Dinge miteinander, aber wir reden überhaupt nicht miteinander, nur psychedelische Musik spielt langsam. Dann, als wir wirklich in Fahrt kommen, sehe ich sein Gesicht nicht mehr, sondern nur breite Schultern und einen schönen Bauch. Wir befriedigen uns gegenseitig, wie es kein anderer Liebhaber je zuvor getan hat, und wenn es vorbei ist, ziehen wir uns an, drehen die Musik ab und fangen an zu reden, als wären wir nur Freunde (obwohl wir das noch nicht einmal sind).

(Ende des Traums.)

Ich träume das immer wieder, und immer von demselben Typ, aber es bringt mich nicht aus der Fassung, daß ich ihn im wirklichen Leben nicht haben kann. Ich habe Angst, daß er mich nicht so sehr befriedigen kann, und dann wäre mein Traum zerstört. Trotzdem sehne ich mich manchmal nach seinem Körper, und das bringt mich durcheinander.

Wilma Jean

Danke für das phantastische Buch. Ich habe gerade *Die sexuellen Phantasien der Frauen* zu Ende gelesen. Es hat mich angetörnt, aber ich habe auch gelacht und geweint. Es ist so traurig, daß sich so viele von uns gezwungen fühlen, unsere Phantasien und unsere Sexualität zu verstecken oder zu entschuldigen.

Ich bin fünfundzwanzig und Mutter von zwei Kindern. Ich passe in ein paar Ihrer Kategorien der verschiedenen Arten von Phantasien. Ich phantasiere beinahe andauernd; ich masturbiere, seit ich zwölf bin, und ich bin seit dem Alter von neun Jahren wirklich an Sex interessiert. Meine Eltern haben mir nie etwas über Sex erzählt, und sie haben sich zueinander immer kühl verhalten. Das verstärkte meine Neugier.

Mein Mann und ich stehen wirklich total auf oralen Sex. Ich bin überrascht, daß das so vielen Mädchen, die ich kenne, nicht gefällt. Ich tagträume, daß ich an anderen Mädchen Cunnilingus ausübe. Die Gelegenheit hat sich nie ergeben, aber ich glaube, ich würde darauf abfahren.

Ich würde es wirklich gern mit anderen Typen machen. So viele Typen, die ich sehe, törnen mich an. Ich denke tagsüber viel an Sex. Eigentlich mag ich alle Aspekte am Sex, die mir Lust bereiten. Ich werde nie verstehen, weshalb die Leute ewig Urteile übereinander fällen müssen. Wenn sie mir damit nichts tun, dann sage ich – laß sie sich doch vergnügen!

Ich freue mich auf Ihr nächstes Buch. Viel Glück. Noch einmal danke.

Kapitel 6

Masturbation

Eine der Freuden bei meiner Arbeit an diesem Buch ist die, den Beweis für die große Veränderung zu erhalten, die sich in den Jahren, in denen ich meine Recherchen für *Die sexuellen Phantasien der Frauen* vervollständigt habe, unter den Frauen vollzogen hat. Die meisten Briefe, die ich heutzutage erhalte, weisen das Fehlen von Schuldgefühlen und einen reinen Überschwang in der Sexualität als einer der Freuden des Lebens auf, zu denen jede Frau ermächtigt ist. Der große Unterschied zwischen den Frauen in diesem Buch und denen in *Die sexuellen Phantasien der Frauen* ist der, daß die meisten derjenigen, die kürzlich geschrieben haben, das erste Buch gelesen haben. »Als sie feststellen konnten, daß ihre sexuellen Phantasien nicht irgendwelche sonderbaren Vorstellungen sind, die nur sie allein haben«, sagte vor kurzem ein befreundeter Psychiater zu mir, »sondern tatsächlich sehr weit verbreitet und von einer so hinreichenden Wichtigkeit, daß sich deren Veröffentlichung in einem Hardcover-Buch lohnt – das war für die Frauen die große Absicherung, die es ihnen erlaubt hat, dir ihre wildesten Phantasien zuzuschicken.«

Ich glaube, daß das teilweise stimmt, aber ich glaube, daß die Frauenbewegung ein viel wichtigerer Faktor ist, der ein neues Gefühl von Freiheit in unser Leben eingebracht hat. Viele Frauen haben mir geschrieben, daß sie, lange bevor sie *Die sexuellen Phantasien* gelesen haben, angefangen haben, ihre Phantasien mit ihren Männern zu teilen. Beinahe ausnahmslos fügen sie hinzu, daß sie nicht verstehen können, weshalb sich Männer von meiner Arbeit abgestoßen fühlen, weil sie persönlich festgestellt hatten, daß ihre Männer ihre Phantasien immer als absolut antörnend empfanden. Wenn so viele Frauen und Männer sich mit sexuellen Phantasien befaßt haben, ehe *Die sexuellen Phantasien* veröffentlicht wurden, ist es nicht bloße Bescheidenheit, die mich den Verdienst ausschlagen läßt, den mir der befreundete Psychiater anrechnen wollte. Wir leben tatsächlich in einem neuen Zeitalter.

Es ist kein Zufall, daß einer der traurigsten Briefe, die ich erhielt, von einer Frau stammt, die einer anderen und älteren Generation angehört als die Mehrheit derer, deren Beiträge in meinem Buch versammelt sind. Emma ist fünfundvierzig, und ihr Brief erinnert uns daran, daß Frauen erst vor kurzem angefangen haben, aus der jahrhundertealten Last von Schuld und Repression aufzutauchen, die die Gesellschaft der sündigen Eva und ihren Nachkommen aufgebürdet hat. Für einige Frauen ist die Befreiung zu spät gekommen.

Emmas Brief zeigt eine Mischung aus Hoffnung und Niederlage, die mich tief ergreift. Dort ist die Rede von Frustration und Verzweiflung, von einem Leben, das weitgehend vergeudet worden ist, und das aus keinem anderen Grund als dem, daß Emma glaubt, die Gesellschaft und die Religion wollten es so haben. »Geben Sie bitte nicht preis, woher ich komme«, beginnt ihr Brief, und Furcht und Sorge sprechen aus ihren allerersten Worten. »Mein Psychiater hat mir empfohlen, Ihr Buch *Die sexuellen Phantasien der Frauen* zu lesen. Ich habe es langsam gelesen, um daraus zu lernen. Ich wünschte, ich wäre so wie die Frauen, über die Sie geschrieben haben. Ich wünsche mir besseren Sex. Ich glaube, ich bin frigide ...«

Später in ihrem Brief gibt uns Emma einen Hinweis darauf, wer in der Familie wirklich frigide sein könnte: »Mein Mann und ich«, schreibt sie, »kommunizieren nicht miteinander. Er ist der Chef, und für ihn sind Frauen dumm und den Männern unterlegen.«

Ich habe viele Briefe von Frauen erhalten, die mir wie Emma berichteten, *Die sexuellen Phantasien* sei ihnen von ihren Psychiatern in der Hoffnung empfohlen worden, daß sie darin unterstützt würden, zu masturbieren. Das wurde nicht nur um der Erregung und der Entladung durch die Masturbation willen vorgeschlagen (von der ich wie die meisten Psychiater glaube, daß sie für sich genommen einen uneingeschränkten sexuellen Wert besitzt und eine ganz eigene Form der Erfahrung darstellt), sondern auch als ein Schritt in Richtung Orgasmus und dessen Erprobung.

Während Emma ihr Sexualleben vielleicht als verkümmert empfindet, weil ihr so wenig sexuelle Stimulation angeboten wird, ist es ironischerweise wahr, daß sich viele Frauen heute in gleicher Weise als frustriert empfinden, weil sie anscheinend von allen Seiten von Sex umgeben sind und doch keine Form von Sex darunter ist, die sie akzeptieren könnten. Da wir jetzt allmählich auf den Gedanken kommen, daß wir Frauen existieren und uns selbst ein Urteil bilden können, werden wir immer wählerischer in bezug auf denjenigen, mit dem wir ins Bett gehen. Die Zeiten, in denen wir glaubten, wir müßten uns jedem geben, der darum bittet, sind vorbei. Etwas Besonderes zu sein hat jedoch seinen Preis. Besondere Frauen wollen besondere Männer. Es gibt nicht so viele davon. Frustration ist die Folge, und die Masturbation ist die häufigste Antwort. Den Abend zu Hause zu verbringen und zu masturbieren, wenn die Begierde zuschlägt, ist vielleicht eine einsame Form von Sexualität, aber es ist immer noch besser, als mit irgendeinem alten Mann auszugehen, nur weil er ein Mann ist. Und es ist mit Sicherheit bei weitem besser, als mit ihm zu vögeln, und das nur, weil er einem das Abendessen bezahlt hat.

Viele Frauen haben geschrieben, daß sie, wenn sie ihrer eigenen sexuellen Phantasien müde sind oder sie inzwischen selbst langweilig finden, *Die sexuellen Phantasien* aufschlagen, um die Stimulation durch die erotischen Träumereien anderer Frauen zu finden. Einige sagen, daß *Die sexuellen Phantasien* »nichts weiter als eine Wichsvorlage« seien. Ich finde diese Beschreibung nicht anstößig. Einerseits hoffe ich, daß das Buch wertvoller ist als das, was diese herabwürdigende Bezeichnung aus ihm zu machen versucht, aber andererseits freut es mich auch, daß es diesen menschlichen und notwendigen Dienst leisten kann. Obwohl uns Venice erzählt, daß sie in sexueller Hinsicht »liberal« aufgewachsen ist, fühlt sie sich nicht frei genug, um mit der Hand zu masturbieren, selbst dann nicht, wenn sie in Stimmung dazu ist. Sie sagt, daß es bloß »eine mechanische Angelegenheit« für sie war, das Badewasser aus dem Hahn über ihre Klitoris strömen zu lassen, »lang genug (eine halbe bis ganze Stunde), um mich zu entladen...« Erst als sie *Die sexuellen Phantasien der Frauen* las, bemerkte sie, daß das, was sie vor allem vermißt hatte, um gegenüber der Masturbation empfänglich zu werden, »Phantasie ist! ...Nichts übertrifft die Phantasie«, steht in ihrem Brief. »...Ich habe endlich die Spitze des Eisbergs meiner eigenen Phantasie erkannt.«

Gibt es einen besseren Weg, unsere eigenen sexuellen Reaktionen zu erfahren, als den, mit unseren Wünschen und Begierden zu experimentieren, wenn wir mit uns allein sind? Viele Frauen haben mir geschrieben, daß sie nicht in der Lage sind zu phantasieren; ich glaube wirklich daran, daß das genau die Menschen sind, die die meiste Hilfe benötigen, um erfolgreich masturbieren zu lernen. Masturbation ohne Phantasie ist zu einsam.

Es ist wenig verwunderlich, daß so viele Frauen *Die sexuellen Phantasien* als hilfreich empfanden. Aus diesen privaten Begegnungen mit uns selbst lernen wir das Selbstvertrauen, das für wirklich guten Sex mit anderen eine notwendige Voraussetzung ist. »Masturbation tut einem gut«, schreibt Dorothy mit einem tieferen angeborenen Wissen, als ihre Sprache ausdrückt, »denn wenn ein Mensch sich selbst so ein Gefühl verschaffen kann, kann man sich vorstellen, wieviel besser es sein muß, wenn es dir ein anderer Mensch macht.«

Unsere befreite Frau schreibt uns, daß sie ein Kind hat und seit mehr als zwei Jahren verheiratet ist, aber nie einen Orgasmus hatte. Obwohl sie Sex immer genossen hat, sagt sie, geschah es erst, als sie entschied, daß »es höchste Zeit war, mich selbst zu einer echten (Orgasmus-) Reaktion zu erziehen«, daß sie begann, sich sexuell besser zu verstehen.

Wenn das Studium der Menschheitsgeschichte allzu häufig eine Aneinanderreihung aktenkundiger Verbrechen, Verrücktheiten und Katastrophen aufweist, ragt das nahezu universelle Vorurteil gegenüber der Masturbation vielleicht als einer der größten Verursacher von unnötigem Leid, Qualen und Schuldbewußtsein heraus. Es ist immer wieder sowohl medizinisch als auch wissenschaftlich bewiesen worden, daß Masturbation wirklich keine schädliche Auswirkung auf die Seele oder den Körper hat – es sei denn, man bezeichnet es als »schädlich«, sich lebendig und stimuliert zu fühlen. Andererseits fand Kinsey in seinen umfangreichen Recherchen heraus, daß Menschen, die in einem früheren Alter als andere anfangen zu masturbieren, später ein viel vitaleres Sexualleben führen und ihre sexuellen Aktivitäten noch lange betreiben, nachdem der Durchschnittsmensch sie längst vollständig eingestellt hat. Die Aussage ist klar: Es besteht eine positive Verbindung zwischen Masturbation und sexueller Vitalität, die weit davon entfernt ist, schädlich zu sein.

Man sollte meinen, wenn wir dem großen weiblichen Imperativ gemäß jungfräulich bleiben müssen, bis wir heiraten, würde die Gesellschaft den Frauen vielleicht die Masturbation als eine Form von intimer, harmloser Entladung ohne jedes Risiko einer unerwünschten Schwangerschaft gestatten. Unnötig zu sagen, daß gerade das Gegenteil der Fall ist. Jungen Mädchen werden andauernd Predigten gegen den vorehelichen Sex gehalten, aber Masturbation wird dabei noch nicht einmal erwähnt – es ist ein Thema, das für Frauen so tabu ist, daß Mutter noch nicht einmal das Verbot aussprechen kann.

Zu meinem Bedauern muß ich sagen, daß wir Frauen uns diesbezüglich noch nicht einmal untereinander helfen, wenn wir erwachsen sind. Freundinnen haben wir bereitwillig die außergewöhnlichsten Seitensprünge gestanden – Affären und Eskapaden, die sie in die Zeitungen gebracht hätten, wenn nicht gar ins Leichenschauhaus, wenn sie entdeckt worden wären. Sie haben mir diese Geschichten mit einem leisen Lächeln des Stolzes erzählt, mit einer Pose des Selbstvertrauens, die Bewunderung erwartete. Aber nur die in sexuellen Dingen unverblümtesten meiner Freundinnen haben Masturbation je auch nur erwähnt, und das auch nur, wenn ich das Thema zur Sprache gebracht habe. Es ist immer noch das größte Tabu von allen.

Da sich sexuelle Phantasien meistens von der verbotenen Süße eines gebrochenen Tabus herleiten, bin ich über Norannas Brief über die Lust an der Masturbation, während sie von einem Freund beobachtet wird, nicht erstaunt – es erstaunt mich weit eher, daß ich nicht mehr solche Briefe wie ihren erhalten habe. Sie hat sich das in ihrer Phantasie ersonnen und dann in die Realität umgesetzt, und doch erinnert sie sich lieber an die Phantasie.

Emma

Geben Sie bitte nicht preis, woher ich komme. Mein Psychiater hat mir Ihr Buch *Die sexuellen Phantasien der Frauen* empfohlen. Ich habe es langsam gelesen, um daraus zu lernen. Ich wünschte, ich wäre wie die Frauen, über die Sie geschrieben haben. Ich wünsche mir besseren Sex. Ich bemühe mich darum. Ich glaube, ich bin frigide, aber ich habe das Verlangen nach gutem Sex. Ich würde mich freuen, wenn irgendeine dieser Phantasien, von denen ich gelesen habe, sich in meinem realen Leben verwirklichen würde (außer denen mit den Peitschen und den anderen schmerzhaften).

Die folgenden Fakten sind wahr. Ich bin fünfundvierzig Jahre alt (mein Mann auch), und wir sind seit achtundzwanzig Jahren verheiratet. (Wir haben zu jung geheiratet, weil ich von ihm ein Kind erwartete.) Seitdem haben wir beide das College beendet (er Jahre vor mir), und wir haben zwei Kinder, die das College abgeschlossen haben und nicht mehr zu Hause leben, und eines, das noch bei uns lebt. Das einzige, was mein Mann und ich gemeinsam zustande gebracht haben, sind diese drei lieben Kinder. Mein Dad lebt noch, und ich hasse ihn nicht. Wenn es etwas in meiner Kindheit gegeben hat, was mich frigide gemacht hat, so kann ich mich nicht daran erinnern. *Ich bin nie mit einem Mann oder durch Masturbation zum Orgasmus gekommen.* Ich habe in Erwägung gezogen, mich von der Masters-Johnson-Klinik in St. Louis aufnehmen zu lassen.

Mein Mann und ich kommunizieren nicht miteinander. Er ist der Chef, und für ihn sind Frauen dumm und den Männern unterlegen. Ich habe eine Scheidung erwogen, aber unsere Religion heißt das nicht gut.

Ich habe *Die fröhliche Nutte, Die Geschichte der O.* und so weiter gelesen. Diese Bücher sind sehr interessant, aber sie erregen mich nicht genug, um zum Orgasmus zu kommen. Mein Mann hat es aufgegeben, und er ist sehr passiv (wahrscheinlich fühlt er sich abgewiesen, so wie ich mich auch fühle.) Es gibt eine französische Redensart, von der Sie sicher gehört haben, und sie lautet: »Es gibt keine frigiden Frauen, es gibt nur schlechte Liebhaber.« Ich hätte gern einen Geliebten, einen Hund oder eine andere Frau, aber wo kann eine Frau, die nie anderswo hingeht als in die Kirche, zur Elternversammlung, zum Lebensmittelhändler etc., so etwas finden? Ich kenne keine Einrichtungen mit männlichen Prostituierten, und mein Mann brächte den Mann (und wahrscheinlich mich auch) um, wenn er erführe, daß ich mit einem anderen zusammen war. Das einzige, was in Frage käme, wäre daher, daß der Mann meinen Namen nicht erfährt. (Wir sind wirklich bekannte und erfolgreiche Leute in dieser Stadt mit ihren siebzigtausend Einwohnern. Wenn wir wegziehen würden und nicht so verwurzelt wären, hätte ich vielleicht eine Gelegenheit.)

Mein Mann und ich haben noch dieselbe Figur und dasselbe Gewicht wie damals, als wir heirateten, und ich glaube, daß wir ein paar Jahre jünger aussehen, als wir sind. Ich nehme die Antibabypille und habe deshalb keine Angst vor einer unerwünschten Schwangerschaft. (Aber wenn ich auch nur ein einziges Mal mit einem Mann außerhalb meiner Ehe sexuell aktiv würde, bin ich bei meinem Glück sicher, daß ich mir eine Geschlechtskrankheit holen würde.) Mich macht traurig, daß mein Sexualleben nicht besser ist.

Wie Sie sehen können, habe ich die Vorstellung von Sexualität in meinem Leben noch nicht ganz aufgegeben, obwohl mein Leben bar jeder sexuellen Lust ist. Ich sage mir, daß ich unfähig bin, sexuelle Phantasien zu haben, aber schon allein die Tatsache, daß ich Ihnen oben einige Vorstellungen von Sex mit anderen Menschen umrissen habe – bedeutet, nehme ich an, daß ich auch meine Phantasien habe. Sie sind zu einfach, um die köstliche Lust zu empfinden, die ein Orgasmus wohl mitbringen muß, sich von jemandem oder von etwas erregt zu fühlen – eine Lust, die jedem zustehen sollte. Inzwischen würde ich nur zu gern dafür bezahlen, daß ein Mann mir Lust verschafft, und ich wünschte mir nur, es gäbe so etwas wie männliche Prostituierte in unserer Kultur. Ich bin sicher, wenn ich einmal in die Hände eines erfahrenen Liebhabers geriete, könnte ich all diese Dinge empfinden, von denen ich mir immer erträumt habe, sie eines Tages zu erleben.

Venice

Danke. Danke, daß Sie *Die sexuellen Phantasien der Frauen* geschrieben haben. Ich habe Sie in einer Fernsehshow gesehen, aber als ich losging, um Ihr Buch zu kaufen, konnte ich mir die Hardcover-Ausgabe nicht leisten. Was für einen Fehler habe ich damit doch begangen! Jedenfalls habe ich gestern eine Taschenbuchausgabe gesehen und heute morgen mit dem Lesen begonnen. Jetzt ist es drei Uhr nachmittags, und ich *mußte* eine Pause machen. Bis jetzt habe ich mit der Hand masturbiert und zum ersten Mal meinen Finger benutzt (ich bin zweiundzwanzig und liberal aufgewachsen; ich dachte manchmal, es ist etwas nicht in Ordnung, weil ich es einfach *nicht konnte*), habe meinen Mann zum Mittagessen nach Hause bestellt, um einen schönen »normalen« Orgasmus zu bekommen, habe mit der Hand in der Badewanne masturbiert und das ganze mit zwei weiteren Orgasmen auf meine übliche Art mit strömendem Wasser beendet. Ich habe das jahrelang so gemacht, aber es war eine mechanische Angelegenheit – ich habe lange genug gewartet (eine halbe bis ganze Stunde) um mich zu entladen, und was ich vermißt habe, ist Phantasie! Ich werde von Pornos und Zeug, was mein Mann nach Hause mitbringt, angetörnt, aber nichts übertrifft die Vorstellungskraft. Ich gestehe, heute habe ich damit »nachgeholfen«, daß ich Ihr Buch gelesen habe, aber ich habe endlich die Spitze des Eisbergs meiner eigenen Phantasie erkannt. Um das einmal festzuhalten, ich stehe auf Tiere und große schwarze Männer (ich bin weiß, und ich hatte einmal einen schwarzen Liebhaber). Wer weiß, vielleicht finde ich morgen mehr, wenn ich die zweite Hälfte lese. Dr. van den Haag sagt auf dem Schutzumschlag, daß Ihr Buch von »beträchtlichem wissenschaftlichem Interesse« ist. QUATSCH! Wissenschaft ist idiotisch! Ich interessiere mich für Sex! Wenn meine Möse nicht schon wund wäre, wäre ich noch länger drangeblieben. Statt dessen werde ich meine Freundin anrufen und ihr sagen, daß sie sich noch *heute* ein Exemplar kaufen soll, ganz gleich, was es kostet. Wenn Lob die Entsprechung für Leistung ist, dann nehmen Sie meines bitte entgegen und zudem meine tiefe Zuneigung.

P.S. Wenn dieser unstrukturierte Brief ein bißchen durcheinander scheint, dann kommt es daher, daß ich es noch bin.

Libby

Heute habe ich ein Exemplar von *Die sexuellen Phantasien der Frauen* gekauft, und ich habe ungefähr die Hälfte des Buchs gelesen. Ich finde es phantastisch – ein Buch, das jede Frau lesen sollte!

Ich erkenne mich in Teilen wieder, besonders was den laufenden Wasserhahn in der Badewanne betrifft! So masturbiere ich auch, und während ich das Buch gelesen habe, wurde ich so erregt, daß ich gerade mal eine Pause machte und in die Badewanne ging, um mich sexuell zu entladen! Meine Phantasie war, daß mein Halbbruder mal eben in das Badezimmer gekommen ist, während ich in der Badewanne lag. Er sprach gerade über die Schulter mit seiner Frau, als er hereinkam, und deshalb hatte er mich nicht gesehen. Er hatte bereits den Reißverschluß geöffnet und seinen Penis herausgenommen und wollte pinkeln. Er schließt die Tür hinter sich und dreht sich um, um sein Geschäft zu verrichten. Statt dessen sieht er mich nackt in der Badewanne liegen! Ich lege einen Finger auf die Lippen, um ihn zum Schweigen zu bringen, und er versteht mich schnell. Ich drehe mich in der Badewanne um, damit meine Beine gespreizt sind, nicht zum Wasser aus dem Hahn hin, sondern zu dem Urinstrom, der aus seinem Schwanz schießt und mich direkt an der Klitoris trifft. (Übrigens, ich war einige Male mit ihm im Bett, und er ist wirklich *gut*!)

Das ist vielleicht mager für eine Phantasie, aber weil niemand da war und ich gevögelt werden wollte, hat sie ihren Zweck erfüllt!

Danke, daß Sie es möglich gemacht haben, dies zu schreiben.

Dorothy

Hallo. Ich bin achtzehn Jahre alt und wirklich sexbesessen, aber es macht mir Spaß. Ich kann mich wirklich kaum daran erinnern, daß ich beim Bumsen phantasiert habe, aber ich mache es, wenn ich masturbiere. Wenn ich ficke, konzentriere ich mich nur auf den Typ und darauf, wie ich mich fühle, und auf die Geräusche; es ist wirklich schön.

Ich glaube, ich war drei oder vier, als ich anfing zu masturbieren (vielleicht jünger), aber zum ersten Mal kam es mir wirklich, als ich beim Arzt war und zusah, wie ein Baby eine Spritze bekam, und ich ging nach Hause und masturbierte und dachte daran, wie sein kleiner Hintern aussah.

Masturbieren ist wirklich gut für dich (obwohl manche Leute dem nicht zustimmen), denn wenn ein Mensch sich selbst so ein Gefühl verschaffen kann, kann man sich vorstellen, wieviel besser es sein muß, wenn es dir ein anderer Mensch macht.

Wenn ich masturbiere, werde ich in meinen Phantasien von diesem Typen (dem Vater meines Babies), den ich wirklich liebe, gefickt oder von dem Typen, mit dem ich vor einigen Jahren ausgegangen bin und der sehr gut aussah und einsdreiundneunzig war, und in der Phantasie hat er einen wirklich gigantischen Pimmel, den größten, den ich je hatte. (Ich wünschte, ich hätte eine Chance gehabt, das wirklich herauszufinden.)

Und manchmal phantasiere ich, daß ich noch Jungfrau bin (ich glaube nicht, daß ich das je war), und irgendein Kerl mit einem wirklich großen Schwanz defloriert mich, und es tut höllisch weh, aber ich liebe es. Die Szene spielt sich sehr oft an irgendeinem wenig komfortablen Platz ab, der sehr eng ist... wie in diesen alten Kinofilmen, die man im Fernsehen sehen kann, in denen Braut und Bräutigam in einen Zug steigen, um in die Flitterwochen zu fahren. Ich stelle mir vor, daß ich gerade diesen Mann mit dem gewaltigen Schwanz geheiratet habe und wir in der Hochzeitsnacht in einem winzig kleinen Schlafwagenbett liegen. Ich sehe diese ungeheuerlich große Wölbung in seiner Hose, als ich anfange, mich im Abteil auszuziehen, und sie erschreckt mich. Aber es ist so wenig Platz, wie könnte ich vor ihm davonlaufen? Während ich mich ausziehe, legt er auch seine Hose ab. Ich sage mir, daß ich wenigstens noch ein bißchen mehr Zeit habe, weil er sein Hemd noch anhat. Aber plötzlich wird sein Schwanz sogar noch größer, springt unter dem Hemd wie ein Zeltpflock hervor. Er will nicht mehr warten, und ich drücke mich in eine Ecke, um von ihm wegzukommen. Aber die Ecke stützt mich für ihn nur noch besser ab. Ich sitze irgendwie da mit den Schultern an der Wand, meine Beine sind in dem winzigen Bett weit gespreizt, und er wirft sich auf mich. Ich schreie, als er mir näherkommt – er ist jetzt so groß geworden, daß er purpurrot und böse aussieht. In meiner Vorstellung treibe ich ihn gern so weit, daß er sogar ein bißchen kommt, ehe er in mir ist... ich »sehe« die kleinen weißen Spermatropfen aus ihm heraustreten, als würde sein Schwanz vor Verlangen geifern, ehe er in mich eindringt.

Es tut höllisch weh. Ich schreie, aber nicht zu laut. Ich will nicht, daß der Schaffner uns hört. Er hat jetzt eine Hand auf meinen Mund gelegt, damit ich nicht mehr schreien kann, und die andere Hand führt dieses ungeheuerliche Stück Fleisch in mich hinein. Er stößt und stößt. Ich habe Angst, daß es mir die Haut zerreißt... nicht nur mein »Jungfernhäutchen« (in dieser Phantasie habe ich es noch), sondern sogar die äußere Haut, die die Lippen zusammenhält. »Nein, nein, nein«, sage ich, aber nichts hält ihn auf. Er lächelt nur auf mich herunter, und schiebt es dann mit einem schrecklichen Knurren ganz in mich hinein, und ich schreie fast vor Schmerz. An diesem Punkt meiner Phantasie passiert es häufig, daß ich im wirklichen Leben auch schreie, weil ich zum Orgasmus komme.

Ich habe es mit großen Schwänzen. Allein schon, was es für ein Gefühl ist, wenn sie meine Möse füllen – das törnt mich wirklich an. Ich glaube, wenn ich einen wirklich gigantischen haben könnte, würden meine Phantasien aufhören (aber ich hoffe es keineswegs).

Als ich klein war, habe ich mit meinen Fingern masturbiert, mit dem Daumen, oder ich habe mich nur mit der Hand dort unten gerieben. Jetzt benutze ich die Finger, eine Flasche oder einen Vibrator.

Danke, daß ich Ihnen schreiben durfte.

Die befreite Frau

Zuerst mein Werdegang: Aufgezogen durch Leute aus der unteren Mittelschicht... nie an »sündigen« Aktivitäten teilgenommen, aus Angst, daß ich in die Hölle komme (was für ein schlechter Witz!). Während ich auf der Schwesternschule war, lernte ich einen tollen Typen aus der unteren Mittelschicht kennen, der, soweit wie er sich auf Sex einließ, keine Probleme und eine Menge Mädchen jeder Altersstufe und jeder Gesellschaftsschicht hatte. Wir gingen eineinhalb Jahre lang ausschließlich miteinander aus, ohne miteinander zu schlafen (er hatte in dieser Zeit nur zwei Mädchen). Meine erste Bekanntschaft mit dem Geschlechtsverkehr war der Anfang eines neuen und erfreulichen Kapitels in meinem Leben. Von da an vögelten wir so oft miteinander, wie es die Zeit und die Umstände erlaubten, durchschnittlich zweimal am Tag. Fünf Monate später wurde ich schwanger, und nach einem erfolglosen Versuch abzutreiben (unter ärztlicher Betreuung) brannten wir durch. Das ist beinahe neun Jahre her. Ich bin achtundzwanzig Jahre alt, und mein alter Mann ist einunddreißig. Ich will ihn Z. nennen. Ich kann offen sagen, daß ich sexuell da bin, wo ich mich wohl fühle, und ich kann das meiste Z. zuschreiben, wenn nicht sogar alles. Kein anderer hätte es so lange mit mir ausgehalten, bis ich endlich soweit war. Ich habe bis vor einem Jahr nie darüber gesprochen, was sich in bezug auf Sex oder Phantasien in meiner Vorstellung abgespielt hat. Obwohl ich damals in meiner Vorstellung Sex genossen habe, hatte ich bis zweieinhalb Jahre nach meiner Heirat keinen Orgasmus. Was für ein Mist, wenn ich das rückblickend überlege. Es passierte beinahe zufällig. Nachdem ich gründlich *Sexuelle Reaktion* von Masters und Johnson gelesen hatte, stellte ich fest, daß es höchste Zeit war, mich selbst zu einer echten (Orgasmus-)Reaktion zu erziehen. Ich verfolgte detaillierte Diagramme vom Vaginalbereich und verglich sie mit mir selbst. Eines Tages, während ich ein Bad nahm, ließ ich einen Strom Wasser über meine Klitoris laufen. Es war ein tolles Gefühl, und ich konnte nicht verstehen, warum. Ich trieb es einige Augenblicke lang so weiter, und patsch!, verstand ich endlich dieses verdammte Buch über Orgasmen. Scheiße, das hat mich vom Stuhl gehauen! Ich glaube, damals begriff ich auch wirklich, was Frigidität bedeutet. Aus vielen Gründen, die ich nicht verstehe, blieb ich bei Z. kalt, was die Orgasmusfähigkeit anbelangt – aber in der Badewanne ließ ich mich jeden Tag gehen (und mache das noch häufig). Es war nur eine Sache von einigen Minuten (manchmal Sekunden), bis es mir kam. Ich habe immer noch eine Menge Probleme, glaube ich, und je schneller ich beim Phantasieren zum Orgasmus komme, desto besser. Ich genoß es zu beobachten, wie sich mein Becken fast unwillkürlich bewegte, und wie sich meine Brüste und die Brustwarzen strafften und hervorstanden. Ich überlegte mir meistens, wie sehr es Z. anmachen würde, wenn er da wäre. Er würde ausflippen. (Und das tat er einige Jahre später auch, als er dabei war.) Ich stellte mir auch vor, daß das Wasser in Wirklichkeit Z.s Zunge oder die Hand eines Freundes war.

Dann zogen wir in unser derzeitiges Zuhause um, wo ich mich kennenlernte. Ich hatte alles, wovon ich früher einmal geglaubt hatte, daß es »alles« war – materiellen Kram (ein abgelegenes Haus, den Führerschein und einen eigenen Wagen, einen Swimmingpool, Möbel, Gartenausrüstung, Klamotten) sowie zwei tolle gesunde Söhne und einen verteufelt scharfen Mann. Aber dann kamen die Tage der Befreiung, und auch ich fragte mich, was jetzt wichtig war und warum und wohin ich mich entwickelte. Wir fingen an, Gras zu rauchen, und es half mir, mich bis zu einem gewissen Ausmaß zu entspannen. Ich bin ein sehr hyperaktiver Mensch. Ich beschloß, mehr über mich rauszubekommen, und das tat ich mehr mit Gefühlen und Stimulierung zur gleichen Zeit als über reine Reaktionen. Z. hatte es immer genossen, über sexuell stimulierende Dinge zu sprechen, und als ich mich einmal entschieden hatte mitzumachen, fand ich es überraschend leicht und angenehm.

Was mich mehr oder weniger in die Gegenwart bringt. Wir nahmen ein paar Trips allein zu Hause, was mir auch dabei geholfen hat zu verstehen und zu akzeptieren, was in meinem Kopf vorgeht.

Wovon habe ich heute morgen phantasiert, als ich kurz vor dem Orgasmus war? Wow! Ich saß auf der Veranda vor dem Haus, mein Bademantel war komplett geöffnet, und die Sonne schien auf meinen Körper. Meine Hände lagen kühl auf meinen heißen Brüsten, und als ich meine Brustwarzen berührte, die schnell reagierten, konnte ich fühlen, wie mir die Erregung durch den ganzen Körper fuhr. Ich öffnete die Beine weit und ließ die heiße Sonne ihren Weg zu meiner Möse finden (gleichzeitig taten es auch meine Finger). Ich verteilte zärtlich und langsam etwas Vaginalsaft über meine Klitoris, die von der reinen Lust beinahe schon geschwollen war. Ich lehnte mich eine Zeitlang zurück und war nur noch Beobachter. Ich dachte daran, wie ich einmal mit einem von Z.s Freunden im Bett war. (Um das einmal festzuhalten, Z. wußte, daß wir das taten, und er unterstützte uns darin. Seitdem haben wir manchmal einen Dreier hingelegt.) Er hatte tolle Finger, und ich bin vor Lust ausgeflippt. Während er weitermachte, flippte ich weiterhin aus und brachte mich innerhalb von Rekordzeit zum Kommen. (Von Anfang bis Ende: vier Minuten.)

Eine Stunde später, nachdem ich nackt schwimmen gewesen war, lag ich in einem Liegestuhl mit verstellbarer Rückenlehne und rauchte einen Joint. Die Sonne war immer noch heiß, und es war ein tolles Gefühl auf meiner kühlen Haut. Die vorhergehende Nacht schoß mir durch den Kopf, als Z. dabei war, es mir toll mit dem Mund zu machen. Seine Zunge umrundete himmlisch meine Klitoris, bis ich zum Orgasmus kam. Jetzt verfolgten meine Finger denselben Pfad – und es endete mit einem vergleichbaren Ergebnis.

Es gab eine Zeit, in der Z. und ich ein paar Tage voneinander getrennt waren, und an meinem allerersten Abend allein kam aus heiterem Himmel ein Freund (X.) vorbei, und fragte, ob ich Lust hätte, mit ihm zu vögeln. Ich war entrüstet und fühlte mich wahnsinnig geschmeichelt. Das wirkte Wunder und brachte mein Ego wieder auf die Höhe – um das es zu dem Zeitpunkt reichlich schlecht bestellt war. Er war acht Jahre jünger als ich, und im Gespräch stellte sich heraus, daß er es nur mit einem anderen Mädchen trieb (seiner Frau, die damals schwanger war; X. war nicht sicher, ob es von ihm war). Er ging ziemlich ran, umarmte mich und betrieb Seelenmassage.

Seine Hände waren überall, so daß ich es nicht verfolgen konnte. Es törnte mich wirklich an. Ich hatte nur mit zwei anderen gebumst, aber dieser dritte Typ war anders und sehr stimulierend. Ich hatte bei einigen früheren Gelegenheiten auf der Phantasieebene schon daran gedacht, es mit ihm zu machen. Wegen seines Alters hatte ich geglaubt, ich müßte diejenige sein, die das in Gang setzte, wie in der Szene aus *Reifeprüfung*. Wie sich erwies, traf das genaue Gegenteil zu, und das tat meinem Kopf gut, ganz zu schweigen von anderen Teilen meiner Anatomie. Jeder Zentimeter von mir schrie nach mehr – und er gab mehr. Es dauerte nicht lange, bis wir ausgezogen waren, und er küßte sich auf unvergeßliche Art einen Weg von meinem Mund bis zu meiner Möse. Als er dann meine Klitoris erreicht hatte, konnte ich eine Zeitlang nicht mehr genau sagen, was ich dachte; mein Becken wollte nicht mehr aufhören, sich zu reiben, bis ich endlose Höhepunkte erreichte. Wir flippten beide aus an dieser Erfahrung (ich glaube nicht, daß ich jemals so entspannt war, und mir ging stundenlang nichts anderes als Sex durch den Kopf). Wir veränderten unsere Stellung und gingen dazu über zu vögeln, und das war einfach einsame Spitze. Nach einer Zigarette blies ich ihm einen. Es war etwas Neues für ihn, was er bereitwillig aufnahm. Ich konnte nicht aufhören, seinen empfindlichen Schwanz zu kraulen, zu kitzeln und zu reizen. Er flippte dabei total aus und wollte die ganze Nacht da bleiben. Leider werden wir es, da die Dinge so liegen, wie sie liegen, nie wieder miteinander treiben, aber es war definitiv ein Gewinn für mich und hat mir zu meiner heutigen Haltung der Sexualität gegenüber verholfen.

Welche sexuellen Phantasien habe ich? Schwer zu sagen, weil die meisten Realität wurden. Ich fahre darauf ab, es mit verschiedenen Typen zu machen, soviel steht fest. Es macht einen offener, und dann habe ich mehr Spaß mit Z., und das ist es, worum es mir wirklich geht. Ich nehme unsere Beziehung sehr wichtig, und alles, was ich mache, ist mehr oder weniger dazu da, unsere Beziehung zu festigen und sie offen und aufrichtig zu erhalten. Wir erzählen uns gegenseitig alles, was wir tun, denken und phantasieren.

Nachdem ich eine Zeitlang darüber phantasiert habe, verwirklichte ich es – ich verteilte Marmelade über meine Brüste und die Klitoris und ließ sie von dem Hund auflecken. Das war etwas ganz anderes, um es gelinde auszudrücken.

Zeitweise halte ich mich für frigide, und das macht mich fertig. Manchmal komme ich nicht auf Touren, und wenn meine Möse zwanzig Minuten lang gerieben, gesaugt und mit der Zunge bearbeitet worden ist, bin ich so kribbelig, daß ich aussteige und etwas anderes mache. Das passiert jetzt weniger häufig. Ich kann mich daran erinnern, daß Z. ein paarmal eingeschlafen ist, nachdem er seine Anzahlung geleistet hatte, und während ich dalag, tropfte seine Flüssigkeit aus mir heraus, und es törnte mich an. Ich nahm meine Finger und verteilte es über meine »kribbelige« Klitoris. Ich überlegte mir, wie sehr sich Z. dafür begeistern würde, wenn er sähe, wie ich herumspielte, besonders dann, wenn es mir kam. In dem Punkt bin ich aber immer noch ein bißchen schüchtern.

Dann gab es die Zeit im letzten Sommer, als wir uns angewöhnten, Vibratoren zu benutzen. Ich war dabei, den Rasenmäher durch die Gegend zu schieben und das Gras zu schneiden, und dabei dachte ich mir, die Vibration des Motors am Griff wäre ideal, um die Klitoris zu stimulieren. So war es! Meine Hose gab gerade genug Vibrationen weiter, und ich kam zum Orgasmus.

Ich denke an andere Typen, die ich gern antörnen würde, und Z. und ich haben uns beide ausgemalt, wir seien mit anderen zusammen, während wir es miteinander machten. Es macht Spaß, sich vorzustellen, wie es wirklich wäre (mit Freunden, Verwandten, dem Milchmann etc.). Es scheinen immer eher Leute zu sein, die wir persönlich kennen, nicht etwa Kinostars oder dergleichen. Vielleicht, weil es eines Tages so geschehen könnte – oder wenigstens rede ich mir das ein – wer weiß!

Ich bin mit der Erkenntnis, daß die häufigsten weiblichen Phantasien Unterwerfung und Vergewaltigung sind, einverstanden. Wahrscheinlich, weil es die einzige Möglichkeit für viele Frauen ist, außer mit ihrem »Partner« etwas erleben zu können. Verdammt, ich glaube, jeder denkt ab und zu an jemand anderen. Ich glaube, ein weiterer Grund könnte der sein, daß es eine einmalige Angelegenheit ist. Es sieht so aus, als sähe diese Gesellschaft wegen des Bumsens um des Bumsens willen auf einen herab – und vielleicht ist da was dran. Wenn du es erst einmal mit einem anderen machst, kann die Situation Probleme mit sich bringen, die man weder braucht noch wünscht, nämlich die Probleme des anderen. Sagen wir mal, du vögelst ein paarmal den Typen oder die Kleine in der Nachbarschaft, und das reicht ihm nicht (oder ihr). Sie gehen dir damit auf die Nerven – suchen nach weiteren Gelegenheiten. Dann fragst du dich, wie seine derzeitige Partnerin damit umgeht oder ob sie gemeinsam damit umgehen können. Oder er erzählt es auch noch jemand anderem. Verdammt, du kannst niemanden gebrauchen, der dir wegen etwas, was aus Spaß oder aus Neugier passiert ist, Probleme macht. Partnertausch kann wirklich aufregend sein, aber andererseits kannst du dann auch an die typische Samstagabendgeschichte geraten, die wirklich öde ist. Natürlich ist das sehr subjektiv, aber so empfinde ich es.

An die sexuellen Erfahrungen anderer bin ich durch das Lesen, Gespräche und Sexfilme etc. gekommen. Ich habe festgestellt, daß meine Gefühle und Phantasien nicht so selten sind, wie ich früher einmal dachte. Es ist tröstlich zu wissen, daß mehr und mehr Leute das, was sie fühlen und glauben, nicht mehr unterdrücken. Ich glaube, so ist es viel gesünder. Ich erinnere mich daran, als ich vor vier Jahren meinen ersten Sexfilm sah. Ich war geschockt! Und es war mir sehr peinlich, in erster Linie meinetwegen. Als ich sah, daß da Frauen wie ich waren, die nicht nur freier waren – sondern denen es auch nichts ausmachte, Filme daraus zu machen. Ich dachte, daß ich gern so offen wäre, aber mir wollten keine Gedanken in diese Richtung kommen. Ich finde nicht, daß jeder sich nur an die Nullachtfünfzehn-Methode halten sollte, wie man »es macht«. Aber, Scheiße, das wird es nie geben (es sei denn, sie spielen Theater). Nur wenn jeder das akzeptiert, was er fühlt, kann er etwas daraus machen. Zu viele von uns versuchen, jemand anderer zu sein, und sie verlieren total die Übersicht, wo und wer sie wirklich in ihrem Innern sind.

Klar, Phantasien wird es immer geben – Gott sei Dank. Es gibt sie eben, und warum sie da sind und was man aus ihnen macht, wird individuell gehandhabt. Fragen Sie einen Psychologen, wie er zu einer Schlußfolgerung kommt – es passiert normalerweise, wenn man von den Phantasien der anderen erfährt.

Mich begeistert die Vorstellung, mich in die Lage eines anderen Menschen zu versetzen (vielleicht ein weiteres Problem). Ich halte mich in Form, und ich sehe mich gern im Spiegel, braungebrannte Haut, weiße Brüste und weißer Hintern, und ich fände es prima, wenn auch andere auf mich abführen. Klar, ich wäre gern auf einem

Pin-up-Foto – aber das ist eine chauvinistische Art, es zu betrachten, vom feministischen Standpunkt aus gesehen. Ich hätte gern größere Brüste, aber ich weiß, daß das auch ein altes Mittelklasseproblem ist. Es sollte keine Rolle spielen.

Hören Sie, ich kann mich wahrscheinlich nicht verständlich machen – ich kann nicht mehr dazu schreiben. Meine Familie braucht mich.

Viel Glück für das Buch – ich hoffe, daß dies hier rechtzeitig ankommt. Ich werde es in ihrem Buch nachschlagen.

Noranna

Ich bin siebenundzwanzig. Ich bin Autorin und mache dies hier aus zwei Gründen. 1. Mein Mann schläft, und ich möchte geil genug werden, um zu masturbieren, ehe ich zu ihm gehe. 2. Ich bin geltungsbedürftig genug, um zu glauben, daß meine Phantasien von anderen übernommen werden.

Ehe ich zu den Phantasien komme, ein bißchen Vorgeschichte. Ich masturbiere, seit ich sechzehn war, und ich war ungefähr mit einem Dutzend Männern zusammen. David (mein Ehemann) ist der beste, aber er ist manchmal ein gewisses Chauvinistenschwein, und deshalb macht die echte Offenheit nur sehr langsam Fortschritte. Übrigens, Ihr Buch brachte uns einen Schritt weiter. Vor einigen Jahren haben eine Freundin und ich uns gegenseitig eingestanden, daß wir masturbieren, und bald fingen wir an, es im selben Zimmer zu tun. Wir versorgten uns gegenseitig mit Geräuschen, die wir irgendwie zu beherrschen versuchten und die wir trotzdem nicht unterdrücken konnten. Außerdem fuhren wir darauf ab, daß wir zwar masturbierten, aber nicht allein waren. Wir hielten den Raum immer dunkel, aber das Licht reichte doch jedesmal aus, um die andere, wenigstens schattenhaft, mit weit gespreizten Beinen und einer Hand zu sehen, die sich an der nassen Möse bewegte, sie streichelte und rieb. Wir mochten besonders den Klang der »Nässe« – dieses quatschende Geräusch. Ich glaube, Frauen sollten sich damit beschäftigen – sich dem Thema, wenn nötig, auf alberne Art und Weise nähern, und wenn man von lesbischen Tendenzen abgestoßen ist, muß man nur daran denken, daß man nicht mit einer anderen Frau schläft. Es ist nur ein bißchen Voyeurismus!

Im letzten Jahr tat ich etwas, was ich ein bißchen bereue. Ich bat ein Mädchen, das ich kenne, mit mir ins Bett zu gehen, nur weil ich jemanden wollte, der an meinen Brustwarzen saugte, während ich masturbierte. Ich gab ihr nichts dafür zurück. Ich bin nicht lesbisch, und sie ist nicht sehr attraktiv, und deshalb konnte ich mich nicht dazu bringen, ihr etwas zu geben. Ich brauchte einfach dringend jemanden, der fest an meinen Titten saugte und mich beobachtete, wie ich weit auseinandergepreizt dalag und meine Klitoris rieb und mich dabei streckte und mich mit einer langen dicken Kerze so köstlich aufspießte! Sie war toll!

Was die Phantasien betrifft, stelle ich mir vor, daß fünf Lesbierinnen zu mir kommen und sich an mir zu schaffen machen. Jeweils eine von ihnen lasse ich an einer Titte saugen und sie lecken. Zwei halten meine Beine so weit es geht gespreizt, während die fünfte es mir mit dem Mund macht. Diese eine bringt einen SEHR großen Dildo zum Vorschein. Ich protestiere und sage, daß ich einen, der so groß ist, nicht aufnehmen kann, und daraufhin versichern mir die beiden, die meine Beine auseinanderhalten, daß ich weit genug dafür geöffnet bin und daß ich einen so großen mögen werde und mich entspannen soll. Nummer fünf saugt weiter an meiner Klitoris und stößt ihn nur ein bißchen hinein. Bald bitte ich sie, weiterzumachen. Steck ihn mir rein! Tief. Ich will ihn tief in mir haben! Es ist toll.

Ich stelle mir auch vor, daß ich in der Masters- und Johnson-Klinik an der »Fick-Maschine« hänge.

Manchmal gehen mein Mann und ich in einen Film, der Frauen zeigt, was sie falsch machen und tun müßten, wenn sie ihre Liebhaber dazu bekommen wollen, mit ihnen zu bumsen!

Manchmal denke ich an meine Freundin, wie sie mich anstarrte, während ich bei hellem Tageslicht masturbierte. Es war schön dazuliegen – mit weit geöffneter Möse köstlich zu masturbieren, mit strammen, aufgestellten Brustwarzen, während eine andere Frau mich schmachtend beobachtete: »Wow, du brauchst keine Hilfe. Sieh dir mal diese Titten an! Dieser Dildo ist so groß. Ich wette, es ist ein tolles Gefühl.«

Viel Glück für Ihre Bücher.

*

239

Haben Sie sich je im Spiegel betrachtet und nicht wirklich »gesehen«, wie Sie aussehen? Sie sind mit Ihrem Äußeren so vertraut, daß Ihre Augen über Ihr Gesicht gleiten, ohne richtig Notiz davon zu nehmen – bis ein anderer Mensch kommt und Sie auch im Spiegel sieht. Plötzlich ist es so, als könnten Sie sich selbst mit den Augen eines anderen Menschen sehen. Sie werden sich selbst irgendwie neu; Sie untersuchen Ihre Augen, Ihre Nase und Ihren Mund, als würden Sie sich zum ersten Mal sehen. Es ist eine seltsam stimulierende Erfahrung.

Einen gewissen Eindruck davon gibt das Gefühl hinter Norannas Phantasie wieder, die im letzten der vorausgehenden Briefe veröffentlicht ist. Daß sie sich von einer Freundin beobachten läßt, während sie masturbiert, verstärkt den erotischen Kitzel der Erfahrung – und macht das Ereignis für sie realer. Liz' und Fannys Masturbationsphantasien, die jetzt folgen, beinhalten auch Beobachter, was die stattfindende Erotik steigert. Meistens »...machen meine Phantasien aus mir eine Exhibitionistin«, schreibt Fanny. »Als ich jünger war, habe ich oft nackt direkt an meinem Fenster gestanden, an mir herumgespielt und phantasiert, daß da ein Mann war, der beobachtete, wie ich meinen Körper bewegte.«

In vielen Masturbationsphantasien von Frauen kommen Zuschauer vor, häufig ganze Publikumsansammlungen, die sie nicht nur beobachten, *sondern ihnen auch applaudieren,* wie sie sich langsam und geschickt auf den Höhepunkt der Erregung bringen. Innerhalb unseres gewöhnlichen, offenkundigen Exhibitionismus' – in dem wir um Aufmerksamkeit mit einem neuen Kleid, einem tieferen Ausschnitt, einem kürzeren Kleidersaum wetteifern – erhalten die Frauen den Applaus für etwas, was sie *nicht* sind: Kleider oder Rocklängen werden außerhalb von uns selbst entworfen und gekauft. Ja, die Komplimente, wie hübsch wir darin aussehen, sind schön, aber wieviel befriedigender wäre es, wenn wir die Komplimente für unsere Nacktheit erhielten, unser wirkliches Selbst, das erotische Selbst, das wir uns in unseren Masturbationsphantasien erlauben zu sein? Ist es überraschend, daß die erotischen Vorstellungen, die viele Frauen bei der langsamen, erfahrenen Manipulation ihres eigenen Körpers auf einen Orgasmus zu begleiten, die sind, daß andere Leute sie dabei endlich bewundernd ansehen, und zwar nicht etwa, weil sie ihre Sexualität hinter einem schönen Kleid verstecken, sondern wegen der Freimütigkeit, mit der sie sie offenbaren? Während der Masturbation beobachtet zu werden kann für eine Frau, die vielleicht nie vollkommene sexuelle Lust empfunden hat oder die sogar glaubt, während sie sich im Orgasmus windet, daß ihre Lust gesteigert würde, faßbarer für sie würde, wenn sie nicht ungesehen vorüberginge, das grundlegende Moment sein. (Deshalb die Beliebtheit von Spiegeln an den Decken von Bordellen.)

Sogar Schuldbewußtsein, das starke Abschreckungsmittel, wird in einigen Variationen dieser Masturbationsphanatasien zum sexuellen Partner einer Frau: Während sie sich auf einen Orgasmus zubewegt, phantasiert sie von sich nähernden Schritten, der nahe bevorstehenden Ankunft von jemandem, der sie finden, ertappen und »sehen« wird. Je näher sie der Entdeckung kommt, um so stärker wird der Kitzel, mit dem verbotenen Akt davonzukommen. Der Ausbruch des Orgasmus kommt in diesen Phantasien in der allerletzten Sekunde, ehe sich die geschlossene Tür öffnet, der Vorhang aufgezogen wird, das Licht angeschaltet wird...

Eine Frau, die ihren Brief mit »Anonym« unterschreibt, liefert uns eine ungewöhnliche Variation der Masturbationsphantasie, in der jemand beobachtet – sie beobachtet ihren Geliebten, während er masturbiert. Das ist eine andere Vorstellung, die unsere Kultur schwer akzeptieren kann: Männer glauben nicht, daß der Anblick ihrer Sexualität in allen ihren Formen für eine Frau ein erregender Anblick sein kann.

Ich glaube, daß gerade das Gegenteil wahr ist. Frauen schauen Männer nicht nur gern an, sondern sie genießen es auch, sie zu beobachten, wenn sie masturbieren. Um diese Vorstellung bis zum Äußersten auszuführen, glaube ich außerdem, daß es Frauen gibt, die es genießen würden, ihre Liebhaber beim Liebesakt mit einem anderen Mann zu beobachten (wie verschiedene Briefe in diesem Buch bezeugen). Ich habe festgestellt, daß diese Vorstellung schwer zu diskutieren ist, sogar mit Therapeuten und Psychiatern, aber sie bleibt wegen einer gewissen symmetrischen Logik in meinem Kopf: Männer haben nackte Frauen immer gern beobachtet, Frauen, die an sich herumspielten; vor allem ist der Anblick von zwei Frauen, die miteinander schlafen, offenkundig das Aufreizendste für die meisten Männer. Warum ist es dann so schwer, die Rollen umzukehren und anzuerkennen, daß die Frauen es genauso erregend finden, wenn sie zwei Männer während einer Vorstellung beobachten?

Fanny

Ich bin noch nicht einmal durch mit Ihrem Buch über die sexuellen Phantasien von Frauen, aber ich mußte Ihnen schreiben, daß es absolut *phantastisch* ist.

Ich habe nie gewußt, daß es so viele Frauen gibt, die sexuelle Phantasien haben. Ich hatte sie schon immer, soweit ich zurückdenken kann. Ich glaubte immer, daß ich sonderbar oder sexbesessen bin.

Ich bin irgendwie zwischen zwei Generationen eingeklemmt. Ich bin dreiundzwanzig Jahre alt, zum zweiten Mal verheiratet; beim ersten Mal war ich sechzehn und schwanger. Beim zweiten Mal war ich neunzehn und schwanger (beim zweiten Mal wußte ich nicht, daß ich schwanger war). Wie Sie feststellen können, habe ich, obwohl ich damit aufgewachsen bin, daß Sex etwas Verbotenes ist und man damit warten muß, bis man verheiratet ist, nicht danach gehandelt. Als ich vierzehn Jahre alt war, wurde ich vergewaltigt. Nicht brutal. Ich kannte beide Typen, und mit einem war ich einen Monat lang oder so gegangen. Ich habe es nie zugelassen, daß er mit mir vögelt, aber er hat es mir mit dem Mund gemacht, und ich habe ihm einen geblasen. (Übrigens, er war achtzehn.) Eines Abends war ich auf einer Tanzveranstaltung in einer ländlichen Scheune in Vermont. Ich glaube, er war wirklich wütend auf mich, weil er glaubte, ich hätte es mit einem anderen gemacht. Deshalb haben er und ein Freund mich abgefangen, als ich nach draußen zur Toilette ging. Zuerst war ich erschrocken, aber er sagte die ganze Zeit: »WOW, fühl nur mal diese Möse, ist es nicht die beste Möse, die du je angefaßt hast?« Das geschah, ehe sie in mir waren, als er nur seine Finger und die Hand benutzte. Aus dem Grund fing es an, mich anzutörnen. Dann, als er anfing, mich zu bumsen, verlor ich mich in sexueller Lust. Er sprach die ganze Zeit weiter und sagte: »WOW, du hast eine wirklich schöne Möse; ich möchte meinen Pimmel aus dir rausziehen und dich lecken, aber ich kann nicht, es ist zu gut.« Zu diesem Zeitpunkt fing ich an, vor Lust zu schreien, und er sagte zu seinem Freund, er sollte mir den Mund zuhalten, weil viele Leute in der

242

Nähe waren. Als er fertig war, kam sein Freund an die Reihe, und, glauben Sie mir, er war genauso gut. Während sie mich fickten, sprachen sie unablässig über meine Titten und meine Möse, und das nahm mir die Angst, und ich genoß es. Ich danke ihm heute noch täglich dafür, daß mein erstes Mal durch ihn so schön war. Ich glaube, das kann man nicht als Phantasie bezeichnen, da es tatsächlich passiert ist, aber ich denke häufig daran, und dann masturbiere ich. Ich glaube auch, daß ich deswegen in all meinen Phantasien eine Exhibitionistin bin. Als ich jünger war, habe ich häufig nackt direkt an meinem Fenster gestanden, an mir herumgespielt und phantasiert, daß da ein Mann ist, der beobachtet, wie ich meinen Körper bewege, mit meinen Brustwarzen spiele, meine Finger in meine Möse stecke und wieder herausnehme und direkt vor seinen Augen wichse, und daß er, nachdem ich damit fertig bin, ins Haus kommt und mich fickt. Zu diesem Zeitpunkt kam ich.

Eine meiner Phantasien jetzt ist die, daß ich auf einer Bühne bin, vor einem Raum voller Männer und nur einem Dutzend Frauen. Ich komme heraus und strippe zur Musik; dann laufe ich auf und ab, spiele mit meinen Titten (ich mache das normalerweise vor einem meiner Spiegel, um diese Wirkung zu erzielen), beuge mich vor und spreize meinen Arsch auseinander, damit sie meine beiden Löcher sehen können. Jetzt schreien die Männer: »Komm, Baby«, und die Frauen sind schockiert. Dann beuge ich mich nach hinten und mache dasselbe, damit sie diesmal meine Möse gut sehen können. Dann fangen meine Hände an, über meinen Körper zu gleiten, während sich mein Körper zur Musik bewegt. Jetzt bemerke ich, daß einige Männer ihre Schwänze herausgeholt haben, die Situation selbst in die Hand nehmen und schreien: »Komm, Baby, zeig uns noch einmal deine große Möse.« Jetzt liege ich auf zwei Hockern, fange an, es mir zu machen, sorge dafür, daß meine Beine weit gespreizt sind, damit sie sehen können, wie sich meine Möse bewegt, und jetzt haben einige Männer ein paar Frauen auf die Bühne geschleppt und ficken sie, während sie mich beobachten und sehen, wie sich meine Möse bewegt, was sie dazu bringt, die Möse vor sich noch fester zu bumsen, bis schließlich alle fertig sind.

Eine andere Phantasie, wenn ich masturbiere, ist einfach die, daß, während ich es mir selbst mache, meine Freundin zu mir hereinkommt und sich zu mir setzt; dann machen wir es uns gegenseitig.

Diese Phantasie erregt mich sehr, aber es wird bald nicht mehr nur eine Phantasie sein, weil ich diese Freundin wirklich will. Sie hat große, wundervolle Titten, an denen ich gern saugen würde, und dasselbe würde ich gern mit ihrer Möse und ihrem Arsch machen. Jedenfalls hätte ich dieses Mädchen gern, und ich weiß, daß sie anfängt, mich zu wollen. Wir hätten es gestern beinahe getan, machten es aber nicht, weil wir beide Feiglinge sind. Ich war mit fünf anderen Frauen sexuell zusammen. Eine von ihnen war eine Prostituierte.

Ich möchte noch eines sagen, ehe ich schließe. Mein Mann weiß von meinen Phantasien, und er akzeptiert sie, und es erregt ihn sehr. Manchmal liegen wir im Bett, und während ich an mir herumspiele, macht er an sich rum, und wir erzählen uns gegenseitig einige Phantasien und kommen gleichzeitig. Er akzeptiert es auch, wenn ich mit einer Frau ins Bett gehe, und manchmal beobachtet er uns, und ich gucke ihm zu, wie er mit seinem großen Schwanz rummacht, und hinterher ficken wir dann; wenn das Mädchen seinen Freund dabei hat, vögeln sie auch; wenn nicht, warten wir, bis sie geht oder bis wir gehen, das kommt ganz auf die Umstände an.

Ich hoffe, daß ich Ihnen bei Ihrem zweiten Buch helfen konnte. Danke, daß ich etwas dazu beitragen durfte.

Liz

Jahrelang war ich wütend, daß die Männer glaubten, sie könnten über das Sexualleben von Frauen schreiben, als wären das, was sie schreiben, Tatsachen. Sie sind wirklich Spitze – zum ersten Mal bringt eine aufgeschlossene Frau die wirklichen Fakten zu Papier. Als ich Ihr Buch las, sagte ich: »Das stimmt wirklich.« Nur eine Frau kennt die sexuellen Phantasien anderer Frauen.

Hier ist meine liebste Phantasie. Meine Liebhaber in dieser Phantasie sind gesichtslos, und in meinen Träumen sitze ich da und habe eine schwarze Netzstrumpfhose an, die mit den schwarzen Fersen. Ich sitze auf einem hohen Stuhl, habe keinen BH an, und ich streichle meine runde feste Brust und drücke und kneife meine erigierten Brustwarzen. Ich fühle eine große Lust in meinem Schoß, während ich das tue, und dann spreize ich die Beine, und durch den Schlitz in meinen Strümpfen kann ich sehen, wie der Liebessaft zwischen meinen Schamlippen herausläuft. Sie sind groß, hängen wie eine rosa Zunge heraus und gieren danach, gefickt zu werden. Ein nackter Mann steht da und beobachtet mich, wie ich an mir herumspiele, aber ich sehe ihn nicht; er beobachtet mich schweigend, bis ich danach lechze, gebumst zu werden. Während er mich beobachtet, bekommt er eine phantastische Erektion. Ich will nur von meinem Sockel heruntergerissen und auf dem Boden so hart gefickt werden, daß ich vor Schmerz und Lust sterbe. Ich fühle es so genau, wie sein schöner behaarter Hügel gegen meine Liebesmuschel stößt. Er stöhnt und bläst mir seinen heißen Atem ins Ohr, und die Hitze ist so intensiv, als er kommt, und ich fühle den heißen Saft bis hoch zu meinem Muttermund schießen. Er hüpft vor Freude, und ich komme, und meine Gebärmutter zieht und saugt seinen Saft in mich hinein wie eine durstige, brennende Kehle. Ich fühle meine Möse an, und es läuft mir an den Beinen herunter – ich reibe sie, und sie ist weich. Ich bin immer heiß und masturbiere häufig mit dieser Phantasie, obwohl mein Mann phantastisch ist und einen schönen Zipfel hat.

Er holte mich aus meinem Schneckenhaus und kümmerte sich um meine sexuelle Freiheit – ich kann sagen, daß ich im wirklichen Leben andere Männer gehabt habe, aber mein Mann erregt mich bei weitem am meisten. Ich liebe ihn, und er liebt mich. Die Tatsache, daß er andere Frauen hat, bringt den Druck meiner Möse zum Siedepunkt, und ich begehre seinen heißen, großen, schönen Zipfel nur noch mehr, weil ich phantasiere, daß er mit *ihr* vögelt, und wenn er sagt: »Fick mich, Baby«, oder: »Saug an diesem harten, heißen Schwanz, Baby«, weiß ich, daß er mit ihr spricht. Aber ich weiß, daß ich besser im Bett bin als sie, und meine Erregung überträgt sich auf ihn, und es ist eine elektrische Ladung, die vor und zurückschießt. Es ist ein Strom, den ich trinke – das Blut meines Lebens. Ich liebe ihn ganz und gar.

Ich habe meinen Sexualtrieb entdeckt, als ich noch sehr jung war, weil ich auf einer Farm lebte und die Paarung der Tiere beobachtete. Ich habe diese Wesen nie begehrenswert für mich gefunden, und doch spielten Reptilien eine ausgesprochen köstliche und verruchte Rolle in meinen Phantasien. Es fand statt, als ich zwölf oder vierzehn Jahre alt war. Ich liege im Bett und bin von einem Verlangen entbrannt, das mich um den Verstand bringt. In meiner Vorstellung denke ich, mit wem kann ich ficken, ohne daß es meine Eltern merken, selbst wenn es sich direkt unter ihrer Nase abspielt (meine Mutter hatte einen sehr leichten Schlaf)? Ich hab's – eine Schlange.

Sie gleitet still und sicher auf ihren Wegen. Ich liege im Bett, nackt, heiß und naß, und alles ist vor Verlangen geschwollen. Sie schlüpft unter der Tür durch, lang, dick, hart und verrucht – (der Teufel!) –, kriecht ohne Mühe in das Bett und treibt ihren häßlichen Kopf direkt in meine klopfende, heiße Muschi. Die Erregung nimmt kein Ende, und ich masturbiere schneller, um mit der zuckenden Schlange im Takt zu bleiben.

Ich hatte diese Phantasie jahrelang, bis ich heiratete. Dann wurde sie von Männern abgelöst – und richtigen Penisträumen.

P.S. Das sind nur ein paar. Ich könnte weitermachen. Wie einige der anderen Frauen in Ihrem Buch sagten, es verschafft mir große Lust, ein paar meiner geheimsten Gedanken zu lesen und zu schreiben. Ihr Buchtitel ist sehr passend, weil ich früher immer phantasiert habe, daß ich durch einen schönen Blumengarten treibe, während mein Mann vor sich hinbumste. So ein schöner Blumengarten.

P.P.S. Was die Fakten betrifft, ich habe mit siebzehn geheiratet. Ich war noch Jungfrau, habe jetzt zwei Söhne und bin achtunddreißig Jahre alt. Wenn ich meine weiblichen Geschlechtsteile entfernen lassen müßte, würde es mich bestimmt umbringen. Ich glaube, daß die Gebärmutter die wichtigste Rolle beim Erreichen des Orgasmus' spielt. Wie die Griechen sagen, wenn man »Gebärmutter« übersetzt, bedeutet es etwas Lebendiges – Verlangen.

Anonym

Habe gerade Ihr Buch zu Ende gelesen und konnte nicht widerstehen, Ihnen meine liebste Phantasie zu schicken. Obwohl sie auf einer Tatsache basiert, zaubere ich sie hervor, wenn ich allein bin, und komme dann auf Touren mit mir selbst oder mit meinem lieben kleinen Vibrator. Ich bin verheiratet, habe aber eine sehr lange Zeit einen Geliebten gehabt. Ich liebe meinen Mann, aber ich habe dieses zusätzliche sexuelle Verlangen, das er nicht – und vielleicht kein Mann – befriedigen kann. Ich habe nichts dafür übrig, ihn zu betrügen, aber es ist besser als Frustration. Mein Liebhaber und seine Frau, mein Mann und ich und verschiedene andere Leute, die wir kennen, haben alle eine Art fest verbundenen Freundeskreis gebildet, und deshalb unternehmen wir sehr häufig etwas miteinander. Viele von uns fahren gern Ski, und letztes Jahr hat eins der Paare in unserer Gruppe meinen Mann und mich und meinen Liebhaber und seine Frau eingeladen, ein Wochenende in den Norden zu fahren und mit ihnen Ski zu laufen.

Sie haben ein kleines Wochenendhaus mit einer Küchenzeile im Wohnzimmer und einem großen Schlafzimmer mit zwei Doppelbetten, die nebeneinander stehen, und zwei Einzelbetten. Zuerst dachte ich, Scheiße – es gibt keinen Platz in diesem kleinen Haus, an dem für meinen Geliebten und mich Hoffnung bestünde, etwas miteinander zu machen.

Wir liefen den ganzen Tag Ski, waren total erledigt, fühlten uns aber aufgereizter denn je. Wir hatten versucht, von der Piste wegzukommen, um allein zu sein, aber irgendeiner war immer mitgekommen. Es war ein toller Abend. Ein großes Feuer im Kamin, Drinks, leise Musik und ich – ich hätte mit allem gevögelt, was sich bewegt. Ich hatte mich beinahe damit abgefunden, es mit meinem Mann zu machen, was mir nicht besonders gut getan hätte, aber ich war verzweifelt. Wir gingen alle ins Bett. Mein Mann nahm mehrere Schlaftabletten (er leidet an Schlaflosigkeit). Daher lag ich in einem Doppelbett, und mein Liebhaber lag ungefähr vierzig Zentimeter weit weg in dem anderen Doppelbett. Ich wurde beinahe verrückt.

Konnte ich mich auf den Boden knien und ihm einen blasen, ohne daß uns jemand hörte oder sah? Nein, ausgeschlossen. In dem Augenblick muß er meine Gedanken gelesen haben. Er warf seine Decken zurück, drehte sich auf die Seite und hatte den schönsten Steifen der Welt. Ich glitt auf den Boden, sollte die anderen doch der Teufel holen. Er gab mir ein Zeichen, daß ich da bleiben sollte, wo ich war, und dann fing er an, sich einen runterzuholen. In dem Moment wußte ich plötzlich, was er vorhatte. Ich drehte mich auf die Seite und rutschte so dicht wie möglich an die Bettkante. Mein Herz und alles andere hämmerte wie ein Vorschlaghammer. Ich war so naß, und meine Klitoris war so hart, daß ich dachte, sie würde zerspringen. Dann fing er an zu kommen und wölbte beide Hände, um es aufzufangen. Dann hielt er seine Hände an meinen Mund, und ich fing an, sie knochentrocken zu lecken, ohne einen einzigen Tropfen der wunderbaren Flüssigkeit zu vergeuden. Während ich mir ausmalte, daß er sich einen runterholte, dann den warmen, leicht salzigen Samen in meinem Mund schmeckte und natürlich wahrnahm, wie gefährlich das war, was wir taten, kam es mir zweimal. Ich schlief mit seinem Finger im Mund ein.

Wenn ich jetzt masturbiere, denke ich an diese Szene, und es ist fast so, als wäre er da. Da ich einen guten Ehemann, einen guten Geliebten *und* meine Phantasien habe, bin ich nie frustriert. Ich hoffe, Sie können das gebrauchen. Es würde mich sogar noch mehr antörnen, wenn ich es lesen könnte. Und dazu käme noch das Wissen, daß all meine Freunde es lesen würden und nicht wüßten, daß dabei von uns die Rede ist. Danke dafür, daß Sie verborgene Phantasien ausgraben und ans Licht bringen, aber auch dafür, daß Sie genau hinschauen.

Haben Sie je einem alten Menschen zugehört, wenn er über »die gute alte Zeit« spricht? Wenn man ihnen zuhört, dann waren die Männer groß, nett und reich, die Frauen schön und großzügig wie Königinnen, es regnete nie an den Wochenenden, und jede Nacht war Silvester. Wenn man behauptete, sie erzählten uns Lügen, wäre das unrichtig und engstirnig. Sie versuchen das Gefühl wiederzuholen, das sie hatten, als sie jung waren, und das sie nicht mehr haben. Sie täuschen uns nicht bewußt, sondern vielmehr haben sie ihre eigenen Erinnerungen an eine Welt ausgeschmückt, wie sie hätte sein sollen. Sie sind sich selbst nicht mehr sicher, ob ein bestimmtes Ereignis, das sie in so glühenden Farben beschreiben, wirklich geschehen ist oder nicht.

Die nächsten beiden Phantasien basieren vielleicht auf der Grundlage solcher Erinnerungen. Um offen zu sein, es ist mir nicht klar, ob Dianes oder Cecilias Phantasien von Vorfällen herrühren, die wirklich stattgefunden haben, oder ob beide Frauen einige Besonderheiten aus einem realen Ereignis genommen haben, und weil sie solch ein wahrhaftig erotisches Feuer in ihrer Erinnerung entzündeten, sie zu den beiden lebhaftesten Masturbationsphantasien ausschmückten, die ich je gelesen habe.

Für unsere Zwecke spielt es keine Rolle, ob diese Ereignisse stattfanden oder nicht, denn beide Phantasien sind gemäß ihrer inneren Logik wahr. Diane präsentiert ihre Geschichte noch nicht einmal so, als wäre sie eine Phantasie. Es sind alles Erinnerungen, und ob sie von Masturbation, Hunden, ihrem Großvater, einer anderen

Frau und gelegentlich auch mal von einem Zeitungsjungen oder einem Verkäufer handeln, die Einzelheiten sind alle hingegossen, eine nach der anderen, ohne zu zögern, noch einmal darüber nachzudenken oder ein Schuldgefühl zuzulassen, das sich zwischen sie und ihre ansteigende Erregung stellt. Allein schon der Akt des Briefschreibens in sich wird zum Bestandteil ihrer vollständigen Masturbationsphantasie: »Unser Hund bekommt seinen Anteil ab, und er darf meine Möse lecken, wie er es gerade eben tut, während ich schreibe.«

Cecilias Geschichte scheint mir ein bißchen komplizierter zu sein. Ich habe sie zwei Psychoanalytikern gezeigt, und beide teilen mit mir das Gefühl, daß es vom bloßen Lesen des Briefs her schwer zu sagen ist, wo die Realität aufhört und die Phantasie beginnt. Wenn die Vorfälle sich wirklich ereignet haben, kann man sagen, daß sie juristisch und technisch betrachtet »vergewaltigt« wurde, aber ich glaube, daß es ein völliges Mißverständnis wäre anzunehmen, daß Cecilia die Ausnahme meiner Behauptung ist, daß ich nie eine Frau kennengelernt habe, die in der Realität vergewaltigt werden wollte. In ihrem Brief erzählt sie uns, worauf ihre wahre Erregung beruht: Es war »die Versklavung, die Unterwerfung – [die] ich so erregend fand«. Wenn sie diese Gefühle noch einmal erfahren will, geht sie nicht allein in einer dunklen Straße spazieren – sie kehrt zu »dem Verständnis und der Nachsicht meines wunderbaren Mannes« zurück, um ihre Phantasie ihrer »Lebensweise« in der Sicherheit ihres eigenen Heims anzupassen.

Was ich an Cecilias Brief außerordentlich bemerkenswert finde, ist, daß wir hier ein eindeutiges Beispiel von der heilenden Kraft der sexuellen Phantasie vorliegen haben. Während sie immer wieder die »elf Stunden unglaublicher Brutalität« durchgeht, erhält Cecilia das Gefühl der Überlegenheit über die Vorfälle. Sie kann diese Stunden in ihrer Phantasie jetzt zu ihrem eigenen Vergnügen wieder herbeizitieren. Ihre erotische Vorstellungskraft hat den Horror aus ihrer Erfahrung herausgenommen und sie in pures sexuelles Gold verwandelt. Sie sagt, daß sie die ganze Erfahrung jetzt »erregt, wenn ich daran denke«. In der Sicherheit ihrer Phantasien kann sie der Mann, der sie entführt hat, nicht mehr erschrecken; sie haben sich statt dessen in ihre erotischen Diener verwandelt, einen Quell, aus dem Cecilia »außerordentlich befriedigende Lust« schöpft.

Diane

..r Buch *Die sexuellen Phantasien* erfüllt vollständig seinen Zweck. Mein Opa und ich haben es gelesen, viele Teile wieder gelesen, und eine Menge Phantasien passen in mein Leben. Ich bin dreiundzwanzig, Single und habe ein abwechslungsreiches Sexualleben gehabt. Wenn ich mich an meine Sexspiele zurückerinnere, dann muß das gewesen sein, als ich ungefähr sechs Jahre alt war. Immer wenn ich Gelegenheit hatte, allein zu sein, zog ich meine Sachen aus, setzte mich hin, zog meine Knie bis zu meinem Kinn hoch und spielte mit den Fingern an mir herum. Zu diesem Zeitpunkt waren Wörter wie Möse, Ficken, Schwanz etc. nicht in meiner Sprache enthalten, aber jetzt kenne ich sie und kann die passenden Wörter in meinem Brief benutzen. Ich genoß das Sexspiel mit den Fingern, und dann probierte ich viele Gegenstände aus, Gummispielzeug, wie man es Hunden gibt, um darauf herumzukauen. Ich erinnere mich gut daran, als ich einen dicken Gummischwanz in einer Schachtel in der Abstellkammer fand. Ich hielt ihn gut versteckt und spielte mit ihm, nachdem ich ins Bett gegangen war. Die Größe war enorm, aber innerhalb von kurzer Zeit hatte ich es fertiggebracht, ihn in meine Möse hineinzubekommen. Als er in meiner Möse steckt, kam unser Hund herein, sprang auf das Bett und – wie es in Ihrem Buch beschrieben ist – ein schnelles Darüberfahren der Zunge des Hundes, und man macht eine faszinierende neue Erfahrung. Nun, danach ließ ich immer, wenn ich allein war, Skip meine Möse lecken. Das konnte in unserer Garage sein, im Keller, oder im Wald, da wir in der finstersten Provinz lebten. Er war immer bereit, meine Möse zu lecken. Von diesem Zeitpunkt an lernte ich schnell, daß er es liebte, mein Bein zu umklammern und seinen Arsch zu bewegen. Nun, ich legte ihn eines Tages auf den Rücken und spielte an seinem Schwanz herum. Es war keiner zu Hause, und daher zog ich mich aus, setzte mich auf seinen Bauch, ließ meine Möse auf seinen Schwanz gleiten und ließ ihn hinein. Er war sehr warm. Ich bewegte meine Möse auf seinem Schwanz, und er lag still. Sein Kopf war hinter mir, und deshalb konnte ich ihn halten und seinen Schwanz hineinzwängen. Obwohl ich da erst acht war, hatte ich Hunde beim Ficken gesehen und war deshalb begierig festzustellen, ob er mich ficken konnte. Wir gingen im Wald spazieren und fanden einen Platz, an dem wir nicht so leicht zu finden waren. Jetzt trug ich nie mehr ein Höschen, und alles, was ich anhatte, war ein Kleid. Ich zog mir das Kleid aus und spreizte im Stehen meine Beine weit auseinander und ließ Skip meine Möse lecke. Als er anfing, seinen Hintern zu bewegen, ging ich auf die Knie, um mich von ihm ficken zu lassen. Er wußte, was ich tat, und er bestieg mich. Ich packte seinen Schwanz und spreizte meine Möse auseinander, um seine Schwanzspitze hineinzulassen. Mit jeder Bewegung, die er machte, wurde sein Schwanz länger, und dann spürte ich eine Ausbuchtung in meine Möse eindringen, und wir traten in Aktion. Klar war ich froh, daß niemand in der Nähe war und hörte, was ich sagte. Als er im Gang war, sagte ich ihm immer wieder, daß er schneller, schneller, schneller ficken sollte, und es erschien mir sehr lustvoll. Schließlich kam er, und als ich anfing, mich zu entziehen, schrie er; ich konnte seine Härte in meiner Möse fühlen. Als er seinen Schwanz aus mir zog, stand meine Möse in Flammen, und sein Schwanz war schlaff, aber lang. Der riesige Knoten am hinteren Ende seines Schwanzes war leuchtend rot. Ich legte mich auf den Rücken und ließ meine Möse abkühlen, weil sie wirklich weh tat. Er leckte meine Möse, und als er meine Klitoris fand, leckte er einfach weiter. Glauben Sie mir, mir kam der Saft, und er leckte ihn auf, als er heraustrat. Nun, wir haben seitdem eine Menge guter Ficks gehabt, und ich fand einen anderen Hund, der Skip ersetzte. Nun, als ich ungefähr elf Jahre alt war, kam unser Zeitungsjunge zu unserem Haus, um das Geld zu kassieren, und alle waren nach Seattle gefahren. Er und ich unterhielten uns eine Weile – er war zu dem Zeitpunkt sechzehn –, und während er mit mir redete, umarmte er mich, gab mir einen Kuß und ging. Kurz danach kehrte er zurück und erklärte, daß er noch etwas zu kassieren hätte. Wir waren in meinem Zimmer, spielten Platten etc., und er fing an, an mir rumzufummeln, und das war alles, was ich brauchte, damit meine Möse heiß wurde. Während unseres Spiels auf dem Bett legte er seine Hand auf meine Möse, und in dem Moment verlor ich jeglichen Respekt. Ich zog mich aus und ließ ihn tun, was er wollte. Meine Titten waren klein, aber er fand eine Möglichkeit, an beiden zu saugen. Dann sagte er, ich sollte mich quer über das Bett legen, legte zwei Kissen unter meinen Hintern und hatte meine Möse hoch oben. Ich konnte sehen, wie sich meine Schamlippen öffneten, als er meine Beine spreizte. Als er seinen Mund an meine

Möse legte und anfing, an meiner Klitoris zu saugen, packte ich seinen Kopf und zog ihn hoch zu meiner Möse, und als er saugte, sagte ich ihm immer wieder: »Saug schon, saug stärker.« Endlich legte er sich auf mich und sagte mir, daß er mich ficken würde, und er steckte seinen Schwanz in meine Möse, und als er anfing zu ficken, lagen meine Beine über seinen Schultern, und wie wir fickten! Das war der Anfang unserer Vögelei. Aber erst dieser erstaunte Gesichtsausdruck, als Skip kam und an seinem Schwanz und seinen Eiern leckte, während er und ich später fickten. Skip, Ted und ich waren eine lange Zeit danach ein Trio. Als Ted achtzehn war, trat er in den Wehrdienst ein, und er macht jetzt eine Karriere bei der Air Force.

Nun, inzwischen war ich dreizehn Jahre alt und die läufigste Hündin, die man sich denken kann. Ted sagte mir, ich sollte aufpassen, mit wem ich ficke, weil ich mir Krankheiten holen könnte. Als Ted zur Ausbildung ging, war ich ohne Fickpartner. Eines Tages hatte ich Phantasien von meinem Großvater und daß er mich fickte. Er lebt ungefähr zehn Meilen von unserem Haus entfernt, besucht uns aber sehr oft, und deshalb beschloß ich, Opa zu fragen, ob ich ihn einen Tag lang besuchen kommen dürfte. Das klappte, und am selben Tag ließ ich mein Höschen weg, nachdem ich in sein Haus gekommen war (er lebt allein), und er fand es bald heraus, weil ich es bewußt darauf anlegte, daß er einen Blick auf meine Möse werfen konnte. An diesem Nachmittag sagte er zu mir, daß er mir ein Bad einlaufen lassen und mich baden würde, weil ich es dringend bräuchte. Das tat er, und unser Sexleben begann. Natürlich genoß er meinen Körper, und meine Titten wurden größer. Nun, es ist jetzt zehn Jahre her, und Opa und ich haben immer noch unseren Sex. Er brachte mir Reinlichkeit und Hygiene bei, achtet genau darauf, wann ich meine Periode habe, rasiert mir regelmäßig die Scham und vögelt gern mit mir. Er und ich machen es uns gegenseitig mit dem Mund; er brachte mir bei, wie man an einem Schwanz saugt. Und wenn er Lust dazu hat, besorgt er ein neues Sexspiel, einen Dildo, einen Vibrator und beidseitig benutzbare Schwänze, damit meine Freundin und ich sie in unsere Mösen stecken und an uns herumspielen können. Opa lernte sie kennen, als er zum Abendessen da war, und sie möchte gern Lesbierin bleiben. Wenn Opa in unser Haus kommt (Sue und ich leben zusammen), machen wir ihm eine

Freude. Er fickt eine von uns und saugt an der anderen Möse. Er hat uns beiden immer nur das Beste gegeben, beim Ficken, beim Saugen, Fingerficken, mit dem Vibrator oder, wenn wir es so sagen dürfen, uns in jeder Hinsicht mit viel Sexvergnügen versorgt.

Ich habe vergessen zu erwähnen, daß ich Modeschöpferin bin und vorwiegend auf dem Sektor exotischer Abendkleider tätig. Einige, die ich entwerfe, sind so gewagt wie nur möglich und zeigen Brüste oder Hintern; und einige sind so entworfen, daß sie die Möse zeigen. Bei Anproben bestehe ich darauf, daß die Frauen sich ausziehen, damit ich die Brüste halten kann, um Maß zu nehmen, oder damit ich die Aussparung um die Möse herum anpassen kann. Einige Male habe ich sie bis zu dem Punkt erregt, an dem sie wollten, daß ich mit ihren Titten und ihrer Möse spiele. Ein paar haben mich gebeten, mich auszuziehen, und sie haben es mir mit dem Mund besorgt. Ich glaube, meine rasierte Möse muß sie erregt haben. Ja, ich habe an einigen Mösen und Titten gesaugt. Opa und ich genießen unser Sexualleben. Er muß mich nicht darum bitten, daß ich an seinem Schwanz sauge, während wir gemeinsam duschen, denn ich kann gar nicht widerstehen, seinen Schwanz zu nehmen und daran zu saugen. Er hat uns beide eingeladen, *Deep Throat* zu sehen, und nachdem wir nach Hause gekommen sind, wetteten wir mit Opa, daß einer von uns in der Lage wäre, jeden Zentimeter seines riesigen Schwanzes und den Kopf zu schlucken. Nun, wir überraschten ihn damit, daß wir es wirklich fertigbrachten. Phantasie ist mir nie in den Sinn gekommen. Ich nehme an, man könnte sagen, ich lebe meine Phantasien aus, sowie sie mir in den Kopf kommen.

Opa hat uns beide in den Arsch gefickt. Meine Wohnungsgenossin hat eine Cousine aus San Diego zu uns eingeladen, und was für eine wilde Fünfzehnjährige das war. An ihrem Körper, der nur knapp einen Zentner wiegt, hat sie eine Möse, die wir rasierten und an der wir saugten, und sie ging in derselben Form mit unseren Mösen um. Tja, Nancy, ich glaube, ich habe in meinen sechzehn Jahren, in denen ich aktiv war, so viel Abwechslung beim Sex gehabt; ich trage nie einen Slip und spreize gern die Beine, damit die Typen ihren Steifen loswerden und dann wieder verschwinden.

Also, benutzen Sie meinen Brief oder werfen Sie ihn weg, aber ich weiß jetzt, daß Frauen nicht nur gern ihre Geschichte erzählen, sondern auch gern von anderen Mösenaktionen lesen.

Wenn Opa und wir beide im Bett sind, sind wir nie auch nur eine Spur zu schüchtern, um an einer Möse zu saugen, während er uns beobachtet.

Unser Hund bekommt seinen Anteil, und er darf meine Möse lekken, wie er es eben gerade tut, während ich schreibe. Wenn ich gerade gevögelt worden bin, spreize ich gern meine Beine unter der Dusche. Ich pisse einen Strahl irgendwohin. Opa sitzt vor mir, wenn ich stehend pisse, und ich pinkle ihn vollständig an, und er saugt mich trocken.

Genug geredet.

Cecilia

Ich kann Ihnen nicht sagen, wie tröstlich und beruhigend es für mich war, Ihr Buch zu lesen. Ich habe in den letzten drei Jahren ein geheimes Schuldbewußtsein gehegt, weil ich soviel Lust dabei empfand, meine Phantasien noch einmal zu durchleben, eine äußerst befriedigende Lust, die ich erlebte, als ich auf einem Parkplatz in einem Einkaufszentrum von drei Männern entführt wurde, die mich in ein extrem abgelegenes Haus in einem Vorort mitnahmen und mich vergewaltigten. Es war wirklich mehr als nur eine Vergewaltigung. Es war eine sexuelle Versklavung für ungefähr elf Stunden, und es war das – die Versklavung, die Unterwerfung –, was ich dann so erregend fand und wovon ich jetzt nicht nur phantasiere, sondern was ich dank des Verständnisses und der Nachsicht meines wunderbaren Mannes zu einer Lebensweise machen konnte. Vielleicht können Sie das Schuldbewußtsein verstehen, das ich unterdrückt habe – bis ich *Die sexuellen Phantasien der Frauen* las – weil ich seine Dominanz über mich genoß und daß ich ihn als »meinen Herrn und Meister« betrachte. (Meine Freundinnen, von denen die meisten mehr in der Frauenbewegung sind, als ich es je sein könnte, lachen, wenn ich diese Bezeichnung gebrauche, und sie glauben, ich mache einen kleinen Scherz, wenn ich sie benutze, aber ich bin aufrichtiger, als sie es je begreifen werden.)

Zuerst muß ich Ihnen sagen, daß ich vor dieser Nacht, in der ich entführt wurde, ziemlich gehemmt in meinem Sexualleben war, aber ich war nicht mehr Jungfrau. Meine Phantasien kreisten sogar schon damals um das Sklavenmädchenthema. Ich habe schon immer Romane gelesen und Filme gesehen, in denen die schöne Heldin auf einer Sklavenauktion von einem gutaussehenden römischen Kommandanten oder einem ägyptischen Prinzen aus dem Altertum oder jemand ähnlichem gekauft wird, habe es aber immer in Schach gehalten, wenn ich mich in diese Situation phantasiert habe (obwohl ich sie benutzte, wenn ich masturbierte). Aber diese Nacht eröffnete eine ganz neue Welt der Sexualität für mich, und sie rottete faktisch jede Hemmung aus, von der man träumen kann.

Teile der Nacht bleiben für mich immer noch verschwommen. Ich war lange Zeit so in Panik, besonders am Anfang, als ich nicht genau wußte, was mit mir geschah, und als ich geschlagen wurde – wenn auch nicht allzu fest –, bis ich einverstanden war, mich zu unterwerfen und zu gehorchen – und gegen Ende, als ich mir nicht sicher war, ob sie mich je gehen lassen würden. Aber in der Zwischenzeit schlüpfte ich in meine Phantasie und wurde tatsächlich das Sklavenmädchen, von dem ich phantasiert hatte. Ich lebte die Rolle. Es war, als wäre ich über die Jahrhunderte hinweg zurück in das Zeitalter der alten Römer versetzt worden.

Es ist so, daß ich jetzt intensiv jedes unglaubliche Detail ins Gedächtnis zurückrufe, und vier oder fünf Dinge, die geschahen, erregen mich jetzt ganz besonders, wenn ich nur an sie denke, und von denen phantasiere ich andauernd, und mein Mann vollzieht genau diese Dinge nach, so gut es eben geht, aber ohne die schreckliche Brutalität dieser Nacht.

Ich war dreiundzwanzig und Single. Ich hatte ein eigenes Apartment und arbeitete als Empfangsdame in einem Anwaltsbüro, und abends arbeitete ich nebenbei als Mannequin, wenn ich konnte. Sie schnappten mich, als ich zu meinem Wagen zurückkam, nachdem ich einige Lebensmittel im Supermarkt gekauft hatte. Sie stießen mich vor dem Rücksitz meines Wagens auf den Fußboden und fuhren mit mir los. Sie waren zu dritt. Einer war ungefähr fünfundzwanzig oder sechsundzwanzig, und er war der Anführer oder zumindest derjenige, der den anderen beiden sagte, was sie tun sollten, und der mir die meisten Anweisungen gab. Er war sehr freundlich und zuvorkommend, aber äußerst bestimmt und gebieterisch. Die anderen beiden waren noch Teenager, glaube ich. Einer war ein riesiger Typ, dunkel, behaart und sehr stark. Der andere sah sehr gut aus, war blond und hatte ganz glatte Haut.

Sie fuhren in eine Garage und schleppten mich aus dem Wagen ins Haus. Ich erinnere mich nicht sehr gut an das, was geschah – ich war so verängstigt, aber sie hörten auf, mich zu schlagen, und ich versprach, alles zu tun, was sie wollten, und ich war schnell in meine Phantasierolle des Sklavenmädchens geschlüpft; an diese Dinge erinnere ich mich unglaublich detailliert, und davon phantasiere ich noch heute.

1: Ich war vollständig bekleidet und mußte vor den beiden Jüngeren stehen, während der Ältere um mich herumlief, mein Haar leicht berührte, mein Gesicht, meine Brüste und meine Kehle. Er sprach die ganze Zeit und erzählte mir, wie hübsch ich sei und wie sehr er es genießen würde, mich zu ficken. Er fing an, meine Bluse aufzuknöpfen, und zog sie schließlich über meine Schultern, während er sich dazu äußerte, wie schön meine Haut sei und wie hübsch meine Titten seien. Er ließ seine Finger leicht über meine Schultern gleiten, umrundete meine Brüste und berührte schließlich die Spitze meiner Brustwarzen. Er strich mit den Knöcheln seiner Hand darüber, nahm sie zwischen Daumen und Zeigefinger, rollte sie sehr behutsam und brachte mich dadurch in Verlegenheit, daß er den anderen erzählte, meine Brustwarzen würden sich aufstellen. Es war so ein angenehmes Gefühl, daß ich es nicht vermeiden konnte, mich zu winden, und er befahl mir stillzuhalten. Ich begann leise zu weinen. Ich erinnere mich noch ganz genau daran, wie er seine Hand unter meinen Rock steckte und anfing, die Innenseite meiner Schenkel zu streicheln. Seine Stimme klang so dreckig, als er den beiden anderen erzählte, daß ich »mein Höschen naß machte«. Aber seltsamerweise mochte ich das Gefühl der Erniedrigung. Er ließ mich schließlich meinen Rock und mein Höschen »sehr langsam« ausziehen, »damit wir deine Titten sehen können, wenn du dich nach vorn beugst«. Dann mußte ich nackt vor ihnen stehen und mich langsam drehen, damit sie mich ansehen konnten. Und ich wußte genau, wie sich die Heldin als Sklavenmädchen in meiner Phantasie fühlte, als sie versteigert wurde.

2: Ich lag auf dem Boden, und der Große lag quer über mir, im rechten Winkel zu meinem Körper. Er spielte mit der Hand mit meiner Brustwarze und leckte an der anderen. Der Ältere sagte dem jungen Blonden, daß er meine Möse lecken soll. Der Ältere legte sich neben mich und fing an, mein Gesicht zu küssen und über mein

Haar zu streicheln. All diese Empfindungen brachten mich fast um den Verstand. Ich habe nie zuvor – oder seitdem – so viele phantastische Dinge erlebt, die sich gleichzeitig in meinem Körper abspielten. Ich konnte mich nicht auf eine Sache konzentrieren. Ich versuchte, das gesamte Geschehen zu ignorieren, doch das gelang mir nicht. Ich versuchte, an etwas anderes zu denken – wie sehr ich diese Männer haßte – aber dann saugte der Blonde an meiner Klitoris und fuhr mit der Zungenspitze schnell darüber, und ich fühlte ihn und das, was er tat, und der Größere umrundete meine Brustwarzen mit der Zunge, und der Blonde bewegte seine Zunge sehr schnell auf meiner Klitoris auf und ab. Sie sagten immer wieder solche Sachen wie: »Du magst es, wenn man an deiner Klitoris saugt, stimmt's?« und »Du magst es, wenn deine Titten und deine Möse gleichzeitig geleckt werden, nicht wahr?« Ich versuchte immer wieder, es zu ignorieren, aber es gibt keine einzige Möglichkeit auf Erden, wie man die feuchte Wärme eines weichen Mundes ignorieren konnte, der zart und beharrlich deine Klitoris erregt. Ich versuchte verzweifelt, einen Orgasmus zu unterdrücken, aber der Ältere ermunterte mich immer wieder. »Laß dich gehen, Baby, komm, Baby, komm. Du magst es.« Und ich kam. Es war so tief und intensiv. Es war überwältigend. (Ich werde heiß, wenn ich bloß daran denke und diesen Brief schreibe. Ich habe Liebeskugeln in mir – diese kleinen goldenen japanischen Kugeln, die man in die Möse steckt und die vibrieren, wenn sie zusammenstoßen, und ich bin nicht in der Lage, meine Hüften stillzuhalten, während ich das tippe, und ich hatte schon einen Orgasmus, während ich tippe. Es ist toll.)

3: Sie wechselten sich gegenseitig ab, als sie mich danach fickten. Ich war noch ausgepumpt von dem Oralverkehr bis zum Orgasmus und befand mich beinahe in einem Traumzustand, aber ich erinnere mich an so viele der Empfindungen. Jeder einzelne war anders, und ich empfand ihn anders in mir, auf mir und beim Ficken. Ich weiß, daß ich wieder mehrmals kam. Ich kann mich nicht erinnern, wieviel Mal mich jeder fickte oder mit welchem ich einen Orgasmus hatte. Der Ältere fickte mich zuerst, erinnere ich mich. Er steckte seinen Schwanz tief in meine Möse, so daß er sich sehr hart gegen meine Klitoris preßte. Er bewegte sich kaum. Ich erinnere mich, daß ich meine Wange an seine Schulter preßte und die Härte seines Schwanzes in mir fühlte und wie er mich ausfüllte. Als ich meine

Hüften bewegte, befahl er mir: »Lieg doch still. Bleib liegen und fühle meinen harten Schwanz in deiner Möse. Lieg nur da und laß dich ficken.« Ich erinnere mich, daß ich ungeachtet dessen, was ich tat, einen Orgasmus in mir nahen fühlte. Zu guter Letzt bat ich ihn tatsächlich, daß er mich bitte, bitte ficken und mich kommen lassen soll. Ich weiß, daß ich schließlich so hart gegen ihn stieß und versuchte, ihn zu ficken, wie er es mit mir machte. Ich fickte tatsächlich den Mann, der mich vergewaltigte, und ich genoß es unglaublich. Der Jüngere fickte mich sehr schnell, erinnere ich mich, und ich erinnere mich auch, daß ich meine Beine um ihn schlang, so schmal war er. Der Größere fickte mich mehr als einmal, das weiß ich. Ich erinnere mich, daß ich auf seine Brust starrte. Es war damals ganz merkwürdig für mich, wie verschieden sie alle voneinander waren und daß sich jeder von ihnen ganz anders bewegte. Das finde ich für sich genommen erregend. (Ich hatte zuvor nur mit zwei Männern geschlafen. Ich war bis zu meinem vorletzten Studienjahr am College Jungfrau, und da war ich zwanzig. Ich hatte weder eine Vorliebe noch eine Abneigung gegen diese Erfahrung. Ich nehme an, ich war damals zu neugierig. Ich schlief danach dreimal mit einem anderen Mann. Ich hatte gehofft, daß wir heiraten würden, aber wir machten Schluß. Ich hatte den Mann, den ich später heiratete, zweimal getroffen, ehe ich entführt wurde, aber wir waren nie miteinander ins Bett gegangen.)

4: Wir ruhten uns alle eine Weile aus, und dann sagte der Ältere, er wollte zusehen, wie ich am Schwanz des Blonden saugte. Ich hatte nie zuvor einem Mann einen geblasen und hatte Angst. Er drohte damit, mir die Titten abzuschneiden, und er zog schnell ein Messer hervor, und ich willigte schließlich ein. Aber der blonde Junge sträubte sich entweder, oder er tat so, als ob. Der Ältere legte die Spitze des Messers an meine Kehle und sagte, er würde mir fünfzehn Minuten geben »um den Jungen mit meinem Mund zum Höhepunkt zu bringen«. Der Junge saß auf einem Sofa, und ich ging durch und voller Grauen zu ihm hin. Ich ging auf die Knie, aber er stieß mich weg. Der Ältere sagte: »Du mußt ihn reizen. Bring ihn dazu, daß er es will.« Und dann saß ich neben ihm, spielte an seinem Schwanz herum, küßte ihn und versuchte, mit den Brustwarzen über seine Lippen zu fahren, um ihn heiß zu machen, und ich flüsterte ihm ins Ohr und bettelte, er sollte mich an seinem Schwanz lutschen lassen. Ich ermunterte ihn, seine Hand zwischen meine Beine zu legen, und ich spreizte die Beine, um es ihm bequem zu machen, und ich erzählte ihm, wie schön ich es ihm machen würde, wenn er mich seinen Schwanz lecken ließe. Im Hintergrund sagte der Ältere immer wieder: »Zehn Minuten sind vorbei...« Schließlich willigte der Junge ein, und ich ging zwischen seinen Beinen auf die Knie. Ich erinnere mich, wie hart und fest sein Schwanz war und wie die weiche Haut über die Härte seines Schafts zu gleiten schien. Als der Ältere sagte: »Fünf Minuten, Baby«, saugte und leckte ich verzweifelt und rasend. Einer von ihnen – ich weiß nicht, welcher – schob mir das Haar aus dem Gesicht, damit der Ältere »besser« sehen konnte, »wie sein Schwanz in meinen Mund und wieder rausglitt«. Ich hatte nie zuvor an einem Mann gesaugt, aber das Gefühl in diesem speziellen Augenblick, an das ich mich am besten erinnern kann, ist, daß ich mich nie zuvor als derart weiblich empfunden habe. Ich war mir vollständig des höchsten Ausdrucks von Männlichkeit direkt vor meinem Gesicht, in meinem Mund, bewußt. Ich war mir über die Kraft dieser Männer im klaren und auch über die Macht, die sie über mich hatten. Es war nicht nur so, daß ich mir meiner Weiblichkeit bewußt war, es war mein Frausein – wenn das genau genug ist. Ich genoß es ausgesprochen, an seinem Pimmel zu saugen, und ich genieße es, wenn ich soweit gebracht werde, an dem Schwanz meines Mannes zu saugen. Als der Junge kam, lag in dem Empfinden, eine Frau zu sein, ein Gefühl von Überlegenheit. Ich fühlte mich erfüllt. Ich habe es so sehr genossen.

Sie hielten mich nach alledem noch einige Stunden fest. Ich mußte sie bedienen, ihnen Pizza servieren – sie hatten tatsächlich eine bestellt, und einer hielt mich in einem Gemeinschaftsraum des Kellers mit einem Messer an der Kehle fest, als der Lieferantenjunge kam (sie schlugen vor, mich dem Jungen als Trinkgeld zu geben) – und ich mußte mich hinknien, nachdem ich ihnen Wein serviert hatte, während mir einer Wein in den Mund goß. Mir wurde befohlen, sie zu ficken, während sie auf dem Rücken lagen. Ich glaube nicht, daß ich noch einmal kam – ich war vermutlich zu sehr erschöpft. Und ich bekam Angst, als die Zeit verging und sie keinerlei Anstalten unternahmen, mich laufen zu lassen. Schließlich erlaubten sie mir, mich anzuziehen, und sie fuhren mich fast zu meiner Wohnung, ließen mich ungefähr eine Straßenkreuzung von meinem Apartment entfernt aussteigen. Sie parkten mein Auto auf dem Parkplatz vor dem Supermarkt, und am nächsten Tag holte ich meinen Wagen. Ich ging nach Hause, badete und schlief achtzehn Stunden am Stück durch. Ich habe nie die Polizei verständigt.

Danach blieb ich drei Tage zu Hause und masturbierte, während ich mir die liebsten Teile des Vorfalls ins Gedächtnis rief und sie noch einmal abliefen. Ich hatte mit Larry am Samstagabend danach eine Verabredung. Wir wollten zusammen essen und ins Theater gehen, aber als er kam, sagte ich ihm, daß ich zu Hause bleiben wollte und daß ich mit ihm vögeln wollte. Ich erzählte ihm die ganze Geschichte der Entführung und wie sehr ich sie genossen hatte. Er saß auf einem Stuhl und sagte zu mir, ich sollte mich vor ihn hinstellen. Dann sagte er mir, daß ich mein Kleid ausziehen soll. Und das war der eigentliche Anfang unserer Beziehung. Wir heirateten ein Jahr später. Wenn wir allein sind, spielen wir heute noch die Herr-Sklavin-Beziehung durch. Er ruft mich vom Büro aus an, ehe er nach Hause kommt, und befiehlt mir, daß ich mich ausziehen und warten soll, bis ich gefickt werde. Es ist außerordentlich lustvoll, meinen Mann nackt oder mit einem durchsichtigen Gewand an der Tür zu empfangen, ihn zu bedienen und liebevolle Dinge mit ihm zu tun. Und für ihn. Er hat einen Freund, der mehrmals jährlich, wenn er geschäftlich in der Stadt zu tun hat, das Wochenende bei uns verbringt, und Larry bringt mich immer dazu, ein sehr tief ausgeschnittenes Cocktailkleid zu tragen, wenn Frank uns besucht. Er läßt mich Franks Zigaretten anzünden, und ich genieße Franks Gesichtsausdruck, wenn er an mir herunterschaut (Larry hat mir verboten, BHs zu tragen). Es törnt mich auch an, wenn Larry Frank erzählt, wie toll ich im Bett bin oder wie gut ich seinen Schwanz lecke. Es ist mir peinlich, aber es macht mir Spaß. Larry hat auch damit gedroht, mir zu befehlen, bei einem seiner Besuche mit Frank zu schlafen, aber bis jetzt hat er es nicht wahrgemacht. Ich werde es tun, wenn er es mir vorschreibt.

Ich weiß, daß das so klingt, als wäre ich ganz schön verrückt. Aber zum ersten Mal in meinem Leben fühle ich mich sexuell frei und komplett befriedigt. Ich habe die meisten der Macken nicht mehr, wie sie meine Freundinnen zu haben scheinen. Ich bin im Junior Women's Club beschäftigt und arbeite einmal in der Woche ehrenamtlich in der Kinderstation des örtlichen Krankenhauses. Ich tue rundum genau dasselbe, was meine Freundinnen auch tun. Kann es wirklich so schlimm sein, auch die Art, die mein Mann und ich befriedigend finden, so viel sexuelle Lust zu spüren? Sicher will Ihr Buch aufzeigen, daß andere Frauen gern ihre Phantasien so ausleben würden, wie ich es mit meinen mache. Sie sollten das tun. Es ist ein gutes Gefühl. Kann es wirklich so schlecht sein? Ich glaube es nicht.

Grüße und aufrichtigen Dank.

Carole

Ich habe gerade *Die sexuellen Phantasien der Frauen* zu Ende gelesen und war außerordentlich fasziniert. Ich betrachte es als das Antörnendste meiner ausgedehnten Sammlung von Literatur.

Nur um Sie mit mir bekannt zu machen: Ich bin Single, dreiundzwanzig Jahre alt und Stewardeß. Und Zwischenaufenthalte sind eine tolle Zeit, um zu masturbieren, zu phantasieren oder zu ficken, wenn man das Glück hat, einen Mann in der jeweiligen Stadt zu kennen.

Ich halte mich für vollständig ungehemmt und mag entsprechend hemmungslose Männer. Ich nähe, häkle, koche, schreibe Gedichte und lese eine Menge. Natürlich findet das alles nur zwischen dem Fliegen und dem Ficken statt. Besonderen Spaß macht es mir, eine ganze Gruppe von Leuten dazu zu bewegen, über Sex zu reden – man findet so viel über sie heraus, ohne daß sie es bemerken.

In Ihrem ersten Buch gab es eine Menge Leute, die einige meiner Vorlieben für Sex haben (Schwänze anschauen, gute Musik, Voyeurismus, nackte Männer etc.), aber ich fand tatsächlich keine Phantasie, die meinen wirklich entspricht.

Ich weiß nicht, ob das einmalig ist oder nicht, aber all meine Phantasien beinhalten die Zahl zwölf. Sie haben nichts mit gesichtslosen Liebhabern zu tun; statt dessen sind alles vergangene oder gegenwärtige Liebhaber. Die Zwölf zeigt sich manchmal in der Anzahl der Spiegel in einem Spiegelkabinett, in Szenen in anderen Ländern oder zwölf Stellungen. Einmal waren es meine vier besten Liebhaber in meinen Lieblingsrollen, die ich ihnen zuteile, Strichmännchen, Zeichentrickfiguren und dann Gestalten aus dem wirklichen Leben (drei mal vier ist zwölf).

Meine allerliebste Phantasie hat mit den zwölf Tierkreiszeichen zu tun. Ich habe diese Phantasie normalerweise, nachdem ich Gras geraucht habe und beim oralen und manuellen Sex oder beim Sex mit dem Vibrator. Ich höre immer gern die Platten von Barry White im Hintergrund.

Jedenfalls beginnt die Phantasie im Wassermann. Meine Möse steht in Flammen, und der Wasserträger löscht sie, indem er seinen Schlauch in mich hineinsteckt. Im Zeichen der Fische bin ich die Meerjungfrau aus der Thunfischwerbung, und mein Liebhaber ist Sporttaucher. Da die Meerjungfrau keine Muschi hat, bin ich begierig darauf, ihm einen zu blasen. Im Zeichen des Widders ist mein Mann ein Mitglied der Los Angeles Rams, und ich führe das Cheerleader-Team an (in der Rolle, die Dr. Chartham meint, wenn er von den Anhängern von *Erelalia* spricht [lärmender Liebesakt], und das paßt ganz gut zu mir). Und es mißlingt uns nie, einen Touchdown zu erzielen. Der Stier bringt uns nach Spanien, wo der Torrero den Bullen tötet und mich mit seinem Horn fickt. Im Zwilling (mein Zeichen) werde ich von einem Zwilling gefickt, während ich den anderen Zwilling mit meinem Mund verschlinge. Der Krebs bringt uns zu den Monströsitäten, die im Zirkus ausgestellt wurden, und hier hat mein Liebhaber sechs Arme und dreißig Finger. Er zwickt mich buchstäblich in einen herausragenden Orgasmus. Leo, der Löwe, sitzt auf seinem Thron, und ich hebe meine sämtlichen Petticoats und setze mich auf seinen Schwanz. Als ich über den Hofnarren lache, lacht meine Vagina auch, und der König bekommt einen königlichen Orgasmus. Die Szene der Jungfrau spielt in Ägypten, wo ich die jungfräuliche Braut im Harem eines Sultans bin. Ich führe einen Bauchtanz vor ihm auf, gebe ihm Weintrauben zu essen, fächle ihm Luft zu, und dann defloriert er mich behutsam. Das Zeichen der Waage hat zwei Schalen, und wenn zwei Leute in den Waagschalen ficken, bekommen sie nie das richtige Gewicht heraus. Der Skorpion kann sehr sadistisch sein. Deshalb werde ich jetzt von meinem Liebhaber ans Bett gebunden, ehe er mich auspeitscht und mich von seinem Motorradfahrerclub geschlossen vergewaltigen läßt. Im Zeichen des Schützen ist der Bogenschütze ein Indianerhäuptling, und er fickt mich mit seinem Pfeil, während wir beide auf seinem Palomino reiten. Der Steinbock ist ein Schäfer auf seiner Weide, und ich bin das schwarze Schaf, das er in den Arsch fickt.

Das mag einem gar so lang vorkommen, aber Denken geht schneller als Lesen.

Also, dann auf nach Detroit und zu meinem superscharfen Zwillings-Liebhaber. Mmmm... Alles Liebe und einen guten Fick.

Gabbie

Ich habe gerade Ihr Buch *Die sexuellen Phantasien der Frauen* zu Ende gelesen. Wirklich phantastisch. Ich dachte mir, es könnte spannend sein, meine Phantasie zu Papier zu bringen. Vielleicht können Sie sie nicht gebrauchen, aber ich mache es einfach. Übrigens, ich hatte bisher nur einen Liebhaber und war mit ihm vier Jahre zusammen. Ich bin achtzehn Jahre alt.

Also, ich wache in diesem großen, sehr schwach beleuchteten Raum auf, und irgendwo glimmen Räucherstäbchen. Ich sitze auf einer Vorrichtung, die an der Wand befestigt ist, und meine Arme und Beine schweben frei. Ich trage eine Art Haremskleidung, nur besteht der BH aus nichts weiter als dünnen Ketten, die meine Brüste (80C) halten. Das Höschen ist aus einem sehr dünnen, schleierartigen Gewebe (durchsichtig), aber meine Schamhaare sind von dicken Streifen aus Spitze bedeckt, die sich über den Schritt ziehen.

Eine Tür öffnete sich, und dieser sehr gutaussehende, dunkelhaarige Junge kommt in den Raum und trägt nur eine Art dekorativen goldenen Schild vor seinen Genitalien, der an goldenen Ketten hängt. Ich frage ihn, was er mit mir vorhat, und er erwidert, daß sein Vater mich gekidnapt hat, damit sein einziger Sohn eine amerikanische Gattin und ein amerikanisches Kind bekommt.

Ich stand unter Hypnose, als man uns miteinander verheiratet hat, erzählt er mir, und man hatte mir eine Droge gegeben, damit ich gleich beim ersten Mal, wenn die Ehe vollzogen wird, schwanger werde. Er sagte mir außerdem, ich würde ihm niemals widerstehen können, weil den Räucherstäbchen ein Aphrodisiakum beigemischt sei.

Er kommt auf mich zu, und ich stelle fest, daß ich dem zwanzigjährigen Mann mit dem aufreizenden Körper nicht widerstehen kann. Er küßt mich auf den Hals und bewegt seine Hände ganz zart über meinen Körper. Er küßte meine Brüste und schiebt die Ketten beiseite, um an meine Brustwarzen zu kommen.

Manchmal komme ich an diesem Punkt, wenn ich masturbiere, aber wenn ich nicht komme, spinne ich diesen Faden weiter.

Ich werde naß, und er zieht sich von mir zurück, drückt einen Knopf auf einer Fernbedienung, und meine Beine spreizen sich automatisch. Er kehrt zu mir zurück und hakt den Schild auf seinem Geschlechtsorgan los. Es ist schön und nicht zu groß. Er beginnt in mich einzudringen, ohne mein Höschen zu entfernen; da bemerke ich, daß es keinen Schritt hat.

An dieser Stelle komme ich immer.

DER MANN ist immer phantastisch gebaut und wie mein Liebhaber ausgestattet, an dem ungefähr neunzehn Zentimeter hängen, wenn er steif ist.

Vielen Dank, Nancy, daß Sie soviel über das schwächere Geschlecht ans Licht gebracht haben. Ich dachte immer, mit mir stimmt etwas nicht, weil ich diese Vorstellungen hatte und masturbiere. Alles Liebe, und führen Sie Ihre gute Arbeit fort.

Isolde

Zuerst möchte ich Ihnen sagen, daß ich *Die sexuellen Phantasien der Frauen* gelesen habe und fand, das Buch sei extrem stimulierend und voll von dem, wovon die Welt mehr braucht – nämlich, die Männer wissen zu lassen, daß Frauen sehr erotische Geschöpfe sind. Ich weiß das, seit im Alter von zehn Jahren mein Phantasieleben begonnen hat – erwache, Welt!

Ehe ich zu meinem Phantasieleben komme, möchte ich meine eigene Realität beschreiben. Ich bin einundzwanzig Jahre alt, verheiratet, schwanger, habe die Highschool abgeschlossen, gehöre der Mittelschicht an und, falls das von Bedeutung ist: Ich bin weiß. Mein Mann ist fünfundzwanzig, war ein Jahr auf dem College, ist weiß und teuflisch sexy.

Ich tanze oben ohne seit ich siebzehn bin, und kann mich nicht daran erinnern, jemals nicht bisexuell gewesen zu sein – seltsamerweise nur im wirklichen Leben, nie in der Phantasie. Nur manchmal, wenn ich ein aufreizendes Mädchen in *Penthouse* oder im *Playboy* sehe, frage ich mich, wie sie wohl im Bett ist.

Mit dreizehn hatte ich zum ersten Mal Geschlechtsverkehr, und ich habe immer an mir »herumgespielt«. Ich erinnere mich, daß ich zum ersten Mal mit fünf erwischt wurde und man mir sagte: »Ts, ts, böses Mädchen!« Ich habe zum ersten Mal mit zehn einen Orgasmus bekommen. Ich bin nie beim Geschlechtsverkehr gekommen, bis ich fünfzehn war, als ein einundzwanzig Jahre alter Liebhaber mir den »Spaß« (Gott segne ihn) am oralen Vorspiel beibrachte.

Ich habe auf die eine oder andere Weise mit über hundert Männern geschlafen und mit ungefähr dreißig Frauen, von denen die erste meine Cousine war, als wir elf waren. Ich glaube, da ich es wirklich voll auskoste, oben ohne zu tanzen, könnte man mich eine Exhibitionistin nennen. Und mein Mann schaut mir gern zu, wenn ich tanze. Ich habe ihn kennengelernt, als ich achtzehn war, und es hat wegen des Tanzens nie Krach gegeben. Er weiß, daß ich es sehr professionell betreibe und daß mich der typische Barbesucher nicht antörnt. (Wir sind erst seit acht Monaten verheiratet.)

Mein Mann ist mit über zweihundert Frauen im Bett gewesen und nur mit einem Mann, einem schwulen Freund von uns beiden. Sogar da tat er es nur, weil ich darauf bestanden habe. Durch unsere Sexualität und den Glauben, daß die Ehe und die persönliche Freiheit Hand in Hand gehen müssen, sind wir wie geschaffen füreinander.

Wenn wir miteinander schlafen, komme ich immer. Wenn es während des Geschlechtsverkehrs ausnahmsweise nicht klappt, was aber zu neunzig Prozent der Fall ist, masturbiere ich danach, und er macht es mir mit der Hand. Manchmal ficke ich ihn so, daß er sofort kommt, wenn ich weiß, daß er geil ist, und dann lege ich mich zurück und genieße es wahnsinnig!!

Da sein Schwanz sehr groß ist, beinahe dreiundzwanzig Zentimeter lang, wenn er erigiert ist, war es immer ein Problem, daß der Geschlechtsverkehr schmerzte, aber jetzt ist es einfach schrecklich. Da ich schwanger bin, ist meine arme Vagina kürzer geworden, und daher heißt der Schlüsselbegriff jetzt Behutsamkeit. Und das törnt mich irgendwie ab.

Ich habe versucht, ihn zu lecken, um mein mangelndes Interesse auszugleichen. Das hat nur den Erfolg, daß mir übel wird. Ich kann es aber nicht verstehen, weil ich es sehr gern mache.

Es hat in meinem Sexualleben nur zwei schlechte sexuelle Erfahrungen gegeben. Eine war die, daß ich mit vorgehaltenem Messer von einem schwarzen Typ vergewaltigt wurde, die andere, daß ich von einem Mann, mit dem ich verlobt war, mit Analverkehr vergewaltigt wurde. Ich steckte beides locker weg und sagte mir: Verdammt, was soll's! Es belastet mich jetzt nicht mehr, außer dann, wenn mein Mann Analverkehr mit mir probieren will. Die Erinnerung an den Schmerz läßt mich ganz eng und verkrampft sein, und es ist einfach nicht machbar.

Unsere Ehe ist sehr offen. Ich hatte mit einem Mann Geschlechtsverkehr – eine Affäre –, seit ich schwanger bin. Ich glaube, ich wollte mir nur beweisen, daß ich noch begehrenswert bin.

Wir haben es zweimal zu dritt gemacht, und bei einem unserer Dreier war es so, daß ich die gesamte Aufmerksamkeit von meinem Mann und einem Heterofreund erhielt. Im anderen Fall bekam er die ganze Aufmerksamkeit von mir und einem schwulen Freund. Das fand ich toll!

Ich habe ein aktives Phantasieleben. Ich habe mir in meiner Phantasie immer wieder ausgemalt, daß ich einen Typ sadistisch vergewaltige. Als wir *Die sexuellen Phantasien der Frauen* gelesen haben, habe ich meinen Mann nach seinen Phantasien gefragt. Nun, es sieht so aus, als fährt er auf schwarze Hüftgürtel und Strümpfe ab. Und darauf, dominiert zu werden. Wir zogen los und kauften die notwendigen Artikel, und dann spielte ich nach Herzenslust die Domina. Ich brachte ihn sogar dazu, daß er sich das schwarze Höschen anzog, das ich anhatte, und dann reizte ich ihn. Ich wurde grob und brachte ihn dazu, daß er bettelte. Wir fanden das ganz toll! Dann brachte ich ihn dazu, mich zu lecken, und währenddessen habe ich ihn unablässig körperlich behandelt und verbal beschimpft. Der Orgasmus war überwältigend, als wir schließlich miteinander schliefen.

Eine meiner liebsten Phantasien ist die, daß mein Mann jemandem einen bläst. Er sieht wirklich wahnsinnig aus, wenn er einen Schwanz im Mund hat. Manchmal, wenn ich masturbiere, stelle ich mir vor, daß er es mit einem Typ macht, und ich komme in einem Spitzentempo!

Ich phantasiere auch, daß ich auseinandergespreizt auf dem Bett festgebunden werde und mein Mann voll und ganz die dominierende Rolle spielt. Ich stelle ihn mir mit einem riesigen Steifen vor, wenn er mich fickt und mich dann zwingt, ihn von meinen Säften sauber zu lecken. Dann nimmt er seinen Schwanz in die Hand und fängt langsam an, sich einen runterzuholen, nur wenige Zentimeter von meinen Augen entfernt, während er mir sagt, was ich für eine Fotze bin. Ich versuche, die Augen zu schließen, aber er schlägt mich und zieht mich am Haar, reißt gewaltsam meinen Kopf zurück und zwingt mich, den Mund zu öffnen. Plötzlich hört er auf und sagt mir, daß er meine Titten ficken wird. Er drückt meine Titten zusammen, saugt daran und beißt hinein. Sein Schwanz ist jetzt riesig, und er schiebt ihn dazwischen und stößt mit jeder Bewegung seine Eichel an meinen Hals. Plötzlich setzt er sich mit seinem Hintern auf meine Titten und spritzt seinen Samen in mein ganzes Gesicht, spritzt ihn mir in die Augen, die Ohren, überall hin. Ich wölbe mich ihm entgegen, weil ich seinen Schwanz in den Mund nehmen will, aber er lacht nur und hält ihn außer Reichweite. (Wow, Sie haben ja keine Ahnung, was in mir vorgeht, während ich das aufschreibe!)

Kapitel 7

Beim Geschlechtsverkehr

Es gibt vielleicht einen Satz, den ich besonders häufig höre, wenn ich als Autorin eines Buchs über die sexuellen Phantasien von Frauen vorgestellt werde: »Oh, ich brauche keine Phantasien, während ich mit meinem Mann/Liebhaber schlafe. Er genügt mir völlig. Ich denke nur an ihn, wie er sich fühlt etc., etc.« Ich bekomme diese Antwort sogar von Frauen, die *Die sexuellen Phantasien der Frauen* gelesen haben und die deswegen wissen müßten, daß auf jede einzelne Phantasie, die von einer Frau eingeschickt wurde, die sagt, daß sie während des Geschlechtsverkehrs phantasiert, mindestens zwei oder drei Frauen kommen, die sich erotische Szenen ausmalen, während sie auf der Straße herumlaufen, masturbieren, fernsehen und so weiter. Mich langweilt zwar die stereotype Reaktion, daß Frauen sich Phantasien nur während des Geschlechtsverkehrs vorstellen können, aber dennoch bin ich neugierig darauf zu wissen, weswegen so viele Frauen der Frage nach der sexuellen Phantasie ausweichen und sagen, ihre Sexualität sei so toll, daß sie sie nicht »brauchen«. (Ich möchte gleich hinzufügen, daß diese Neigung, die Phantasie nur auf den Geschlechtsverkehr zu beschränken, auch unter Männern weit verbreitet ist.)

Die Erklärung dafür ist, glaube ich, die, daß keiner von uns einen Mangel oder Unzulänglichkeiten auf einem Gebiet sichtbar werden lassen möchte, auf dem niemand ein absolutes, felsenfestes Selbstvertrauen hat: unsere Sexualität. Wir wissen so wenig über uns selbst, daß wir sofort in die Defensive gehen, ehe überhaupt jemand fragend die Augenbrauen hochgezogen hat. Wir wehren uns zu sehr; wir haben Angst zuzugeben, daß wir keine Phantasien haben, weil es vielleicht das Eingeständnis eines Mangels sein könnte. Wir brüsten uns statt dessen damit, daß unsere Sexualität auch ohne Phantasien »toll« ist. Der ganze Themenbereich der sexuellen Phantasie wird als zu banal für eine Diskussion abgetan. Dieses beinahe zwanghafte Leugnen, daß Phantasien während des Geschlechtsverkehrs »gebraucht« werden, erfüllt zwei Schutzfunktionen. Erstens wird damit bestritten, daß man nicht Frau genug ist, »um es auf die natürliche Art zu machen« (was das auch immer heißen mag). Zweitens verteidigt man sich damit gegen jede denkbare Unterstellung, daß der eigene Liebhaber/Ehemann einem als Mann nicht genügt.

Die meisten Frauen können sexuelle Phantasien nur eingestehen, wenn sie in einem unbeschwerten, nicht bedrohlichen Zusammenhang stattfinden. Zeigen Sie einer Frau eine Kinovorschau eines Films mit Paul Newman zusammen mit Ann-Margret im Bett. Dann weisen Sie sie darauf hin, daß eine Phantasie nur ein kleiner Luftballon über ihrem Kopf ist, ein flüchtiges Bild, in der sie Ann-Margrets Platz einnimmt, und sei es nur für einen Augenblick. Ja, natürlich – sie wird lächeln – wir kommen schließlich alle gelegentlich auf solche komischen Ideen, stimmt's?

Aber wenn Sie sie danach fragen, ob sie eine Phantasie in Betracht ziehen würde, in der sie mit dem besten Freund ihres Mannes im Bett liegt, während er, ihr Mann, sie gerade in der Realität fickt – dann brechen alle himmlischen und höllischen Verteidigungsmächte los. *Ich ziehe ihre und die Sexualität ihres Mannes in Zweifel!* Die Vorstellung ist so furchterregend, die daraus resultierende wütende Verteidigung so überwältigend – wie könnte sie da noch mir oder sich selbst eingestehen, daß sie sexuelle Phantasien hat? »Wenn ich mit meinem Mann zusammen bin, törnen wir uns gegenseitig so sehr an, daß wir keine sexuellen Phantasien *brauchen*. Nein, danke!«

Die ganze Mühe ist sehr verständlich und allzu menschlich. Letztendlich glaube ich, daß die ganze Verwirrung von dem Mißverständnis eines einzigen Wortes herrührt: brauchen.

Was soll dieses ganze Gerede, daß man eine Phantasie »braucht«? »Brauchen« Sie einen Martini in den romantischen Stunden vor dem Geschlechtsverkehr – »brauchen« Sie diese tolle Hintergrundmusik – »brauchen« Sie ihn nur, damit er ihn reinsteckt und alles rauspumpt? In all diesen Fällen geht es nicht darum, daß man etwas wirklich braucht. Wir versuchen, den Liebesakt zu einer Kunst zu erheben; ein Drink und ein bißchen Musik sind Bestandteile dieser Kunst – *und für viele Menschen gehört die sexuelle Phantasie dazu!*

Wenn eine sexuelle Phantasie uns dabei hilft, uns zu höheren erotischen Gipfeln als gewöhnlich aufzuschwingen, dann heißt das nicht, daß wir unzulängliche Liebhaber sind. Es heißt nur, daß man von einer jungen Frau, die so erzogen worden ist, in den ersten zwanzig Jahren ihres Lebens nein, nein, nein zu sagen, nicht plötzlich erwarten kann, daß sie über Nacht in der Lage ist, sich von der Gewohnheit und der Unterdrückung zu befreien, und das nur, weil ein Trauungszeremoniell vollzogen worden ist; die sexuellen Bremsen sind zu tief in ihren Nerven, ihren Muskeln und ihren Blutkörperchen verankert.

In seiner vor kurzem erschienenen Studie *Der Orgasmus der Frau* bestimmt Dr. Seymour Fisher genau den einzigen echten Grund, weshalb so viele Frauen nicht in der Lage sind, zum Orgasmus zu kommen: Sie können sich nicht »gehenlassen«. Wir sind dazu erzogen worden, gehemmt auf die sexuelle Erregung zu reagieren und ihr zu mißtrauen, wenn wir spüren, daß sie sich in uns aufstaut; wir haben zu oft die Warnung gehört, nicht »zu weit zu gehen« und aufzupassen, daß wir nicht »die Kontrolle verlieren«. Wenn etwas passiert, ist die Frau schuld – das ist eine anerkannte Volksweisheit, die unsere Mütter uns einfleischen wollten. In Anbetracht dieser Verantwortung setzen wir nicht nur unserer eigenen Sexualität einen Dämpfer auf, sondern auch der des Mannes. Ist es da noch verwunderlich, daß viele Frauen im Bett übermäßig beherrscht und zurückhaltend sind, sogar dann, wenn sie aus eigenem Antrieb und mit einem Mann im Bett liegen, den sie lieben?

Zahllose Frauen müssen wie ich, ganz auf sich selbst gestellt, herausgefunden haben, daß sexuelle Phantasien ein so gut wie nie versagendes Mittel sind, sich aus einer puritanischen Unterwerfung zu befreien. Man hat vielleicht intellektuell die alten sexuellen Vorschriften und Hemmungen vor langer Zeit abgestreift, aber emotional halten sie uns noch umklammert und lähmen unsere sexuelle Reaktion. *Das kann zutreffen, ganz gleich, wie leidenschaftlich oder geschickt Ihr Liebhaber ist!* »Ich habe eine Kollektion von Phantasien, die bei den Gelegenheiten durch den Kopf tanzen, wenn es so aussieht, als könnte ich mit meinem Liebhaber nicht schlafen«, schreibt Lynn. »Es hat nichts damit zu tun, daß er eine großartige

Nummer ist, denn das ist er wirklich: einfach phantastisch! Aber manchmal kann mein Kopf nicht einfach abschalten und alles vergessen, was den ganzen Tag über vorgefallen ist. Ich kann mich nicht entspannen, und deshalb greife ich dann zu einer [meiner Phantasien].«

Bis zur Veröffentlichung von *Die sexuellen Phantasien der Frauen* ist die unzweifelhafte Tatsache, daß sexuelle Phantasien der weiblichen Erotik eine große Hilfe sind, nie allgemein anerkannt worden. Es war, als wollte die Gesellschaft den Frauen eine so große sexuelle Macht und soviel erotische Selbststimulierung nicht zugestehen. Wir sollten stumm warten, bis Männer uns »anschalten«.

Leider haben die Frauen einander nicht geholfen, aus dieser Verschwörung des Stillschweigens auszubrechen; somit blieben wir passive Opfer des männlichen Mythos, was Sex war. Wir haben uns noch nicht einmal frei genug gefühlt, sexuelle Phantasien und Vorstellungen mit unseren besten Freundinnen zu erörtern (bis vor wenigen Jahren).

Demzufolge fühlten sich alle Frauen mit ihren sexuellen Phantasien allein, isoliert und schuldbewußt – und jede war überzeugt davon, daß sie eine Art Monster oder pervers war, weil sie diesen Vorstellungen Raum gab oder sie genoß. Ihr Mann oder Liebhaber hatte nie etwas davon erwähnt, daß er selbst sexuelle Phantasien hatte, noch konnte sie, wenn er beiläufig über Frauen sprach, die er vor ihr gekannt hatte (sie hörte immer viel genauer hin, als ihm je klar war), den leisesten Hinweis darauf heraushören, daß andere Frauen solche sexuellen Phantasien hatten wie sie. »…ich schreibe sozusagen klammheimlich an Sie«, schreibt Jan nach einem unerschrockenen Katalog von einigen der erotischsten Phantasien in diesem Buch, »denn es wäre mir peinlich, dabei entdeckt zu werden. …ich war noch nie in der Lage, sehr offen in bezug auf Sex zu sein, weil mein Mann… eher romantisch ist und sehr stark an die Heiligkeit der ehelichen Gelübde glaubt.« Obwohl sie sich von zensierten Filmen stimuliert fühlt, kann sie sie nicht ansehen, weil ihr Mann es nicht billigt. »Einige meiner Phantasien sind denen von anderen Frauen, die Sie veröffentlicht haben, sehr ähnlich«, beendet sie ihren Brief. »Ich glaube, wir sind nicht allein, ganz gleich, wie bizarr uns unsere eigenen Phantasien auch erscheinen mögen.«

»Ihr Buch war großartig«, schreibt Kate. »Ich dachte, meine Phantasien wären anomal, und ich hatte deshalb große Schuldgefühle. Jetzt stelle ich fest, daß beinahe jede Frau solche Phantasien hat.«

Es ist an der Zeit, diesem unnötigen Schuldbewußtsein ein Ende zu bereiten; Frauen müssen erkennen, daß sie nicht allein dastehen, ganz gleich, wie außergewöhnlich die sexuellen Ereignisse auch sein mögen, die sie sich ausmalen, um ihre Leidenschaft zu verstärken, während sie mit ihren Geliebten im Bett liegen.

Lynn

Ich habe eine Kollektion von Phantasien, die dann durch meinen Kopf tanzen, wenn es so aussieht, als könnte ich mit meinem Liebhaber nicht schlafen. Es hat nichts damit zu tun, daß er eine großartige Nummer ist, denn das ist er: einfach phantastisch! Aber manchmal kann mein Kopf nicht abschalten und alles vergessen, was im Lauf des Tages vorgefallen ist. Ich kann mich nicht entspannen, und deshalb greife ich dann zu einer der folgenden:

Phantasie 1: Ich schlafe mit zwei Typen, und keiner von beiden ist mein Geliebter. Sie machen es mir beide gleichzeitig mit dem Mund. Das klingt vielleicht unmöglich, aber der eine Mann fungiert als eine Art Ablösung für den anderen, so daß der Rhythmus nicht aufhört, und sie sind beide unersättlich. Ich sollte dem vielleicht hinzufügen, daß ich lange brauche, bis ich komme, und daher ist es gut, zwei Männer zu haben, weil es mir die Sorge nimmt, daß einer müde werden könnte.

Phantasie 2: Manchmal, wenn mein Liebhaber in Stimmung ist und ich irgendwie abgelenkt bin, lassen wir den Fernseher an, schalten aber den Ton aus. Ich sorge dafür, daß ein Kanal eingestellt ist, auf dem mindestens ein toll aussehender Mann zu sehen ist, und dann stelle ich mir gern vor, daß, während wir miteinander schlafen, er und alle anderen auf dem Bildschirm *uns* dabei zusehen und begeistert sind.

Phantasie 3: Ich schließe die Augen und stelle mir eine Menschenmenge vor, vielleicht auf der Straße, in einem Geschäft, sogar eine Schar von Partybesuchern. Die ganze Gruppe sieht mir fasziniert zu, wie ich masturbiere, und alle beobachten den schönen Ausdruck auf meinem Gesicht. Mit der Zeit fangen sie alle auch an zu masturbieren.

Phantasie 4: Das male ich mir oft aus, wenn ich auf meinem Weg zur Arbeit bin, aber auch beim Geschlechtsverkehr: Ich befinde mich in einem überfüllten Bus, und niemand stört sich daran, und es ist auch kein Ausruf zu hören, als ich diesem gutaussehenden Typ in die Hose greife und ihn masturbiere. Währenddessen steht er da, hält sich am Halteriemen im Bus fest und bekommt weiche Knie, als ich ihn dem Orgasmus immer näher bringe. Er sieht mich nie an, aber ich weiß, daß er betet, ich möge bloß nicht aufhören. Wenn ich in meiner Phantasie vor ihm sitze, beuge ich mich oft vor und stecke mir seinen Schwanz in den Mund, direkt bevor er kommt.

Phantasie 5: Sehr oft sind die Männer in meinen Phantasien Fremde. Ziemlich häufig sogar. Ich finde es schrecklich erregend, wenn sie, während sie mich ficken, die gewöhnlichste Sprache, die man sich vorstellen kann, benutzen. Ich mag es eigentlich gar nicht, wenn Männer mir Worte ins Ohr flüstern, während wir richtig ficken; im wirklichen Leben kommt mir das so unecht vor. Aber die Fremden in meiner Phantasie wissen genau, wie man diese Worte gebraucht, und es gibt da nicht nur keine Peinlichkeit, sondern es ist zudem wahnsinnig erregend. Zum Beispiel sagen sie Dinge wie: »Mein Schwanz ist in deiner Möse, und sie steht in Flammen...« – »Ich möchte überall in dir kommen, in deinen Ohren, in deinem Arsch, etc.«

Ich benutze diese Phantasien nicht immer, aber sie helfen mir nur zu sehr, die Probleme des Tages zu vergessen, wenn ich meine gesamte Aufmerksamkeit dem Sex widmen, mich entspannen und mich darauf einlassen will.

Viel Glück, und verstehen Sie bitte richtig, daß ich meinen Mann wirklich liebe. – Es ist nur so, daß die Phantasien mir helfen, ihn noch mehr zu lieben.

Jan

Bin seit vielen Jahren mit einem wollüstigen Mann glücklich verheiratet und habe mehrere Kinder zur Welt gebracht, und doch hatte ich nicht mit ungewöhnlichen sexuellen Spielereien experimentiert, hauptsächlich wegen der Unschuld meines Mannes in diesen Dingen. Eine frühere Phantasie, die ich während des Geschlechtsverkehrs einsetzte, um mich noch mehr zu stimulieren, ist die, daß ich ein unschuldiges junges Mädchen bin, das von einem sinnlichen älteren Mann einen unsittlichen Antrag gemacht bekommt. Er läßt mich in großem Luxus schwelgen (das war zu einer Zeit im wirklichen Leben, als wir sehr, sehr arm waren) – als Gegenleistung für die Überlassung meiner Unschuld und der Bereitwilligkeit, sich jeder seiner Launen zu fügen. Ich bin einverstanden, und er defloriert mich auf einem gynäkologischen Behandlungsstuhl mit meinen Beinen in den Bügeln.

Nachdem ich erst einmal das Jungfernhäutchen eingebüßt habe, geht er dazu über, mir genau beizubringen, was ich tun soll, und er erregt mich mit einem Aphrodisiakum, bis ich tropfnaß werde und ihn anflehe, mich zu ficken. Er läßt mich auf allen vieren laufen und mich wie einen Hund darum betteln. Er läßt mich sadistisch warten und gewaltig leiden, ehe er meine Lust befriedigt.

Nach einigen Monaten stellt er zu seiner Zufriedenheit fest, daß ich angemessen ausgebildet bin, und er nimmt mich mit an einen geheimen Ort – ein riesiges Herrenhaus irgendwo (als ich später *Die Geschichte der O.* las, ... wie bekannt mir das doch vorkam), wo mir gesagt wird, daß ich den Mitgliedern seines Clubs vorgeführt werde, eines Clubs, der sich der Erotik und Sinnlichkeit verschrieben hat.

Andere Mädchen und ich werden dort zu bestimmten Tageszeiten nackt und in Ketten in Käfigen gehalten, während die Clubmitglieder uns wie Tiere im Zoo betrachten. Zu den Essenszeiten sind wir die Kellnerinnen und lassen es über uns ergehen, daß wir getätschelt und innen wie außen derb inspiziert werden. Man befiehlt uns, uns vorzubeugen, um einen Löffel aufzuheben, der eigens zu diesem Zweck absichtlich fallen gelassen wurde, und dann werden Finger in unsere Mösen gesteckt.

Brüste werden gewogen und gemessen, Lineale werden in Mösen geschoben und Größen werden schriftlich aufgezeichnet. Wir finden an diesem Abend heraus, warum.

Es gibt eine besondere Show, eine Ausstellung von Besonderheiten der verschiedenen Mädchen und deren »Wohltätern«. Die Männer sitzen im Kreis um die Bühne herum, und die Show beginnt. Ein winziges Mädchen, nicht größer als ein Kind, wird hereingeführt, gefolgt von einem großen Schwarzen. Sein Penis ist riesig. Es stellt sich heraus, daß sie durch das Einführen von immer größeren Dildos systematisch ausgedehnt worden ist, und jetzt wird sie auf die Probe gestellt. Aber, nein, er ist immer noch zu groß, und sie windet sich vor Schmerz. Schließlich hat er Erfolg, und mit ihren Beinen um seine Hüften zieht er sie an sich hoch und runter.

Die nächste Vorstellung ist eine riesige Kuh von einer Frau mit euterartigen Brüsten und einem riesigen, schwabbelnden Arsch. Sie tanzt vor ihrem Publikum, und alles an ihr wackelt wie Gelee. Ihre Möse ist enorm, und deshalb kommen zwei kleine Männer, beinahe Zwerge, herein, und beide dringen gleichzeitig in sie ein. Jeder Gesichtsausdruck der Frau spiegelt sich in den Augen der beobachtenden Männer wider. Als sie kommt, brüllt sie wie eine Kuh.

Inzwischen, wenn ich all das phantasiert habe, bin ich normalerweise wirklich erregt und habe diese Phantasie häufig gar nicht beendet. Ich bekomme nie die Gelegenheit, meine Besonderheit vorzuführen.

Jetzt, Jahre später, nachdem ich angefangen habe, mich mit *Sensuous Woman* weiterzubilden, worauf einige leichter erhältliche erotische Klassiker folgten, haben sich meine Phantasien irgendwie verändert. Jetzt benutze ich Gruppenszenen, mich und andere Frauen und weitere kuriose Zusammenstellungen. Neulich haben wir (mein Mann und ich) *Devil und Miss Jones* gesehen, und ich war teilweise davon abgestoßen, das in riesigen leuchtenden Farben zu sehen, was ich für mich allein gelesen hatte, aber gleichzeitig war ich fasziniert, und die Eindrücke blieben wochenlang danach haften.

Tatsächlich schreibe ich ihnen fast klammheimlich, denn es wäre mir peinlich, dabei entdeckt zu werden, deshalb all die Tippfehler.

Ich war nie in der Lage, sehr offen in bezug auf Sex zu sein, weil mein Mann, obwohl er enorme fleischliche Gelüste hat, eher ein romantischer Typ ist, sehr stark an die Heiligkeit des ehelichen Glücks glaubt und sich nichts aus zensierten Filmen macht. Er sagt, so was sieht er sich nicht mehr an. Es hat mich sehr stimuliert, und ich würde gern mehr von der Sorte sehen, vorausgesetzt, daß es ein gut gemachter Film ist.

Eine meiner heutigen Phantasien gerät in Gang, wenn ich ein einheimisches Mädchen im Supermarkt sehe. Sie ist nicht schön, aber irgendwie werde ich von ihr erregt. Ich stelle sie mir nackt vor, während ich sie streichle. (Ich mache das, während ich mich selbst berühre.) Sie trägt nie einen BH, und ich bemerke immer dunkle Brustwarzen unter ihrer Kleidung. Das erregt mich angenehm. Ihre Brüste sind groß, und in meiner Phantasie spiele ich gern mit ihnen. Ich mache es ihr nicht gern mit dem Mund, aber ich befingere ihre Möse und ficke sie mit einem großen Dildo. Manchmal treibe ich sie mit einem Vibrator um den Verstand. Ich nehme einen Doppeldildo und lasse ihn in beide Öffnungen gleiten. Sie stöhnt vor Entzücken, wirft ihren Körper herum und zittert unkontrolliert. An diesem Punkt in meiner Phantasie komme ich.

Eine Phantasie, die ich benutze, wenn mein Mann und ich es machen, ist die, daß wir im luxuriösen Sultanspalast bei einer riesigen Orgie im Mittelpunkt der Aufmerksamkeit stehen. Der Sultan beobachtet uns, um sicherzugehen, daß seine Frauen ordentlich arbeiten. Ich muß meinen Arsch hoch über das Bett heben, oder ich werde bestraft. Die Strafe besteht darin, daß ich von einem riesigen Hund in den Arsch gefickt werde. An diesem Punkt komme ich normalerweise.

Einige meiner Phantasien sind denen der anderen Frauen, die Sie veröffentlicht haben, sehr ähnlich. Ich glaube, wir sind nicht allein, ganz gleich, wie bizarr unsere Phantasien uns auch erscheinen mögen. Danke für die längst überfälligen Nachforschungen. Ich hoffe, daß ich Ihnen helfen konnte.

Isabel

Ich habe gestern *Die sexuellen Phantasien der Frauen* gekauft und habe es bereits ausgelesen. Unnötig zu sagen, daß ich es faszinierend und sehr aufklärend finde.

Ich bin eine verheiratete Frau von vierundzwanzig Jahren. Mein Mann ist auch vierundzwanzig, und wir haben keine Kinder. Wir haben ein einigermaßen gutes Sexualleben. (Wir sind seit drei Jahren verheiratet.) Man kann mich nicht als hübsch bezeichnen. Ich sehe durchschnittlich aus und habe leichtes Übergewicht (fünfzehn Pfund). Mein Mann ist einigermaßen gutaussehend und hat ungefähr zehn Pfund Übergewicht.

Im letzten Jahr konnte ich während unseres Geschlechtsverkehrs nicht zum Höhepunkt kommen, obwohl ich davor keine Probleme damit hatte. Mein Arzt kann dafür keine physischen Gründe finden. Jetzt kann ich nur zum Höhepunkt kommen, wenn ich während unseres Geschlechtsverkehrs phantasiere.

Ich weiß, daß mein Mann manchmal von anderen Frauen phantasiert, weil er es mir erzählt hat. Ein Teil des Problems könnte darin liegen, daß er während des Liebesakts ziemlich still ist, wogegen ich ziemlich laut bin – ich stöhne etc. Ich übe an ihm Fellatio aus, und manchmal übt er an mir Oralverkehr aus, aber nicht so häufig, wie ich es gern hätte. Ich habe es ihm gesagt, aber er nimmt keine Notiz davon. Ich genieße es wirklich, an ihm oralen Sex auszuüben.

Nun, diese Phantasie, die ich habe, handelt von Eishockeyspielern. Wir leben in einer Stadt mit einem professionellen Team, und ich mochte diesen Sport schon als Teenager. Mein Mann interessiert sich für keinen anderen Sport als Hockey. Ich habe mit einigen Spielern gesprochen. Ich phantasiere, während wir miteinander schlafen, von diesen Spielern, und je häßlicher sie aussehen, um so mehr mag ich sie.

Meine Phantasie fängt damit an, daß ich im Umkleideraum bin. Natürlich trage ich einen attraktiven Hosenanzug, habe Make-up aufgelegt und komme frisch vom Friseur. Es gibt da einen Tisch, so ähnlich wie die, auf denen Ärzte ihre Patienten untersuchen. Vielleicht ist es der, den die Spieler benutzen, wenn sie massiert werden. Die Spieler kommen herein und fragen mich, was ich hier zu suchen habe. Ich denke mir eine Geschichte aus und sage, daß ich einen Bericht für die Zeitung über sie schreibe.

Sie beginnen, ihre Ausrüstung und die Schlittschuhe abzulegen, und sie verhalten sich, als wäre ich einer der Typen. Dann kommt mein liebster Spieler, der immer noch seine Hockeykluft anhat, zu mir und »taxiert« mich von Kopf bis Fuß. Er bittet mich, mit ihm auszugehen, wenn er geduscht und sich umgezogen hat. Ich gestehe ihm, daß ich schon immer mit ihm schlafen wollte. Er scheint erfreut zu sein, weil er ein Single und auf Affären aus ist. Er geht mit mir zum Tisch rüber und sagt: »Warum nicht gleich?« Ich protestiere, weil die anderen Spieler dabei sind. Tatsächlich beobachten sie uns und hören zu, tun aber so, als würden sie uns nicht belauschen, und jetzt erzählt ihnen mein liebster Spieler, was ich gerade zu ihm gesagt habe. Sie lachen und machen Bemerkungen, aber ich weiß, daß sie in Wirklichkeit neidisch auf ihn sind.

Wenn ich nun schon so weit gegangen bin, gehe ich auch noch weiter und sage ihnen, daß ich mit einigen von ihnen auch gerne schlafen würde. Nicht mit allen, sondern nur mit bestimmten und in einer ganz bestimmten Reihenfolge. Mein Favorit ist der größte im Team, und er ist sehr maskulin und häßlich, mit Hockey-Narben auf den Wangen. Die anderen stelle ich der Größe nach auf, berücksichtige aber auch eine ganz bestimmte fiese Optik. Einige der Spieler auf meiner Liste sind verheiratet, aber sie sind sehr heiß auf mich und würden im Traum nicht daran denken, sich von meiner Liste streichen zu lassen. (Natürlich kann mir in der Phantasie niemand widerstehen.)

Der Rest der Spieler zieht ab und erledigt irgendwas. Diejenigen, die ich ausgewählt habe, stehen am Tisch, warten, bis sie drankommen und erzählen sich gegenseitig, wie froh sie sind, mit einer so schönen Frau wie mir schlafen zu dürfen. Manchmal sagen sie, daß meine überschüssigen Pfunde genau das sind, was sie mögen, daß sie mich fraulicher machen. Die anderen Male stelle ich mir vor, daß ich schlanker bin, als es tatsächlich der Fall ist, und daß ich einen Körper habe, der diese Männer wahnsinnig macht.

Mein Favorit, der meine erste Wahl ist, nähert sich mir und zieht mich unter der Lampe, die über dem Tisch hängt, langsam aus. Er küßt mich überall und sagt mir, wie sehr er meine großen Brüste mag. (Mein Mann ist Busenfetischist – je größer, desto besser.) Inzwischen fühle ich die Augen derer, die ich nicht ausgewählt habe, neidisch aus dem Dunkel auf mir ruhen, während sie sich langsam umziehen, aber ich werde auch von der Nähe meines Favoriten angetörnt, der sich währenddessen langsam die Hockey-Kluft ausgezogen hat. Er liegt auf mir und streichelt und küßt mich überall, vor allem meine Brüste – was mich in der Realität genauso sehr antörnt wie in der Phantasie. Dann, während die wartenden Spieler alle zusehen und ich feststellen kann, daß sie immer größere Erektionen bekommen, als sie warten, bis sie an der Reihe sind, macht es mir mein Favorit langsam mit dem Mund und leckt mich, bis ich mich vor Lust winde. Der nächste Mann in der Schlange kann nicht warten, und während der erste Spieler sein Gesicht zwischen meinen Beinen begraben hat, leckt der zweite Mann meine Brustwarzen. Diese beiden Empfindungen gleichzeitig, eine Zunge zwischen meinen Beinen und eine andere, die meine Brustwarzen leckt, versetzen mich in eine solche Ekstase, daß ich komme – ohne zu wissen, welcher Mann es nun ausgelöst hat. Aber ich komme nicht einmal dazu, darüber nachzudenken, denn schon ehe der Orgasmus vorbei ist, stelle ich beinahe schockiert und zu meiner freudigen Überraschung fest, daß der erste Mann seinen Körper höher hinaufbewegt hat und mich fickt. Ich fühle seinen Steifen in mir pumpen wie eine Art große, kräftige Maschine, und seine Eier klatschen gegen die Rückseiten meiner Oberschenkel und an mein Arschloch, während er sich immer tiefer in mich hineinstößt. Ich sage ihm, wie groß er ist und was es für ein gutes Gefühl ist, all das in mir zu spüren, und daß er nicht aufhören soll. Ich mag es, wie er an dieser Stelle meiner Phantasie ein wenig lacht und mir sagt, ich soll mir keine Sorgen machen, er hört nicht auf, solange er nicht fertig ist – und das dauert lange.

(Mein Mann braucht nicht sehr lange, um zum Orgasmus zukommen, und deshalb bleibe ich häufig unbefriedigt zurück.)

Der Spieler sagt mir dann, wie sehr er es genossen hat, mich zu lecken, und wie sehr es ihn angetörnt hat. Nun kommen die anderen Spieler an die Reihe, als erster der, der meine Brustwarzen geleckt hat. Er hat eine Erektion, die so groß und schmerzhaft ist, daß er sie in der Hand halten und reiben muß, um den Schmerz zu lindern. Als ich meine Beine für ihn öffne, rammt er ihn so schnell und hart hinein, daß er mich beinahe vom Tisch stößt. Von jetzt an braucht kein Mann mehr allzu lange, um zu kommen. Sie sind gerade in mir, und schon melke ich sie mit einem Winden meiner Hüften und einem Zusammenziehen meiner inneren Muskeln, und sie kommen explosiv. Es macht mir nichts aus, weil ich will, daß sie schnell kommen; ich will sehen, wie schnell ich einen Mann dazu bringen kann, daß er kommt, und außerdem steht immer schon der nächste bereit, um vorzutreten und mich zu ficken, sowie einer fertig ist.

Ich sage ihnen allen, wie gut sie sind, und sie sagen mir, wie gut ich bin. Außerdem sind sie beim Ficken alle laut. Ich höre gern ihr Stöhnen, die Rufe der Ungeduld und vor allem ihre obszönen Reden wie: »Ich werde dich höllisch ficken«, etc.

Natürlich muß ich mir jeden nackt vorstellen und mir genau ausmalen, wie sie aussehen, aber darin habe ich Übung, weil ich sie mir gern nackt vorstelle, während sie Schlittschuhlaufen und Hockey spielen; das heißt, wenn sie in dieser Phantasie auftauchen, habe ich mir bereits vorgestellt, wie sie aussehen, und ich bin mit ihrer Nacktheit fast schon »vertraut«.

Nachdem sie alle drangekommen sind – sie haben mich nur gefickt, nur der erste Spieler, mein Favorit, hat es mir mit dem Mund gemacht – kehre ich zu meiner ersten Wahl zurück. Ich sage ihm, daß er so gut ist, daß ich dringend noch einen Fick mit ihm brauche. Er freut sich sehr darüber, daß ich ihn so gut finde. Er zieht mich an die Tischkante vor, bis meine Hüften beinahe von der Kante rutschen. So kann er mich im Stehen ficken. Ich schlinge die Beine um seine Hüften, um ihn eng an mich zu drücken, und er streckt langsam die Arme über den Kopf wie ein Preisboxer, der gerade seinen Kampf gewonnen hat – und dabei stößt er sich immer wieder in mich rein. »Geh ran!« – »Gut so – fick sie ordentlich!« feuern ihn alle anderen Spieler an, aber er und ich wissen, ohne darüber reden zu müssen, daß er bei keiner anderen Frau außer mir so gut wäre – und schon gar nicht beim zweiten Mal nach einem so kurzen zeitlichen Abstand. Diesmal kommt er, während ich ihn beobachte. Er stöhnt nur, als wäre das sein letzter Atemzug, und er sackt zusammen und fällt auf meinen Bauch. Er ist erledigt, und alle Spieler versammeln sich um mich, küssen mich und sagen mir, wie gut ich bin, was für eine tolle Frau ich bin etc.

Ich benutze diese Phantasie auch, wenn ich masturbiere, weil ich die Spieler auswechseln und sie dazu bringen kann, daß sie alles mit mir machen, was ich will. (Allerdings phantasiere ich nicht von Analverkehr, denn ich glaube nicht, daß ich mir daraus etwas mache.) Ich lasse mich sehr von dem Gedanken antörnen, daß ich mit diesen Typen, die so groß sind, Sex habe. Ich masturbiere nur, wenn ich frustriert bin, weil man Mann mich nicht zum Orgasmus bringt. Ich habe Bilder von einigen Spielern, darunter auch von meinem Favoriten, und ich betrachte sie und schließe die Augen, während ich mit dem glatten, runden Griff einer Haarbürste masturbiere. Ich kann mir *immer* einen Orgasmus verschaffen.

Mein Mann weiß nicht, daß ich masturbiere, aber ich glaube, es könnte ihn vielleicht antörnen, wenn er mich dabei beobachten würde. Einmal hat er mich dazu gebracht, meine eigenen Brüste zu streicheln, und er hat zugesehen, und es hat ihn angetörnt. Er hat mich gleichzeitig befingert. Ich mache es nicht gern selbst. Ich habe es lieber, wenn er mich streichelt.

Das ist meine Phantasie. Ich kann nicht dagegen angehen, daß sie mir wenigstens kurz durch den Kopf schießt, wenn wir zu einem Hockeyspiel gehen. Mein Mann weiß, daß ich einige der Spieler mag, und manchmal spielt er das Spiel gewissermaßen mit. Zum Beispiel hat er mir einige Male während des Geschlechtsverkehrs gesagt: »Ich bin – (Name des Spielers), und ich will dich ficken, Baby.« Er macht das, weil ein Teil von ihm weiß, daß mich das antörnt, und er genießt meine Erregung, aber der andere Teil von ihm kann eigentlich nicht leiden, daß das, was mich erregt, der Gedanke an einen anderen Mann ist – obwohl mein Mann selbst derjenige ist, der mich an den anderen Mann erinnert.

Danke, daß Sie diesen Brief gelesen haben. Ich hoffe, daß er nicht zu sonderbar klingt! Er ist einigen, die ich in Ihrem Buch gelesen habe, ähnlich, außer daß meine Phantasie *keine* Phantasie einer Vergewaltigung durch mehrere Männer ist. Sie kommen alle der Reihe nach dran, und sie zwingen mich nicht, irgend etwas zu tun. Tatsächlich habe ich sie alle selbst ausgesucht.

Vielleicht können Sie diese Phantasie gebrauchen, wenn Sie ein weiteres Buch schreiben. Ich fände es faszinierend, sie gedruckt vorliegen zu sehen und zu wissen, daß sie (vielleicht) von Millionen von Menschen gelesen wird, und keiner wüßte, daß es meine ist. (Bitte benutzen Sie *nicht* meinen richtigen Namen.)

P.S. Wenn meine Phantasie sich je verwirklichen lassen sollte, wäre ich gespannt darauf, einen Spieler dabei zu sehen, wie er es mir mit dem Mund macht, weil meine sämtlichen favorisierten Spieler ziemlich lange Nasen haben.

Kate

Ihr Buch war ausgezeichnet. Ich dachte, meine Phantasien wären anomal, und ich habe mich deswegen sehr schuldbewußt gefühlt. Jetzt stelle ich fest, daß beinahe jede Frau sie hat.

Ich bin zwanzig, habe eine gute Ausbildung und bin weit gereist. Ich habe vor weniger als zwei Monaten geheiratet. Mein Mann und ich haben früher beide einen enormen Drogenkonsum gehabt, aber jetzt rauchen wir nur noch ab und zu Pot. Ich schreibe Ihnen das, weil ich glaube, daß Drogen und das Kiffen zu einer weitaus stärkeren Wahrnehmung der eigenen Phantasien verhelfen.

An einem Abend vor kurzem schien es zu lange zu dauern, bis ich kam, und daher begann ich zu phantasieren. (Das ist das erste Mal, an das ich mich erinnere, daß ich es während des Geschlechtsverkehrs tat.) Es wirkte stark anregend auf mich. Ich phantasierte, daß ich eine Prostituierte bin – nun, nicht wirklich eine Prostituierte, aber eine Frau, die nichts zu verlieren hat, wenn sie mit jedem Mann fickt, den sie will – und ich war darauf aus, jeden Mann in der ganzen Stadt zu ficken. Als ich das phantasierte, hatte ich im ganzen Körper das Gefühl, als würde ich von jedem vorstellbaren Mann gefickt; es gab keine Faser meines Wesens, die nicht von irgendeinem Mann erregt wurde. Ich kam besser in Fahrt als je zuvor mit meinem Mann oder den fünf anderen Liebhabern, die ich hatte.

Ich habe eine andere Phantasie, in der es mir meine Ex-Liebhaber alle gleichzeitig machen, und jeder von ihnen tut das, was er am besten konnte. Meine liebste Phantasie ist jedoch die, und ich benutze sie zur Zeit am häufigsten (und ich finde sie am erotischsten), in der ich gefesselt werde und eine Horde von Vergewaltigern mich zwingt, einen Hund zu ficken. Sie beobachten mich alle und bekommen alle einen Steifen, während sie darauf warten, mich zu ficken, wenn ich bei dem Hund gekommen bin. Der Hund leckt meine Klitoris, und ich muß an dem Hund Fellatio ausüben. Bald geraten der Hund und ich außer Kontrolle, weil wir beide immer mehr wollen. Wir kommen beide zur selben Zeit. Dann fickt mich der Hund. Mein Stöhnen hat die Männer nur noch mehr erregt. Dann wechseln sie sich alle ab und machen, was der Hund getan hat. Einer ist geiler als der andere, und jeder ist ein noch besserer Fick. Ich komme mit allen. Ich glaube, mich mit dem Hund gesehen zu haben, hat diese Männer mehr erregt als irgendein anderer vorstellbarer Anblick.

Ich sollte erwähnen, daß ich einmal vergewaltigt worden bin. Daher erfüllt mich die Vorstellung, daß diese letzte Phantasie wirklich wahr werden könnte, mit Abscheu. Nachdem ich vergewaltigt wurde, ging es mir schrecklich schlecht; es passierte in einer engen Gasse, und ich erinnere mich, daß ich mich, nachdem sie weg waren, übergab. Ich fahre nie mehr per Anhalter und gehe auch abends ohne meinen Mann nicht mehr zu Fuß aus dem Haus, es sei denn, durch gut beleuchtete Straßen. Meine liebste Freizeitbeschäftigung war vorher, auf dem Land spazierenzugehen, in den Bergen oder im

Wald, und ich bin immer allein losgezogen, aber jetzt wage ich es nicht mehr. Wenn ich allein herumlaufen muß, trage ich heute etwas bei mir, was ich als Waffe benutzen kann. Ich habe immer geglaubt, ich wäre nie in der Lage, jemanden umzubringen, aber wenn sich mir je wieder ein Angreifer nähert, würde ich nicht zögern, ihn zum Krüppel zu machen oder ihn zu töten. Wenn man einsfünfzig groß ist und nur knapp vierzig Kilo wiegt, braucht man Schutz.

Ich nehme an, Sie fragen sich, wie mich diese letzte Phantasie in Anbetracht dessen, was mir passiert ist, erregen kann. Das frage ich mich auch. Mir fällt nichts Besseres dazu ein, nur, daß der Hund der beste Ficker in der Gruppe ist – kein Mann kann ihn übertreffen. Ich bin nicht *wirklich* böse auf die Männer und schon gar nicht auf meinen Mann, aber ich glaube, daß da irgendwo eine Wut in mir zurückgeblieben ist. Jedenfalls erfüllt die Phantasie ihren Zweck, und das ist alles, worauf es ankommt.

Was Kates Phantasie betrifft, die unmittelbar zuvor abgedruckt ist, bin ich sehr stark von ihrer Selbstanalyse beeindruckt, die sie uns am Ende ihres Briefs geliefert hat. Wie wir in den Briefen vieler anderer Frauen gelesen haben, ist der Keim der Phantasie, die sie uns scheinbar mit dem größten Vergnügen und erotischer Erregung erzählt, aus einem fürchterlichen Vorfall entsprungen, der ihr tatsächlich zugestoßen ist. Sie wurde vergewaltigt. »Ich habe immer geglaubt, ich wäre nie in der Lage, einen Menschen umzubringen«, schreibt sie, »aber wenn sich mir je wieder ein Angreifer nähert, würde ich nicht zögern, ihn zum Krüppel zu machen oder ihn zu töten.« Ihre mordgierigen Gefühle sind im wirklichen Leben noch ungestillt, aber durch einen phantasievollen Gebrauch der Vorstellungskraft hat sie einen Ort gefunden, um ihren Ärger unterzubringen, damit er sich nicht zwischen sie und ihren Mann stellt. Ihre Phantasie wendet das Blatt in bezug auf die Männer, die sie vergewaltigt und erniedrigt haben, und in ihr drückt sich eine köstliche Form sexueller Rache aus: Sie würde eher einen Hund ficken als einen von ihnen. »Ich bin nicht *wirklich* böse auf die Männer«, schreibt sie, »und schon gar nicht auf meinen Mann, aber ich glaube, daß da irgendwo eine Wut zurückgeblieben ist.« Diese Wut wird in der Phantasie ausgedrückt und benutzt, sogar dann, wenn sie mit ihrem Mann schläft. Ob er es weiß oder nicht, aber er ist genauso der Nutznießer, wie sie es ist. »Die Phantasie erfüllt ihren Zweck«, schließt sie fröhlich, »und nur darauf kommt es an.«

Weder Helen, noch Riva müssen ihre sexuellen Phantasien vor ihren Ehemännern geheimhalten. Helens Phantasie wurde tatsächlich ursprünglich von ihrem Mann für sie beide gemeinsam erfunden. Die ganze Phantasie dreht sich zwar darum, daß er assistiert, während sie von einem anderen Mann gefickt wird, doch Helen sieht in der Erregung, die diese Vorstellung in ihr Schlafzimmer bringt, einen der wichtigsten Bestandteile einer »wunderbaren, glücklichen und erfolgreichen Ehe« seit vielen Jahren. Ihr Mann, sagt Helen, ist der »wunderbarste, liebenswürdigste, zuvorkommendste, rücksichtsvollste und wollüstigste Mann, den sich eine Frau für sich erhoffen kann.«

Riva stellt ebenfalls fest, daß ihre achtjährige Ehe dadurch eine zusätzliche Würze und erotische Befriedigung findet, beim Geschlechtsverkehr über ihre Phantasien zu reden. Aber während Helen und ihr Mann sagen, daß sie jetzt gern einen Mann fänden, um mit ihm ihre Phantasie auszuleben, hat Riva solche Vorstellungen nicht. »Ich habe nie etwas in dieser Art getan«, schreibt sie, »und ich habe wirklich kein Bedürfnis, es je in meinem realen Leben verwirklicht zu sehen – ich vermute, ich wäre zu ängstlich – aber im Bett geben diese Phantasien einen tollen Gesprächsstoff ab, machen mich wild und bringen ihn normalerweise dazu, auf dem Höhepunkt der Phantasie zu kommen.«

Wie weise diese beiden Ehemänner doch zu sein scheinen. Sie sehen die imaginierten Liebhaber, die ihren Frauen in der sexuellen Phantasie einheizen, nicht als unliebsame Rivalen an, sondern statt dessen als sexuelle Assistenten, die beiden Männern helfen, ihren Frauen die Form von Erregung zu verschaffen, die die Ehe lebendig und prickelnd macht.

Zwar teilt auch Beth ihre Phantasien mit ihrem Mann, und doch haben wir es hier mit einer Variante zu tun. Die Phantasie, die er am liebsten hört, dreht sich darum, daß seine Frau mit einer anderen Frau schläft. »Paul mag es, wenn ich während des Geschlechtsverkehrs darüber rede«, schreibt Beth, »aber zu keiner anderen Zeit.« Aber da Beth schreibt, daß sie Mutter von zwei Kindern und »verheiratet, sehr glücklich und zufrieden« ist, ist das dann nicht ihre eigene Angelegenheit? Phantasien bewähren sich bei manchen Leuten auf die eine Weise, bei anderen auf eine andere. Wenn Ihre Phantasien sich für Sie persönlich bewähren, ist das nicht alles, worauf es ankommt?

Helen

Mein Mann und ich haben gerade *Die sexuellen Phantasien der Frauen* zu Ende gelesen, und wir haben es beide so sehr genossen, daß ich glaube, es ist nur recht und billig, wenn ich Ihnen schreibe, um Ihnen unsere liebste Phantasie zu erzählen.

Ich sage »unsere«, weil sie ursprünglich die Phantasie meines Mannes war. Aber er hat sie mir so oft erzählt und ist von der Vorstellung so sehr erregt (und hat mich damit so sehr erregt), daß sie auch meine liebste Phantasie geworden ist.

Falls Sie an Hintergrundinformationen interessiert sind: mein Mann ist ein viriler, geiler Sechsundfünfzigjähriger. Er hat seinen Abschluß am College gemacht und ein Aufbaustudium in Betriebswirtschaft absolviert. Ich bin eine eifrige und empfängliche Achtundvierzigjährige und habe an einem College für Handel studiert. Wir führen seit fünfundzwanzig Jahren eine wunderbare, glückliche und erfolgreiche Ehe. Wir haben zwei gut geratene Söhne, einer ist gerade in seinem ersten Jahr als Doktorand, und der andere studiert im dritten Jahr und hat sein Examen noch nicht gemacht. Mein Mann hat oft gesagt, daß ich die perfekteste Frau bin, die Gott je gelungen ist, mit dem umwerfendsten Arsch, den er je gesehen hat. Und ich finde, daß er der wunderbarste, liebenswürdigste, zuvorkommendste, rücksichtsvollste und wollüstigste Mann ist, den sich eine Frau für sich erhoffen kann. Wir stimmen beide darin überein, daß unser erfrischend gelungenes Sexualleben einer der wichtigsten Bestandteile unserer wunderbar erfolgreichen Ehe ist.

Die erregendste Phantasie für meinen Mann (und für mich) ist die, einen anderen Mann an unserem sexuellen Spiel teilhaben zu lassen. Jedesmal, wenn wir einen attraktiven, viril wirkenden Mann sehen, spekulieren wir darüber, ob er der Mann sein könnte, nach dem wir suchen.

In unserer Phantasie liegt mein imaginierter Liebhaber auf dem Rücken (wir sind natürlich alle drei nackt), während ich mit gespreizten Beinen über seinem Kopf knie, damit er meine Muschi lekken kann, um sie für seinen Schwanz vorzubereiten. In der Zwischenzeit liegt mein Mann zwischen den Beinen meines Liebhabers und saugt an seinem Schwanz, um ihn für meine Muschi vorzubereiten.

Wenn ich warm und naß bin und mein Liebhaber heiß und steif ist, rutschte ich runter und knie mich auf seine Hüften. Mit der Hand öffnet mein Mann die Lippen meiner Muschi, und mit der anderen führt er den Schwanz meines Liebhabers in mich ein. Dann legt er sich zwischen die Beine meines Liebhabers und beobachtet, wie ich mit meiner überströmenden Muschi an dem steifen, pochenden Schaft auf und abgleite.

Langsam und aufreizend erhebe ich mich, bis mein Mann die angespannte, purpurfarbene Eichel sehen kann, die sich zwischen den weichen, nassen Lippen meiner Muschi eingenistet hat. Dann lasse ich mich langsam herunter und nehme die ganze Länge dieses harten, heißen Schafts in mich auf, bis zu den Eiern.

Nach zehn bis zwölf Bewegungen gleite ich jedesmal vollständig vom Schwanz meines Liebhabers, damit mein Mann ihn in seinen Mund nehmen kann. Er sagt, die Vorstellung, den Saft meiner Muschi auf dem Schwanz eines anderen Mannes zu schmecken, macht ihn verrückt.

Wir behalten diese langsamen, aufreizenden Bewegungen meiner Muschi auf seinem angespannten Schaft bei, die immer wieder vom Saugen meines Mannes abgelöst werden, bis mein armer imaginierter Liebhaber es nicht mehr länger aushalten kann. Während er zwischen seinen Beinen liegt, hält mein Mann die Eier meines Liebhabers, während er explodiert, und sein berstender Schwanz spritzt einen Schwall dicker, üppiger, heißer Sahne in die Tiefen meiner gierigen Möse. Ich streichle weiterhin seinen Schwanz mit meiner Muschi, bis ich den letzten Tropfen seiner Sahne aufgesogen habe und sein Schwanz schrumpft und aus mir herausfällt. Sofort lege ich mich neben ihn auf den Rücken und spreize die Beine weit, um meinen ausgehungerten Mann zu empfangen. Mit einem Satz ist er zwischen meinen begierigen Schenkeln, und mit einem einzigen Stoß gräbt er seinen schönen, harten Schwanz bis zu den Eiern in mich hinein.

Es erregt ihn unbeschreiblich zu fühlen, wie glitschig und schlüpfrig ich von der unglaublichen Ladung Sperma aus dem Schwanz des anderen Mannes bin, die er gerade ich meine Möse gepumpt hat. Er sagt, nichts ist so erregend wie den Saft eines anderen Mannes in meiner Möse zu fühlen, während er mich fickt.

Er ist zu erregt, um lange durchzuhalten, wenn wir diese Phantasie ausleben, und es dauert nie länger als ein oder zwei Minuten, bis ich seinen geliebten Schwanz in meiner Möse zucken und sich ruckartig bewegen fühle und sein heißes Sperma sich in einer Flut von geschmolzenem Feuer in meinen Bauch ergießt. In meiner eigenen Phantasie spüre ich, wie sich das Sperma meines Mannes in mir mit dem Sperma meines Liebhabers vermischt, bis meine Möse überquillt und ich den vermischten Saft in den Spalt meines Arschs fließen und darunter eine warme, wohltuende Pfütze bilden fühle. Das ist der Moment, in dem ich gleich nach meinem Mann zu einem zerreißenden Orgasmus komme, der uns beide so erschöpft zurückläßt, daß wir uns nicht mehr rühren können. Das dauert zehn oder fünfzehn Minuten. Dann sind wir bereit für Nummer zwei.

Wir hoffen, daß wir eines Tages einen wirklichen Liebhaber finden werden, der daran interessiert ist, sich mit uns zusammenzutun, damit wir in der Realität unsere liebste Phantasie ausleben können, daß ein anderer Mann seinen Schwanz ich mich steckt und meine Möse naß macht, ehe mein Mann mich fickt.

P.S. Ich wußte, daß es meinem Mann Spaß machen würde, das zu lesen (ich hatte ihm gesagt, daß ich vorhabe, Ihnen zu schreiben), und deshalb bin ich, nachdem ich es hingetippt hatte, ins Schlafzimmer raufgegangen, habe mir den BH und das Höschen ausgezogen und bin in Rock und Bluse und mit nichts darunter ins Wohnzimmer gegangen.

Als er es las, sah ich, wie seine Hose sich köstlich auszubeulen begann. Ich kniete mich schnell zwischen seine Beine, zog seinen Reißverschluß auf, nahm seinen wundervollen Schwanz heraus und saugte ihn liebevoll aus, volle neunzehn Zentimeter steif aufragendes männliches Fleisch. Ich habe sorgsam darauf geachtet, daß er nicht in meinem Mund kommt, weil ich mit ihm die Lust des nochmaligen Auslebens unserer Lieblingsphantasie teilen wollte.

Als er meinen Brief zu Ende gelesen hatte, sah ich zu ihm auf und fragte ihn mit meiner flehentlichsten Kleinmädchenstimme: »Können wir nicht so tun, als hätte mein Phantasieliebhaber mich gerade auf seinen Schwanz gespießt und seine Eier in mir ausgeleert, und meine Möse ist tropfnaß von seinem heißen, schlüpfrigen Sperma? Ich möchte gefickt werden.«

Und das wurde zu meiner größten Zufriedenheit erledigt. Mein Mann zog mir die Bluse und den Rock mit Händen aus, die vor Erregung und Begierde zitterten, legte mich auf den Boden, ließ seine Hose fallen und sank zwischen meine weit gespreizten Schenkel auf die Knie. Ich nahm seinen wunderbaren steifen, klopfenden Schwanz in die Hand, führte ihn liebevoll in meine ausgehungerte Möse ein und stöhnte vor Ekstase, als er ihn bis zu den Eiern in mir begrub und mich rasend in einen herrlichen Orgasmus fickte. Mitten auf dem Fußboden im Wohnzimmer.

Wenn jedes verheiratete Paar in seiner sexuellen Beziehung diese Freude und Lust finden würde, die mein Mann und ich seit fünfundzwanzig Jahren teilen, wäre die Scheidung so ausgestorben wie die Dinosaurier. Damit, daß Sie die Tür zu einer offenen Diskussion des Themas der sexuellen Phantasien geöffnet haben, die dem sexuellen Akt so viel Würze geben, haben Sie Unermeßliches dazu beigetragen, und wir glauben, daß Sie die Anerkennung und die Glückwünsche aller verdienen, die die Intelligenz besitzen, Ihr Buch zu lesen, und den Mut, die eigenen Phantasien auszuleben und zu genießen.

Riva

Habe gerade *Die sexuellen Phantasien der Frauen* zu Ende gelesen – faszinierend! Natürlich konnte ich, als ich Ihre Adresse sah, nicht widerstehen zu schreiben. Ich bin sechsundzwanzig und seit acht Jahren verheiratet. Mein Mann stammt aus Indien. Ich habe zuerst auf seinen Wunsch hin angefangen zu phantasieren, nachdem wir ungefähr fünf Jahre verheiratet waren. Es macht die Dinge wirklich lebendiger. Er genießt es sehr, wenn ich während des sexuellen Aktes obszön rede – ich mache das normalerweise zu anderen Zeiten nicht. In einem sehr schmutzigen Vokabular beschreibe ich verschiedene Situationen, in denen er mich wahrscheinlich gern sähe.

Eine ist die, daß ich Prostituierte bin und für ihn arbeite. Er kann alles, was ich tue, durch einen zweiseitigen Spiegel sehen. Ich fange damit an, einen Freier zu lecken und seine Eier zu küssen, und das macht ihn alles ziemlich wild. Dann fickt er mich, oder wenn ich an ihm sauge, spritzt er seinen Samen über mein Gesicht.

Eine andere Phantasie ist die, daß ich von zwei Typen gefickt werde, während mein Mann zusieht. Einer steckt seinen Schwanz in meinen Mund, und der andere saugt an meiner Möse. Meine Brüste werden auch massiert. Ich kann mich wegen der Größe des Schwanzes, der in meinem Mund steckt, nicht bewegen. Die beiden Typen einigen sich darauf, gleichzeitig in mir zu kommen, und daher spritzt simultan einer in meine Möse und der andere in meinen Mund, und ich sauge das Sperma auf und schlucke es herunter.

Eine andere Phantasie ist die, daß ich von einer Motorradfahrerbande vergewaltigt oder durch ein Ritual in die Gang *eingeführt* werde. Zu diesem Initiationsritus gehört, daß mich ein Typ vögeln muß, und ich muß jedem von ihnen einen blasen. Außerdem müssen es mir die Mädchen mit dem Mund machen, bis ich bei jeder einzelnen gekommen bin. In der Vergewaltigungsszene bin ich auf dem Bett festgebunden und kann mich nicht rühren. Ein Typ steckt gewaltsam seinen Schwanz in meinen Mund, und ein anderer übt an mir Cunnilingus aus und saugt an meinen Titten. Gleichzeitig steckt ein anderer Mistkerl einen Dildo oder einen Vibrator in mein Arschloch. Und wieder kann ich weder schreien, noch mich wehren. Allmählich gerate ich in Ekstase, und der Typ, der mich leckt, steckt seinen Schwanz in mich hinein und geht ab. Das wird mit Mitgliedern der Gang wiederholt, und ich bin natürlich so heiß, daß ich durchdrehe.

Eine andere Phantasie ist die, daß ich mit einem Freund oder einem Arbeitskollegen ficke. Mein Mann möchte sämtliche Details jeder einzelnen Situation hören. Eine andere dreht sich um mich und ein Mädchen, das meinen Mann befriedigt, während er mich befriedigt. Ich stelle mir vor, daß er mich leckt, während er sie fickt und umgekehrt.

Ich könnte immer weiter erzählen, weil ich mir immer neue und unterschiedliche Situationen ausdenke (besonders, nachdem ich durch Ihr Buch neue Ideen bekommen habe). Ich habe nie irgend etwas in dieser Art gemacht, und ich habe wirklich kein Bedürfnis, diese Phantasien je in meinem realen Leben verwirklicht zu sehen – ich vermute, ich bin zu ängstlich – aber sie geben im Bett einen tollen Gesprächsstoff ab, machen mich mit meinem Mann wild und bringen ihn normalerweise dazu, auf dem Höhepunkt der Phantasie zu kommen.

Beth

Ich habe gerade in dieser Minute *Die sexuellen Phantasien der Frauen* zu Ende gelesen, und ich bin froh, daß ich es gelesen habe! Jetzt weiß ich, daß ich nicht die einzige bin, die sich Geschichten ausdenkt. Ich schreibe dies, um Ihnen einige meiner Phantasien zu erzählen.

Ich bin neunzehn, habe zwei Kinder, bin verheiratet, sehr glücklich und zufrieden. Mein Mann ist vierundzwanzig, und wir sind Weiße der mittleren bis oberen Mittelschicht. Mein ältestes Kind ist ein Junge, das andere ein Mädchen.

Eine Phantasie, die ich gerade erst kürzlich realisiert habe, handelt von dem Auto meines Mannes. Ich wußte, daß es einen Grund dafür geben mußte, weshalb ich es so gern fuhr. Es ist ein 67er Camaro, der sehr schnell ist und sehr sexy. Er hat ein Schaltgetriebe, welches das Objekt meiner Phantasie ist. Die Gangschaltung zwischen den Schalensitzen auf der Konsole hat einen großen geschmeidigen Knüppel, den ich beim Fahren gern streichle. Die notwendigen Bewegungen, um von einem Gang in den anderen zu schalten, sind in Verbindung mit der Geschwindigkeit phantastisch. Ich bin in nullkommanichts bereit für Sex.

Eine andere entstammt einem wahren Vorfall. Mein Mann nahm mich mit zu einer Party im Fertighaus eines Freundes. Das war ein Jahr, ehe wir heirateten, und einen Monat, nachdem wir uns kennengelernt hatten. Außer ihm kannte ich nur Dave, seinen besten Freund, und Celeste, seine Schwester. Dave und Celeste haben gelegentlich miteinander geschlafen. Mein Mann war in einer Partie Euchre vertieft, und wir drei blieben zurück und unterhielten uns. Ich trank ein bißchen Bier, und nach einer Weile nahm uns Dave mit ins Schlafzimmer, wo die Mäntel waren, um uns eine Kette zu zeigen, die er aus Ringen von den abreißbaren Laschen von Bierdosen gebastelt hatte. Ich bemerkte einige Taschenbücher (Pornographie), die auf der Kommode lagen, und ich schlug eines davon an einer zufälligen Stelle auf und begann, laut zu lesen. Wir setzten uns auf das Bett, und als ich an eine Stelle kam, die so ging: »und sie küßt sein Ohr und fuhr mit ihrer Zunge und ihrem warmen, feuchten Atem daran entlang«, lehnte ich mich zu Dave hinüber und machte, was ich gerade vorgelesen hatte. Celeste tat dasselbe mit seinem anderen

Ohr. Er küßte uns beide abwechselnd, und da hörte es auch schon auf, als wir plötzlich von dem Geschrei eines blöden Fettsacks aufgeschreckt wurden: »He, die feiern hier eine Orgie!« Ich phantasiere gern, was passiert wäre, wenn wir nicht gestört worden wären – Dave macht langsam und erregend Liebe mit uns beiden. Celeste und ich kommen auf Touren. Wir haben beide große Brüste und langes dunkles Haar, und wir tragen beide eine Brille mit ähnlich geformten Gestellen. Praktisch sind wir Zwillinge…

Eine Phantasie, die ich häufig habe, dreht sich um mich, meinen Mann und ein weiteres Mädchen. Er bringt sie eines Abends mit, und ich erwarte die beiden in einem fließenden Gewand. Ich küsse und umarme beide, und wir machen uns sofort auf den Weg ins Schlafzimmer. Nachdem wir uns viel geküßt, uns gegenseitig erkundet und Vorspiele betrieben haben, schläft Paul mir ihr, und danach mache ich es ihr mit dem Mund, leckte die Säfte von beiden auf und bringe sie ein zweites Mal zum Höhepunkt. Paul küßt und streichelt die Brüste von uns beiden. Dann macht er mit mir Liebe, und danach macht sie es mir mit dem Mund, und wir machen bis zum Morgengrauen immer so weiter, duschen danach zusammen und verschlafen erschöpft den ganzen Tag. Ich komme normalerweise an der Stelle, an der ich sie lecke.

Ich habe das Gefühl, ich sollte Ihnen schreiben, daß ich nur Erfahrungen mit Männern habe. Ich habe nie an ein anderes Mädchen gedacht, bis mein Mann, nachdem wir verheiratet waren, einmal während des Geschlechtsakts die Sprache darauf gebracht hat. Jetzt habe ich begriffen, daß mich Mädchen antörnen, und ich wäre gern in der Lage, diese letzte Phantasie auszuleben. Ich glaube, ich bin das, was man bisexuell nennt. Paul mag es, wenn ich darüber während des Geschlechtsverkehrs spreche, aber zu keinem anderen Zeitpunkt. Ich habe diese Phantasien auch gern, während wir miteinander schlafen. Trotzdem schaut er mich komisch an, wenn ich zu dem Körper eines Mädchens Bemerkungen mache und dann anfange, Signale von Geilheit von mir zu geben, wenn wir ausgehen. Na ja, er wird sich schon daran gewöhnen.

Nun, vielen Dank dafür, daß ich das schreiben konnte. Ich kann es niemandem sonst erzählen, nicht einmal Paul, abgesehen von dieser letzten Phantasie. Aber auch diese nur, während wir miteinander schlafen.

»Schultern«

Ich glaube, wenn Sie sagen, »Anonymität wird garantiert«, erwarten Sie, daß Briefe mit den Namen darauf kommen, aber ich könnte Ihnen wirklich nicht schreiben, wenn ich mit meinem Namen unterschreiben müßte. Ich hoffe, das macht mein »Material« nicht weniger nützlich.

Ich hatte andere, eher prosaische Phantasien, aber im Laufe der Jahre (ich bin dreiundzwanzig) sind sie durch die Dominanz der einen, die ich in diesem Brief beschreiben will, weggefallen. Eines der seltsamen Dinge (oder ist es das gar nicht?) an meiner Phantasie ist, daß die Männer darin austauschbar sind, das heißt, die Identität des bestimmten Mannes, der zu einem beliebigen Zeitpunkt die führende Rolle spielt, ist nicht wichtig. (Ich bin sicher, Sie wissen, was »wichtig« in einer Phantasie zu bedeuten hat!) Natürlich tausche ich die Männer aus, um Monotonie zu vermeiden.

Der Schlüssel für den Beginn der Phantasie ist, wenn der Mann (oder Junge!) seine Hände auf meine Schultern legt. Es gibt normalerweise für diese Situation einen Vorspann von unterschiedlicher Länge, aber der Punkt, an dem die Phantasie eine verführerische und erregende Färbung annimmt, ist der, wenn ich seine Hände auf meinen Schultern fühle. Es passiert eigentlich nichts weiter, nur, daß er mich durch den Druck auf meinen Schultern zwingt, mich niederzuknien, und dann küsse und sauge ich ihn da unten. Er braucht mir nicht zu sagen, was ich tun soll, braucht noch nicht einmal meinen Kopf hinzustoßen; was er will, übermittelt er ausschließlich durch den Druck auf meine Schultern. Zum Zeitpunkt meines Höhepunkts wird der Druck sehr intensiv und objektiv schmerzhaft, wenn auch nicht beunruhigend. Ich vermute, da ich über meine Phantasie bestimme, verstärke ich den Druck und halte ihn in Übereinstimmung mit der Erregung meines Körpers. In der Realität habe ich mir sogar angewöhnt, die Schultern gewissermaßen hochzuziehen, wenn ich zum Höhepunkt komme. Glücklicherweise scheint das meinen Partner beim Geschlechtsverkehr nicht zu stören.

Ich weiß nicht, was Sie damit anfangen können, aber ich hoffe, es ist nützlich für Sie.

*

Viele der Frauen in diesem Buch haben über Phantasien beim oralen Sex gesprochen. Monica schreibt, daß sie und ihr Verlobter »sehr häufig sieben oder acht Mal in der Nacht« miteinander schlafen. Aber während sie ihn als sexuell riesig und kraftvoll beschreibt, ist die Art, auf die er sie »immer zu einem herrlichen Orgasmus bringt«, schreibt sie, »normalerweise durch Cunnilingus«.

Ich glaube, das ist ein besonders naheliegender Zeitpunkt, die Vorstellungskraft von Frauen wie Monica mit Phantasien zu erfüllen, weil man in einem gewissen Sinne passiv ist, diejenige, mit der etwas gemacht wird und die es entgegennimmt. Der eigene Körper wird nicht von einem anderen Körper bedeckt oder von einem anderen Körper umschlungen – die Augen sehen nicht in das geliebte Gesicht, sondern in den Raum. Für viele Frauen füllt die Phantasie das aus, was andernfalls eine Art Einsamkeit während des oralen Sex' sein könnte.

Diese Art, miteinander Liebe zu machen, kommt für viele Frauen häufig als ein später, befreiender Schritt. Sie haben früher, ehe sie selbstbewußt genug waren, um zu experimentieren, in ihrem Sexualleben oralen Sex abgelehnt. Vielleicht hatten sie das Gefühl, daß es sich nicht »gehört« oder daß »da unten« etwas an ihnen übelriechend oder nicht attraktiv sein könnte. Eine sexuelle Phantasie kann Frauen diese negativen Vorstellungen *austreiben* und sie durch erotische Emotionen ersetzen, die es Frauen ermöglicht, sie vollständig zu genießen.

Andere Frauen sind vom gegenteiligen Extrem zum oralen Sex gekommen – sie genießen ihn so sehr, daß sie nicht damit aufhören können, und durch gewisse sexuelle Phantasien haben sie herausgefunden, daß sie den Zeitraum der Erregung während des Vorspiels verlängern können, bis sie zum Orgasmus kommen. Diese verstärkende Rolle der Phantasie, die entweder während des oralen Verkehrs oder während des Geschlechtsverkehrs zum Tragen kommt, ist für diese Frauen eine nützliche Vorstellung, die beim Erreichen oder Genießen eines Orgasmus keine Schwierigkeiten haben; da sie wissen, daß sie ihn rechtzeitig erreichen, stellen sie sich gern innerlich eine Kulisse vor, die ihnen dazu verhilft, ihre Reise nur noch mehr zu genießen. In ihrer Vorstellung bestimmen Sie das Tempo und lassen den Motor langsam auf Touren kommen, bis er mit ihnen grandios auf einen noch stärkeren Orgasmus zusteuert. Es ist unnötig zu sagen, daß diese Frauen die Vorstellung schon lange hinter sich gelassen haben, wenn sie an einen anderen Mann denken als an den, den sie im Arm halten, hätte das einen Beigeschmack von einem in der Vorstellung vollzogenen Ehebruch oder Betrug; sie haben erkannt, daß ihre eigene Erregung, ganz gleich, wie sie erreicht wird, eines der größten sexuellen Geschenke ist, das sie einem Mann machen können.

Ich habe immer behauptet, daß Frauen Experten in bezug auf Phantasien sind. Sie sind eine natürliche Gabe, die die meisten von uns sich schlichtweg deshalb versagt haben, weil es in einer Männerwelt »bekannt« war, daß Männer – und deshalb auch *jeder andere* – nicht beim Geschlechtsverkehr phantasieren. Heute hören wir immer mehr Berichte über die ansteigende Rate von Impotenz unter Männern. Wenn Frauen mit der Zeit lernen können, ihre Phantasie als eine Gabe zu akzeptieren, können wir dann nicht diese Form der erotischen Erregung auch unseren Männern beibringen – am besten jetzt, zu einem Zeitpunkt, zu dem sie es am meisten brauchen? Wenn es bei uns gelingt, warum sollte es nicht bei ihnen funktionieren?

Eine sexuelle Phantasie während des Geschlechtsverkehrs ist nicht nur eine Frage des Bedürfnisses. Es ist eine Angelegenheit von erfülltem Geschlechtsverkehr. Würden Sie während des Geschlechtsakts einen Teil Ihres Körpers als unberührbar betrachten? Warum schließen Sie dann Ihre Phantasie aus – die Sie dazu gebracht hat, mit diesem einen ganz bestimmten Menschen überhaupt ins Bett zu gehen? Ein Mann wird einer Frau keinen Sex antragen, wenn er nicht bereits erregt ist; seine Phantasie, mit ihr im Bett zu liegen, hat ihn an den Punkt gebracht, die Verführung einzuleiten. Wenn er Sie durch seine Phantasie zum Geschlechtsakt verlockt hat, warum lassen Sie Ihre eigene Phantasie dann aus dem Spiel?

Monica

Ich habe gerade *Die sexuellen Phantasien der Frauen* zu Ende gelesen, und ich kann nur sagen: »Was für ein Trip.« Ich konnte es nicht weglegen; es hat mich von der ersten bis zur letzten Seite naß gemacht.

Ich glaube nicht, daß ich je bemerkt habe, wie groß der Anteil der

Phantasie in meinem Sexualleben war. Ich habe ein ziemlich aktives Sexualleben geführt, seit ich sechzehn war. Ich bin jetzt zwanzig und stehe kurz vor der Heirat. Meine erste sexuelle Erfahrung machte ich mit meinem zukünftigen Ehemann auf dem Rücksitz eines 62er Chevys. Unnötig zu sagen, daß es nicht das Feuerwerk war, das ich erwartet hatte. Aber es ist mit der Zeit immer besser geworden.

Mein Verlobter ist recht üppig ausgestattet, da seine vollständige Erektion gute – ich meine, gute – zwanzig Zentimeter mißt. Wir haben sehr oft Sex miteinander, wenn wir zusammen sind – sehr häufig sieben oder acht Mal in der Nacht. Seine Vorstellungskraft ist grenzenlos, und er bringt mich immer zu einem grandiosen Höhepunkt, normalerweise durch Cunnilingus. Obwohl ich seit fünf Jahren mit ihm gehe, ist mein Sexualleben mit einigen sehr interessanten Affären durchsetzt. Über die Affären phantasiere ich meistens – und immer während des Geschlechtsverkehrs mit meinem Verlobten.

Der bemerkenswerteste Liebhaber meines Lebens lief mir über den Weg, als ich siebzehn Jahre alt war. Er war Sportlehrer, und wir arbeiteten während des Sommers zusammen. Ich kam immer, wenn ich an seinen göttlichen schwarzen Körper dachte. Schon allein bei seinem Anblick wurde ich naß und verzehrte mich nach seinem Schwanz. Ich hatte nie zuvor so ein Gefühl gekannt, und ich war absolut überwältigt. Als sich endlich eine Gelegenheit bot, mit ihm allein zu sein, war ich so wackelig, daß meine Knie nachgaben. Er war in seinem Vorspiel so zart und befriedigend, daß ich mehrere Höhepunkt erreichte, während er meine Klitoris manipulierte. Und als er von hinten in mich eindrang – da sah ich nur noch Sterne. Er erfüllte mich so sehr, daß ich glaubte, ich würde von der bloßen Ekstase bersten. Da wir keine Verhütungsmittel benutzten, zog er sich zurück, und ich blies ihm einen. Als wir unseren letzten Höhepunkt erreichten, kam er mit einem solchen Stöhnen, daß es meine Lust ungeheuer verstärkte. Ich hatte den Mund so voll von seinem wunderbaren Sperma, daß ich mich fühlte, als wäre Weihnachten. Das war das einzige Mal, daß wir je miteinander fickten, und ich glaube, es ist besser so.

Ich denke oft an diesen wunderbaren Schwarzen, wenn ich den schönen Schwanz meines Mannes in den Mund nehme, weil es die

Lust, die ich ihm geben kann, verstärkt. Ich brauche nur an den schwarzen Schwanz zu denken, der meinen Mund ausfüllte, und es kommt uns voller Glut.

Bitte entschuldigen Sie die Schlampigkeit dieses Briefs, weil ich masturbiere und ich nicht die Zeit habe, ihn noch einmal abzuschreiben, da ich fürchte, entdeckt zu werden.

Danke für das wunderbare Buch.

Delia

Ich möchte Ihnen gern ein Kompliment für Ihr Buch mit dem Titel *Die sexuellen Phantasien der Frauen* machen. Es war aber auch an der Zeit, daß die Männer nicht mehr in Schutz genommen werden! Frauen denken auch an Sex!

Es hat mich gefreut festzustellen, daß andere Frauen solche Phantasien haben wie ich. Ich habe mich nie für seltsam gehalten, aber ich habe mich gefragt, woran andere Frauen wohl so denken. Ich habe es sehr interessant und manchmal erregend gefunden. Ich habe zwei Phantasien, die ich gern mit Ihnen teilen würde. Ich hoffe, daß Sie sie genauso sehr wie ich genießen, wenn Sie sie gelesen haben.

Ich stelle mir vor, daß ich im Gefängnis bin, und ich bin in eine Zelle mit Lesbierinnen gesteckt worden. Die »Königin« der Lesben beschließt, daß ich in der Liebe mit Frauen einiges lernen muß, und daher nimmt sie mich als ihre Privatschülerin an. Das findet alles in der Zelle statt, während die anderen Frauen zusehen. Sie sagt mir, daß ich mich ausziehen soll, und sie bewundert meinen Körper. Sie sagt mir, wie schön er ist und was sie mit mir machen wird. Sie zieht sich dann auch aus und sagt mir, daß ich an ihren Titten saugen soll. Ich bin zuerst ängstlich, aber ich kapiere schnell. Nachdem ich an ihren Titten gesaugt habe, arbeite ich mich bis zu ihrer Möse vor. Die Phantasie ist so stark, daß ich sogar ihren Duft riechen kann. Ich sauge an ihrer Klitoris und befingere ihren Arsch, und sie explodiert in meinem Mund. Dann bin ich an der Reihe. Sie macht sich an meiner Klitoris zu schaffen, und als ich fast soweit bin, daß ich komme, bitte ich sie darum, mich zu ficken. Im richtigen Augenblick stößt sie diesen Dildo in meine Möse, und an dem Punkt komme ich tatsächlich. Ich wandle die Phantasie leicht ab, aber das ist die Grundstruktur.

Ich hatte ziemlich viele Liebhaber in meinem Leben, aber zwei ragen heraus. Robert und Henry. Sie waren so groß wie Schränke, und sie spielen eine große Rolle in meinen Phantasien. Mein derzeitiger Liebhaber ist ein Neuling und hat noch eine Menge zu lernen. Ich kann den Tag kaum erwarten, an dem ich ihm von meinen Phantasien erzähle. Ich sehne mich danach, sie ihm möglichst bald zu erzählen, aber er könnte nicht damit umgehen. Wenn ich mit ihm schlafe und dabei auf ihm sitze, habe ich folgende Phantasie.

Ich stelle mir vor, daß ich von Henrys Schwanz aufgespießt bin, und daß Robert vorsichtig seinen Schwanz in mein Arschloch manövriert. Als ich vollständig ausgefüllt bin und anfange, mich zu bewegen, kommt eine gesichtslose Frau herein. Sie streichelt meine Titten und reibt meine Klitoris. An diesem Punkt treibt es mich hoch, und ich werde beinahe verrückt. Ich konzentriere mich darauf, was sie mit mir machen, und ich habe einen meiner stärksten Orgasmen. Dann finde ich natürlich wieder in die Realität zurück, und es ist lustig. Mein echter Liebhaber glaubt, daß er mich in den Weltraum geschickt hat, während ich ganz genau weiß, daß es meine phantasierten drei waren. Von mir aus.

Danke, daß Sie es mir möglich machten, mich zu äußern.

Daisy

Ich schicke Ihnen zwei meiner zahlreichen Phantasien. Ich bin einundzwanzig und schwarz. Ich bin auf diversen konfessionellen Schulen gewesen und habe am College meinen Abschluß gemacht. Ich bin 1972 nach Kalifornien gezogen und lebe nun dort zusammen mit meinem Verlobten, einem tollen Blonden mit grünen Augen und einem phantastischen Körper. Die Lektüre Ihres Buchs hat mich dazu gebracht, Ihnen meine Phantasien zu schicken. Es geht los.

Phantasie 1: Ich phantasiere, daß dieser wirklich gutaussehende Typ (er ist weiß) zwei Highschoolmädchen entführt. Eine ist schwarz, die andere ist weiß. Das schwarze Mädchen ist sehr hübsch. Sie hat kleine Brüste und eine hübsche, schlanke Figur. Sie ist sehr unschuldig und Jungfrau. Das weiße Mädchen ist eine hübsche Blondine mit großen Brüsten und einer insgesamt üppigen Figur. Der Mann sagt ihnen, daß er mit dem hübschen schwarzen

Mädchen schlafen will und daß er, wenn sie sich nicht bereiterklärt, ihre Freundin einem sehr brutalen sexuellen Verfahren unterwirft. Das Mädchen weigert sich. Er ruft fünf Männer herein und läßt sie das weiße Mädchen ausziehen. Er wendet sich an das schwarze Mädchen und sagt, daß er die Männer mit ihr tun läßt, was ihnen Spaß macht, wenn sie nicht zustimmt. Das weiße Mädchen sagt ihrer Freundin, daß sie nicht einwilligen soll. Der Mann nickt mit dem Kopf, und die Männer fangen an. Sie legen sie auf den Boden und spreizen ihr die Beine, und je einer der Männer hält eines ihrer Beine fest. Ihre Hände sind an Pfosten im Boden festgebunden. Ein Mann berührt ihre Möse und fängt an, daran herumzuspielen. Ein anderer saugt an ihren Brustwarzen. Sie fangen an, sie zu befingern; dann ficken sie sie, einer nach dem anderen. Nachdem es dem letzten in ihr gekommen ist, schnippt der Mann, der sie entführt hat, mit den Fingern, und ein großer Schwarzer kommt herein. Er geht zu ihr hin, legt ihr ein Kissen unter den Hintern und sieht sie lachend an. Sein Schwanz ist riesig – mindestens dreiundzwanzig Zentimeter lang, und er sagt ihr, daß er sie jetzt ficken wird, bis sie Sterne sieht. Sie fängt an, schwer zu atmen, und er küßte ihren Mund und dann ihre Brüste. Er saugt an ihren Brustwarzen und reibt sie zwischen den Fingern. Er kneift sie, bis sie anfängt zu stöhnen. Er steckt zwei Finger in ihre Möse, und das Mädchen versucht, seine Finger zu ficken. Er legt seinen Mund an ihre offenen Schamlippen und küßt sie. Er saugt an ihnen und an der Klitoris. Dann stößt er seine Zunge in ihre nasse Muschi. Sie ist rasend vor Leidenschaft. Dann legt er sich zwischen ihre Beine und führt seinen erigierten, klopfenden Schwanz in ihre heiße, nasse Möse ein. Sie ist so naß, daß er fast herausgleitet. Er stößt einige Male, und sie kommt einmal, zweimal, dreimal. Er ist nicht gekommen, aber er nimmt seinen nassen Penis aus ihrer gierigen Muschi, und sie fängt an, danach zu schreien, daß er sie weiterfickt. Er lacht, und dann gehen die Männer zu ihr, waschen sie aus und machen ihr eine Spülung. Der Schwarze sagt ihnen, daß sie sie losbinden sollen. Sie fügen sich, und sie erhebt sich, um ihn zu umarmen, aber die Männer legen sie auf den Bauch und spreizen ihre Beine weit auseinander. Der Schwarze fängt an, ihre Muschi zu befingern, und sie beginnt zu stöhnen und naß zu werden. Der Schwarze fickt ihre Muschi, und sie schreit auf. Er versohlt ihr den Hintern, spreizt ihre Arschbacken und fängt an, ihr Arschloch zu befingern. Sie bittet ihn, sie in den Arsch zu ficken, und er lacht. Er beugt sich herunter und geht dazu über, ihre nasse Fotze zu lecken und daran zu saugen. Sie hat einen weiteren starken Orgasmus. Der Mann, der die beiden Mädchen entführt hat, sagt der Blondine, daß sie nun dem schwarzen Mann gehört. Sie küßt vor Dankbarkeit seine Füße. Der Entführer sieht nun das hübsche schwarze Mädchen an und bittet sie, ihm zu vergeben; er sagt ihr, daß er sie liebt und ewig dankbar wäre, wenn sie bei ihm bliebe. Ende.

Die nächste Phantasie war mir zu peinlich, um sie meinem Verlobten zu erzählen. Er weiß, daß ich Schwule mag, aber er weiß nicht, daß sie für mich der Brennpunkt der Mehrheit meiner sexuellen Phantasien sind. Manchmal, wenn wir Liebe machen, glaube ich, daß es toll wäre, wenn er etwas mit einem anderen toll aussehenden Typ anfangen würde, und ich könnte den beiden zusehen und sie anfassen.

Phantasie 2: Dieser phantastisch aussehende Junge, ungefähr siebzehn Jahre alt, läuft über den Strand und ist auf der Suche nach einem Platz, wo er nackt ein Sonnenbad nehmen kann. Er trägt einen kurzen Kimono und erreicht eine Sandfläche, wo er sein Handtuch ausbreitet, seinen Kimono auszieht, sich hinlegt und in einen leichten Schlaf fällt. Zwei Typen kommen den Strand entlang und entdecken ihn. Der Junge hört sie nicht kommen, aber er fühlt ihre Gegenwart, öffnet die Augen, und sie stehen um ihn herum und lassen die Blicke über seinen Körper schweifen. Es bringt ihn in Verlegenheit, aber die Typen beruhigen ihn und stellen sich vor. Sie fragen ihn, ob es ihm gefallen würde, wenn sie seinen Körper mit Sonnenöl einreiben. Er willigt ein. Sie nehmen ein bißchen Öl, verteilen es auf ihren Händen und sagen ihm, daß er einen tollen Körper hat. Sie fangen an, langsam und sinnlich, und als sie seinen Bauch erreichen, bekommt er eine Erektion. Sie drehen ihn sehr zart auf die Seite. Einer der Typen nähert sich seinem erigierten Schwanz und nimmt ihn in den Mund. Der andere steckt zuerst den Finger in seinen Arsch, und der Junge beginnt, sich zu winden. Er bestreicht seinen Schwanz mit Öl und dringt in ihn ein. Der Junge fängt an zu protestieren, daß er ihm weh tut, aber der Mann dringt langsam in ihn ein, beginnt ihn zu ficken und pumpt fest und schnell. Der Junge kommt seinen Stößen entgegen und ergießt sich im Mund des anderen Typen, während der Typ hinten seinen heißen Saft in sein enges Arschloch spritzt.

Vi

Meine köstlichste Phantasie dreht sich um eine Motorradfahrt. Ich bin für ein seltenes gemeinsames langes Wochenende zu einem alten Freund gefahren. Er besitzt zwar kein eigenes Motorrad mehr, hat aber für uns eines von einem Freund geborgt, um ein romantisches Picknick mit Käse und Wein zu machen. Wir stehen am Sonntagmorgen früh auf, um den Verkehr zu vermeiden, und die Herbstluft ist frisch und klar, als wir davonbrausen, und der Wind bläst mir das Haar in den Nacken. Ich habe das Motorrad am Tag zuvor kurz gefahren, und als wir draußen auf dem Land sind, wo alles üppig grünt, schreie ich über das Dröhnen hinweg, daß ich die Maschine fahren will. Da das Motorrad nicht ihm gehört und eine starke Maschine ist, muß ich ihn wirklich überreden (und das kann nur ich!), bis er sich endlich erweichen läßt.

Als wir die Plätze wechseln, beschließen wir beide, unsere Jeansjacken auszuziehen. Ich spüre, wieviel Kraft mir mühelos zur Verfügung steht, wann immer ich sie brauche, und als wir den Kamm eines kleinen Hügels erreichen, beschleunige ich gerade genug, daß es uns leicht aus den Sitzen hebt. Als sich meine enge Hose im Schritt spannt, werde ich der klopfenden Hitze der Maschine dagegen gewahr, als würde ich auf einem riesigen, fliegenden Schwanz reiten.

Sofort ist mein Hals von Röte übergossen, und ich spüre, wie meine Brustwarzen sich aufrichten und schmerzen. Es überkommt mich eine pulsierende Wärme, bis sie sich mit einem Schweißausbruch entlädt.

Während ich minimal langsamer werde, greife ich geschickt mit der Hand nach hinten und führe seine Hand auf meine Brust. Schnell öffnet seine freie Hand meinen BH, und seine warme Handfläche kost mich. Als ich mich zurückbeuge, um zu hören, was er sagt, fährt er mit der Zunge in mein Ohr, und das Motorrad bricht leicht zur Seite hin aus. Dann übernimmt er das Steuer und fährt die Maschine durch eine kleine Bachsenke in ein abgelegenes Pinienwäldchen, in dem die Sonne durch die schwankenden Zweige gefiltert wird.

Ehe er mich bekommt, mache ich ihm die Hose auf und küsse seinen tollen Schwanz von allen Seiten, ehe ich ihn in meinen Mund sauge. Er fällt mit einem Stöhnen auf die Piniennadeln, als ich sein warmes Fleisch in meinen Mund gleiten lasse und es dann ganz mit meiner Zunge umkreise, was ich sehr gern mache. Wir ziehen uns gegenseitig ganz aus, während mein Mund weiter mit seinem Pimmel spielt.

Zärtlich stößt er mich auf den Rücken, während er sich zu meinen Schamhaaren bewegt, die bereits naß sind. Ich starre trunken vor Leidenschaft in den Himmel voller Baumwipfel, bis mich unsere Verzückung dazu zwingt, die Augen zu schließen. Er reizt mit seiner Zunge meinen ganzen Körper, bis sich unsere Lippen treffen, und dann, langsam, ganz langsam, dringt er mit seinem Feuer in meine Möse ein. Es scheint immer weiter zu gehen, immer tiefer und tiefer. Ich bewege mich von einer Seite auf die andere, während er sich immer weiter in mich hineindrängt und ich seinen Rhythmus aufnehme. Plötzlich schießen seine Säfte in mich, als ich gerade von einem Ozean des Orgasmus weggespült werde. An diesem Punkt vereinigt sich der echte Orgasmus mit meinem echten Liebhaber mit dem Phantasieorgasmus!

Kapitel 8

Wahr gewordene Träume

Einer der großen Irrtümer in Hinblick auf sexuelle Phantasien ist der, daß sie unterdrückte Wünsche sind. Der erste Schock ist das Anerkennen der Tatsache, daß Frauen nicht nur Gefühle der Lust haben, sondern daß sie zudem ihre Vorstellungskraft benutzen, um diese erotischen Begierden zu steigern. Aber wenn wir uns erst einmal von der Vorstellung verabschiedet haben, daß alle Frauen »Damen« sind – im Sinne von geschlechtslos – dann kommt es zu einem großen Sprung nach vorn, der zu einem reinen Trugschluß führt: Wenn Frauen es genießen, an diese bizarren sexuellen Vorfälle zu denken, *dann muß das heißen, daß sie es wirklich machen wollen!*

Die Vorstellung, daß Frauen diese hochspannungsgeladenen Gedanken haben könnten, stößt viele Männer ab. Besorgte Gedanken an Konkurrenz kommen auf; wie kann er den sagenhaften Leistungen des athletischen Adonis in ihrer Vorstellung ebenbürtig sein? Es ist viel leichter für ihn zu glauben, daß es ihr nicht nur einen Riesenspaß macht, an diese Dinge zu denken. Er beschließt, daß sie all das auch wirklich *tun* will, es wahrscheinlich in der Vergangenheit schon mit einem anderen Mann getan hat. Auf diese Weise wird sie gefahrlos in die Kategorie von »ausgeflippt«, »sonderbar« und »anders« eingeordnet. Mit *seiner* Sexualität ist alles in Ordnung; sie ist die Verrückte.

»Was sagt Ihr Mann dazu, daß Sie von zwei fremden Typen während eines Footballspiels gefickt werden wollen?« fragten mich Männer mit einem lüsternen Grinsen, weil sie die ersten Seiten von *Die sexuellen Phantasien der Frauen* gelesen haben, auf denen ich von einer meiner früheren Lieblingsphantasien spreche – die in einem Football-Stadion stattfand. Ein anderer Typ versetzt mir einen Rippenstoß: »He, ich habe zwei Karten für das Spiel der Baltimore Colts. Wie wär's?«

Wenn Sie Ihren Namen in ein Buch über sexuelle Phantasien setzen, glaubt man automatisch von Ihnen, daß Sie eine Frau sind, die das alles ausleben möchte. Nichts könnte weiter von der Wahrheit entfernt sein. Ich habe ebensowenig das Bedürfnis danach, während eines Footballspiels der Baltimore Colts gegen die Minnesota Vikings von zwei unbekannten Männern gefickt zu werden, wie von irgend jemandem, irgendwo anders als an den normalen Plätzen, an denen es mein Mann und ich tun. Wenn meine Phantasien für einige Leute empörend klingen, liegt es wahrscheinlich an der konventionellen Art und Weise, in der ich aufgewachsen bin. Wäre ich in einem Bordell aufgewachsen, wären die Vorstellungen, die mich zu einer unglaublichen Leidenschaft erregen, vielleicht Szenen von gutaussehenden Rittern in weißen Rüstungen – und einer gewissen Ähnlichkeit zu Robert Redford – die mit mir in einem Haus Liebe machen, das von der Illustrierten *Bride* ausgestattet worden ist, während eine Orgel »Oh, Promise Me« spielt.

Meine Kindheit und Jugend waren ganz genauso wie Ihre von sexuellen Vorschriften hageldicht übersät. Daraus resultiert eine Vorstellungskraft, die auf die wildeste und verbotenste sexuelle Bildwelt abfährt – und all das hat wenig damit zu tun, wie ich in Wirklichkeit lebe. Ich koste in meinen Phantasien das total Indiskutable aus. Ich liebe mein Leben so, wie es ist. Wenn ich die außerordentliche Mannigfaltigkeit an sexuellen Erfahrungen, die uns zur Verfügung steht, zu verstehen versuche, ohne darüber zu urteilen, heißt das nicht notwendigerweise, daß ich mich selbst allen Gesichtspunkten von mehreren hundert Frauen, deren Phantasien ich veröffentliche, anschließe. Und doch bin ich in verschiedenen Talk-Shows im Radio und im Fernsehen aufgetreten, in denen die Gastgeber und andere Gäste tatsächlich böse wurden, wenn ich mit der gesamten Bedeutung meines Verständnisses von sexueller Phantasie nicht dazu tendierte, mich ihrer Auffassung anzuschließen: nämlich, daß sexuelle Freiheit und größere sexuelle Lust heißen müssen, daß alle unsere sexuellen Träume wahr werden sollen. »Was, Sie stellen sich solche Dinge nur vor und leben sie nicht aus? Ist das nicht Scheinheiligkeit, drücken Sie sich da nicht?«

Meine Antwort heißt: Nein. Wie Sie in diesem Kapitel sehen werden, gibt es eine Menge Leute, die darin ihr reines Glück gefunden haben, daß sie mit ihren Partner genüßlich ihre sexuellen Phantasien ausleben, als wären sie dramatische Drehbücher für zwei (oder mehr) Schauspieler. Das ist toll für sie. Aber die meisten Frauen, die mir geschrieben haben, sind weit davon entfernt, ihre Phantasien in Fakten umwandeln zu wollen. Sie scheuen keine Mühe, mir in umständlichen Worten zu sagen: »Ich stelle mir diese Dinge liebend gern vor, aber ich habe nicht das Bedürfnis, sie wirklich zu tun.« Wenn sie da ihre Grenze ziehen, dann ist das ihr volles Recht. Sie sind nicht weniger »wagemutig« oder abenteuerlustig als Leute, die ihre Phantasien ausleben. Nur anders.

Wahrscheinlich ist es das größte sexuelle und soziale Ziel, das wir erreichen können, wenn wir frei genug werden, um jedem eigene sexuelle Neigungen zu erlauben. Wir sind immer noch so unsicher in unserem sexuellen Geschmack und unserer sexuellen Identität, daß uns Leute mit anderen Vorstellungen Angst machen. Wir halten uns an jede Norm, die im letzten Buch als akzeptabel durchgegangen ist und die von unseren meisten Nachbarn für richtig gehalten wird. Jeder, der es wagt, einen Zentimeter außerhalb dieses akzeptierten Bereichs zu operieren, wird als merkwürdig und pervers verbannt.

Die Menschen in diesem Kapitel fallen aus diesen ordentlichen Kategorien heraus. Nicht nur, daß sie sexuelle Begierden haben, über die andere Leute nie reden, sondern sie haben sie auch ihren Geliebten und/oder Männern erzählt. Sie haben es noch wilder getrieben: Sie sind dazu übergegangen, das auszuleben, was in ihrer Vorstellung war. Ob sie Vergnügen daran gefunden haben, ihre erotischen Vorstellungen in die Tat umzusetzen, oder nicht, ist ihre Angelegenheit; für unsere Diskussion ist es wichtiger zu verstehen, daß sie sich frei genug gefühlt und einander genügend akzeptiert haben, um anzuerkennen, daß da ihre Bedürfnisse liegen und daß sie ihnen nachkommen sollten.

Ich glaube, daß auf jeden Menschen, der mir von den Freuden daran berichtet hat, seine sexuellen Träume in der Realität auszuleben, drei oder vier Menschen kommen, die im voraus wußten, daß es nicht gelingen würde, oder die es versucht haben und enttäuscht wurden. Ob Sie sich dazu entschließen können zu versuchen, Ihre Phantasie in die Realität umzusetzen oder nicht, ist Ihre Sache, aber ich würde bis zum letzten Atemzug mit jedem streiten, der sagt, daß Sie nur den halben Weg gehen, wenn Sie es nicht tun. Was jemanden antörnt, ist dessen Angelegenheit; was Sie antörnt, geht nur Sie etwas an. Der Report eines amerikanischen Ausschusses über Obszönität und Pornographie hat gezeigt, daß Männer und Frauen mit weitaus mehr Erregung darauf reagierten, wenn sie gebeten wurden, sich etwas Erotisches vorzustellen, als beim tatsächlichen Anblick.

Aber wenn die Mehrheit aller Leute, von denen ich gehört habe, sagen, daß es erregender (oder weniger bedrohlich) ist, ihre sexuellen Phantasien nur in der Vorstellung zu behalten, ist es doch nicht die ganze sexuelle Wahrheit: Um offen in bezug auf Sexualität zu sein, kann man nicht nur Köpfe zählen und ein demokratisches Urteil verkünden. Individuelle Unterschiede müssen in Betracht gezogen und als so gültig anerkannt werden wie der Geschmack der Mehrheit. Die Menschen, die ihre erotischen Phantasien in die Praxis umgesetzt haben, sind weder mutiger als Sie oder ich, noch sind sie mehr oder weniger dreist oder selbstzerstörerisch. Sie haben nur herausgefunden, daß sich in ihrem Leben eine ganz neue Dimension eröffnet, wenn sie ihre Phantasien ausleben. Sie haben ihren eigenen Weg zu einem intensiveren Leben gefunden. Wer könnte dagegen etwas sagen?

Wenn Sie wirklich frei sind, müssen Sie in der Lage sein zu akzeptieren, daß jemand, der etwas für Sie Abstoßendes tut oder denkt, keine sexuelle Bedrohung darstellt. Sie müssen sich darüber hinwegsetzen, daß nur, weil jemand anderes etwas tut, Sie es auch tun müssen (das unbewußte Gefühl, daß das Handeln von anderen eine Herausforderung für uns ist, treibt uns dazu, eine Mauer von Abneigung und Ekel zwischen ihnen und uns zu errichten). Als nächstes müssen Sie die Realität akzeptieren, daß sexuelle Dinge geschehen und Phantasien ausgelebt werden, die Sie sich nie vorstellen können. Einige der nettesten Leute, die Sie kennen, tun vielleicht die außerordentlichsten Dinge in ihren eigenen vier Wänden. »Es kann sein, daß zwei Menschen, denen es durch das empörendste, asozialste Verhalten kommt, wenn sie allein zusammen in ihrem Schlafzimmer sind«, sagte kürzlich ein befreundeter Psychiater zu mir, »gerade deshalb sehr häufig die ansonsten nettesten, unbeschwertesten und im geselligen Umgang reizendsten Leute in der ganzen Gegend sind. Sie haben ihre gesamten negativen Triebe miteinander zum Ausdruck gebracht und sind daher bereit, ihr nettestes Gesicht aufzusetzen, wenn man sie trifft.« Das ist nicht unredlicher als zu sagen, daß Sie nicht hungrig sind, nachdem Sie gegessen haben.

In der Sprache der Psychoanalytiker gibt es den Fachausdruck »ausleben«, und während ich diesen Ausdruck einerseits häufig genug in diesem Kapitel benutzt habe, möchte ich andererseits doch klarstellen, daß ich ihn im allgemeinen und alltäglichen Sinn und nicht fachspezifisch benutze, wie es die Ärzte tun. Für sie bedeutet *ausleben*, daß ein Mensch bestimmte Handlungen vollzieht, im allgemeinen selbstzerstörisch oder dem eigenen Interesse widersprechend, und das aus Gründen, die er nicht versteht. Da die grundlegende Motivation auf ein Niveau unterhalb des Bewußtseins gedrückt ist, ist die Handelnde sich nicht darüber im klaren, daß ihr Verhalten der Ausdruck einer *unbewußten* Phantasie ist, noch hat sie in dieser Angelegenheit einen wesentlichen Bereich an Auswahl: Ihre Neurose zwingt sie durch eine verborgene eigene Logik, nur verheiratete, nicht verfügbare Männer attraktiv zu finden, oder sich so zu verhalten, daß sie immer das Opfer ist, rausgeschmissen wird, übervorteilt etc.

Die Frauen in diesem Kapitel sind sich im Gegenteil ihrer Phantasien vollständig bewußt: Die Entscheidung, sie in die Realität umzusetzen oder nicht, liegt ganz bei ihnen. Deshalb sollte man sich daran erinnern, daß die Art, in der ich dazu neige, diesen Ausdruck zu benutzen, eine sehr bewußte Entscheidung nach sich zieht, obwohl wir die Handlungen vielleicht als ein *Ausagieren* bezeichnen. Von größter Bedeutung ist, daß die Entscheidung, ihre Phantasien auszuleben, zeitweilig ein Ausmaß an psychischem oder physischem Schmerz nach sich ziehen kann, daß es aber darum überhaupt nicht geht. Diese Frauen wollen nicht entgegen ihrem eigenen Interesse handeln, und sie wollen kein Martyrium – ihr eigentliches Ziel beim Ausleben ihrer Phantasien ist der größtmögliche Lustgewinn. Carolyn schreibt, daß das Ausleben ihrer Phantasien ihr so viel Erfüllung gebracht hat, daß sie ihren neuen Geliebten damit vertraut gemacht hat. »Er ist begeistert!« schreibt sie ekstatisch. »Es ist eine völlig neue Dimension für ihn – ich glaube nicht, daß ich jemals so anhaltend angetört war. Ich kann es kaum erwarten, bis er zurück ist, damit wir noch mehr von diesem schönen Seinszustand ausleben können.«

»...dieser schöne Seinszustand...« Ich mag Carolyns Formulierung. Unseren Weg dahin zu finden ist die Essenz des Lebens, aber es gibt keine narrensicheren Straßenkarten. Natürlich ist dieser Ort eine innere Haltung, aber Liebende haben immer gewußt, daß er durch physische und sexuelle Mittel und Wege erreicht werden kann. »Der Weg der Ausschweifung führt in den Palast der Weisheit«, schrieb William Blake.

Carolyn hat ihren Weg gefunden; andere Frauen in diesem Abschnitt auch.

Carolyn

Okay. Habe gerade Ihr Buch beendet und mir aus tiefster Seele gewünscht, ich bräuchte nicht zwei Wochen zu warten, um das unglaubliche Angetörntsein durch die Lektüre teilen zu können. Auf dieser Ebene ist Masturbation ein gewisser »Erlöser«, funktioniert aber nicht ganz.

Das, was die meisten Leute daran hindert, sich gegenüber einer anderen Person zu ihren Phantasien zu bekennen, ist die grundlegende amerikanische Angst, ein Risiko einzugehen. Wir haben alle Angst davor, daß wir für verrückt, pervers oder sonst irgend etwas gehalten werden.

Ich erinnere mich an den ersten Mann, der auf meine Phantasien einging, ehe ich überhaupt wußte, daß ich sie hatte. Wir waren beide extrem zugekifft und beim Vorspiel. Plötzlich hörte er unvermittelt auf und zog ein kleines Samtband aus seiner Tasche. Ohne ein Wort begann er meine Handgelenke an die Bettpfosten zu binden. Ich konnte spüren, daß innerhalb des kleinen roten Samtbandes eine dünne Stahlkette war, so daß der rote Samt meine Haut schützte, sich darin aber diese harte, schreckliche Kette verbarg, die ich niemals hätte zerreißen können. Ich war in meinem ganzen Leben nie so schnell angetörnt. Zuerst hatte ich Angst, daß er das nicht tun würde, was ich glaubte (wollte), daß er tat. Dann hatte ich Angst, daß er nicht den *ganzen* Akt zu meiner Befriedigung vollziehen würde. Aber er tat es – er zog mehrere Samtketten aus einer Aktentasche aus hartem Leder, die er immer bei sich hatte, die ich ihn aber nie zuvor hatte öffnen sehen. Er band mich langsam an alle vier Bettpfosten, die Arme weit über dem Kopf, die Beine weit auseinandergepreizt und von den Ketten gehalten. Während er das tat, sprach er nicht mit mir. Er bewegte sich wie jemand in meinen Träumen und wußte instinktiv, was ich zu wollen schien, aber er fragte mich nie, ob er es richtig oder falsch machte und wie sehr ich es wollte. Er *wußte* es, und er machte damit weiter und summte die ganze Zeit leise vor sich hin, sagte nie ein Wort, zeigte nur seine Absicht, war gedankenverloren, sprudelte fast über und summte und gluckste vor sich hin. Am Ende konnte ich keinen Muskel mehr bewegen. Ich war total in seiner Hand und vollständig dem ausgeliefert, was er mit mir tun wollte. Ich kann mich nicht erinnern, je in meinem ganzen Leben ein so unglaubliches Prickeln gefühlt zu haben. Er mußte mir noch nicht einmal nahe kommen, um mich zu erregen. Während ich dort lag, konnte ich die ganze Zeit über sehen, daß er mich anschaute. Er sah wirklich hin. Er steckte immer wieder den Kopf zwischen meine Beine, untersuchte die Lippen meiner Möse, nahm das Fleisch zart zwischen seine Finger, um sie offen zu halten, damit er tiefer hineinsehen konnte. Aber er ging nie weiter. Tatsächlich war es für mich antörnender, daß er mich gefesselt daliegen ließ und den Raum verließ, als wäre nichts Ungewöhnliches geschehen. Das einzige Gefühl, das ich mir ins Gedächtnis rufen kann, war das einer großen Erleichterung. All diese Phantasien, die ich mir nie eingestehen konnte, wurden nun von mir und jemand anderem realisiert, der das unglaubliche Einfühlungsvermögen besaß, zu wissen, was ich wollte. In diesem Fall war *er* derjenige, der das Risiko auf sich nahm, und dafür werde ich ihn immer und ewig lieben, obwohl die Affäre vorbei ist.

Meine Phantasien ranken sich um den Bereich, daß ich mich auseinandergespreizt gefesselt sehe und mit mir machen lasse, was jemand will oder was dessen Freunde wollen (solange es nicht weh tut). Ich liebe es, in einer nicht bedrohlichen Art und Weise Opfer zu sein. Dennoch hängt bei dieser Art Phantasie viel vom Vertrauen zu der anderen Person ab. Man muß darauf vertrauen können, daß er einen nicht von der Gurgel bis zum Schritt aufschlitzt, während man splitternackt auf dem Bett liegt und sich nicht rühren kann. Die Möglichkeit, daß das passiert (eine fernliegende Möglichkeit, hofft man) macht es noch erregender.

Ich treffe mich zur Zeit mit einem Mann, der sehr viel älter ist als ich, und er ist einfach super als Liebhaber. Aber »straight«. Deshalb übernahm ich zum ersten Mal in meinem Leben das Risiko und törnte *ihn* mit dem an, was mich antörnt. Er ist begeistert! Es ist eine völlig neue Dimension für ihn, und er fühlt sich wie ein Kind in einem Süßwarenladen (und ich mich weiß Gott auch). Ich bekomme lange Briefe von ihm, in denen er mir schreibt, wie sehr ihn dieser neue Seinszustand erregt! Hört, hört!

Vielen Dank. Ich glaube nicht, daß ich jemals so anhaltend angetörnt war. Ich kann es kaum erwarten, bis er zurück ist, damit wir noch mehr von diesem schönen Seinszustand ausleben können. Wenn Sie jemals einen zweiten Band schreiben, werde ich wahrscheinlich das nächste Jahr lang nicht mehr aus dem Bett kommen!

P.S. Ich bin Single und achtundzwanzig Jahre alt.

May

Ich habe Ihr Buch gelesen und konnte es mir nicht verkneifen, diese Gelegenheit zu ergreifen und jemandem etwas zu erzählen. Ich bin siebzehn, im achten Monat schwanger und Single. Ich bin ein sehr liberaler Mensch, sexuell und auch sonst. Manchmal frage ich mich, ob ich pervers bin oder nicht; ich glaube, daß ich Sex einfach liebe und schon immer begeistert davon war. Ich habe jetzt seit zwei Jahren Sex (Geschlechtsverkehr), und ich habe mich wirklich reichlich rumgetrieben. Ich meine, ich fühle mich für mein Alter wirklich sehr erfahren. Beim ersten Mal habe ich mit einem zweiundvierzig Jahre alten Mann geschlafen, oder vielleicht sollte ich sagen, daß es der Vater meiner Freundin war. Vielleicht klingt es ganz schön unanständig, aber bis heute hat die Erregung bei dem Gedanken, daß jemand etwas über uns herausfinden könnte, eine unglaubliche Wirkung. Wir haben mehrere Male miteinander geschlafen. Einmal geschah es außergewöhnlicherweise, als ich während einer kleinen Pyjamaparty in ihrem Haus war, und er kam und nahm mich, als er glaubte, daß alle schlafen, und wir fickten die ganze Zeit in einem Sessel mit verstellbarer Rückenlehne im Wohnzimmer; nun, zu allem Überfluß lief seine Tochter durch den Raum, aber seit jenem Tag frage ich mich, wieviel sie wirklich gesehen hat. Ist das nicht aufregend?

Ich habe auch diese Phantasie von großen Penissen. Ich habe immer sehr große, pralle Penisse gemocht; es scheint, als erregten sie mich am meisten. Ich hatte eine Phantasie, in der ich viele Male von einem Pferd gebumst werde, weil sie so große haben, aber ich glaube nicht, daß es möglich ist, das auszuleben, doch wenn sich mir die Gelegenheit böte, glauben Sie mir, ich würde mich draufstürzen. Der erfüllendste Fick aller Zeiten.

Als ich jünger war, erregte mich mein Hund. Damals war ich noch Jungfrau. Ich habe mit meinem Hund (einem Schäferhund) trotzdem oft gefickt. Ich habe immer den Penis eines Mannes gewollt, war aber zu feige, und deshalb bumste ich mit dem Hund. Ich legte ihn auf dem Boden auf den Rücken und schob die Haut seines Penis weit zurück, damit sein Penis frei war, und er wurde plötzlich so hart und groß, daß die Haut nicht mehr nach vorn rutschen konnte. Er fing schon an, sich zu bewegen, ehe ich auf ihm war. Ich hockte über ihm und hielt diesen köstlichen Penis hoch, und dann setzte ich mich auf ihn, und, o Mann, der Hund ging höllisch ab, manchmal eine volle halbe Stunde, was für einen Hund lange ist. Er konnte kommen und kommen – und ich auch, mhmmm… Das habe ich nicht mehr getan, seit ich mit Männern schlafe, aber wenn ich nur daran denke, wünschte ich mir, daß der Hund da ist, aber jemand hat ihn gestohlen. Ich habe sogar daran gedacht, an ihm Fellatio auszuüben, aber das konnte ich nicht.

Ich habe eine Freundin, der ich mich innerlich sehr nahe fühle. Ich habe Phantasien gehabt, in denen ich mit ihr ganz tief Liebe mache. Eines Abends wollte sie, daß ich ihren Liebhaber kennenlerne. Sie hat mir auch erzählt, wie groß seiner ist, was meine Neugierde verstärkte, aber ich hatte nicht die Absicht, mit ihm ins Bett zu gehen, weil ich mich zu schuldbewußt gefühlt hätte. Wir kamen in seine Wohnung, und da waren schon einige Leute. Es war zuerst nur eine gesellige Angelegenheit, zusammensitzen und reden und high werden. Nun, das Gespräch kam auf Massagen, und ich erwähnte, daß ich gut in Rückenmassagen bin und darin, Gelenke wieder einzurenken. Dieser Typ sagte, daß er darin auch gut ist, und er bot mir eine Rückenmassage an. Ich sagte, klar, weil ich das mag. So ging es eine Weile weiter – ich lag mit dem Gesicht nach unten auf dem Boden, und er saß auf meinem Hintern. Das nächste, was ich weiß, ist, daß die anderen das auch machten, aber sie waren alle in ihrer Unterwäsche; dann wurden mir die Sachen ausgezogen, und ich ließ es geschehen. Inzwischen war ich so erregt, daß ich dicht vor dem Orgasmus stand, weil dieser Typ in seiner Unterwäsche auf mir saß und ich seine Ausbuchtung größer und wärmer und härter werden fühlte. Dann sagte er zu mir, ich sollte mich umdrehen, er würde mir vorn eine Massage machen, und ich dachte, okay, Kumpel, ich spiele dein Spiel mit und werde dich darin schlagen. Da ich ausgezogen war, lag ich mit nackten Brüsten da und sah ihm ins Gesicht, während er auf meiner Schamgegend saß. Er massierte meinen Bauch und die Brüste und schickte ein Kribbeln durch meinen ganzen Körper, weil ich jetzt eine enorme Beule in seinen Shorts sah. Dann wurde ich ins Schlafzimmer geführt und sachte auf das Bett gelegt, während er sich mit dem Kopf voran zwischen meine Schenkel zwängte, um mich mit seiner erkundenden Zunge, die immer tiefer eindrang, noch mehr zu stimulieren. (Meine Freundin saß mit diesem sanftmütigen Lächeln neben mir und sagte, daß sie einfach mit mir teilen möchte, was sie selbst so befriedigend findet.) Ich stand in Flammen und wollte, daß er in mich eindrang, aber er reizte mich und trank mich aus, bis ich dachte, ich wäre trocken. Als er dann schließlich in mich eindrang, war ich so lebendig und begierig und bettelte nach mehr, daß ich immer wieder kam, während er sich dazu äußerte, wie gut ich im Bett sei, und dann war alles vorbei, und wir gingen. Das war das Erregendste, was ich je erlebt hatte, nicht nur, weil er so groß und gut war, sondern wegen der Vorstellung, daß dieses Mädchen ihn wirklich mit mir teilt. Ich phantasiere jetzt häufig davon. Es war einfach phantastisch. Nun, das reicht, meine ist Hand müde, und der Brief wird allmählich etwas zu lang.

Chessie

Mein Verlobter und ich haben *Die sexuellen Phantasien der Frauen* gelesen. Wir haben es sehr genossen. Ich möchte Ihnen einige Hintergrundinformationen geben, ehe ich Ihnen meine Phantasien erzähle. Ich bin neunzehn, verlobt und will noch in diesem Monat heiraten. Ich habe meine Jungfräulichkeit mit vierzehn verloren, habe aber nie masturbiert oder viele Phantasien gehabt, bis ich Lewis kennenlernte. Er und ich teilen unsere Phantasien, und es gibt einige, die wir ausgelebt haben oder ausleben möchten.

Meine häufigste (und Lewis liebste) handelt davon, daß ich in unserem neuen Zuhause bin und ein Mädchen, mit dem ich zusammenarbeite, zu mir rüberkommt. Sie ist sehr dünn, aber gut proportioniert. Wir reden miteinander, und schließlich kommt das Thema auf Sex (worüber sie und ich in der Realität häufig sprechen). Es endet damit, daß wir dasitzen und masturbieren, was dazu führt, daß wir einander berühren. Wir gehen ins Schlafzimmer, fassen einander an und küssen uns. Ich stelle mir vor, daß sie meine Brüste (sie sind groß) leckt und an ihnen knabbert und es mir mit dem Mund macht. Dann mache ich es ihr mit dem Mund und lecke sie überall. Während wir noch vertieft sind und mein Mund an ihrer Möse ist, kommt Lewis herein, wirft seine Kleidung ab und gesellt sich zu uns, bis wir alle erschöpft sind.

Es gibt einige Variationen: andere Mädchen, die wir kennen; dasselbe Mädchen, aber ihr Mann kommt auch rein, und wir machen es zu viert etc. Lewis und ich würden wirklich zu gern einen Dreier machen.

Eine weitere Phantasie geht ungefähr so: Ich bin mit Lewis auf einer Party. Als wir dort sitzen, sage ich ihm, daß ich vergessen habe, mein Höschen anzuziehen. Ich trage ein kurzes Kleid, aber es ist nicht kurz genug, daß er etwas sehen kann. Die ganze Party hindurch wird er verrückt, weil er weiß, wie ich unter dem Kleid aussehe. Als wir nach Hause kommen, setze ich mich hin und fange vor seinen Augen an zu masturbieren. Ich hebe zeitweise meinen Rock, damit er sehen kann, wie ich meine Möse streichele und über meine Klitoris fahre. Aber als er mich berühren will, weigere ich mich. Ich mache einen Striptease, und wieder lasse ich mich nicht von ihm berühren. Schließlich wird er so steif und ist derart angetörnt, daß er mir die Kleider vom Leib reißt und versucht, nach meiner Möse zu greifen. Aber ich weiche ihm aus und lasse ihn mir zusehen. Ich lasse ihn meine Finger lecken; sie sind voll von meinem Saft, aber ich erlaube es ihm nicht, mich zu berühren. Er wird wahnsinnig und sagt mir, wenn ich mich nicht von ihm berühren lasse, legt er mich übers Knie. Aber ich gebe immer noch nicht nach. Er fängt mich schließlich und versohlt mich. Dann beißt er in meine Brüste (leicht – ich gehöre nicht zum Hardcore S&M) und legt seinen Schwanz an meine Lippen. Einen Augenblick lang wehre ich mich (spielerisch), und dann nehme ich seinen tollen Schwanz in den Mund, als würde das mein Leben retten. Dann macht er es mir mit dem Mund und leckt mich, bis er mich in die reinste Ekstase versetzt hat. Dann läßt er mich um seinen Schwanz betteln. Er reizt und lockt mich – das Blatt wendet sich nun – bis ich beinahe nach ihm schreie. Dann legt er seinen Schwanz an meine Möse und geht langsam immer tiefer. Dann zieht er ihn beinahe ganz raus, aber immer, wenn ich glaube, daß er ganz verschwindet, stößt er ihn plötzlich tief in mich hinein, und wir ficken und ficken und ficken, und es ist herrlich!!!!

Wir fesseln uns (in der Realität) häufig gegenseitig. Der Freie reizt den Festgebundenen, und dann berührt er ihn und küßt und streichelt ihn, bis wir beide rasend vor Lust sind. Dann bindet der Freie den anderen los, und wir ficken. Wenn Lewis festgebunden ist, hocke ich mich am liebsten über seinen Mund und erhebe mich immer wieder, ehe er dazu kommt, mich zu lecken. Dann, nachdem ich ganz dicht vor seinem Gesicht ein bißchen masturbiert habe, lasse ich mich auf seinen Mund nieder. Wir sind mit unserem Sexualleben sehr, sehr glücklich, und wir genießen unsere Phantasien sehr.

Danke fürs Anhören.

P.S. Obwohl ich kein Interesse daran habe, es mit einem Tier zu machen, dachte ich, es könnte Sie interessieren, daß mich Ihr Kapitel mit dem Namen »Der Zoo« *angetörnt hat*, als ich es gelesen habe!

Zwar haben die Frauen, deren Phantasien unmittelbar zuvor erschienen sind, festgestellt, daß das Ausleben ihrer sexuellen Phantasien ein ungetrübtes Glück war, doch das ist nicht immer der Fall. Wenn wir Bilder aus unserer Vorstellung wirklich in die Tat umsetzen, eröffnet sich uns eine Art Einbahnstraße. Wenn etwas, das wir uns vorstellen, sich dahingehend entwickelt, daß es uns bedrückt, können wir es immer mit einem Achselzucken abtun. »Ach was – es war nur ein vorübergehender Einfall.« Aber wenn Sie einmal etwas in die Tat umgesetzt haben, können Sie die Realität nicht einfach abtun, noch die Erinnerung an diese Erfahrung, die sich alles in allem so unangenehm entwickelt hat, vergessen.

Die erste Regel, die ich Ihnen vorschlagen möchte, wenn Sie eine Phantasie ausleben wollen, ist die, sich sicher zu sein, daß Sie Ihren Liebhaber gut kennen und daß es ein starkes Band der Zuneigung zwischen Ihnen gibt. Vor allem ist es wichtig, ein intuitives Gefühl zu haben, daß er es nur wegen des Kitzels macht – so wie Sie – und nicht, um irgendeine tiefer liegende sexuelle Störung oder eine in ihm verborgenen Wut auszudrücken. Wenn eine Form von Ekel oder Wut unter seine Erregung gemischt ist – oder wenn er diese Idee, eine Phantasie auszuleben, nur verwirklichen kann, wenn er high oder betrunken ist – dann nehmen Sie sich in acht. Er kann eine postkoitale Periode durchleben, nicht nur von Traurigkeit, Verzweiflung und Reue, sondern auch von echter rasender Wut. Seine Motive dafür, etwas auszuleben, waren ambivalent, und es ging ihm nicht nur um das Vergnügen. Er wird versuchen, einen Teil seiner Selbstverachtung auf Sie zu verlagern.

Rose Ann erzählt uns, daß sie einmal in einen »ziemlich sadistischen Frauenhasser« verliebt war. Während er davon erregt war, Phantasien mit ihr auszuleben, in denen er sie versohlte, sagt sie: »Je weiter wir hineingerieten, je mehr liebte ich ihn... und desto mehr verlor er den Respekt vor mir.« Glücklicherweise, das können wir ihrem Brief entnehmen, endete es nicht damit, daß ihre Selbstachtung bleibende Schäden davontrug. Ihre grundlegende Gesundheit und Selbstakzeptanz scheinen am Ende gewonnen zu haben.

Was ich an Nessies Annäherung an das Ausleben ihrer Phantasien von »Gehorsam und Unterwürfigkeit« interessant finde, ist, daß sich zwar einerseits erwies, daß sie und ihr Mann diese Bedürfnisse insgeheim verspürten, aber nie darüber geredet hatten – daß jedoch beide Partner in dieser Ehe glaubten, daß nur sie/er diese Dinge mochte. Ein Beispiel unter vielen für das tödliche Schweigen, das in den meisten Schlafzimmern herrscht und unsere Begierden durch das Ersticken unserer liebsten Träume tötet.

Erst nachdem sie *Die sexuellen Phantasien der Frauen* gelesen und ihren Mann ermuntert hatte, es zu lesen, entschied Nessie, daß sie wohl doch nicht allein dastand, weil andere Frauen diese Wonnen auch mochten. Sie fand »den Mut, ihm [ihrem Mann] von meiner besonderen Phantasie zu erzählen und ihn zu bitten, sie auszuleben.«

Er war einverstanden, und sie begannen damit, einen zaghaften Schritt zu unternehmen. Er ohrfeigte sie. Dann sprachen sie noch einmal miteinander, und jeder erzählte dem anderen, was für ein Gefühl sie dabei hatten. Sie mochten es beide, und Nessie schlug den nächsten Schritt vor.

Ich schließe mich dieser versuchsweisen Annäherung, die Schritt für Schritt vorgenommen wurde, von Herzen an, besonders dem Bemühen, über alles im voraus reden zu wollen, damit keiner von beiden neue oder furchterregende Vorstellungen entwickelt, auf die der andere nicht vorbereitet ist. Wenn Sie sich erst einmal auf diese Szenerie eingelassen haben, können die Gefühle, die dadurch geweckt werden, mit unvermittelter Schärfe in der Geschwindigkeit von Amylnitrit in den Kopf schießen – davor müssen Grenzen gesteckt werden, besonders dann, wenn Sie mit den Gefühlen liebäugeln, die die S&M-Szenerie zur Folge hat. Man muß sich im voraus einig sein, daß jeder Partner das Recht hat, an irgendeinem Punkt *stop* zu sagen, und dafür braucht kein anderer Grund genannt zu werden als der, daß der Schmerz der Erfahrung begonnen hat, die Lust zu übersteigen. Wenn das vorher klargestellt wird, ist es nicht so wahrscheinlich, daß der andere Partner in ihren/seinen Gefühlen verletzt wird oder sich abgewiesen fühlt.

»Zuerst«, schreibt Nessie, nachdem sie einverstanden waren, den nächsten Schritt zu gehen, »war ich nervös und dachte, daß die ganze Angelegenheit eine Enttäuschung werden müßte, aber nachdem er mich einmal geschlagen hatte, wußte ich, daß keine Gefahr bestand. Es war phantastisch.«

Was für eine Frau Schmerz heißt, ist für eine andere Frau der Himmel auf Erden.

Lizzys Brief kommt Ihnen vielleicht zuerst überhaupt nicht wie eine Phantasie vor – bis Sie sich daran erinnern, daß die ganze Vorstellung, daß Lizzy sich mit Ethel auf »lesbischen Sex« einläßt, die erotische Phantasie von Lizzys Ehemann war. Vor ihrer ersten Verabredung mit Ethel betreibt er begierig ein kleines Vorspiel mit seiner Frau, »bis ich begann, naß zu werden. Dann sagte er: ›Jetzt gehörst du Ethel‹, küßte mich und ging.« Am Ende war Bills Phantasie vollständiger ausgelebt worden, als er es sich vielleicht erträumt hatte; was dabei herauskam, klingt nach einer außergewöhnlich offenen und lustvollen Lebensform für alle drei.

Interessant ist in Lizzys Brief die Randbemerkung, in der sie berichtet, wie ekstatisch glücklich sie ist, wenn sie mit einem ihrer beiden geliebten Partner im Bett ist (und ich zum Beispiel finde das sehr überzeugend), daß sie aber nichtsdestotrotz dem grundlegenden Thema der Phantasie treu bleibt: Wenn sie in den Armen des oder der einen Geliebten liegt, schließt sie die Augen und phantasiert, daß sie in den Armen des oder der anderen ist.

Rose Ann

Danke für Ihr Buch. Wie notwendig es war! Ich bin froh, die Gelegenheit zu haben, Ihnen einige meiner Erfahrungen mitteilen zu können. Ich hoffe, sie sind interessant.

Ich bin dreiundzwanzig, Single, habe das College abgeschlossen, arbeite als Sekretärin und beginne im Herbst ein Aufbaustudium in Psychologie. Ich habe mindestens fünfundzwanzig sexuelle Beziehungen mit Männern gehabt und halb so viele Beziehungen mit Frauen. Ich mag wirklich beide Geschlechter, obwohl es leichter ist, mit Männern passiv zu sein, und wie Sie an meinen Phantasien sehen werden, ist es hauptsächlich das, worum es mir geht.

Im Alter von vier spielten meine sechs Jahre alte Freundin und ich »Wunderdoktor«. Soweit ich mich erinnere, ging es darum, daß ich mich im Ankleidezimmer meiner Mutter über eine Truhe beugen mußte, sie mir die Unterhose herunterzog und einen Finger in meinen Arsch steckte. Ich kam früher wirklich davon auf Touren (im Alter von vier?), und das Thema des Wunderdoktors hat bis heute Bestand (mit Hunderten von Variationen), und inzwischen ist es mir beinahe unmöglich, ohne eine Variante dieser Phantasie zum Höhepunkt zu kommen. Seit ich Ihr Buch gelesen habe, habe ich entdeckt, daß es funktioniert, wenn ich an den schlichten Akt des Fickens denke oder an eine Frau (an der ich im Augenblick interessiert bin), die mich leckt. Ich hätte nie geglaubt, daß solche simple Vorstellungen mich genügend antörnen könnten (zu normal), um mir dabei zu helfen, daß ich komme. Aber Ihnen habe ich zu verdanken, daß meine »Phantasie-Bank« plötzlich ihren Wert verdoppelt hat.

Über mich: Ich masturbiere die ganze Zeit. Fast jeden Tag (egal, ob ich eine Beziehung habe, oder nicht). Wenn ich einen Tag nicht zur Arbeit gehe oder an einem Samstag, an dem ich mich nicht danach fühle auszugehen, liege ich den ganzen Tag im Bett und komme immer wieder und habe überhaupt nicht das Gefühl, als hätte ich den Tag verbummelt. Gestern abend kam ich neunmal, ehe ich schlafen ging. Egal – nun zu meinen Phantasien.

Das Hauptelement ist meine Passivität in den Händen dieses Arztes oder wer auch immer es sein mag (es ist nie ein Vergewaltiger). (Einmal, als ich auf dem Rückweg von Mexiko durch den Zoll ging und mir ein Zollbeamter sagte: »Sie wissen, daß wir Sie ausziehen können, wenn wir glauben, daß Sie Dope am Körper tragen«, entwickelte ich eine ganz neue Phantasie, in der ich von diesen sexhungrigen Zollbeamten und Beamtinnen untersucht und durchsucht werde. Sie sind nie grob und gehen immer sehr ruhig und methodisch vor, sogar dann, wenn sie mich zwingen, ihnen einen zu blasen.)

In der Hauptphantasie, die ich seit meiner Kindheit habe, hat mich ein verrückter Arzt irgendwie entführt. Ich bin in seinem Labor (er trägt einen weißen Laborkittel – natürlich ist er gesichtslos). Er hat mich auf einem ungewöhnlichen Untersuchungstisch festgeschnallt. Manchmal verzweigt sich der Tisch am Hintern zu einem »V«, so daß man mühelos meine Beine weit gespreizt auf den Schenkeln des »V« festschnallen kann und der Arzt leichten Zugang zu meinen Genitalien hat. Auf meine Brustwarzen sind kleine Metallkappen gesetzt worden. Meine Brüste sind von breiten Metallbändern umgeben, die dafür sorgen, daß sie sich aufrecht in die Luft recken. Manchmal werden heiße Nadeln in meine Brustwarzen gesteckt (ich habe das manchmal bei mir selbst getan, und es war sehr stimulierend, wenn es nicht zu schmerzhaft war). Meine Augen sind normalerweise verbunden, und ich bin geknebelt, oder der Mund wird mir aufgehalten. Der wesentlichste Apparat besteht in erster Linie aus einem riesigen schwarzen Metallding, das bis zur Decke reicht (wie das Röntgengerät in einer Zahnarztpraxis). An diesem Apparat, am Ende eines federnden Teils, ist die eigentliche Einrichtung befestigt, die meinen genitalen/analen Bereich penetrieren wird. Das Letztgenannte brummt und vibriert und versetzt mir auf irgendeine Weise Elektroschocks, wenn es in mir ist. Die Vorrichtung für meine untere Region hat drei Spitzen. In der Mitte ragt ein phallisches Ding aus schimmerndem Metall auf, geschmeidig und riesig. Das wird in meine Vagina eingeführt. (Übrigens benutzt der »Doktor« immer Worte, die sehr klinisch sind: »Vagina«, »Anus«, etc., nie »Möse« oder »Arsch«. Manchmal ist ein Assistent dabei, den der Arzt anweist: »Führen Sie den Analapparat ein«, »Halten Sie sie fest«, »Schnallen Sie ihre Arme fest«, »Spreizen Sie sie weiter auseinander«, etc. Diese Worte zu hören ist sehr wichtig. Ich sage nichts, außer einem gelegentlichen: »Oh, nein, Doktor, bitte nicht.« Aber der Arzt spricht dauernd, wenn nicht mit seinem Assistenten, dann mit mir: »Entspannen Sie sich«, »Halten Sie still«, »So ist es gut«, »Bewegen Sie sich nicht«, »Bleiben Sie doch still liegen«, etc. Er ist immer extrem ruhig und selbstbeherrscht, und er regt sich nie auf oder dergleichen.) Der zweite »Arm« des Apparats, eine kleinere Ausführung des Vaginalapparats, ist für meinen Anus gedacht. Der dritte Teil sieht aus wie ein Miniatur-Bohnerwachsgerät. Es ist ein kleines rundes Gummiding (so etwas wie ein Dichtungsring für einen Wasserhahn), das am Ende eines kurzen Metallstabs angebracht ist. Es wird auf meine Klitoris gesetzt. Er dreht sich in schnellem Tempo im Kreis wie ein Bohnerwachsgerät und »wachst« meine Klitoris, bis ich zum Orgasmus komme.

Obwohl bestimmte Dinge variieren können, ist das die grundlegende Phantasie, mit der ich seit ungefähr acht Jahren zum Orgasmus komme. Ich komme auch auf Touren, wenn ich mir vorstelle, daß ich zart, aber gezwungenermaßen über einen Tisch oder so etwas Ähnliches gebeugt werde und ein Finger oder ein Schwanz oder ein Vibrator in mein Arschloch eingeführt wird. Da ich Hämorrhoiden habe, kann ich dergleichen in Wirklichkeit leider nicht tun.

Ich hatte das Glück, meine Doktorphantasie beinahe ausleben zu können. Dieser Arzt ist nicht gerade das, was man sich klassisch unter einem Arzt vorstellt, wie Sie sehen werden. Als ich während des Sommers mit einem schlimmen Krätzebefall aus Florida zurückkam, ging ich auf Empfehlung einer Freundin zu diesem Typen. Als ich spät am Nachmittag (nach der Arbeit) zu ihm kam, war seine Praxis außer mir und der Sprechstundenhilfe leer, und sie saß an einem Platz, der weit entfernt vom Untersuchungszimmer lag. Statt mir ein Hemd oder so was zu geben oder die Sprechstundenhilfe zu rufen (ich glaube, Ärzte sind gesetzlich dazu verpflichtet), sagte er nur zu mir, daß »ich mein Höschen runterziehen und mich über den Tisch beugen soll« (ich hatte die Krätze auf meinem Arsch). Unnötig zu sagen, daß mich das sofort derart erregte, daß ich glaubte, ich würde in Ohnmacht fallen. Aber er suchte nur nach der Krätze und gab mir ein Rezept und einen Termin für eine zweite Untersuchung. Nun, der Termin der zweiten Untersuchung kam näher, und ich hatte beschlossen (ermutigt durch seine unorthodoxen Methoden), daß etwas geschehen sollte. Was das nun sein würde, davon hatte ich keine klare Vorstellung, aber ich war entschlossen. Daher begann ich nach einer Wiederholung der ersten Untersuchung, eine

Masche abzuziehen. »Dr. Sowieso, ich weiß wirklich nicht, wem ich das sonst erzählen soll oder an wen ich mich um Hilfe wenden kann. Ich bin zweiundzwanzig Jahre alt und habe noch nie einen Orgasmus gehabt. Ich weiß noch nicht einmal, was für ein Gefühl das ist. Was soll ich bloß tun?« Mit diesem ach so aufrichtigen Blick und in diesem ach so aufrichtigen Tonfall machte ich weiter und weiter und immer weiter. Als erstes sagte er mir, was ich meinem Freund sagen soll und was er mit mir tun soll. Ich erwiderte darauf, ich hätte meinem Freund schon ein paar Sachen gesagt und nichts hätte geklappt. Ich würde einen Orgasmus noch nicht einmal als solchen erkennen, wenn ich über ihn stolpern würde etc. etc. An diesem Punkt sagte er seiner Sprechstundenhilfe, daß sie nach Hause gehen könnte (es war ungefähr sechs Uhr nachmittags), und ich wußte, daß ich ihn in der Tasche hatte. Sein nächster Satz hätte mich vor Begeisterung beinahe in lautes Gelächter ausbrechen lassen. Er sagte: »Habe ich Ihren Unterleib untersucht? Vielleicht ist körperlich etwas mit Ihnen nicht in Ordnung. Ziehen Sie sich aus und legen Sie sich auf den Tisch.« Kein Hemd, nichts. VOLLSTÄNDIG NACKT kletterte ich auf den Tisch. Ich war so erregt, daß ich nicht wußte, ob ich verhindern konnte, ohnmächtig zu werden. Nun, der gute Doktor machte sich, angetan mit chirurgischen Gummihandschuhen, die gründlich angefeuchtet waren, schnurstracks an meine Klitoris, ohne jeden Umweg. Mit blödsinnigen Bemerkungen wie: »Was für ein Gefühl ist das? Beschreiben Sie es. Beschreiben Sie es mir«, ruinierte er jedoch alles, und ich mußte ihm sagen, daß er die Klappe halten soll. Jedenfalls kam ich, stellte aber überrascht fest, daß ich immer noch phantasieren mußte, ich wäre gebunden und gefesselt, damit es klappte. Danach wollte er mich ficken, aber er war wirklich ein kleiner, häßlicher Mann, und ich dankte ihm ausgesprochen hastig und verzog mich. Offen gesagt, es war wirklich wie im Traum. Ich konnte nicht glauben, daß ich den Mut aufgebracht hatte, das zu tun, oder daß diese Phantasie sich tatsächlich verwirklicht hatte. Aber, ebenfalls offen gesagt, die Phantasie ist sehr viel befriedigender und erregender, als es diese Erfahrung war.

Zu einer weiteren »Verwirklichung einer Phantasie« kam es mit einem ziemlich sadistischen Frauenhasser, in den ich mich wirklich wahnsinnig verliebte. Er kam, wenn er mich schlug. Nach und nach steigerten wir das, und er fesselte mich ans Bett und peitschte mich mit seinem Gürtel, bis meine Brüste, meine Oberschenkel und mein Arsch tagelang Striemen hatten. Von dem Schmerz per se kam ich nicht, aber von dem psychologischen Hit, besonders dann, wenn er mitleidig die Wunden küßte und streichelte, die er mir gerade zugefügt hatte. Das Schlagen an sich brachte mich nicht dazu, daß ich kam. Ich masturbierte normalerweise, während er mich schlug und mich fickte (von hinten), aber wenn ich mich auf das, was gerade ablief, konzentrierte, half es mir, zu kommen. Ich glaube, der entscheidende Punkt war der Barmherzigkeitstrip – daß er die Teile meines Körpers liebte, die er gerade eben noch geschlagen hatte. *(Die Geschichte der O.?)* Jedenfalls, je weiter wir hineingerieten, je mehr ich ihn liebte und das Gefühl hatte, daß er mich in Besitz nahm und ich ihm gehörte, desto mehr verlor er den Respekt vor mir, und die Beziehung wurde schlechter. Zu guter Letzt nannte er mich eine Kranke und erzählte mir, wie schlecht ich für ihn und für andere war. Eine Zeitlang verursachte das in mir das Gefühl, wirklich krank und pervers zu sein, aber jetzt ist mir wenigstens klar, daß zu einer kranken Beziehung zwei Leute gehören, und außerdem, was soll die Scheiße? Wie kann man feststellen, daß etwas, das »du« bist, krank oder normal ist? Wenn man aus dem, was »dich« wirklich ausmacht, zusammengesetzt ist, ist es so einzigartig und nicht etikettierbar wie jeder andere Mensch, der auf dieser Erde rumläuft. Das heißt, wenn man mich fragt, dieser Typ hat selbst seine Probleme, und die soll er auch selbst lösen.

Als der Film *Der Teufel* herauskam, eröffnete sich für mich eine ganz neue Phantasiewelt. Ich weiß nicht, ob Sie ihn kennen. Es ist ein Film von der Art: Nonne ist von sexuellen Dämonen besessen, die ihr mit sexuellen Mitteln ausgetrieben werden müssen. Vanessa Redgrave, die Nonne, um die es sich dreht, muß die köstlichsten Qualen (ihre Brüste werden mit Stacheldraht umwickelt etc.) durchstehen. Es törnte mich so sehr an, daß ich mittendrin, während des Films, nach Hause gehen mußte, um zu masturbieren. Die Vergewaltigungsszene aus *Rosemary's Baby* löste dasselbe aus. Im Alter von sieben oder acht habe ich einen Fernsehfilm über diese Marsmenschen gesehen, die landeten und die Erde eroberten, indem sie sich die prominentesten Leute in der ganzen Stadt schnappten und ihnen diese kleinen computergesteuerten Kontrollgeräte in den Nacken bohrten. Ich erinnere mich, daß ich meine Möse zum ersten Mal wie der Teufel klopfen fühlte, als ich mir den Film ansah. Als ich diese schöne, äußerst passive Frau mit dem vorgebeugten Nacken sah und wie die Bohrung in ihren Nacken eindrang – wow. Ich erinnere mich daran, daß meine Mutter gerade in dem Moment, als das passierte, hereinkam und mir etwas erzählen wollte, und wie ich etwas nach ihr warf. Ich war so versunken, spürte dieses Pochen und war wütend, daß sie mich störte. Natürlich dachte sie, daß ich nur mitten im Film war. Sie wußte nicht, warum, ich bin sicher, aber sie sprach tagelang nicht mehr mit mir, weil ich etwas nach ihr geworfen hatte.

Ich phantasiere normalerweise nicht von Frauen, während ich masturbiere oder ficke, nur ganz selten, wenn ich eine Frau kennengelernt habe, mit der ich wirklich gern schlafen würde, von der ich aber nicht weiß, ob sie dafür zu haben ist oder nicht. Seit ich Ihr Buch gelesen habe, habe ich jedoch herausgefunden, daß ich von einer (potentiellen) Geliebten phantasieren kann, die sehr köstlich meine Möse leckt. Zu guter Letzt sage ich ihren Namen, und ich komme tierisch...

Jedenfalls, viel Glück. Was Sie machen, ist wirklich Dynamit.

Nessie

Ich habe gerade *Die sexuellen Phantasien der Frauen* zu Ende gelesen, und ich habe mir gedacht, daß ich dies als eine Art »Dankeschön« schreibe.

Ich habe mir Ihr Buch gekauft, und aus diesem Grund war ich ziemlich überrascht, als mein Mann – der nie etwas liest – daran interessiert zu sein schien. Deshalb hatte ich schließlich die Nerven, ihm von meinen speziellen Phantasien zu erzählen und ihn zu bitten, sie auszuleben.

Seit ich ein kleines Mädchen war, bin ich von der Vorstellung angetörnt, geschlagen zu werden. Meine Eltern haben es nie getan, und deshalb weiß ich nicht, wie es geschehen konnte, daß es mich anzieht – aber das tat es. Als ich älter wurde und mehr über Sex wußte und mein Horizont ein wenig erweitert war, genoß ich die Vorstellung, mit einem Gürtel geschlagen zu werden.

Meine ganze Persönlichkeit ist darauf abgestimmt, von einem Mann dominiert zu werden – ich hasse Typen, die sich von Frauen bestimmen lassen. Wenn man das in Betracht zieht, ist mein Mann der perfekte Partner für mich, der Typ, der ein Mädchen phantastisch behandelt, als Gegengabe für ein bißchen Gehorsam und Unterwürfigkeit.

Aber, um auf das Thema zurückzukommen, ich habe ihn manchmal, wenn wir miteinander gevögelt haben, gebeten, mich zu schlagen, und er tat das auch, obwohl er sich ein bißchen dagegen zu wehren schien.

In der Nacht, als wir Ihr Buch gelesen hatten, bekam ich ihn dazu, daß er mich schlug, während wir miteinander fickten, und nachdem es vorbei war, dachte ich »was soll's, zum Teufel«, er weiß, daß andere Frauen seltsame Dinge mögen, und jetzt frage ich ihn. Ich sagte: »Schlägst du mich gern?« und er sagte: »Ja.« Ich fragte ihn, ob er je daran gedacht hätte, es mit etwas anderem zu probieren. »Mit was zum Beispiel?« fragte er mich, und ich sagte: »So etwas wie ein Gürtel.«

Er schien die Vorstellung zu mögen, aber wir waren beide ein bißchen unsicher, wie man es anfängt. Ich schlug vor, daß wir mit dem Schlagen anfangen, um uns sozusagen anzuwärmen. Er legte mich übers Knie und schlug mich ungefähr zehnmal auf die Hinterbakken; dann gerieten wir so in eine Art Vorspiel, und er küßte mich sehr tief und befingerte meine Möse.

Ich hatte vorher einen Joint geraucht, und das, in Verbindung mit der Vorfreude auf das, was passieren würde, törnte mich mehr an, als ich mich erinnern kann, jemals sonst angetörnt gewesen zu sein. Er fragte mich, ob ich soweit sei, und als ich ja sagte (und wie ich es war!) zog er mich aus und wies mich an, mich auf den Bauch zu drehen.

Zuerst war ich nervös und dachte, daß die ganze Angelegenheit eine Enttäuschung werden würde, aber nachdem er mich nur ein einziges Mal geschlagen hatte, wußte ich, daß keine Gefahr bestand. Es war phantastisch! Es tat weh (wenn auch nicht schrecklich weh), aber ich wollte, daß er weitermacht: Ich kann das Gefühl nicht richtig beschreiben, nur, daß mich das Gefühl begeistert hat, hilflos zu sein, und daß er so viel stärker und dominanter ist als ich.

Wir sprachen danach darüber, und es stellte sich heraus, daß er auch immer auf diese Art gestanden hat, aber Angst hatte, das Thema mir gegenüber anzuschneiden. Gott sei Dank, daß Ihr Buch mir Mut gemacht hat, das Thema anzusprechen, denn sonst hätte ich das vielleicht nie erfahren.

Deshalb denke ich, daß einige Phantasien nicht ideal dafür sind, sie in die Realität umzusetzen, aber diese ist es mit Sicherheit. Und dazu ist es nur durch Sie gekommen, wirklich, vielen Dank.

Kellie

Ich habe gerade *Die sexuellen Phantasien der Frauen* zu Ende gelesen und festgestellt, daß es eines der interessantesten Bücher ist, die ich seit Ewigkeiten gelesen habe. Ich dachte, es könnte mir Spaß machen, meine Vorstellungen mit Ihnen zu teilen.

Ich bin dreiundzwanzig Jahre alt, und mein Mann ist sechsundzwanzig. Wir sind seit sechs Jahren verheiratet und haben zwei Kinder.

Ich war überrascht, daß die meisten Männer, mit denen Sie gesprochen haben, so engstirnig in bezug auf die Existenz der sexuellen Phantasien von Frauen waren. Mein Mann gibt nicht nur zu, daß sie existieren, sondern es törnt ihn sogar sehr an, wenn ich meine Phantasien mit ihm teile. Unsere sexuelle Beziehung war immer gut, aber sie wird mit der Zeit immer erregender, was darauf zurückzuführen ist, daß wir Phantasien miteinander teilen.

Ich nehme an, daß meine Phantasien typisch sind. Meine liebste ist die, daß ich von einem attraktiven Mann verführt werde; manchmal ist es jemand, den wir kennen; häufiger ist er ein Fremder. Ich erzähle meinem Mann später alle Einzelheiten, berichte sie ihm ganz genau, Wort für Wort, Handlung für Handlung. Meinem Mann zu erzählen, was mir passiert ist, ist wahrscheinlich der erregendste Teil der Phantasie. Mein Mann sagt mir beharrlich immer wieder, er möchte wirklich, daß ich diese Phantasie auslebe. Er möchte an mir Cunnilingus ausüben (das ist immer in unseren Liebesakt eingeschlossen), während ich ihm erzähle, was mit diesem Phantasiemann passiert ist. Er möchte alles hören, was der Mann mit mir tut, genauso, wie ich ihm von meinen Phantasien erzähle. Er sagt, nur wenn er daran denkt, kommt er zum Orgasmus. Ich gebe zu, daß ich ernstlich mit dem Gedanken spiele, es zu tun, aber ich habe Angst, unsere Beziehung zu gefährden. Mein Mann und ich sind einander sehr nah, und das ist mir wichtig. Das Interessante für mich ist, daß mein Mann sehr eifersüchtig und besitzergreifend ist, und ich habe Angst davor, daß es nicht die gewünschte Wirkung haben könnte, wenn ich diese Phantasie wirklich auslebe. Er besteht jedoch darauf, daß es unserer Beziehung nicht schaden, sondern sie vertiefen würde, solange ich ihm gegenüber vollkommen aufrichtig bin.

Eine andere Phantasie von uns ist die, daß wir es mit einem Schwarzen machen. Ja, mein Mann würde wirklich gern einem schwarzen Schwanz einen »blasen«, während ich von Anfang bis Ende zusehe. Die meisten Männer geben nicht einmal zu, daß der Schwanz eines anderen Mannes sie antörnt, aber mein Mann gesteht es ein und ist wirklich angetörnt. Er hat tatsächlich eine Erfahrung mit einem Schwarzen gemacht, als er seinen Wehrdienst abgeleistet hat und ein bißchen zuviel getrunken hatte. Er hat mir alles erzählt, was geschehen ist, und es hat mich in keiner Weise abgestoßen. Tatsächlich hatte es die gegenteilige Wirkung. Es macht ihn in meinen Augen nicht weniger männlich. Ich weiß, daß er kein echter Homosexueller ist, was er in unserer Beziehung bewiesen hat. Aber die Vorstellung, daß er Sex so sehr genießt, daß er mit dem Gedanken spielt, auch Männer zu befriedigen, verstärkt seine sexuelle Anziehungskraft in meinen Augen nur noch mehr. Wissen Sie, was ich meine? Ich stehe wirklich auf seine Offenheit.

Nun, ich glaube, ich habe jetzt lange genug geredet. Ich hoffe, daß ich in der Lage war, zu Ihren Studien etwas Nützliches beizutragen.

P.S. Mein Mann hat diesen Brief gelesen und ist einverstanden damit, daß ich ihn abschicke.

Lizzy

Ich habe gerade eine wunderbare Erfahrung hinter mir – ich habe *Die sexuellen Phantasien der Frauen* gelesen – und ich gehe auf Ihre Bitte ein, Ihnen weitere Erfahrungen zuzuschicken.

Es war toll zu erfahren, daß ich mit dem Phantasieren nicht allein bin und auch dann nicht, wenn ich unanständige Wörter tatsächlich benutze, was ich inzwischen liebend gern tue. Ich hoffe, daß Sie in Ihrem Folgeband lesbischen Beziehungen, die mein persönliches Leben stark verändert haben, mehr verständnisvolle Aufmerksamkeit widmen.

Als Hintergrundinformation: Ich bin achtunddreißig Jahre alt, seit fünfzehn Jahren mit einem wunderbaren Mann verheiratet, den ich sehr liebe, und wir haben drei reizende Kinder. Mein lieber Mann hat mir während unserer Ehe jede nur mögliche Aufmerksamkeit zukommen lassen und alle Anstrengungen unternommen, um mir sexuelle Befriedigung zu verschaffen. Die ganzen Jahre hindurch hat er mit mir geschlafen, ist von hinten in mich eingedrungen, hat es mir mit dem Mund gemacht, hat ein stundenlanges Vorspiel betrieben, alles vergebens. Gleichgültig, was er tat, ich konnte einfach nicht kommen. Übrigens, ich war Jungfrau, als wir heirateten. Er hat es damit ausprobiert, zart zu sein, grob, mich mitten in der Nacht zu vergewaltigen, und nichts nützte. Ich genoß es, ihm nahe zu sein, und beim Sex fing ich an, feucht zu werden, wurde tropfnaß, und dann trocknete ich aus. Zu dem Zeitpunkt, zu dem er in meine Möse kam, wartete ich immer schon darauf, daß er fertig wird.

Mein Mann war rasend darauf versessen, mich dazu zu bringen, daß ich komme, dieser Liebling, aber natürlich hatte er immer weniger Lust auf mich, weil er sich sehr selbstsüchtig vorkam, wenn er kam und ich nicht. Dann brachte er irgendeine Zeitschrift voller nackter Männer mit, weil er versuchen wollte, mich zu erregen, aber diese Bilder lösten nichts in mir aus. Als das mißlang, brachte er irgendwelche Mädchenmagazine mit, von der pornographischen Sorte, in denen lesbische Sexualakte abgebildet waren. Das fand ich erregend, und ich habe es ihm gesagt, und deshalb ließ er sie mich lesen, und dann machte er es mir mit dem Mund oder er fickte mich, und obwohl es erregender war, konnte ich immer noch nicht kommen.

Nachdem das einige Wochen lang so gegangen war, sagte mein Mann zu mir, seiner Meinung nach läge unser Problem darin, daß ich unterbewußt Sex mit einer Frau haben wollte, und daß das, wie er es formulierte, die Schleusen öffnen könnte. Als ich Einwände erhob, erinnerte er mich daran, daß wir immer seltener miteinander schliefen, und er gestand mir, daß das deswegen so war, weil er es vorzog, zu masturbieren und nicht mich der Folter zu unterwerfen, erst erregt und dann frustriert zu sein. Daher fragte ich ihn, wo man eine Frau finden könnte, und er lachte und sagte, wenn ich die Augen öffnen würde, könnte ich selbst sehen, daß eine gewisse sehr gute Freundin von mir mehr als nur am Rande an mir interessiert sei.

Nun, daraufhin beobachtete ich sie einige Wochen lang ganz genau, jedesmal wenn wir Kaffee miteinander tranken oder einkaufen gingen etc., und nach und nach gelangte ich zu der Überzeugung, daß mein Mann tatsächlich recht haben könnte. Meine Freundin, die auch verheiratet war und einige Jahre jünger als ich, zeigte eindeutig mehr Interesse, als ich bislang bemerkt hatte. Ich stellte zum Beispiel fest, daß ihr Blick jedesmal, wenn wir uns trafen, von Kopf bis Fuß über meine Figur glitt und sich mit besonderer Aufmerksamkeit auf den Bereich meiner Titten heftete, die pralle 85 groß sind. Jetzt, als ich darauf achtete, stellte ich auch fest, daß ihre Augen, wenn wir Kaffee miteinander tranken oder zusammen zu Mittag aßen, mehr an meiner Brust hingen als an meinem Gesicht, und ich schloß daraus, daß mein Mann die Zeichen richtig gedeutet hatte. Ich fing an, sie mir auch anzusehen, und ich fand, daß sie sehr sexy wirkte. Ich begann zu phantasieren, wie es wäre, wenn ich tatsächlich mit ihr Liebe machen würde. Ich praktizierte es in meiner Vorstellung und genoß es wirklich. Dann, nach und nach, brachte sie das Thema auf Sex, und nach einer Weile auf lesbischen Sex, von dem sie sagte, daß sie ihn praktizierte und liebte. Als ich fragte, ob das ihre Lust auf ihren Mann nicht verringerte, sagte sie, ganz im Gegenteil, es verstärkte ihre ehelichen Beziehungen und täte ihnen gut. Sie (ich möchte sie Ethel nennen) erzählte mir, daß ihr Mann es wußte und durch und durch billigte und daß er sich tatsächlich ihr und ihrer Freundin manchmal anschloß und daß diese Erfahrungen beide zu besserem und wilderem Sex stimulierten. An einem bestimmten Punkt gestand sie mir vorbehaltlos, ich sollte das als einen Antrag ihrerseits verstehen, ich wirkte sexier auf sie als jede andere Frau, die sie je gesehen hätte, und daß sie schon immer mit mir ins Bett gehen wollte. Übrigens hatte sie es aus Überzeugung mit einer derben Ausdrucksweise, und was sie wirklich sagte, war, daß sie meine Titten lecken und es mir mit dem Mund besorgen wollte. Mein Mann hatte so eine Sprache nie mit mir benutzt, aber ich stellte fest, daß es mich sehr erregte, als sie von »ficken, lecken« etc. sprach, und ich genoß auch ihre Anspielungen auf Titten, Schwänze, Pimmel, Ärsche etc.

Kurzgefaßt, mein Mann fuhr fort, mich darin zu unterstützen, daß ich versuchen sollte, mit Ethel zu schlafen, mit der ich schließlich eine Verabredung traf, sie an einem Vormittag, wenn ihr Mann bei der Arbeit war, zu Hause zu besuchen. Mein Mann, den ich Bill nennen will, freute sich für mich. Tatsächlich unterzog er mich einem Vorspiel, ehe er zur Arbeit ging, das damit endete, daß er es mir mit dem Mund machte, bis ich naß war. Dann sagte er: »Jetzt gehörst du Ethel«, küßte mich und ging.

Ich duschte, zog mich an und fuhr zu Ethel. Als ich ankam, trug sie nur ein hauchdünnes Negligé, durch das ich sehr klar ihre Titten und die verschwommenen Umrisse ihrer Möse sehen konnte. Als sie meine Reaktion sah, lächelte sie, küßte mich auf den Mund, ihre Zunge teilte meine Lippen, drang in meinen Mund ein und bewirkte, daß meine Säfte erneut flossen. Von hier an beginnt die Phantasie, der ich jetzt immer freien Lauf lasse, wenn mein Mann mich leckt, mich von vorn oder von hinten fickt oder wenn wir Sixty-Nine machen. Wenn es mich besonders stark nach einer ausführlichen Phantasie verlangt, besorgt es mir Bill eine Stunde lang mit dem Mund, damit ich die Erfahrungen mit Ethel noch einmal durchleben kann. All diese Erfahrungen während des Zusammenlebens in der Phantasie, die in dem Rest des Briefs stehen, haben mein echtes Sexualleben schön werden lassen.

Nach einer Weile führte sie mich ins Schlafzimmer, wo sie zuerst ihr Negligée auszog. Ihr nackter Körper erregte mich – ihre Titten waren kleiner als meine, aber schön geformt, mit sexy Brustwarzen, die erigiert waren. Ihr Körper war schön, und was mich überaus stimulierte, war, daß ihre Möse sauber rasiert war. Sie war ein schöner Anblick, und als ich sie ansah, stellte ich fest, wie recht mein Mann gehabt hatte – ich fand sie sehr begehrenswert.

Sie kam zu mir, küßte mich noch einmal, legte meine Hand auf ihre Titten, die sich, wie ich zugeben muß, toll anfühlten. Ich hätte nie erwartet, daß eine Frau mir so ein erregendes Gefühl vermitteln kann, was, wie ich annehme, sehr naiv klingt. Dann fing sie an, mich auszuziehen, während ich zu meinem eigenen Erstaunen damit fortfuhr, ihre Titten zu streicheln. Als sie mir den BH ausgezogen hatte, stieß sie bewundernde Ausrufe wegen meiner schönen Titten aus, streichelte sie, rieb die Brustwarzen und saugte an ihnen, bis sie erigiert waren. Das Letzte, was ich auszog, war mein Höschen, woraufhin sie niederkniete und meine Möse küßte. Dann sagte sie mir, wie schön ich sei, daß ich den begehrenswertesten Körper der ganzen Welt hätte, daß sie mich rasend begehrte etc. Dadurch, daß sie mit mir redete und an mir herumspielte, geilte sie mich enorm auf, das kann ich Ihnen versichern. Außerdem diente es auch dazu, mich vergessen zu lassen, daß sie eine Frau war, und sie wurde zu jemand anderem, der mich leidenschaftlich begehrte.

Dann legte sie mich auf das Bett, legte sich neben mich und unterzog mich über einen sehr langen Zeitraum einem Vorspiel. Sie küßte mich von Kopf bis Fuß, drehte mich um und tat dasselbe auf dem Rücken, gab mir einen ausgedehnten Zungenkuß, saugte an meinen Brustwarzen, hielt sich an meinen Oberschenkeln auf und erzählte mir immer wieder und wie es schien stundenlang, wie sehr sie mich wollte, und ich wurde von Sekunde zu Sekunde erregter.

Endlich, als ich das Gefühl hatte, alles Weitere würde unerträglich, bat ich sie, mit dem anzufangen, was sie mit mir im Sinn hatte. Als sie das hörte, lächelte sie und zog mich quer auf ihr riesiges Bett, mit den Hüften auf der Bettkante. Dann legte sie zwei Kissen unter meinen Kopf und erklärte mir, die Faszination daran, geleckt zu werden, bestünde zu einem großen Teil darin, gleichzeitig zusehen zu können. Sie kniete sich dann vor mich hin, spreizte meine Beine, bog sie hoch, bis meine Knie an meiner Brust waren und leitete die unglaublichste Erfahrung meines Lebens ein. Ihre Zunge wanderte über meine Schenkel, kam zu meiner Möse, streifte über die äußeren Lippen, kam hinein und in meine innere Möse, umkreiste die Klitoris, kam wieder hinein und umkreiste die inneren Lippen, das innere Fleisch, wiederholte das zahllose Male, kam langsam wieder hoch, nach ich weiß nicht wie langer Zeit, umkreiste die Klitoris, bewegte sich schnell darüber, daneben, dann auf und ab, und dann saugte sie innerhalb der Lippen, leckte nun schneller, umkreiste sie schneller, begann mich schneller und fordernder zu lecken und geilte mich mehrere Male so auf, daß ich glaubte, ich würde den Verstand verlieren. Schließlich beschloß sie, mich kommen zu lassen, und jetzt konzentrierte sie sich ganz auf meine Klitoris, leckte sie auf und ab und immer schneller. Und dann geschah es! Ich hatte erwartet, daß ich bald anfangen würde, wie gewöhnlich auszutrocknen, aber Ethels liebevollen Kopf zwischen meinen Beinen zu sehen und ihre herrliche Zunge in mir zu fühlen ließ meine Säfte immer stärker fließen; dann plötzlich fühlte ich, wie meine Bauchmuskulatur begann, sich heftig zusammenzuziehen. Jedes Gefühl konzentrierte sich auf meine Möse, meine Beine senkten sich herunter und schlangen sich um Ethels Kopf, und als sie fortfuhr, mich zu lecken, hatte ich das Gefühl, als würde ich explodieren, und ich begann zu kommen. Mein Körper wand sich in Konvulsionen, meine Hüften erhoben sich vom Bett, und Ethel hatte ihre Mühe, bei mir zu bleiben. Während meines ersten Orgasmus' sog meine süße Ethel weiter an meiner Klitoris; zwischendurch leckte sie sie schnell, und bei jedem darauffolgenden Orgasmus sog sie an mir, dann leckte sie mich wieder etc. Ich muß dazu sagen, daß jeder Orgasmus eine echte Konvulsion war, jeder einzelne mir einen schrillen Schrei entrang, denn dies war die Kulmination so vieler Jahre frustrierenden Sexes. Nach Ethels Angaben hatte ich ungefähr zwanzig Orgasmen bei diesem ersten Mal, und es fällt mir nicht schwer, es ihr zu glauben. Nach meinem letzten Orgasmus behielt Ethel ihre Zunge in meiner Möse, ohne sich zu bewegen, preßte sie nur wohltuend an das obere Fleisch und die Klitoris und war bereit, falls noch ein weiterer Orgasmus erscheinen sollte. Nach ungefähr fünf Minuten oder so hatte ich auch wirklich einen dieser nachträglichen Spasmen, und sie leckte die Klitoris sehr zart, bis er vorbei war.

Nancy, sie war wirklich gut, aber Bill ist es auch, und der Unterschied lag darin, daß es eine Frau war, die mich leckte, daß ich einen weiblichen Körper zwischen meinen Beinen sah. Wie recht Bill und Ethel doch beide hatten! Solange ich lebe, werde ich nie diesen ersten Orgasmus vergessen, und ich werde Ethel immer dankbar sein.

Nachdem ich mich eine Weile ausgeruht hatte und voller Dankbarkeit in Ethels Armen lag, legte ich meine Hand auf ihre Titte, die sich wieder wunderbar anfühlte, küßte sie, und weil ich das Gefühl hatte, ihr einiges schuldig zu sein, ließ ich meine Hand dann hinunter zu ihrer glattrasierten Möse gleiten, die mich faszinierte. Ich war nie auch nur auf den Gedanken gekommen, eine Frau zu lecken, und ich hatte mir oft überlegt, daß der Geruch und Geschmack wenig angenehm sein mußten, aber mit Ethel war es anders, da ich keinen einzigen Gedanken an diese Dinge verschwendete. Ich war so dankbar, ich hätte alles für sie getan. Als ich mit dem Vorspiel anfing, sagte Ethel, es sei nicht nötig, daß ich mich revanchiere, ihr würde es reichen, wenn sie masturbierte, und ihr Mann gäbe ihr alles, was sie bräuchte. Zu meiner Freude kann ich sagen, daß ich

Frau genug war, um darauf zu bestehen, und ich folgte der Art Vorspiel, das sie mit mir betrieben hatte, obwohl es nicht so lang war. Als ich einen Finger in ihre Möse steckte, stellte ich fest, daß sie sehr naß war, und es erregte mich, daß ich sie soweit bringen konnte. Als ich mich dazu durchgerungen hatte, ihren Körper mit meiner Zunge zu berühren, saugte ich gern an ihren Brustwarzen und leckte ihre Schenkel, und sehr zu meiner großen Überraschung stellte ich fest, daß ihre Möse nicht nur toll roch, sondern auch wunderbar schmeckte. In diesem Augenblick verstand ich, warum es Bill so genoß, mich zu lecken.

Übrigens, falls sich unsinnige Tippfehler eingeschlichen haben sollten, Nancy, ich habe dabei häufig masturbiert, weil die Erinnerung so ungeheuer erregend ist, daß meine Säfte wie verrückt fließen, wenn ich nur daran denke, geschweige denn, wenn ich darüber schreibe. Ich bin bisher zweimal dabei gekommen, einmal mit einem Finger und einmal mit einem Dildo, deshalb kann ich jetzt weiterschreiben.

Nun, ich ließ dieses erste Mal damit enden, daß ich an ihr in ihrer liebsten Position saugte – ich lag auf dem Rücken, und sie hockte mit gespreizten Beinen über meinem Kopf und senkte sich so weit herunter, bis ich ihre Möse und die Klitoris leicht erreichen konnte, und sie hielt ihre äußeren Lippen auseinandergespreizt, um mir den vollen Zugang zu verschaffen. Außerdem konnte sie mich in dieser Position dazu bringen, daß ich ihre Titten immer wieder anfaßte, ihre Brustwarzen rieb, sie streichelte etc., und direkt, bevor sie bereit war zu kommen, brachte sie mich dazu, einen Arm um sie zu legen und einen Finger in ihren Arsch zu stecken. Sie erklärte, daß die Kombination des Fingers und der Anspannung, rittlings über mir zu sitzen, einen intensiveren Orgasmus auslöste und, vom Ergebnis her zu urteilen, hatte sie recht. Ich saugte gern an ihr, und ihre steife Klitoris zu lecken, war einfach das Größte. Als ich zuvor gekommen war, war es mir irgendwie peinlich gewesen, daß ich bei jedem Spasmus geschrien hatte, und als Ethel sehr, sehr heftig kam, stellte ich zu meiner großen Freude fest, daß sie auch dazu neigte zu schreien, wenn sie kam. Als ich mit ihr fertig war, fühlte ich mich unglaublich gut, weil ich bei meinem ersten Versuch das Tollste von allem erlebt hatte – jemanden intensiv kommen zu lassen, insbesondere eine Frau, denn bei einem Mann gelingt einem das automatisch.

Ehe wir an jenem ersten Tag aufhörten, zeigte mir Ethel das weibliche Sixty-Nine, was mich ebenfalls begeisterte, und wir fickten einander gleichzeitig, so seltsam das klingen mag. Ethel hatte einen, wie sie es nannte, Doppeldildo, sechsundvierzig Zentimeter lang, mit einem imitierten Kopf und Eiern auf jeder Seite. Vor unserem ersten Sixty-Nine betrieben wir eine Weile ein Vorspiel miteinander. Dann, als wir beide sehr naß waren, öffnete sie eine Schublade, nahm diesen riesigen Dildo heraus, erklärte mir, wie er zu benutzen war, und fragte, ob mir danach zumute sei, ihn auszuprobieren. Inzwischen war ich zu allem bereit, und daher sagte ich ja. Sie legte mich auf den Rücken, steckte ungefähr zwölf bis fünfzehn Zentimeter in meine Möse und sagte mir, ich sollte mich auf die Seite legen und ein Bein dabei heben. Dann legte sie sich mir gegenüber, legte ihre Beine zwischen meine und arbeitete sich langsam auf ihr Ende des Dildos. Dabei begann sie zu stoßen und sagte mir, daß ich es genauso machen soll, und wir entwickelten einen guten Rhythmus, genauso, wie ich es mache, wenn ich mit Bill ficke. Es war überwältigend! Der Gummischwanz fühlte sich wie ein Männerschwanz an, nur konnte man selbst bestimmen, wieviel man wollte, und ich konnte Ethel dabei beobachten, wie sie ebenso wie ich zustieß. Ich hätte nie gedacht, daß so etwas möglich sein könnte, aber schließlich lernt man im Lauf des Lebens dazu.

Jedenfalls verbrachten wir an jenem Tag sechs oder sieben Stunden miteinander, und Ethel brachte mich dazu, daß ich unzählige Male kam. Ehe ich sie an jenem Tag verließ, hatte sie mich zur Frau gemacht, so viel ist klar.

Als ich an jenem Tag nach Hause kam, war ich durch und durch eine Frau. Ich sollte hinzufügen, daß Ethel, bevor ich sie an jenem Tag verließ, sehr um meine Beziehung mit meinem Mann besorgt war. Nachdem wir beide, sie und ich, eine ganze Menge Sex miteinander hatten, sagte sie ungefähr eine Stunde, bevor wir uns trennen mußten, ich müßte für Bill bereit sein. Sie verpaßte mir ungefähr eine Stunde lang vorbereitende Maßnahmen, machte mich durch und durch naß und schickte mich dann nach Hause!

Nun, an jenem Abend erzählte ich Bill natürlich davon, und es erregte ihn maßlos. Ihn machte die Vorstellung überglücklich, daß ich wirklich gekommen war, und er konnte es kaum erwarten, bei mir zu sein. Während wir beim Abendessen waren, küßte er mich, befühlte meine Titten, steckte seine Hand unter mein Kleid, küßte mich mit der Zunge, und obwohl ich mit Ethel einige Male gekommen war, schaffte er es, daß ich wieder ausfloß. Als ich seinen Schwanz fühlte, der so hart wie möglich war, und als er mich schon lange, ehe wir mit dem Abendessen fertig waren, fickte, kam ich zum ersten Mal in meinem Eheleben! Dann machte er es mir mit dem Mund, und ich kam noch einmal. Schließlich blies ich ihm einen, und, ob Sie es glauben oder nicht, während ich seinen Schwanz leckte, kam ich noch einmal! All das hatte ich Ethel zu verdanken!

Bill bestand darauf, daß ich Ethel weiterhin sah, was ich natürlich nur zu gern tat, und seither habe ich immer wieder mit ihr geschlafen. Ich halte Bill vollständig auf dem laufenden über das, was zwischen Ethel und mir abläuft, und das stimuliert ihn maßlos. Als ich nach meiner ersten Erfahrung mit Ethel nach Hause kam, verbrachten Bill und ich die ganze Nacht mit Sex – er fickte mich, machte es mir mit dem Mund, wir übten Sixty-Nine aus. Ich muß gestehen, daß mir nach Ethel Bill besser denn je gefiel, und was noch wichtiger ist, als Bill zum ersten Mal meine Möse leckte, kam ich wunderbar, und was noch bezeichnender ist, ich kam, als er mich fickte, und das war das größte Geschenk, das ich ihm machen konnte!

Seither hat Bill seine Vorstellungen von Sex ausgeweitet. Auf sein Drängen hin sehe ich Ethel immer noch mehrmals in der Woche, und ich erzähle Bill mit peinlicher Genauigkeit alles, was zwischen Ethel und mir stattfindet. Immer wenn ich mit Ethel geschlafen hatte, ist der Sex mit Bill erregender und befriedigender.

Darüber hinaus hat mir Bill einige neue Hilfsmittel mitgebracht, weil ich auch gelernt habe, befriedigend zu masturbieren. Er brachte mir zum Beispiel einen sehr raffinierten Dildo mit einem Gummiballon, den man mit warmer Seifenlauge füllt. Wenn ich es mir damit besorge, was häufig der Fall ist, weil Bill ziemlich viel reist, ficke ich mich immer damit (er ist beinahe dreiundzwanzig Zentimeter lang, wie Bill), und wenn ich soweit bin zu kommen, drücke ich den Ballon, und die warme Seifenlauge spritzt wie Bills Samen in meine Möse, und deshalb ist es wirklich beinahe so, als hätte ich Bill in mir. Aber noch öfter ist Ethel dabei und fickt mich mit dem Dildo, und manchmal macht es mir Bill. Der Punkt ist, Nancy, daß mich heute sowohl Ethel als auch Bill leicht dazu bringen können, daß ich komme. Bill reist ziemlich viel, und wenn Ethel nicht verfügbar ist, ruft er mich abends an und leitet mich im Gebrauch dieses tollen Dildos an.

Ethel hat es Bill ermöglicht, daß ich fast immer, wenn ich will, kommen kann. Heute kann er mich ficken und mich dazu bringen, daß ich komme, er kann es mir oral besorgen, mich in den Arsch bumsen, und seltsamerweise kann ich sogar kommen, wenn ich ihm einen blase. Und all das nur, weil ich die ganze Zeit an Ethel denke.

Ich muß erwähnen, daß mich Ethel in einen weiteren wundervollen Akt eingeführt hat. Es kommt der Punkt, an dem sie einen Dildo tief in mich einführt, während ich quer auf dem Bett liege; dann setzt sie sich neben mich, spreizt meine Schamlippen auseinander und leckt meine Klitoris, während sie mich mit dem Dildo fickt. Bill macht das jetzt auch – mit den besten Ergebnissen!

Als ich mit Ethel zusammen war, gab sie mir zu verstehen, daß meine Möse viel attraktiver wäre, wenn ich sie sauber rasieren würde. Sie sagte, sie würde mir diesen Aufwand gern abnehmen oder Bill könnte es tun. Als ich es Bill vorschlug, war er begeistert, und noch in derselben Nacht zog er mich aus, entkleidete sich selbst und benutzte zuerst eine Schere, dann einen Ladyshave und rasierte mich ganz. Als er meine nackte Möse sah, besorgte er es mir sofort oral, und auf Ethel hatte meine Möse dieselbe Wirkung. Beide sagten, daß es die schönste Möse aller Zeiten ist, und seither wechseln sich Bill und Ethel darin ab, mich zu rasieren. Jedesmal werde ich danach geleckt, und das ist großartig.

Jetzt komme ich regelmäßig, Nancy, ganz gleich, was man mit mir macht. Bill fickt mich, und ich komme; er leckt mich, und ich komme; er fickt mich in den Arsch, und ich komme; er steckt einen Dildo in meine Möse und saugt an meiner Klitoris, und ich komme; Ethel macht es mir mit dem Mund, und ich komme; sie fickt mich mit einem Dildo, und ich komme; ich mache mit ihr oder mit Bill Sixty-Nine, und ich komme; und wenn ich mit einem Finger oder mit einem Dildo masturbiere, komme ich. (Die Zeit ist jetzt reif dafür, daß ich mit einem Dildo in der Möse komme.)

Ob Sie irgendeinen Teil dieses Briefs benutzen oder nicht, Nancy, es hat mir viel Spaß gemacht, ihn zu schreiben. Das Tollste überhaupt ist es, sich deftig und unverblümt ausdrücken zu können, wie es die Männer tun. Seit meiner Erfahrung mit Ethel benutzt mein Mann die passenden obszönen Ausdrücke, und das erregt mich. Wo er vorher sagte: »Laß uns miteinander schlafen«, sagt er jetzt, und ich antworte entsprechend: »Laß uns ficken, Liebste, oder ich möchte deine Möse lecken oder dich mit einem Dildo bumsen.« Darauf erwiderte ich: »Fick mich, Bill, vögele mich in den Arsch, leck meine Möse, oder ich will deinen Schwanz lecken.« Ethel benutzt dieselbe Form von Sprache, wie auch ich sie bei ihr verwende, und sie ruft mich zum Beispiel an und sagt: »Lizzy, Darling, ich möchte, daß wir uns treffen, damit ich dich lecken und dich mit einem Dildo ficken kann, oder wir beide genehmigen uns einen Fick mit dem Doppeldildo.«

Außerdem masturbiere ich beinahe täglich, seit ich Ethel kenne, da ich festgestellt habe, daß ich sexuell viel interessierter bin, als ich dachte. Wenn ich es wirklich brauche, rufe ich Bill im Büro an, und er leitet mich über das Telefon an, wie ich masturbieren soll. Wenn er allein ist, holt er sich auch einen runter, während wir reden. Er sagt mir, daß ich mich durch das Befühlen meiner Titten und Brustwarzen erregen soll, es mir mit einem Finger besorgen, und dann sagt er mir, wie ich den Dildo einführen soll, und er fickt mich per Telefon und bringt mich immer dazu, daß ich komme.

Darauf kommt es an, Nancy, womit ich sagen will, daß manche Frauen genauso wie ich eine andere Frau brauchen. Aus diesem Grund möchte ich Sie drängen, falls Sie einen Folgeband herausbringen, dem lesbischen Sex etwas mehr Aufmerksamkeit zu widmen, der mich vor einem Leben voller Frustrationen bewahrt hat und auch bei vielen anderen Frauen dasselbe bewirken könnte. Nach jedem Liebesakt mit Ethel ist Bill für mich reizvoller denn je. Wenn ich einen Tag mit ihr verbracht habe, verbringt Bill den größten Teil der Nacht damit, mit mir zu vögeln, es mir oral zu besorgen, Sixty-Nine mit mir zu machen etc. Bei all dem Sex mit ihm und Ethel komme ich noch immer wie verrückt, und wenn Sie mich fragen, wer von den beiden wirkungsvoller ist, könnte ich es nicht wirklich beantworten. Jetzt, seit meine Möse sauber rasiert ist, fickt und leckt mich Bill mehr als je zuvor, und er besteht darauf, daß ich mit Ethel mindestens ein paarmal in der Woche Sex habe. Wie Bill prophezeit hat, ist der Damm nun gebrochen, und ich komme fast nach Belieben. Außerdem, aber das brauche ich Ihnen ja nicht sagen, ist die tatsächliche Erfahrung nicht mehr notwendig, um mich zu erregen, sondern schon die Phantasie allein bewirkt genug.

Deshalb, Nancy, heben Sie bitte den lesbischen Sex weit mehr hervor, wenn Sie ein Folgebuch herausbringen, weil es Tausende von Frauen geben muß, die in derselben Lage sind, in der ich war. Bill und ich waren nie glücklicher und hatten nie vorher so viel Sex miteinander, und beide bereiten mir das größte Vergnügen. Bill bumst oder leckt mich im Durchschnitt zehn oder zwölf Mal in der Woche, und dazu kommen noch mindestens zwei Tage mit Ethel. Außerdem masturbiere ich vier oder fünf Mal in der Woche, wenn Bill zu Hause ist, und doppelt so viel, wenn er weg ist.

Als Postskriptum: Ethel will mich nun dazu bringen, daß ich mit ihr und ihrem Mann zu einem Dreier zusammenkomme, aber ich habe statt dessen vorgeschlagen, daß sie es mit Bill und mir macht. Bei einem Vierer würde vermutlich erwartet, daß die beiden Männer auch miteinander schlafen, und das ist nichts für Bill, obwohl Ethel Andeutungen gemacht hat, daß ihr Mann wohl nicht abgeneigt wäre. Wir werden sehen! Ich werde Sie auf dem laufenden halten.

Noch einmal, Nancy, es ist ein großes Vergnügen für mich, offen darüber zu schreiben. Sex mit Frauen und Männern ist wunderbar, und ich würde gern glauben, daß ich vielen anderen Frauen dabei geholfen habe, einen Entschluß zu fassen.

P.S. Ich habe während dieses Briefs dreimal masturbiert, deshalb habe ich, ganz gleich, ob Sie ihn gebrauchen können oder nicht, mit drei großartigen Orgasmen meinen Nutzen daraus gezogen. Wie ich schon sagte, es törnt mich schon an, nur an meine früheren Erfahrungen zu denken und darüber zu schreiben.

Ich habe den folgenden Brief als den letzten in diesem Buch ausgewählt, weil er meines Erachtens alles zusammenfaßt, was das Beste an der weiblichen Sexualität ist. Joni lebt ihre eigenen Phantasien und noch dazu die ihres Liebhabers aus; mit einer von ihnen hat sie sich sogar drei Monate lang ihren Lebensunterhalt verdient. Ihre Phantasien sind so vielfältig und unerwartet wie die besten Formen der eigentlichen Sexualität – sie sind heiter, sie werden als selbstverständlich hingenommen und akzeptiert, und sie sind sogar humorvoll, aber sie sind auch mit dem endlosen Verlangen der Frauen angefüllt, Sexualität als ein Vehikel für ein reicheres Leben zu sehen. Joni schreibt ernst, aber nie bedrückend, ihr Einfallsreichtum geht bis in die Science-Fiction, ist aber mit dem erotischen Lebenssaft so prall gefüllt, daß ihre futuristischen Maschinen nie wichtiger werden als ihre wollüstigen Frauen und Männer.

Joni sagt mir, daß ihr Brief ihre »eigene echte und authentische Phantasie« enthält. Die Tatsache, daß sie sie formal zu einer raffinierten Geschichte ausgebaut hat, heißt nicht, daß die Gefühle nicht so real sind wie die aller anderen Frauen in deren Phantasien. Sämtliche Phantasien sind »erfunden«. Jonis Phantasien sind von einer Autorin erfunden worden. Das ist alles.

Joni

Seit meiner Kindheit wollte ich Tänzerin werden – natürlich spielte dabei eine gewisse exhibitionistische Veranlagung mit. In dem Auftritt einer Tänzerin liegt etwas sexuell Verführerisches. In meiner frühesten Pubertät (oder noch eher – ich kann mich nicht genau erinnern) tagträumte ich solche altmodischen Sachen wie, ich sei ein Mädchen, das gefangengenommen wurde und jetzt gezwungen wird, zur Unterhaltung eines Sultans oder eines arabischen Prinzen nackt zu tanzen (der sich zweifelsohne in mich verliebt und mich heiratet, um der Phantasie Anstand und Schicklichkeit zu verleihen). Als Heranwachsende gestand ich mir das geheime Verlangen ein, Stripteasetänzerin zu werden. Aber meiner gehemmten und puritanisch erzogenen Auffassung nach konnte sich ein solcher Ehrgeiz niemals verwirklichen lassen, und daher erträumte ich mir gewöhnlich, Filmstar zu werden, der im Film die Rolle einer Stripperin spielt. Reden wir über Hemmungen! Dieses mein Verlangen wurde selbstverständlich niemals geäußert, geschweige denn erfüllt, nachdem ich einen sehr puritanischen Mann geheiratet hatte (er war ein lausiger Liebhaber, und wir waren noch nicht einmal gute Freunde), aber zum Glück lernte ich einen Mann kennen, der mich von meinen Hemmungen befreite (wir leben jetzt seit fast sieben Jahren zusammen). Seine eigenen Phantasien drehten sich um das grundlegende Element der unverfrorenen Femme fatale – Stripperinnen, Frauen, die sich in Männermagazinen in provozierender Kleidung oder in provozierend wenig Kleidung zur Schau stellten – und daher kann ich in seiner Gegenwart, hurra!, meine Phantasien ausleben und uns beide damit erfreuen! Als ich ihm von meinem geheimen

336

Verlangen erzählte, eine echte und ehrliche Stripperin zu werden – unterstützte er mich.

Ich stellte eine »Nummer« zusammen. Und mehr als drei Monate lang führte ich sie vor einem Publikum in einer Oben-ohne-Bar auf. Das Publikum war beeindruckt – es wurde jede Woche größer. Ich war so sexy und verführerisch, wie es mir nur irgend möglich war – das heißt, ich zog eine enorme Show ab. Da ich meine Darbietung bewußt durchgestaltet hatte und sie ständig wiederholte, flaute sie mit der Zeit ab – es war nur noch ein Job, den man eben erledigt. Am Anfang machte es wirklich riesigen Spaß, aber was meiner eigentlichen Kunst, dem Schreiben, mit der Zeit Abbruch tat, war, daß ich mir immer wieder neue Darbietungsformen, Tänze und Requisiten ausdenken mußte. Und die alten wurden langweilig und waren nach einer Weile nicht mehr besonders sexy. Ich war weit mehr Schauspielerin, Tänzerin und kreative Künstlerin und viel weniger eine Frau, die sich sexuellen Freuden hingibt. Ich steckte es auf, aber nicht, ehe ich das Gefühl ausgekostet hatte, in vielen Männern Verlangen wachgerufen zu haben, und damit hatte ich mir, soweit es in der Realität eben geht, meinen geheimen Wunsch erfüllt. Ich mag es immer noch, verführerisch zu tanzen. Und ich habe meinen sexuellen Phantasien eine Dimension hinzugefügt (meine eigene), die ich nie zuvor gehabt habe.

Meine Phantasien spielen jetzt in der Zukunft, und ich habe die Zeit übersprungen. Die sexuellen Sitten haben sich geändert. Ich bin eine professionelle Exhibitionistin/Verführerin/Prostituierte. Jeden Abend gehe ich meiner Arbeit nach, führe meine Kunst auf und erfülle mir meine sexuellen Bedürfnisse – alles zur gleichen Zeit. In einem Amphitheater ist eine riesige Sex-Maschine (Wunder der Wissenschaft) aufgestellt worden. Ein Publikum von mehr als hundert Männern bezahlt hohe Eintrittspreise, um dabeisein zu können. Ich bin der Star. Ich trage tolle Klamotten – die aufreizendsten Kleider, Pelze, Handschuhe – die raffinierteste, verführerischste Unterwäsche. Ich trage jeden Abend etwas anderes. Ich betrete die Bühne – unter einer Glaskuppel mit sanftem Scheinwerferlicht angestrahlt. Die Männer können mich von kleinen Kabinen aus beobachten – eine für jeden Mann, damit er von den anderen nicht abgelenkt wird. Elektronische Wellen produzieren Sensationen und Effekte für jeden Mann in seinem individuellen Raum. Die Glaswand zwischen uns ist angeblich einseitig, damit sie mich sehen können, aber ich sie nicht (einige sind noch schüchtern und gehemmt trotz der neuen Moral), aber in Wirklichkeit trage ich Kontaktlinsen, die mir die Möglichkeit geben, alle deutlich zu sehen.

Auf der Bühne fange ich an, sie zu verführen. Ich laufe aufreizend herum und beuge mich zurück; ich tanze ein bißchen, entferne langsam meine Kleidungsstücke, eines nach dem anderen. Ich trage einen durchsichtigen BH und Slip und sitze mit einem angewinkelten Bein auf einer niedrigen Couch. Ich drehe mich auf die Seite, drehe mich wieder um, halte nie still. Ich ziehe das Höschen und den BH aus. Ich tanze und bewege mich, als würde ich Liebe machen. Während all dessen kann ich sämtliche Männer sehen und den Grad ihrer Erregung erkennen. Ein ganzes Meer erigierter Penisse (durch meine Handlungen stimuliert) umringt mich. Ich kann sehen, wie sich einige von ihnen in den Spasmen eines Orgasmus' winden und wie Fontänen von Samen ejakuliert werden, wenn sie genau die Gefühle auskosten, als seien sie in meinen Körper eingedrungen, während ich mich bewege, wie auch ich es empfinde – und so begehrenswert wirke. Natürlich arbeitet die Sex-Maschine auch für mich. Den Männern ist nicht bekannt, daß ich mir jeden von ihnen auswählen kann, den ich will, und ich kann ganz genau seine Handlungen und seine Form in meinem eigenen Körper wiedererstehen lassen; ich kann aber auch eine beliebige Anzahl von Knöpfen drücken (sie sind unter den Polstern des Sofas verborgen) und tatsächlich mit zehn von diesen Männern gleichzeitig kopulieren. Mein Anblick beim Orgasmus und beim Mehrfachorgasmus bringt alle diejenigen, die bis jetzt noch keinen Höhepunkt hatten, zum Kommen, und diejenigen, die schon gekommen sind, erleben es noch einmal. Es ist eine gigantische orgiastische Vision, die sich um mich herum abspielt, während ich mit mehr als hundert Männern kopuliere.

Die Zukunft verheißt mir viel sexuellen Spaß. Vielleicht bin ich eine der wenigen, die sexuelle Phantasien in der Welt der Sciencefiction hat. Vielleicht ist das eine gute Methode, um der Trivialität und den Rückständen des Puritanismus zu entkommen. Die Zukunft – oder ein Leben auf einem anderen Planeten. Was wäre, wenn es einen anderen Planeten gäbe, auf dem Sexualität NIE das Element des Verbotenen und Sündigen gehabt hätte? Wie wäre das? Ich stelle mir das gern vor... Auf diesem Planeten (der Erde) werden alle Lüste bis auf eine ohne Heimlichkeit genossen. Wir essen gern, und wir gehen zu Dinnerparties und in Feinschmeckerrestaurants. Wir tanzen und singen bei öffentlichen Veranstaltungen. Wir führen Kunst auf und sehen sie uns an. Manche von uns bringen es in gewissen Lüsten und Künsten zum Gourmet und zum Connaisseur. Was wäre, wenn wir sexuelle Lust genauso behandeln könnten? Nein, weder Bordelle noch moderne Partnertauschclubs funktionieren so, wie ich mir das vorstelle. Es fehlt ihnen etwas – erotische Finesse, Stil… Vielleicht ist das, woran ich denke, unmöglich, weil die besten erotischen Ideen zwischen zwei Leuten gelingen, die in Einklang miteinander stehen. Es ist reichlich schwer, solche persönlichen und intimen Bedürfnisse mit Menschen zu teilen und zu verwirklichen, die ganz anders sind als man selbst. Oder ist das eine fehlerhafte Vorstellung, die meiner Zeit und meinem Lebensraum entsprungen ist? Bis jetzt stimmte das, aber in meiner Phantasie kann man nicht nur ein Reisender in Raum und Zeit sein, sondern sich auch alles selbst entwerfen, was einem paßt.

Ich reise in eine sehr weit entfernte Zeit. Die Lebensformen haben sich enorm verändert. Sexuelle Bedürfnisse können auf verschiedene Weise erfüllt werden. Man kann mit einem Liebhaber zu Hause bleiben – oder sich an reizvolle Orte begeben. An Orte der Lust. Ein bißchen wie eine gute Mischung aus einem edlen Hotel und einem Nachtclub. Liebende können, nebenbei bemerkt, zusammen dort hingehen, um die Unterhaltung und die Stimulierung auszukosten. Wenn jemand keinen Liebhaber hat, geht er eben allein hin. Man hat eine große Auswahl – es gibt Dinge für jeden Geschmack. Die Ausstattung ist immer reizvoll und dient der Lust. Es gibt Foyers und Eingangshallen, die Museen der schönen erotischen Kunst sind. Skulpturen und Malereien. Ich mag eine besonders gern: Hercules, der Aphrodite Lust bereitet, in riesigem weißen Marmor ausgearbeitet, und jedes Detail ist wundervoll ausgeführt und deutlich sichtbar. Ich mag die Duftbäder in warmem Wasser mit Fontänen und Wasserfällen und einer Unterwasserbeleuchtung. Immer, wenn es dort tanzende Mädchen gibt, bin ich natürlich eine von ihnen (häufig der Star). Ich kann alles, von einem Can-Can im Moulin-Rouge-Stil bis zum Hüftschwung beim Bauchtanz von Haremsdämchen, ganz zu schweigen von einem Tableau nackter Statuen, die zum Leben erweckt worden sind: Venus und Apollo, eine

Nymphe und ein Faun, die ihre Begierden in einem Tanzsaal befriedigen, in dem ein dunstverhangener grüner Wald wiedererschaffen worden ist. Paare können auf vielerlei Art miteinander tanzen – kostümiert, nackt, bei schwacher Beleuchtung, während sie zu den Bewegungen eines Walzers oder Tangos Liebe machen. Es gibt Räume, in denen mich ein gutaussehender nackter Masseur mit einer Massage erfreut – seine Fertigkeit kann sich an seiner Freude an seinem Job messen. Es gibt einen riesigen Raum, in dem Männer und Frauen herumlaufen und ihre Körper zur Schau stellen, während sie Champagner trinken. Sie streicheln und untersuchen einander in der Form, in der man vor einem Bankett schmackhafte Cocktailhappen genießt. Das amüsiert mich, weil die meisten Männer Erektionen haben: Ein Raum voller erigierter Penisse ist ein Traumraum, der zum Leben erweckt worden ist. Was für einen Spaß es doch macht, so viele Formen und Größen zu sehen – den einen kurz zu zwicken und einen anderen freundlich zu reiben ... Ein bestimmter Typ gefällt mir am besten. Wir haben alle unsere Vorlieben. Gelegentlich steckt ihn ein Mann in mich hinein ... einfach rein. Dann kann ich ihn mit etwas anderem als mit der Hand kneifen und reiben. Wir sind eine Parade von schönen Körpern, die sich mit kleinen tanzenden und streichelnden Bewegungen beschäftigt. Hier gibt es keine Häßlichkeiten. Keine Bierbäuche, keine Hängebusen, keine faltige Haut (kosmetische Chirurgie korrigiert jetzt all diese Dinge; ich glaube, es war Marlene Dietrich, die sagte, Nacktheit ist für die Schönen leicht und schwer für die Häßlichen). Wenn jemand einen schnellen Orgasmus haben will, kann er sich den besorgen, aber es kommt noch besser. Manchmal läßt man sich gegen seinen Willen mitreißen. Erfüllung ist in jedem einzelnen Augenblick ein Vergnügen und kitzelt diejenigen, die nicht direkt beteiligt sind. Ich konnte einen Augenblick lang nicht anders; er steckte ihn mir schnell hinein, während wir tanzten, und wir gossen Champagner über meine Brüste (wir wurden ziemlich lebhaft und erregt, deshalb glaube ich, ich gehe baden ...). Der Pool ist behaglich warm; ich schwimme wie ein Fisch, nachdem ich in der kühlen Fontäne gespielt habe. Schöne Männer schwimmen wie Fische, die sich in die Spalten meines Körpers vortasten, mit Erektionen an mir vorbei. Einer stupst sachte gegen meinen Hintern, während ein anderer meine Schamgegend neckt. Die Silhouetten unserer Körper wirken in der Unterwasserbeleuchtung graziös. Die Lichter werden rosa, dann blau, dann grün, dann gold – dann wieder rosa. Ich spreize die Beine, um mich am Fischfang zu erfreuen – meine Brüste werden von nassen, schlüpfrigen Händen gestreichelt. Aus jeder Richtung schwimmen Erektionen auf mich zu – ich glaube, ich habe eine gute gefangen. Er ist stark genug, um mich über Wasser zu halten, während ich seinen Penis in mich hineindrücke. Das Wasser schäumt und blubbert. Das Wasser sprudelt so köstlich wie eine Jacuzzi – Wellen plätschern und schwappen, innen und außen. Ich bin reichlich gefräßig, aber das ist eine Art von Gefräßigkeit, die einen nie dick macht... Noch einmal... bleib nur noch einen Augenblick da. Ich kann Applaus hören. Sie applaudieren mir, und ich applaudiere mir selbst. Es ist klug, so ein Vielfraß zu sein... ich könnte es wieder und immer wieder machen – aber schließlich trainiere ich nicht für die Olympiade oder dergleichen. Nichts Besonderes. Ich bin nur hier, um meinen Spaß zu haben.

Die Einladung erfolgt von einem hochintelligenten Mann – dem Direktor meines liebsten Orts der Lust. Er hat enormen Stil und ist eher übersättigt. Man sagt, er hätte einen speziellen Raum, in dem die außergewöhnlichsten Dinge stattfinden. Gerüchteweise heißt es, er hätte einen solchen Überdruß, daß es etwas mehr als das Übliche braucht, damit es ihn reizt. Er ist natürlich eine Art Voyeur (aber das macht Spaß und ist erlaubt...). Er sieht ein bißchen wie Humphrey Bogart aus... George Raft... Rudolph Valentino... und vielleicht Alonzo Cludish (er lebte im einundzwanzigsten Jahrhundert, deshalb weiß keiner, der das hier im zwanzigsten Jahrhundert liest, von wem ich spreche), Marcello Mastroianni – natürlich machte es Marcello in *Achteinhalb* sehr gut... Der Direktor – dieser spezielle Typ – von dem es heißt, er sei restlos übersättigt und der reinste Don Juan, hat einen Raum, in den die Frauen kommen und vor Begierde verrückt werden. Es wird behauptet, er hätte eine Maschine, die vierundzwanzigstündige Orgasmen hervorbringt, dafür benutzt, die schrillste symphonische Musik zu schreiben (sein Sohn, ein genialer Komponist und Dirigent, hat sie konstruiert). Verstehen Sie, das heißt, wenn er eine Frau in seinem Raum verrückt genug macht, werden die elektrischen Impulse ihrer Agonie/Ekstase in einer musikalischen Form wiedergegeben. Es ist nur ein Gerücht, daß er das kann – aber es ist natürlich technisch machbar.

Seine Einladung hat nichts mit Musik zu tun. Es scheint, oberflächlich betrachtet, nur ein Teil seines eigenen einträglichen Geschäfts zu sein. (Er ist der Geschäftsmann und sein Sohn das Genie. Er eher der hilfreiche Pate...) Er sagt, was er will, ist, daß ich ein oder zwei Wochen lang eine Riesin bin. Er kann die Zellstruktur meiner Person (sexuell und auch ansonsten) durch den Gebrauch einer neuen Maschine, die er gekauft hat, auf jedes Ausmaß erweitern, das er sich wünscht. Ich kann unermeßlich groß sein; Berge statt Brüsten – eine Vagina wie die Höhlen von Karlsbad...

Das kapiere ich nicht... wozu soll das gut sein?

Die Männer haben nie ihre wirklichen sexuellen Bedürfnisse erfüllt, erklärt er. Sie träumen davon, wie hungrige Wurmbabies in Bergen von quatschenden Brüsten herumzukriechen... und dann möchten sie weitergehen... in die weichen, tiefen Höhlen des Mutterleibs gesaugt werden. Das war weiß Gott der schönste Himmel, den sie je kannten... Wir waren nie zuvor in der Lage, jemandem diese Gelegenheit zu verschaffen. Die Maschine, die ich für Sie gekauft habe, hat mich eine Milliarde gekostet.

Warum ich?

Ich habe Sie beobachtet... wenn Sie hierher kamen, um sich zu vergnügen.

Er sieht mich mit bewundernden und anerkennenden Augen an. Da ist etwas Faszinierendes an der dunklen Weisheit von übersättigten, wissenden Augen. Ich mag sie lieber als fragende, besorgte Augen.

Sie haben mich beobachtet? (Ausgerechnet mich unscheinbares kleines Ding...)

Ja, und ich bin sicher, daß es Ihnen wirklich Spaß machen würde, und ich hätte meinen Spaß an Ihrem Spaß, und Hunderte von anderen könnten auch ihren Spaß daran haben. Stellen Sie sich bloß sich selbst vor... eine ungeheuerliche Riesin. Ihr Körper ist ein Universum. Jeder Mann ein Phallussymbol. Sie sind das Meer, und sie können in ihnen schwimmen. Sie sind der Mond, der über ihnen aufsteigt. Ihre unglaublichen Orgasmen erschüttern die Erde. Das sähen die Leute gern... sie würden gern das Beben spüren. Können Sie sich das vorstellen?

Da fehlt etwas, sage ich. Wer könnte mich dann befriedigen? Ein Penis von der Größe der Spitze eines gebrauchten Zahnstochers?

Und können Sie sich vorstellen, wie häßlich meine Haut wäre? Poren, die durch Akne den Eindruck von Meteoriteneinschlägen machten. Haben Sie je Poren unter einem Vergrößerungsglas gesehen? Ich möchte kein Monster sein.

Das ließe sich mit der Maschine mühelos korrigieren. Wir können sie so programmieren, daß Ihre Haut so seidig aussieht, wie Sie es möchten. Ein Team von Sporttauchern wird in Sie eindringen. Ihre Ausstattung ist nicht so plump und altmodisch, daß es störend oder im Weg wäre. Denken Sie daran... Männer von Penisgröße kämpfen sich in Ihre Tiefen vor – so viele, wie Sie wollen. Sie wären die erste Frau in der Geschichte, die durch das Eindringen des gesamten Körpers und Wesens eines Mannes in ihren Liebestunnel Orgasmen bekommt. Sie können Ihre Normalgröße zu jedem von Ihnen gewünschten Zeitpunkt wieder annehmen.

Hören Sie, ich sage Ihnen, die Kontraktionen meiner Vagina beim Orgasmus könnten einen armen, kleinen Mann zu Tode quetschen...

Nein, das ist nicht möglich. Sie würden die Sensationen Ihres Orgasmus' mit ihrem ganzen Körper genießen – es wird eine sexuelle Wiedergeburt für sie sein.

In der Nacht, in der ich zur Riesin werde – der größten Sexgöttin aller Zeiten – darf ich mir zuallererst die Vagina-Astronauten meiner Wahl aussuchen. Alles prächtige Exemplare, die muskulös sind, kräftig wirken und die von mir bevorzugten Schwänze besitzen. Ich suche mir mehr aus, als ich nach meiner Berechnung brauche, nur aus Spaß am Auswählen. Dann gehen wir nach draußen in eine sehr schöne, sternenhelle Mondnacht, weil kein Innenraum groß genug ist, um eine Riesin zu beherbergen. Ich sage Ihnen, daß wir kein Scheinwerferlicht brauchen. Der Mondschein ist gerade richtig (ich mache mir immer noch Sorgen, wie meine Haut aussehen wird). Ich durchschreite die mehreren Morgen, die gekennzeichnet worden sind, und trete ins Zentrum. Ich trage einen spitzenbesetzten BH ohne Träger und ein knappes Höschen. Da beides an meinem Körper ebensosehr ein Teil meiner Zellstruktur ist wie meine Fingernägel und mein Haar, werden sie mit mir wachsen. Die Strahlen der Maschine werden auf mich gerichtet; sie fühlen sich eher wie eine laue Brise an. Ich kann den schwachen Geruch von Ozon riechen, der von dem unglaublichen Energieschub produziert wird. Ich be-

ginne zu wachsen, ganz schmerzlos – eine pulsierende Sensation.
Ich erhebe mich zum Sternenhimmel. Er scheint so nahe wie eine
Decke zu sein. Der Mond ist eine schimmernde Glühbirne. Ich kann
meilenweit Lichter und Gebäude, Straßen und Berge, Flüsse und
Meere sehen. Von ganz unten starren Hunderte von Miniaturmen-
schen voller Verwunderung und Ehrfurcht zu mir auf. Ein großes Sicherheitsnetz wird schnell auf meinem Raum von etlichen Morgen
gespannt (der mir jetzt nur wenige Meter zu messen scheint). Meine
Schwadron von Tiefseetauchern steht bereit und wartet am Rande.
Sie sind nackt bis auf entsprechend geformte Helme (wie die rötli-
chen Spitzen von Penissen – übergroß für sie, aber jetzt gerade passend für mich – ein einsachtzig oder zwei Meter zehn großer Mann
ist das Äquivalent eines achtzehn oder einundzwanzig Zentimeter
langen Schwanzes –). Tanzmusik ist über Lautsprecher angestellt
worden, aber sie ist leise und weit entfernt von mir. »Drehen Sie die
Musik bitte lauter«, sage ich, und meine Stimme, die lauter als jeder
Lautsprecher ist, hallt über die Landschaft. Die Lilliputaner unten
schlagen sich die Hände auf die Ohren. Die Musik wird lauter gestellt, und ich kann das Schlagzeug hören. Ich bewege mich im
Rhythmus. Ich bin eine wunderschöne Riesin/Sexgöttin. Niemand
hat jemanden wie mich je zuvor gesehen. Ich ziehe eine Seite meines
BHs herunter und enthülle einen weichen, weißen Berg von einer
Brust. Ich ziehe die andere Seite herunter, und zwei schwere Brust-
berge schwingen über die Menge und wackeln, als ich tanze. Einige
der kleinen Männer (überwältigt vom Anblick, wie es scheint) werden ohnmächtig oder brechen zusammen. Ich fühle mich sehr
schwer, aber es ist eine wohltuende, behäbige Schwere, wie in Filmen im Zeitlupentempo. Ich habe einen schönen, monströsen,
wohlproportionierten Körper. Ich stecke meinen Finger in den
Bund meines Höschens und beginne, es herunterzuziehen. Ich ziehe
es bis auf die Schenkel herunter und entblöße ein nacktes Becken
von unvorstellbarer Größe, das sich sachte wiegt. Kleine Köpfe ver-
renken sich nach oben. Ich kann die weit offenen Augen und Mün-
der sehen. Ich muß vorsichtig sein, als ich ein Bein anziehe (es wäre
gräßlich, wenn ich das Gleichgewicht verliere und auf jemanden
trete). Ich ziehe mein Höschen runter, erst über das eine Bein, dann
über das andere, und dann stehe ich mit weit gespreizten Beinen da.
»So, ihr kleinen Menschen…«, flüstere ich sehr leise, obwohl meine

Stimme immer noch von den Berggipfeln bis zum schimmernden Meer erschallt. »Ihr habt noch nie zuvor so etwas gesehen?« Ich wackle mit den Hüften und spreize die Beine weit auseinander, als ich die Knie beuge. Einen Augenblick lang zeigt sich über ihnen meine Klitoris, die so groß ist wie ein Bett. Sie springen vor Erregung immer wieder in die Luft. »Wir möchten sie noch einmal sehen... noch einmal...«, kann ich sie mit zarten Stimmchen, die wie das Miauen kleiner Katzen klingen, schreien hören. »Bitte, große Sex-Göttin... zeig sie uns noch einmal!« Mit den Fingerspitzen spreize ich ein paar Sekunden lang meine Schamlippen und lächle auf sie herunter. Die Feuchtigkeit meiner Erregung führt dazu, daß Regentropfen herunterfallen. Riesengöttinnen machen alles in einem gewaltigen Maßstab.

»Nun, meine Schwanz-Astronauten...«, flüstre ich meiner Crew zu. »Seid ihr bereit für die Reise?«

Das löst Unruhe unter ihnen aus. Sie hasten unter dem Sicherheitsnetz herum und schleppen Metallteile durch die Gegend. In einer Minute haben sie eine turmhohe (nach ihren Maßstäben – mir reicht sie nur bis an die Lenden) Leiter von einem Kran aus zwischen meine Beine gefahren; ich beobachte sie, wie sie mühsam hochklettern. Der erste und schnellste Schwanz-Mann erreicht die Spitze, und ich hebe ihn hoch und presse seinen nackten kleinen Körper an eine meiner großen Brüste. Er windet sich und reibt sich voller Wertschätzung an dem Fleisch. Als ich ihn von meiner Brust entferne, sehe ich, daß sein anbetungswürdiger Schwanz, der so groß ist wie die Spitze eines Zahnstochers, steil nach oben ragt. »Ihr süßen kleinen Dinger...«, flüstere ich (so laut wie ein Nebelhorn) und ich hebe ihn ganz, ganz sachte zu meinem Mund hoch und lecke ihn von Kopf bis Fuß ab. Seine Beine spreizen sich und zappeln begeistert in der Luft, als meine große, nasse Zunge seine Lenden und seinen Hintern leckt. Ich stecke mir seinen winzigen Schwanz wie die Spitze eines Bleistifts zwischen die Lippen. Er hält sich an meinem offenen sechs Meter langen Haar fest, und ich kann ein leises Stöhnen und Keuchen unter seinem Helm hervorkommen hören, während ich sauge, als wäre sein Schwanz ein kleiner Strohhalm, gegen den sich meine Zunge schlängelt. Innerhalb von wenigen Sekunden bricht er schlaff in meiner Hand zusammen, und ich kann ein paar Miniaturtropfen Samen auf meiner Zunge schmecken. Meine anderen Schwanz-Männer haben inzwischen die Spitze der Leiter erreicht und sondieren und untersuchen meine gigantische Klitoris. Es kitzelt recht angenehm. Ich spreize die Beine, um das Beste daraus zu machen. »Ummm…«, murmle ich, und ein Echo ertönt. Man kann wohl sagen, daß sie sich auskennen. Manche von ihnen könnten vor diesem Abenteuer für Spezialmassagen zuständig gewesen sein. »Tja…«, flüstere ich dem Schlaffen in meiner Hand zu. »Willst du mit den anderen weitermachen, oder brauchst du eine Verschnaufpause?« Unter seinem Helm hervor ertönen Geräusche, die ich nicht allzu gut hören kann. Ich stecke die phallische Spitze in mein Ohr. »Was hast du gesagt?«

»Ich sagte, daß ich weitermachen möchte. Ich möchte der erste sein, der drin ist, wenn ich darf. Ein großer Schritt für die Menschheit und auch für mich persönlich!«

Ich wiederhole im Interesse der Menge flüsternd diese tapferen Worte. Sie klatschen – ein seltsam quietschendes leises Geräusch. Ich stelle den Schwanz-Mann zu den anderen oben auf die Leiter zurück. »Er ist der erste, denkt daran. Schließlich war er zuerst ganz oben auf der Leiter.«

Sein Helm mit der phallischen Spitze dringt zuerst geschmeidig in meine Höhle ein. Dann scheint er ein bißchen steckenzubleiben und stößt heftig mit seinen Füßen gegen die Leiter. Er ist für einen Schwanz ein bißchen breit in den Schultern gebaut. Ich muß nachhelfen – ihn auf seinem Weg hin- und herdrehen, bis seine Schultern durchkommen. Ich kann den Druck in mir spüren, als er sich windet und sich weiter hineinstößt. Es ist ein reichlich ungewöhnliches Gefühl. »Wow…«, sage ich und vergesse die empfindlichen Trommelfelle der Lilliputaner, aber die meisten sind vor Verwunderung gelähmt und viel zu sehr erregt, als daß sie sich die Mühe machen würden, sich die Ohren zuzuhalten. Sie haben sich inzwischen alle ausgezogen und imitieren betont mich und die Schwanz-Männer. Die Frauen haben die Beine weit gespreizt und wackeln mit den Hüften; die Männer erschauern und winden sich, als versuchten sie, sich in meinen Körper zu zwängen. Mein Schwanz-Mann Nummer eins ist verschwunden, aber ich kann spüren, daß er sich wie ein Verrückter in meinem Innern vorarbeitet. Mein Gott, ich kann Ihnen sagen, ein breitschultriger Schwanz mit Armen und Beinen ist etwas ganz Besonderes!

Der nächste braucht auch etwas Hilfe. Ich dampfe schon derart vor Bereitschaft, daß ich ihn eher brutal in mich hineinschiebe, als er steckenbleibt. Die beiden füllen mich aus. Wenn sie sich weiterhin so winden, komme ich jeden Moment. Mein Rumpf zittert und bebt schon überall. Ich rucke mit den Hüften, und meine Füße wollen nicht stillhalten und lassen den Boden erbeben. Aber jetzt ist der zweite verschwunden, nachdem einen Moment lang seine Beine herausgeschaut und gestrampelt haben. Ich mag es sehr, wenn etwas meine Öffnung ausweitet und meine Klitoris reibt. Ich helfe einem dritten, soweit es eben geht, und das ist genau richtig. Der Penis-Kopf ist innen, und die breiten Schultern sind da, wo ich sie außen brauche. Mit den Dreien in mir, die mich überfluten und sich wie Schlangen oder Fische bewegen, verliere ich fast den Verstand... Das wird ein Orgasmus, der die Erde erschüttert; ich hoffe, ich verletze nichts... oder niemanden... Aber jetzt bin ich soweit gegangen, und jetzt muß es dazu kommen. – »Seht her!« sage ich wie ein Donnerschlag. Ich tanze wild, und die Welt zittert und erbebt. Die Mondbirne am Himmel wackelt, und die Sterne wirbeln herum. Es kommt, und es wird gewaltig; oh, so süß und gewaltig!

Der erste Orgasmus stößt einen Schwanz-Mann wie einen Ping-Pong-Ball ins Netz. Ich höre nicht auf, sondern mache einfach weiter, und die zweite Erschütterung jagt den zweiten Mann wirbelnd wie einen Trapez-Artisten heraus. Ich habe noch einen guten zurückbehalten – ich spüre, daß er sich wie ein gesunder Aal in den Tiefen meines Innern bewegt. Ich kann nicht anders, als vor Lust an diesem letzten zu schreien – mein ganzer Körper erschauert so, daß die Bäume schwanken und Felsgestein die Berge herunterstürzt. Als ich meinen gigantischen Orgasmus vollende, schießt der Schwanz-Mann Nummer eins aus meinem inneren Ort der Lust hervor; sein süßer, kleiner Pimmel ejakuliert eine winzige Fontäne Samen in die Luft.

Ich setze mich ein wenig atemlos auf den beengten Raum, den man mir zur Verfügung gestellt hat, und achte dabei sorgsam darauf, keinen Aufruhr zu verursachen und niemanden zu zerquetschen. Die Erde bebt noch. Ich sehe, daß meine Lilliputaner die Orgie ihres Lebens feiern, und ein paar tausend Orgasmen – sogar in Miniaturausgabe – bewirken ein beträchtliches Erdbeben.

Am nächsten Abend bitte ich mir aus, daß mir ein längeres und breiteres Gebiet zur Verfügung gestellt wird, weil ich glaube, daß es sehr viel Spaß machen würde, mehr Schwanz-Männer zu haben, von denen sich einige auf dem weichen Fleisch meiner gigantischen Brüste und meines Bauchs wälzen, sich winden und darauf herum- klettern... während andere sich darin abwechseln, meinen großen Lendenspalt zu erklimmen, um sich in meine weiche rote Badewan- nenklitoris einzutauchen und wieder herauszukommen. Damit das geht, müßte ich in meiner vollen Länge von zweiundzwanzig Me- tern oder vierundzwanzig Metern ausgestreckt daliegen. Dann kann ich einfach still liegen bleiben und spüren, wie sie sich in meine Höhle drängen, bis das daraus resultierende Gefühl mich in den Wahnsinn treibt...

Im Lauf der Woche, in der ich die riesige Sex-Göttin war, hat der Sohn des Direktors einige der größten Symphonien seiner Karriere geschrieben. Noch im dreiundzwanzigsten Jahrhundert verfielen Menschen schon allein vom bloßen Zuhören in spasmische Orgas- men... Dann waren alle zu abgeschmackt. Einige ziemlich unge- wöhnliche genitale Evolutionen vollzogen sich – aber das ist nun wirklich eine andere Phantasie...

Nachwort

Ich war nur in der Lage, einen Bruchteil der Briefe, die ich seit der Veröffentlichung von *Die sexuellen Phantasien der Frauen* erhalten habe, herauszubringen. Wie ich im Einleitungskapitel bemerkt habe, ordnen ein überwältigender Tonfall von Selbstakzeptanz und ein geringer Grad von Schuldgefühlen in bezug auf Sex in diesen Briefen diese Materialsammlung einer späteren Generation von Frauen zu als der, die zu *Die sexuellen Phantasien* beigetragen hat.

In gewisser Hinsicht brauchten die Frauen, die in meinem ersten Buch veröffentlicht wurden, mehr Mut, um über ihre Phantasien zu sprechen. Es war immer noch eine Zeit, zu der die Auffassung weit verbreitet war, sogar unter Therapeuten, nur »problematische« Frauen hätten Phantasien. Das Thema war von den Massenmedien noch nicht abgesegnet worden, und es war im Fernsehen, in den Zeitungen und in den Illustrierten noch nicht umfassend diskutiert worden.

Die Frauen, die auf diesen Seiten erscheinen, konnten sich mehr als mit allem anderen damit trösten, daß sie *Die sexuellen Phantasien der Frauen* gelesen hatten, ehe sie mir geschrieben haben. Das hat ihnen dabei geholfen, sich selbst und ihre Sexualität in einem neuen Licht zu betrachten; es gab ihnen Informationen über die intimsten Vorstellungen und Erfahrungen anderer Frauen, mit denen sie sich vergleichen konnten. Wie Sie bemerkt haben, enthält beinahe jeder Brief den Satz: »Gott sei Dank, ich bin nicht die einzige.«

Aber die Sexualität der Frau ist nur eine Hälfte des Bildes. Wenn wir an Freiheit glauben, müssen wir die Logik akzeptieren, daß Frauen nicht frei sein können, solange unsere Männer noch an alte, überholte Macho-Ansichten gekettet sind. Wenn Frauen Experten in puncto sexueller Phantasie sind (was ich glaube), werden vielleicht unsere Offenheit darüber und unsere Wahrhaftigkeit in bezug auf das, was wir wirklich denken und fühlen, die Männer ermutigen, ihr Sexualleben ebenfalls zu überdenken.

Die Hälfte der Post, die ich seit *Die sexuellen Phantasien* erhalten habe, kam von Männern. Die meisten waren davon fasziniert, einen Aspekt der weiblichen Sexualität zu finden, der ihnen bis jetzt verborgen oder verschlossen war. Ich wollte ursprünglich diese Briefe am Ende dieser Ausgabe mit einbeziehen. Ich dachte, es wäre für Frauen informativ und erregend, aber ich dachte auch, daß die Männer Verstärkung und eine weiterreichende Dimension ihrer eigenen Sexualität erhalten würden. Es war die letztgenannte Vorstellung – in Verbindung mit Platzmangel –, die mich dazu gebracht hat, meine Meinung zu ändern und mich mit dem Vorschlag, den so viele Männer in ihren Briefen gemacht haben, einverstanden zu erklären: Warum soll man der männlichen Sexualität nicht den Raum geben, den sie verdient, und ein völlig eigenständiges Buch über die sexuellen Phantasien der Männer herausbringen?

Wenn *Die sexuellen Phantasien* die Frauen freier gemacht hat, innerhalb einer größeren sexuellen Bewegungsfreiheit umherzustreifen, als sie es vorher für möglich gehalten oder sich zugetraut hätten, dann deutete es den Männern doch auch an, auch sie könnten erotisch phantasievoller sein, als ihre eigene Literatur und Kultur sie bislang hingestellt hatten. Jeder Mensch, der *Die sexuellen Phantasien* oder dieses Buch liest, kann spüren, wie befreiend für eine Frau das Wissen ist, daß sogar ihre bizarrsten Geschmacksrichtungen und Vorstellungen von anderen Frauen geteilt werden. Das ist die nicht zu leugnende Grundhaltung, die hinter beiden Büchern steht: »Gott sei Dank, ich bin nicht allein.« Ich habe früher geglaubt, daß Männer irgendeine Art mystischer Massenkumpanei miteinander verbindet, daß es reichte, ein Mann zu sein, um zu dem »Club« zu gehören. Inzwischen bin ich zu der Meinung gelangt, daß viele Männer zumindest in ihrer Sexualität ebenso geheimnistuerisch und einsam sind, wie wir Frauen es bisher gewesen sind.

Tatsache ist, daß ich nichts über die sexuellen Phantasien von Männern weiß – außer einem flüchtigen Eindruck, den ich aus den Briefen ableiten konnte, die ich bisher erhalten habe. Im wesentlichsten hat mich das gelehrt, daß ich mich in der Annahme geirrt habe, männliche Erotik sei der einfache Stoff, mit dem wir alle aufgewachsen sind – die Filme, die Illustrierten, die Werbung und so weiter, Dinge, die Männer in unserer Kultur als zwanghafte Konsumenten des Bunnys von *Penthouse* darstellen, als einen Mann, der nicht genug Titten und Ärsche bekommen kann, der davon träumt, daß er Frauen wie Erdnüsse in sich hineinfrißt, und der sich nicht sexuell fühlt, wenn er nicht aggressiv ist.

Am Ende dieses Buches steht eine Adresse, an die mir Männer schreiben können. Ich hoffe, daß sie so offen sein werden wie die Frauen, deren Briefe wir gerade gelesen haben, und daß sie mir ihre Phantasien schicken werden – beim Sex, bei der Masturbation, aber auch die, die einem zu irgendeinem anderen Zeitpunkt durch den Kopf gehen – für ein weiteres späteres Buch. Bitte benutzen Sie die Sprache, die Ihnen persönlich natürlich erscheint, und beziehen Sie so viele autobiographische Details wie möglich ein. Was eine Phantasie für jemanden, der sich damit beschäftigt und diese Dinge erforscht, besonders interessant und wertvoll macht, ist ein Verständnis für das Leben, aus dem heraus sie entsteht.

Ich rechne damit, von den Zusendungen überrascht zu werden. Es ist an der Zeit, daß sich auch die Männer von der normativen Tyrannei der Medien lösen, die zigarettenrauchende Cowboys mit Männlichkeit gleichsetzt und ein kaltes Herz mit Virilität. Wenn wir von der Vielfalt und dem Umfang der sexuellen Vorstellungskraft von Frauen, wie sie sich in ihren Phantasien darstellen, überrascht waren, warum sollten wir nicht damit rechnen, auch in der Sexualität der Männer eine neue Dimension zu finden?

Und wenn das der Fall ist, wären dann nicht beide Geschlechter viel besser dran?